CUBICULADOS

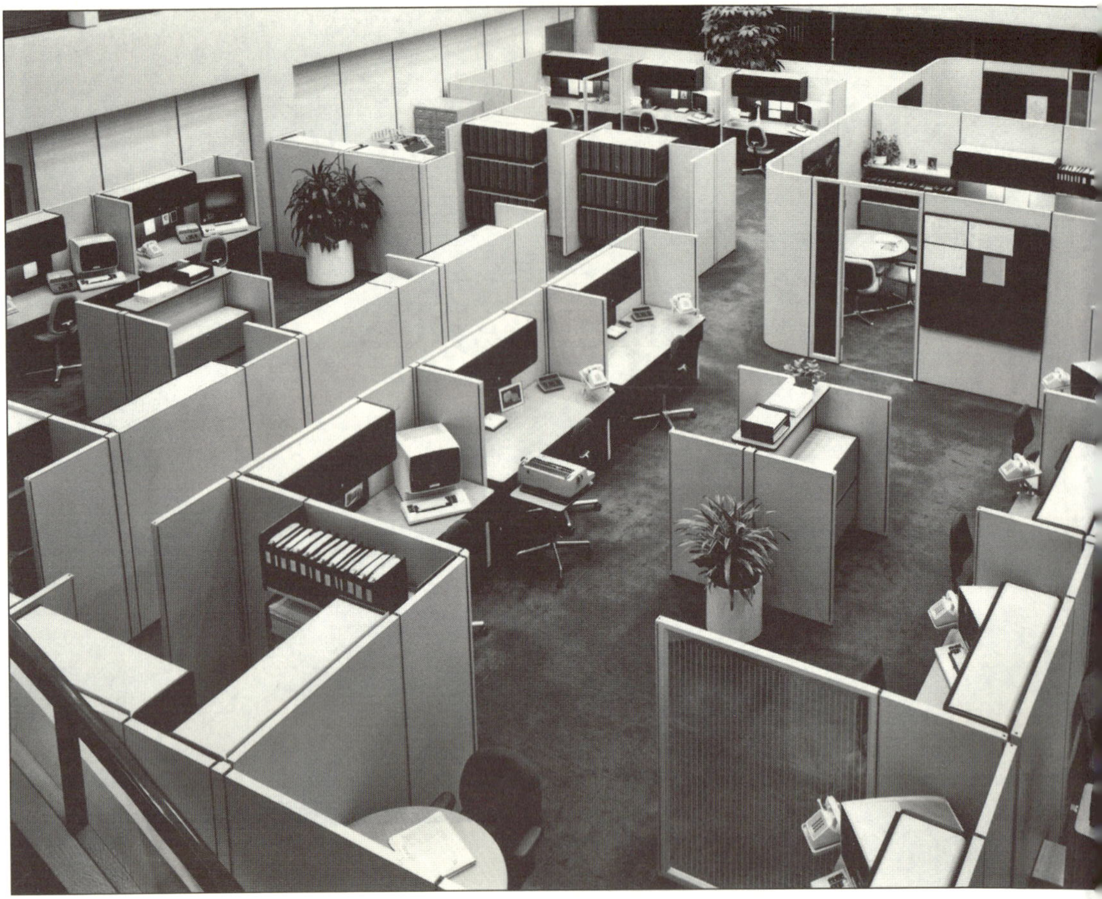

Nikil Saval

CUBICULADOS
Uma história secreta do local de trabalho

Tradução de Angela Lobo de Andrade

ANFITEATRO

Título original
CUBED
A Secret History of the Workplace

Copyright © 2014 *by* Nikil Saval
Todos os direitos reservados.

Nenhuma parte desta obra pode ser reproduzida no todo ou em parte sob qualquer forma, sem a permissão escrita do editor.

Extratos deste livro foram publicados de forma diferente como "Birth of the Office" em *n+1*, na edição 6 (inverno de 2008).

Edição brasileira publicada mediante acordo com Doubleday, um selo da The Knopf Doubleday Publishing Group, uma divisão da Random House LLC.

ANFITEATRO
O selo de ideias e debates da Editora Rocco Ltda.

Direitos para a língua portuguesa reservados
com exclusividade para o Brasil à
EDITORA ROCCO LTDA.
Av. Presidente Wilson, 231 – 8º andar
20030-021 – Rio de Janeiro – RJ
Tel.: (21) 3525-2000 – Fax: (21) 3525-2001
rocco@rocco.com.br
www.rocco.com.br

Printed in Brazil/Impresso no Brasil

revisão técnica
LUIZ PAULO LEAL

preparação de originais
NATALIE ARAÚJO LIMA

CIP-Brasil. Catalogação na fonte.
Sindicato Nacional dos Editores de Livros, RJ.

S277c	Saval, Nikil
	Cubiculados: uma história secreta do local de trabalho/ Nikil Saval; tradução de Angela Lobo de Andrade. – 1ª ed. – Rio de Janeiro: Anfiteatro, 2015.
	Tradução de: Cubed: a secret history of the workplace ISBN 978-85-69474-01-2
	1. Arquitetura e história. I. Título.
15-24568	CDD–363.69 CDU–351.852

Para Shannon

Eu conheci a inexorável melancolia dos lápis...
– Theodore Roethke, "Dolor"

Prezados Senhores,
    Sou um jovem pobre e desempregado, no ramo dos negócios, meu nome é Wenzel, estou à procura de um cargo compatível, e tomo a liberdade de perguntar aos senhores, com respeito e polidez, se porventura existe em suas belas salas arejadas e confortáveis um cargo à disposição. Sabendo que vossa firma é grande, portentosa, tradicional e rica, rendo-me à agradável suposição de que haja um lugarzinho bom, bonito e tranquilo disponível, o qual, à maneira de um aconchegante cubículo, eu possa ocupar...
– Robert Walser, "The Job Application"

SUMÁRIO

Introdução ... 11

CAPÍTULO 1
A classe escriturária ... 21

CAPÍTULO 2
O nascimento do escritório ... 47

CAPÍTULO 3
A revolução da blusa branca ... 88

CAPÍTULO 4
No alto do arranha-céu ... 113

CAPÍTULO 5
Homens e mulheres corporativos ... 163

CAPÍTULO 6
Planos abertos ... 205

CAPÍTULO 7
Invasores do espaço ... 246

CAPÍTULO 8
O escritório do futuro ... 284

CAPÍTULO 9
O escritório e seus fins ... 307

Agradecimentos ... 343

Notas ... 345

INTRODUÇÃO

A câmera de segurança transmite imagens granuladas e silenciosas, com perspectiva fixa. O cenário é reconhecível: baias, funcionários colados uns aos outros, todos de olhos fixos no computador, num espaço mínimo, com iluminação fluorescente. Um homem de gravata, sem paletó, se instala na pequena bancada enquanto um colega agachado ao seu lado recolhe papéis de um arquivo. O tempo passa e nada mais acontece até que o homem agachado pega subitamente uma pilha de papéis e a lança sobre o colega na bancada. O colega quase cai de costas quando o homem levanta o monitor do computador – uma monstruosidade catódica de outros tempos – e o arremessa para o cubículo ao lado, onde a coisa aterrissa na quina de uma bancada e tomba no chão, saindo fumaça. Em total domínio de si mesmo, com uma calma sinistra, o homem recolhe mais papéis do chão, enche as mãos e atira para o alto toda a papelada, que rodopia no ar como confetes gigantes caindo em cima de abismados colegas mais distantes. Ele sobe numa bancada e começa a chutar as frágeis divisórias que quadriculam o espaço, até entortá-las. Dois colegas escondidos num canto filmam a cena com telefones celulares enquanto o homem, enfurecido, percorre a sala com a agilidade de um bailarino, pega um bastão atrás de uma bancada e golpeia com força a impressora. Por fim, um funcionário comete a temeridade de agarrar o bastão e dominar o homem, mantendo-o no chão. Desarmado, imobilizado, ele termina incapacitado por uma arma de eletrochoque. As últimas imagens mostram o homem em posição fetal, se contorcendo e agarrando o estômago, o colarinho, a gravata.

"Câmera de segurança grava fantasia de todo atendente cujo ódio ao cubículo é levado ao extremo", diz a postagem de junho de 2008 no site Gizmodo, trazendo o link do vídeo. A grande circulação do vídeo original levou um dos atendentes que filmara tudo com o celular a postar seu vídeo também: com som e cor, mostrava bem o enjoativo verde pasta de dente das paredes, os gritos assustados dos espectadores sob a chuva de papéis brancos, e a exultação e dor do homem nos últimos momentos de revolta. Contudo, nada poderia suplantar o vídeo original, a visão pan-óptica da câmera de segurança do escritório visto de cima, exibindo a superlotação, as óbvias condições e possibilidades de fúria. O primeiro comentário dizia: "Esse cara é dos bons. Os colegas de cela deveriam ter aderido à rebelião." Inevitavelmente, após o vídeo ter se tornado viral, começaram a dizer que ele era forjado (afinal, onde não tem tela plana LCD hoje em dia?), mas, fosse ou não autêntico, o vídeo teve impacto. Dentre os vários comentários, pró ou contra, destaca-se o de um blogueiro: "Lá no fundo, todo empregado quer que seja verdade."

□

Em 1997, uma pesquisa patrocinada pela Steelcase, fabricante de móveis de escritório, mostrou que 93% dos atendentes prefeririam outro espaço para trabalhar. Em 2013, um estudo conduzido por dois pesquisadores da Universidade de Sydney indica que quase nada mudou: os "cubiculados" (cerca de 60% dos empregados de escritório) apresentaram a maior taxa de insatisfação com o local de trabalho. (Não é de surpreender que as pessoas que trabalham numa sala com porta fechada disseram ser as mais satisfeitas da amostra.) Essa insatisfação com o espaço de trabalho e a vida no trabalho em geral – milhares de agravos, pequenas ironias, grandes malogros e vitórias modestas – vem se infiltrando em outros campos da cultura há anos. No filme *Como enlouquecer seu chefe* [*Office Space*], um trio de empregados da área tecnológica, muito descontente, manifesta sua frustração pelo enxugamento do quadro de funcionários da empresa arrebentando a impressora a pontapés e golpes de bastões de beisebol. (Há dezenas de reproduções feitas por amadores no YouTube.) Nos livros *Personal Days*, de Ed Park, e *Then We Came to the End*, de Joshua Ferris, a etiqueta apropriada a e-mails é assunto de um debate quase acadêmico, e o ponto alto de um dia típico é descobrir que sobraram rosquinhas da reunião do café da manhã. Os dois livros têm narrativa impessoal, usando o pronome "nós", o melhor

Destruição da impressora opressiva em *Como enlouquecer seu chefe* (1999).
Photofest

para captar o conformismo passivo e o anonimato banal no cenário contemporâneo do colarinho-branco. A versão original britânica de *The Office* (agora com *remake* nos Estados Unidos, na França, na Alemanha, em Quebec, em Israel e no Chile, e com versão sueca e chinesa) traz um personagem que, para atormentar o outro, enfia o grampeador dele num pote de gelatina. O best-seller mundial do dinamarquês Christian Jungersen, *A exceção*, levou ao extremo o conceito de "política de escritório" ao colocar os empregados tramando o assassinato uns dos outros.

Acima de tudo, é claro, tivemos *Dilbert*, uma tirinha que converteu a aridez desgastante da vida no escritório numa concisa sátira portátil. Muito apropriadamente, *Dilbert* cresceu como uma pequena franquia que logo se tornou um clichê do próprio ambiente que satirizava tão bem, com os onipresentes calendários de mesa, canecas de café, apoios de mouse, bichinhos de pelúcia (tudo anunciado para venda on-line no site da "Cubeware"). Por mais árido que *Dilbert* às vezes fosse, era perpassado por um sentimento simples, até mesmo humanista, exposto sucintamente por um personagem em *Como enlouquecer seu chefe*: "O ser humano não foi feito para ficar o dia inteiro sentado num cubículo olhando para uma tela de computador."

Também é possível lembrar de Rousseau: *O homem nasce livre, mas passa a vida em cubículos.*

□

A felicidade não tem história, diz Balzac. O escritório também não. "O pessoal de colarinho-branco se esgueirou silenciosamente para dentro desse mundo", disse o sociólogo C. Wright Mills, e o escritório que os recebeu foi surgindo com a mesma discrição. Outros locais de trabalho, como a fábrica, chegaram fazendo barulho, com apitos e marteladas; o escritório sempre foi recatado. Em meados do século XX, quando Mills escreveu *A nova classe média* [*White Colar*] – que até hoje tratou o tema de forma mais abrangente –, homens e mulheres que trabalhavam em escritório estavam prestes a constituir a maioria da população norte-americana. Mas de onde surgiu o escritório permanecia um mistério, banal demais, talvez, para merecer uma investigação séria.

O escritório começou a chamar a atenção em meados do século XIX, quando esse espaço era chamado de sala de contabilidade, praticamente idêntica às dos mercadores italianos dos séculos anteriores. Eram espaços pequenos, aconchegantes – sempre pequenos. "A porta da sala de contabilidade de Scrooge ficava aberta para ele ficar de olho no empregado que, numa cela incrivelmente pequena, uma espécie de depósito, copiava cartas." *Uma espécie de depósito*, onde os homens entravam no auge da saúde e de onde saíam encurvados e tísicos, onde havia grande atividade, mas em que aparentemente não se produzia nada além de papel. Desde o início, o escritório foi considerado um lugar indigno das próprias tarefas a que se destinava. A atividade era nobre, e até estimulante: a pessoa podia arriscar, se aventurar, crescer e prosperar.

O escritório, por sua vez, era fraco, vazio e, acima de tudo, um tédio. Os negócios tratados no escritório eram secos, velados. No entanto, foi esse tédio, essa enfadonha respeitabilidade, que fez do escritório o terreno fértil para um discurso que se mostrou indispensável no século XX: a retórica da classe média e a promessa de ascensão social. Algum dia o empregado na cela minúscula poderia chegar ao topo, o contador emaranhado no ninho de cobras do processamento de dados poderia, numa arrancada, vir a ser o presidente da empresa, o zumbi do cubículo poderia galgar posições até chegar à diretoria. Nenhum outro local de trabalho, por mais degradado, jamais foi uma fonte tão constante de esperança para o futuro e a garantia de uma vida estável, respeitável.

Em outras palavras, o escritório não foi programado para ser um ícone do tédio. Na verdade, desde o começo do século XX, tem sido fonte das mais utópicas ideias e anseios na vida de trabalho dos norte-americanos. Desde sua origem, no início do século XX, quando começaram a se expandir como centros administrativos de negócios cada vez maiores na Era Dourada, os escritórios ofereceram um refúgio possível, uma fuga de outro ícone do tédio, a fábrica. Arquitetos visionários, como Louis Sullivan e Frank Lloyd Wright, projetaram escritórios que vibravam com a eficiência e regularidade de uma linha de produção, porém com menos riscos físicos, menos trabalho braçal e, portanto, mais prestígio social. Nos anos 1950, um funcionário (ou, com frequência consideravelmente menor, uma funcionária) do nível mais baixo podia se imaginar escalando posições, assumindo maiores responsabilidades e aumentando seu número de subordinados.

Nos Estados Unidos de meados do século XX, poucos empregos rivalizavam em prestígio e poder simbólico com os dos homens de colarinho-branco. As estruturas em que se instalaram, como a Lever House e o Seagram Building, figuram entre os mais icônicos prédios do século. Nos anos 1960, teóricos de administração passaram a imaginar novos tipos de empregados de escritório que, com o suporte dos avanços tecnológicos na área de computação, se tornariam "trabalhadores de conhecimento", isto é, profissionais de colarinho-branco, criativos e com formação acadêmica superior, que seriam pagos para *pensar*. Projetistas teóricos tentaram instalar essa nova categoria apresentando uma enorme quantidade de conceitos projetuais, desde a *Bürolandschaft* alemã ("paisagem de escritório"), com espaços internos adequados ao fluxo e refluxo das marés da papelada, até o sistema Action Office de Robert Propst, que consistia em divisórias moduladas e removíveis, projetadas para o ativo e pensante funcionário do futuro. Os anos 1990 viram surgir mais utopismos, alimentados pelas fantasias intensas e apaixonadas da bolha ponto-com: escritórios que eram cidades em miniatura, escritórios equipados com pistas de boliche, escritórios enormes, do tamanho de um campus universitário, escritórios mínimos e tão confortáveis quanto uma garagem adaptada ou a sala de jogos de uma casa. A partir do avanço das tecnologias de comunicação na primeira década do século XXI, projetistas e teóricos começaram a divisar o fim do escritório físico propriamente dito, a ser substituído por escritórios invisíveis e onipresentes com funcionários conectados à rede de uma lanchonete ou de casa, que podiam participar confortavelmente, até de pijamas, recostados no sofá da sala, das reuniões virtuais de uma empresa nominalmente sediada em Bombaim.

Olhando mais de perto, porém, a cena não é tão convidativa. A transposição do modelo da fábrica para o do escritório tornou o trabalho do colarinho-branco repetitivo, gerando entorpecimento. Em meados do século, o gerente começou a se sentir preso espiritualmente – um "homem corporativo", com a alma aprisionada na firma. Pouco depois de se unirem à força de trabalho, as mulheres eram designadas para baixas funções administrativas ou de secretariado, das quais era impossível ascender, e enfrentavam uma dupla subordinação, sendo alvos de assédio sexual. Os escritórios passaram a se reproduzir indefinidamente: para cada prédio elegante, como o Seagram Building, surgiam dez cópias baratas, modulares, sem calor humano em seu interior. Tentativas sérias de resolver esses problemas geravam mais problemas. A "paisagem de escritório" alemã era caótica, inóspita à concentração. O Action Office, de Robert Propst, seria pervertido, ao longo dos anos, no mais notório símbolo do mundo do escritório norte-americano: o cubículo. Até os loucos escritórios ponto-com seriam lembrados não por sua utopia arquitetural, mas pelas loucas horas de trabalho de seus ocupantes, e passaram a ser chamados por muitos de "*sweatshops* dos colarinhos-brancos". Por outro lado, a vida burguesa do profissional autônomo no sofá é uma realidade para muitos, mas vem acompanhada de uma persistente insegurança financeira, sem benefícios, e com um ambiente de trabalho relativamente não social. Em suma, a história do trabalho do profissional de colarinho-branco se articula a promessas de liberdade e ascensão que sempre foram traídas.

Por que as melhores intenções de teóricos e arquitetos, projetistas e executivos não conseguiram produzir um ambiente feliz para os trabalhadores norte-americanos? E nos raros exemplos de escritórios bem-sucedidos, o que os faz funcionar tão bem? Por que o fascínio pela vida de escritório (que parecia ter tanto prestígio) revelou-se tão ilusório e frustrante desde os dias de *Bartleby, o escriturário*, em 1853, até a pancadaria com bastões de beisebol em *Como enlouquecer seu chefe*? Como as mudanças e os acordos internos nos escritórios vieram a afetar a vida fora dele?

Este livro fala do projeto e da história do escritório, e fala por intermédio de funcionários anônimos, sem rosto, e às vezes por meio das máquinas de escrever, dos armários de arquivos e das cadeiras onde se sentavam. Mas também relata a história de indivíduos que procuraram modelar o escritório – física e socialmente – com o objetivo de melhorar a vida dos que lá trabalhavam e que, geralmente, tinham um resultado muito diferente do planejado. É uma história contada da perspectiva dos que sentiram essas mudanças no próprio local de trabalho.

□

Este livro é uma homenagem a C. Wright Mills, inspirado por sua obra clássica e indigesta, *A nova classe média*, que fala do trabalhador não braçal em meados do século XX. Não vou entrar em detalhes sobre o livro dele, mas suas ideias e influência estão em toda parte. Certamente, há diferenças de método, pois a obra de Mills é da área sociológica, ou, pelo menos, tem a marca altamente subjetiva da sociologia. Este meu livro é uma história social mesclada com jornalismo e, no final, faz algumas incursões na futurologia. Além disso, o termo "colarinho-branco", usado por Mills, é ao mesmo tempo mais amplo e mais vago do que "o escritório", pois aquele engloba professores, vendedores, médicos, generais, estenógrafos e funcionários em geral. Ao me restringir ao escritório, vou omitir muitas das questões maiores sobre profissionais e políticos, que Mills aborda, ou essas questões aparecerão de modo indireto. Aqui, a história é vislumbrada através do escritório, através dos sentimentos e atitudes de quem trabalhou anos e anos em escritório, bem como de quem tentou impor uma visão do que os funcionários de escritório deveriam fazer, e de como deveria ser o trabalho deles.¹

A nova classe média foi publicado em 1951, quando os homens de colarinho-branco constituíam pouco menos da metade da força de trabalho. Era um grupo emergente, que muitos observadores consideravam substituto da antiga classe média de artesãos e pequenos comerciantes. As características principais desse grupo não eram bem definidas, seu perfil político e de visão de vida ainda eram amorfos. Mills os retratou de maneira mordaz, como "homenzinhos", seguidores autônomos, homens que se julgavam independentes e empreendedores mesmo quando escravizados por grandes empresas. Embora o trabalho deles estivesse se tornando tão rotineiro quanto o de uma fábrica, os aspectos intangíveis do emprego – prestígio, status – os deixavam imunes à ideia de que pertenciam a uma determinada classe, com determinados interesses. Sua política era aderir ao que viesse pela frente. "A qual grupo ou movimento eles têm mais probabilidade de se filiar?", escreveu Mills. "A resposta é: Ao grupo ou movimento que tem a probabilidade mais óbvia de ganhar."² Ele tinha razão ao ver que o autoentendimento dos homens de colarinho-branco se apoiava fortemente em categorias vagas, como a de prestígio. E as características principais do local de trabalho descrito permanecem: o escritório como um espaço de solicitude e sociabilidade vazia, em paralelo a um trabalho de enfadonho entorpecimento e isolamento individual.

Mills apresenta sua ideia como se toda a força de trabalho de colarinho-branco pudesse ser vista como uma nova classe média e, consequentemente, como um único grupo. Mas a história do trabalho em escritório revela menos coesão. Poucos aspectos daquele escritório permaneceram imutáveis ou incontestáveis, e certamente não o entendimento que os funcionários tinham de si mesmos e de suas perspectivas. À luz da história, a sinopse de Mills retratando o escritório revela ideologias e classes sendo construídas e desconstruídas, juntamente com noções fundamentais de como e por que trabalhamos.

É claro que Mills não podia imaginar como seria o mundo quando o escritório deixasse de ser apenas outro local de trabalho, além dos armazéns e das fábricas, para se tornar a marca de uma sociedade industrial avançada. Nos anos 1920, quando o jornalista alemão Siegfried Kracauer foi a Berlim, ficou perplexo ao ver a cidade caracterizada por uma "cultura do emprego", invadida por assalariados trabalhando em escritórios. Hoje, em qual cidade dos Estados Unidos – ou da Europa – isso causaria estranheza? A cultura do escritório tornou-se a cultura dominante do local de trabalho; os Estados Unidos são um país de funcionários. *Cubiculados* é a história de como isso aconteceu, e é uma análise do que isso significa e do que poderá significar no futuro.

CAPÍTULO 1

A CLASSE ESCRITURÁRIA

A manga puída do paletó sobre a mesa. A pena de aço vai ao tinteiro.
Escreve! Escreve! Verdade ou mentira. Palavras! Palavras!
Escriturário não pensa.
– BENJAMIN BROWNE FOSTER, *Down East Diary* (1849)[1]

Eles trabalhavam em quartinhos enfumaçados, mal iluminados, ligados a comerciantes e advogados, a seguradoras e bancos. Tinham caligrafia caprichada e vista precária, roupas extravagantes, mas amarrotadas, corpo lasso, as costas curvas devido à má postura, dedos calosos da escrita contínua. Quando não eram magros, angulosos e pálidos, eram vermelhos e adiposos; a pança caía sobre as coxas.

Houve um tempo em que os escriturários eram um tema raro na literatura. Sua vida era considerada indigna de comentários, seu local de trabalho, pequeno e atulhado, sua função, indescritivelmente maçante. No entanto, um dos maiores contos é sobre um deles. Em *Bartleby, o escriturário* (1853), Herman Melville, que ficou famoso por suas memórias e romances sobre viagens marítimas espetaculares a ilhas exóticas – ganhando leitores que depois veio a perder com um livro longo e esdrúxulo sobre a caça a uma baleia –, decidiu voltar-se para dentro, para o mundo acanhado e sufocante do escritório. A caçada titânica à baleia branca foi trocada pela busca da caneta do tamanho certo, e a procura da posição correta para se sentar à escrivaninha: "Se, para aliviar as costas, ele levantava à altura do queixo o tampo da prancheta em plano inclinado, e escrevia ali como alguém usando o telhado íngreme de uma casa holandesa em vez de mesa, dizia que interrompia a circulação dos braços. Se abaixava o tampo à altura da cintura, inclinava-se muito para escrever e sentia uma dor aguda nas costas."[2]

Melville havia trabalhado como escriturário para um comerciante em Albany antes de – como disse Ishmael – embarcar no navio. Ele conhecia por dentro o vazio peculiar do trabalho de escritório, o clima de um serviço sem finalidade e interminável, num beco sem saída. Até em *Moby Dick* ele fala dos milhares que, em Manhattan, passeavam pelo parque Battery perdidos num "devaneio de mar", evitando retornar à vida do trabalho, "confinados entre ripas e gesso – amarrados aos balcões, pregados às banquetas, grudados nas escrivaninhas".[3] Muito apropriadamente, as poucas janelas do escritório de Bartleby só tinham vista para paredes. "Num dos lados", escreve o narrador anônimo, "a parede branca do interior de um largo poço de iluminação natural, penetrando o edifício de cima a baixo."[4] Do outro lado, "a vista plena de uma alta parede de tijolos, negra de velhice e perpétua sombra". Essa parede, o narrador acrescenta com ironia, "não exigia binóculo para revelar suas belezas ocultas, mas, em benefício de todos os espectadores míopes, fora arrastada para ficar apenas a três metros da minha janela".[5] Dos dois lados, duas paredes: uma, a parede branca do poço de iluminação, a outra de tijolos enegrecidos de fuligem fechando a vista e a luz. Uma janela emparedada, um recinto sem vista.

Mas o escritório de *Bartleby*, como o *Pequod* de Ishmael e Ahab, é também um lugar de vínculos masculinos, de alegre camaradagem e cordialidade. O narrador, um advogado, inicialmente contrata três escriturários, cujos apelidos absurdos – Turkey, Nippers e Ginger Nut – ele adota afetuosamente. Cada um deles se comporta com total previsibilidade, da mesma maneira, todos os dias. Por exemplo: Turkey, já idoso, sempre para de trabalhar depois de um almoço acompanhado por uma quantidade imoderada de vinho, deixando seu rosto "rubro como brasas na lareira em noite de Natal".[6] Mas o patrão é bondoso demais para fazer algo no estilo de Trump, e os destemperados funcionários jamais desafiam o chefe.

Contudo, esse estado de coisas se desfaz quando um súbito aumento no volume dos negócios leva o narrador a contratar mais um escriturário – Bartleby, o personagem-título. Ele chega "palidamente arrumado, deploravelmente respeitável" e, por algum mistério, "incuravelmente desamparado".[7] O narrador lhe dá uma mesa junto a uma janela, mas, como todas as outras janelas, pouco oferece à visão, "tendo originalmente proporcionado uma vista lateral de quintais e tijolos encardidos, porém, devido a subsequentes edificações, não dominava agora vista nenhuma, embora", concede o narrador, "desse alguma luz".[8]

A princípio, Bartleby trabalha diligentemente, sua magreza inversamente proporcional à voracidade pela escrita: "Como se estivesse há longo tempo faminto por alguma coisa para copiar, ele parecia devorar meus documentos. Não dava pausa para a digestão. Trabalhava dia e noite, copiando à luz do dia e à luz de vela. Eu estaria contentíssimo com sua dedicação se ele fosse alegremente industrioso. Mas ele escrevia e escrevia, silenciosamente, palidamente, mecanicamente."[9] O problema surge quando essa rotina é interrompida. O advogado-narrador pede a Bartleby que o ajude a comparar duas cópias de um documento. Após lhe explicar o trabalho a ser feito, o narrador fica estupefato com a resposta chocante de Bartleby – "Prefiro não". Ao repetir a frase atrevida a cada tentativa vociferante do narrador para fazê-lo cumprir a obrigação, Bartleby mergulha a calma previsibilidade do escritório em tempestuosa irregularidade. No final, o advogado, perplexo com a intransigência de Bartleby, diante daquela resistência passiva, é obrigado a sair do escritório. Bartleby é levado à prisão, onde, privado da dieta de documentos, morre à míngua.

O *significado* de *Bartleby* tem sido alvo de debates infindáveis. Empregados de escritório sempre o julgaram um espelho de sua condição, sendo o "Prefiro não" um encapsulamento de como o escritório reduz conflitos titânicos a picuinhas e ressentimentos em banho-maria. Mas em 1853, quando a história foi escrita, o termo "escritório" – e o tipo de trabalho realizado ali – não chegava nem perto do significado universal que alcançou hoje. Naqueles anos tensos antes da Guerra Civil, seus funcionários eram um fenômeno pequeno, porém incomum, alvo de um exame minucioso, ansioso. Seus locais de trabalho eram ao mesmo tempo centros significativos do empresariado norte-americano e terrenos férteis para uma espécie de ocupação que ninguém reconhecia como trabalho. O empregado de escritório era um tipo de trabalhador que parecia, como Bartleby, simultaneamente inofensivo e ameaçador. *Bartleby* foi a prova de que o escritório começava a borrar a marca de sua tinta na percepção mundial.

□

Onde começa o escritório? A pergunta não tem uma resposta fácil. Pode-se associar sua origem ao próprio começo da burocracia – até recentemente a associação mental mais comum com trabalho de escritório (pense no termo depreciativo "empurrador de papel"). Em outras palavras, desde a invenção da escrita e da função correlata de manter registros de modo sistemático, sempre existiram locais semelhantes a escritórios: monastérios, bibliotecas, ambientes acadêmicos. O setor bancário contribuiu com uma enorme quantidade de papéis. A galeria Uffizi, de grandeza incomparável em arte renascentista, em Florença, foi também um dos primeiros prédios de escritórios, onde se fazia a contabilidade das revolucionárias operações financeiras da família Medici. Os escriturários também existem há séculos, e muitos se desapartaram da escrivaninha para ficarem famosos: desde Samuel Pepys, cronista do governo britânico que relatava todas as fofocas da Inglaterra do século XVII, até Alexander Hamilton, que se esfalfou como empregado de um comerciante antes de se tornar primeiro-secretário do Tesouro dos Estados Unidos. Benjamin Franklin, modelo supremo da contenção pecuniária e autoabnegação burguesa, era balconista de armazém em 1727. Talvez um pouco da chatice dos escritos de Franklin tenha sido forjado nas condições de seu primeiro emprego: como os empregados tinham a oportunidade de escrever num diário, colocavam ali suas queixas do tédio absoluto do serviço – as cópias infindáveis, a postura incômoda, a falta de sentido do trabalho. Quando não estavam fazendo a escrita obrigatória, os empregados cultivavam o hábito de escrever sobre o trabalho – ou literalmente à volta dele, como no caso da marginália infame deixada por alguns escribas medievais. "Escrever é uma labuta excessiva", diz um escrevinhador desses. "Encurva as costas, turva a vista, torce o estômago e as costelas." "Ai, minha mão", diz outro – mesmo que escrever essa frase tenha servido apenas para agravar o problema.[10]

A noção do escritório como a quintessência do local de trabalho alienado, ou simplesmente a labuta diária, nada tem a ver com a etimologia da palavra. O termo em inglês para ofício/escritório/cargo vem da palavra latina para "dever". Uma das maiores obras filosóficas de Cícero, prolixo crítico dos últimos dias da República de Roma, é um tratado intitulado *De Officiis*, geralmente traduzido por "Do Dever", ou "Sobre o Dever", embora pudesse ser mesmo "Do Ofício". Em Cícero, o dever não fica longe do sentido contemporâneo de "ter um cargo", como o "cargo de presidente", sendo a conotação de um conjunto específico de responsabilidades. Para Cícero, "ofício" era aquilo apropriado à pessoa, o que lhe cabia como um dever natural. Isso também parece longe de qualquer compreensão do escritório como local de trabalho: pouca gente jamais imaginou o trabalho em escritório como sendo natural, apropriado ou justo.

Para descobrir o surgimento do escritório na história – o local que prefigura os escritórios de hoje – é preciso ver uma confluência peculiar de novos tipos de edificações e profundas mudanças econômicas, bem como (a parte mais melindrosa) os novos sentimentos e a consciência constante, um do outro, em certos estratos da força de trabalho. A industrialização na Inglaterra e nos Estados Unidos produziu cada vez mais trabalho administrativo e, concomitantemente, necessitou cada vez mais de uma organização racional da contabilidade, de faturas e balanços. Em suma, papelada. Ascendendo a essas posições, os funcionários olhavam em volta, viam seu número crescendo e se sentiam vagamente pertencentes a um grupo especial. A evolução do escritório coincide, então, com uma mudança de posição dos próprios funcionários – uma nova inquietude por parte deles, uma nova sensação de poder. Não eram totalmente seguros de si, mas já não estavam isolados. Em meados do século XIX, os empregados de escritório e seus locais de trabalho começaram a aparecer com regularidade na literatura e no jornalismo. *Bartleby*, com seu protagonista simultaneamente assertivo e retraído, capta de maneira admirável a ambivalência dos primórdios do escritório.

O que *Bartleby* captou também, assim como outras descrições da vida no escritório da época, foi a noção de que o trabalho no escritório era *antinatural*. Num mundo em que os transportes e a agricultura, as incorporações e construções estavam na ordem do dia, o trabalho burocrático parecia não se encaixar. O empregado de escritório nos Estados

Unidos no auge do século XIX era uma criatura esquisita, uma figura estranha, um fenômeno inexplicável. Em 1880, menos de 5% da força de trabalho, ou seja, 186 mil trabalhadores, tinham funções burocráticas, mas nas cidades, onde se concentravam os profissionais da mídia (que também trabalhavam em escritórios, ou em locais semelhantes), esses funcionários se tornaram a faixa de maior crescimento da população.[11] Em cidades de grande porte comercial, como Nova York, eles já eram onipresentes. No censo de 1855, os empregados de escritório já constituíam o terceiro maior grupo ocupacional, atrás apenas de serviçais e operários.[12]

Para muitos, foi um desenvolvimento terrível. A função burocrática nada tinha de compatível com o que os norte-americanos pensavam sobre trabalho. Os funcionários não serviam para lavrar a terra, assentar trilhos de trem, fazer munições nas fábricas, quanto mais morar numa cabana à beira de um laguinho plantando feijão e viver de verdade. Ao contrário do trabalho na fazenda ou na fábrica, o trabalho em escritório não produzia nada. No máximo, parecia *reproduzir* coisas. Escriturários copiavam incessantemente, contadores somavam números para criar mais números, e funcionários de seguradoras faziam, literalmente, mais papelada. Para o plantador de tabaco ou o minerador, aquilo mal constituía um trabalho. Ele (e nessa época era invariavelmente ele) era um parasita do esforço de outros, que faziam literalmente o trabalho pesado. Enquanto o corpo dos verdadeiros trabalhadores era vigoroso, bronzeado pelo sol inclemente ou escurecido pela fuligem das chaminés da fábrica, o corpo dos funcionários de escritório era esguio, quase feminino em sua delicadeza jamais posta à prova.

A animada (e inescrupulosa) imprensa norte-americana de vez em quando se detinha para lançar invectivas contra o funcionário de escritório. "Ousamos afirmar que não há neste país um conjunto de homens mais dependente e subserviente do que os distintos funcionários do comércio nesta e em outras grandes cidades", disseram os editores do *American Whig Review*. O *American Phrenological Journal*, por sua vez, advertia fortemente os jovens com pretensões ao trabalho burocrático: "Sejam homens, portanto, e com verdadeira coragem e virilidade adentrem a floresta com um machado e abram espaço para a luz do sol e um lar independente." *Vanity Fair* usou a linguagem mais forte de todas: empregados de escritório eram "convencidos, desprezíveis, egoístas, gananciosos, sensuais e dissimulados, tagarelas e covardes", gastavam toda a sua pequeníssima força tentando se vestir melhor do que os "*verdadeiros* homens que faziam um *verdadeiro* trabalho".[13] Não se sabe por que o jornalismo, também realizado em escritórios, com papel e caneta, nunca foi questionado se constituía um "*verdadeiro* trabalho".

O traje dos funcionários era um alvo fulgurante para os dardos da imprensa, já que o próprio conceito de traje formal de trabalho (sem mencionar o estilo casual) surgiu com a aparição maciça dos funcionários nas grandes cidades norte-americanas. "Na sala de contabilidade e no escritório", escreveu Samuel Wells, autor de um "manual de etiqueta republicana" de 1856, "os cavalheiros usam sobrecasacas ou casacos mais curtos de corte reto. Não precisam ser confeccionados com tecido muito bom, e não devem ter padronagem chamativa."[14] Outros conselheiros de moda indicavam uma série de "casacos de escritório", "sobretudos de escritório", "paletós de escritório", à venda em novas lojas, como a Brooks Brothers. Os norte-americanos da classe operária usavam chapéu de palha ou camisa verde. O que distinguia os funcionários eram os colarinhos, alvejados em branco imaculado e engomados numa rigidez imponente. Mas como essas camisas eram caras, para atender os clientes as lojas passaram a vender colarinhos avulsos, meia dúzia de colarinhos pela metade do preço de uma camisa barata. O colarinho branco, destacável, porém marca essencial do status, era o símbolo perfeito da natureza dual, pseudorrefinada, do trabalho em escritório.

O egocêntrico funcionário de colarinho-branco passou a fazer parte do repertório de sátiras. Em seu conto "O homem da multidão", Edgard Allan Poe vê a "tribo de funcionários" composta inteiramente por almofadinhas caprichosos demais, imitando um estilo aristocrático velho de muitos anos:

> Havia os atendentes novatos das casas de entretenimento da época – jovens cavalheiros com casacos ajustados, botas reluzentes, cabelos bem untados e lábios presunçosos. Afora uma certa elegância de postura, que pode ser chamada de *escritorismo* por falta de melhor

termo, o estilo dessas pessoas parecia-me um exato fac-símile do que fora a perfeição do *bon ton* cerca de 12 ou 18 meses atrás. Eles tinham uma pose já descartada pela aristocracia, e isso, creio eu, envolve a melhor definição da classe.

A diferença dos funcionários de alto nível nas firmas sólidas, ou dos "veteranos de confiança", era impossível não notá-la. Estes eram conhecidos pelo marrom ou preto do casaco e pelas pantalonas feitas para se sentar confortavelmente, com gravata e colete, sapatos largos de aspecto forte, e meias espessas ou botinas. Todos tinham a cabeça ligeiramente calva, de onde a orelha direita, de tanto ser usada como apoio de lápis, tinha o estranho hábito de se projetar para fora. Observei que eles sempre colocavam ou tiravam o chapéu com as duas mãos, e usavam relógios com correntes curtas de ouro de estilo substancial e antigo. A afetação deles era de respeitabilidade – se de fato houver uma afetação tão ilustre.[15]

Coube ao poeta Walt Whitman, bardo das profissões masculinas – o fazendeiro, o construtor, e até o vadio e o indolente – estabelecer que o funcionalismo era antitético da democracia masculina norte-americana. Num artigo de jornal chamado "Broadway", o poeta empina o nariz diante de um grupo "cavalheiresco" de "funcionários do centro da cidade" passeando pela larga avenida em direção a suas salinhas abarrotadas no baixo Manhattan. "Uma geração magra, de ombros arredondados, pernas curtas, rosto pálido e peito côncavo." Mais uma vez, o que distingue os funcionários é seu estilo de elegância, "janotas empertigados reluzindo no brilho de botas bem engraxadas, camisas limpas – às vezes, agora mesmo, de padrões extraordinários, como se cobertas de besouros! –, calças apertadas, presilhas, que parecem estar voltando um pouco à moda, gravatas chocantes e o cabelo 'escorregadio', ensopado de óleos enjoativos". Mas as roupas espalhafatosas mal escondiam a verdade dos corpos: "Que mísero 'rabanete bifurcado', espichado, eles seriam, e quão ridículos pareceriam seus modos garbosos se de repente todos eles ficassem nus!"[16]

A fantasia de expor o funcionário à sua própria inadequação apenas ocultava, no entanto, o medo da mudança no mundo dos negócios nos Estados Unidos. Sob a pressão da crescente industrialização no norte do país, a democracia jeffersoniana dos fazendeiros estava tomando o mesmo destino dos búfalos. Mais importante ainda, o mundo dos homens de negócios do século XVIII, que eram também artesãos – homens de colarinho-branco que trabalhavam com as mãos –, começou a sofrer um lento declínio desde que os comerciantes e seus funcionários passaram a explorar seu maior conhecimento de mercados distantes, e as indústrias passaram a necessitar de cada vez mais guarda-livros para manter suas contas cada vez mais complicadas. Nova York era um caso de destaque: em 1818, uma linha marítima começou a trazer mercadorias das docas do East River e de Liverpool (que tinha uma das mais altas concentrações de funcionários da Inglaterra); em 1825, completou-se a obra do Canal Erie, ligando a zona oeste ao centro de Nova York; importadores se instalaram no baixo Manhattan para receber mercadorias da Ásia e do Caribe, bem como da Europa. O crescimento industrial trouxe incontáveis estabelecimentos urbanos de venda por atacado e a varejo que precisavam de pessoas para cuidar da papelada. A "base da prosperidade", segundo a *Hunt's Merchants' Magazine* de 1839, estava "no grande aumento dos locais modernos para difundir e obter informações completas e corretas a respeito de tudo sobre o comércio".[17] Quem manejava isso eram os funcionários. As cidades passaram a ter números ainda maiores de funcionários perambulando pelas largas avenidas, deixando pessoas como Whitman abismadas e preocupadas. Em 1860, 25% dos moradores da Filadélfia tinham trabalho não braçal; na novíssima cidade de San Francisco já chegavam a 36%; e em Boston já eram quase 40%. Nem todos eram exatamente empregados de escritório, mas a tendência era clara: cada vez mais gente tinha parado com o trabalho braçal e agora trabalhava com a cabeça. As colunas de opinião nos Estados Unidos devem ter odiado o "deplorável, espichado" funcionário de escritório, mas o ódio refratava a intensa ambivalência quanto à natureza dos negócios – e a possibilidade de que os funcionários talvez não fossem uma aberração, mas, sim, o futuro.[18]

□

Apesar do furor devido a sua agressiva efeminação, os funcionários, e com eles o escritório, foram se infiltrando silenciosamente no mundo norte-americano do século XIX. Filósofos da moral estavam mais preocupados com o clangor da industrialização e suas usinas satânicas, e muitos consideravam negligenciável o mal audível arranhar da pena nos livros-razão e nos recibos que caracterizavam o novo mundo do trabalho burocrático. Era apenas um "negócio seco, áspero", como diz o narrador de *Bartleby*. Entretanto, a expansão da força do funcionalismo anunciava uma mudança tão grande quanto a da indústria, e o humilde escriturário de colarinho-branco seria uma figura tão significativa quanto o operário de macacão azul nas fábricas.

Em parte, o escritório foi tão pouco digno de nota pelo fato de que os escriturários de meados do século XIX pareciam fazer seu trabalho da mesma maneira que os escriturários de décadas antes, na América colonial e revolucionária. A estrutura típica de uma firma comercial ainda era a sociedade de duas ou três pessoas, geralmente da mesma família, com as participações garantidas por contrato. O método-padrão de contabilidade, das partidas dobradas, foi desenvolvido na Itália, no século XIV. E os escritórios também se pareciam com os bancos e as salas dos mercadores da Itália renascentista – chamados nos Estados Unidos, assim como foram na Renascença, de salas de contabilidade. Entrando nesses espaços de contabilidade, a porta externa se abria na escuridão, talvez agraciada por uma única janela raiada de poeira da rua, embaçada no interior pela fuligem do fogão barrigudo no meio do recinto. Uma escrivaninha alta de tampo corrediço era onde se sentava um dos sócios. Num canto, uma escrivaninha mais alta era reservada para a pequena equipe de escriturários. Os sócios estavam frequentemente ausentes dessa cena, em visitas pessoais para conduzir as transações comerciais, enquanto os escriturários lá ficavam copiando documentos, infindavelmente. Outra figura insigne desse escritório é o guarda-livros: o homem paciente, de semblante amarelado, de caneta e tinteiro, conferindo minuciosamente o livro-razão através do pincenê, cuja principal fonte de orgulho era a capacidade de conjurar somas de colunas de números com rapidez e eficiência.

Em 1869, um ex-empregado da Jones and Laughlin Steel Company, de Pittsburgh, em cujo escritório trabalhava um total de seis homens (três sócios e três encarregados da contabilidade e da burocracia), lembra como era a vida no escritório na época, uns setenta anos antes: "Não havia telefones, estenógrafas, datilógrafas, e os negócios eram feitos cara a cara. Um homem viajava centenas de quilômetros para comprar uma carga de ferro (15 toneladas) em vez de escrever, porque assim podia ver todos os produtores de ferro e achava que podia economizar mais do que havia gastado, negociando o preço mais baixo. Provavelmente havia mais clientes no escritório do que há hoje... O expediente começava às sete da manhã, e seis da tarde era a hora de ir embora somente se o trabalho do dia estivesse terminado, e não era incomum continuar depois do jantar."[19] Mesmo que o dia de trabalho fosse longo, o ritmo dos negócios era vagaroso a ponto de causar inveja, conforme um sócio descreve um dia "agitado". "Acordar de manhã cedo, fazer o desjejum, ir para o centro da cidade, chegar à sala de contabilidade da firma, abrir e ler cartas – sair e fazer alguns negócios, na alfândega, no banco ou onde fosse, até o meio-dia, almoçar e tomar um cálice de vinho no Delmonico, ou comer algumas ostras na Downing, assinar cheques e cuidar das finanças até a uma e meia... voltar à sala de contabilidade e ficar até a hora do jantar e, nos velhos tempos, quando existiam as 'noites de cargueiros' [quando navios cargueiros chegavam], ficar no centro da cidade até dez ou onze da noite, e então ir para casa dormir."[20]

Os escritórios eram cheios e caracterizados, acima de tudo, por interações cara a cara, assim como a indústria em geral. Um escritório exemplar era uma firma de representação comercial de Nova York que vendia produtos do Oeste e do Sul, com um espaço de apenas 60 metros quadrados onde trabalhavam quatro sócios e seis empregados, todos homens. Um era o gerente, dois cuidavam das contas mais importantes, e outro cuidava das contas menores. O quinto empregado era secretário do sócio majoritário, e o sexto, na recepção e expedição, trabalhava "desde manhã cedo até as oito ou dez horas da noite", controlando cargas e estoques. Um grupo de vendedores entrava e saía do escritório combinando transações, e um cobrador era encarregado das faturas e depósitos bancários.[21]

O General Business Office da Stratton Commercial School, Boston (1884).
Early Office Museum

Mas o que a aparente continuidade na vida dos funcionários mascarava era uma série de mudanças profundas e momentosas na estrutura do próprio trabalho no escritório, mudanças que começavam a remodelar sutilmente as cidades norte-americanas e os mundos do trabalho nelas contidos.

Uma dessas mudanças foi a crescente especialização dos negócios. O século anterior tinha visto uma grande quantidade de atividades mercantis reunidas numa figura – o comerciante – que acumulava as funções de "exportador, atacadista, importador, varejista, proprietário de navios, banqueiro e seguradora" (nas palavras do historiador da evolução dos negócios Alfred Chandler). Em meados do século, todas essas tarefas foram divididas. Havia bancos para lidar com o dinheiro, companhias de seguros para minimizar os riscos, frotas de navios para transportar mercadorias, os negociantes pararam de comercializar múltiplos produtos, concentrando-se em um ou dois, e em apenas um aspecto do negócio (importação ou exportação), enquanto as transações do dia a dia eram cada vez mais realizadas por pessoal subordinado.[22] No comércio varejista, o crescimento da indústria fabril significou que as mercadorias vendidas (roupas, por exemplo) eram confeccionadas fora, e as lojas passaram a ter somente a função de vender – sempre com um contingente de subordinados para registrar as transações do dia. Em outras palavras, o trabalho braçal estava sendo separado do trabalho não braçal.[23]

A separação de tarefas e a divisão entre produção e venda se cristalizaram no desenvolvimento de escritórios com funcionários, às vezes totalmente separados do mundo sujo, barulhento e malcheiroso do "*verdadeiro* trabalho". Nos catálogos das cidades, à época, podem-se notar, pela primeira vez, companhias proprietárias de fábricas na cidade ou nas redondezas, com um endereço diferente para o escritório no que com frequência cada vez maior passou a ser chamado de "*downtown*", o "centro da cidade" (o uso, de início tipicamente norte-americano, foi registrado pela primeira vez em 1836). Ao mesmo tempo a costumeira expressão "sala de contabilidade" começou a ser substituída por "escritório". Mesmo quando a parte administrativa permanecia no local da fábrica, era geralmente separada do andar da produção a fim de que os gerentes e funcionários do escritório tivessem uma entrada para o local de trabalho fisicamente distinta daquela dos operários da fábrica (e a entrada para o escritório era geralmente mais bonita, decorada com vigas e colunas emoldurando a porta, sem a atmosfera de depósito da fábrica). Os prédios de escritórios começaram a adquirir um idioma arquitetônico próprio, um estilo "Revivalista Grego", repleto de colunas dóricas e grandes vitrines para o comércio varejista. Era um sinal de que o trabalho realizado lá dentro era nobre, digno e importante.[24]

Outra diferença, invisível porém significativa, correspondia à divisão salarial entre trabalhadores braçais e não braçais. A maioria dos operários especializados casados mal ganhava para sustentar a família, recebendo uma média de 500 dólares por ano. No entanto, a *Hunt's Merchants' Magazine* estimava que a média de despesas anuais de uma família de quatro pessoas, vivendo frugalmente, chegava a 1.500 dólares – *três vezes* a renda média de um trabalhador braçal. Embora os funcionários de escritório em geral recebessem um salário irrisório em seu primeiro ano de trabalho, com um piso salarial de cerca de 50 dólares, tinham possibilidade de chegar a ganhar mais que o teto salarial de um operário, e há muitos relatos de funcionários na casa dos 20 ou 30 anos de idade que já ganhavam 1.500 ou 2 mil dólares. Acima de tudo, a diferença estava em como esses pagamentos, baixos ou altos, eram pagos. Os trabalhadores braçais recebiam por hora ou por peça produzida, enquanto os não braçais recebiam salários anuais. Para os trabalhadores de colarinho-branco, numa economia norte-americana afligida por extensas flutuações nos preços e frequentes crises financeiras, isso significava uma base de estabilidade de que o operário jamais desfrutava.[25] Uma pequena troca de poder começava a acontecer. Se as pessoas que "trabalhavam com as mãos" ainda presumiam ter a posse do mundo das coisas, os funcionários de escritório, que trabalhavam "com a cabeça", já estavam no coração do progressivo mundo capitalista da administração e direção – perto do poder, se não exatamente no controle dele.

Assim, em vez de "solidariedade", a palavra-chave do movimento trabalhista industrial europeu que chegou à Inglaterra e aos Estados Unidos, a ética que se apossou dos funcionários foi de "autopromoção". Eles tinham sido arrancados de um mundinho de famílias e fazendas entrelaçadas, em que o conhecimento era passado de pai para filho. Os outros funcionários eram seus meros concorrentes; não se podia confiar em ninguém além de si mesmo. "O homem que nem ao menos se propõe a ser melhor do que no ano passado deve ser muito bom ou muito ruim", escreveu o comerciário Edward Tailer em seu diário no dia de Ano-Novo de 1850. Não há, ele prossegue, "um ponto estacionário no esforço humano; quem não é pior hoje do que ontem é melhor; e quem não é melhor é pior".[26]

Separando ainda mais o mundo do escritório do resto do mundo do trabalho, surgiu um componente-chave: o aprendizado autônomo. Escolas especializadas – de ensino acadêmico paralelo, direcionado a funcionários – se espalharam pelas cidades para dar aos jovens os novos conhecimentos de que precisavam a fim de ter sucesso nos negócios. O grau mais elevado da chefia numa sala de contabilidade dos Estados Unidos era o de guarda-livros, o mais próximo do verdadeiro conhecimento no local de trabalho dos colarinhos-brancos. Os cursos de contabilidade proliferaram – geralmente a 25 dólares por aula, uma quantia que somente as famílias mais estáveis podiam pagar – e alguns ofereciam "acompanhar o seu trabalho, passo a passo, livro a livro, lançamento a lançamento, transação a transação". Livros de contabilidade como o *Elementary Treatise on Book-Keeping*, de S. W. Crittenden, se tornaram amplamente conhecidos graças à promessa de "levar o tema ao alcance de qualquer rapaz ou moça". Embora os escriturários precisassem aprender técnicas especiais nessas escolas, como escrever trinta palavras em sessenta segundos – a medida da boa caligrafia –, os guarda-livros eram a fonte da verdade fundamental nos negócios do país. A soma dos números, afinal de contas, precisava estar correta. O impulso da contabilidade se alastrou tanto na vida norte-americana que Thoreau fez dela um objeto essencial de paródia no capítulo "Economy" de *Walden*, onde, para demonstrar a superioridade de sua vida frugal, simplificada, ele lançou ostensivamente num livro-caixa a soma de suas despesas com alimentação.

☐

Ao contrário dos enormes labirintos superpovoados, anônimos, climatizados, que a maioria dos funcionários do mundo têm como escritório hoje, os primeiros escritórios do mundo ocidental – particularmente nos Estados Unidos e Inglaterra – eram esferas de intimidade, de um aconchego quase sufocante, caracterizadas por um vínculo masculino untuoso entre os sócios e seus funcionários. Devido à proximidade entre patrões e funcionários, estes eram às vezes considerados, como disse o grande historiador do local de trabalho Harry Braverman, um "assistente da gerência, lacaio, confidente, estagiário da gerência, e possível genro".²⁷ Ou, como consta na *Hunt's Merchants' Magazine*, o funcionário do comerciante "é para os negócios o que a esposa é para a ordem e o bom andamento da casa – o gênio que dá forma e feição de prosperidade aos materiais fornecidos por outros" –, uma comparação dificilmente confortável para quem se aborrecia com a "feminilidade" do trabalho burocrático.²⁸ Ao mesmo tempo, a proximidade disfarçava um traço profundamente competitivo do funcionário norte-americano. Ao contrário de seus irmãos na fábrica, que começaram a entender a união no ambiente de trabalho como um meio de reagir às flutuações de humor e caprichos arbitrários do patrão, os funcionários se viam como patrões em potencial. O que parecia ser uma paciência exemplar da "classe média", uma disposição para aturar qualquer coisa a fim de chegar ao topo, vinha de mãos dadas com a mais profunda impaciência. Na verdade, a rabugice deles era proverbial. Como o maior moralista norte-americano, Ralph Waldo Emerson, escreveu em seu canônico ensaio "Autoconfiança": "Se o aluno mais brilhante que se forma em uma de nossas universidades não estiver instalado um ano mais tarde num escritório nas áreas centrais ou nos subúrbios de Boston ou Nova York, parecerá a seus amigos, e a si mesmo, que ele tem razão em ficar desmotivado e passar o resto da vida se queixando."²⁹ Mas a queixa era derivada da proximidade do poder que um lugar num escritório lhe garantia. Praticamente não havia um espaço separando os funcionários de seus superiores. Entre sua posição e a dos sócios da empresa, havia apenas o tempo.

Edward Tailer, empregado de um comerciante de Nova York e que manteve um diário constante em todos os seus anos no comércio, traz uma imagem vívida do mundo de trabalho dos funcionários. Seu tom é digno de Uriah Heep, bem apropriado aos primeiros funcionários de colarinho-branco: humildade mascarando ganância, queixas mascarando confiança. Filho de um advogado rico, aos 18 anos, em 1848, Tailer conseguiu, muito devido ao empenho de sua família bem relacionada, um emprego como funcionário na firma Little, Alden & Co., importadora de produtos têxteis da Inglaterra, França e Alemanha. Afora os sócios (Little e Alden), o pequeno escritório sombrio se limitava a um único guarda-livros, Frederick Haynes. Quando não estava enviando contas para lojas que deviam dinheiro à Little, Alden & Co., ou depositando o dito dinheiro no banco, Tailer se dedicava à infinita monotonia de arquivar recibos. Numa anotação em seu diário, ele diz, com satisfação, que seu dia consistiu em arquivar trezentos recibos e notas fiscais. Altamente consciente do estereótipo de magreza espigada associado aos membros da profissão, Tailer tornou-se um exaustivo propagandista de exercícios físicos e escreveu vários artigos de jornal elogiando o ginásio que frequentava. Numa matéria para o *New York Inquirer,* em 1848, ele escreveu: "É particularmente recomendável àqueles de hábitos sedentários submeter-se ao treinamento encontrado [na Crosby perto da Bleecker]." Como se respondesse à sátira de gente como Walt Whitman, Tailer disse que, após exercícios constantes, "o tórax estreito e contraído logo se torna largo e expandido, e os membros fracos daquele que não está acostumado a se exercitar logo se tornam bem desenvolvidos e torneados, e ele se encontra imperceptivelmente restabelecido em força e saúde".[30] A ideia de um funcionário másculo, musculoso, tem sua contraparte contemporânea nos funcionários de hoje, fixados em saúde, cujos bíceps estufados se remexem como fardos sob a manga da camisa, embora eles raramente levantem mais que uma caixa de arquivos ou um vaso de samambaia no local de trabalho. De fato, o escritório – e o medo de degradação física que engendrava – pode ter dado origem à nossa ideia moderna de academia.

Ao mesmo tempo, a obscuridade da sala mal iluminada o leva a se queixar que sua vista piorava: "Meus olhos me incomodavam, ao fim dos trabalhos do dia, como se eu fosse ficar cego, uma nuvem parecia pairar sobre eles, o que me impedia de enxergar distintamente aqueles objetos muito pequenos que se apresentavam para admissão a serem retratados pela retina. O motivo pelo qual me atribuí o lançamento dessa singular ocorrência é que eles têm ficado fatigados e doloridos pela luz miserável que encontra caminho para nossa sala de contabilidade."[31] O escurecimento da visão de Tailer talvez tivesse menos a ver com a luz, e mais a ver com as queixas de sua posição. Previamente, na mesma anotação, Tailer se queixa de que ainda não tinha ouvido a resposta do patrão sobre um pedido que ele fizera, três dias antes, de um aumento:

Thomas O'Brien, notário público, em sua escrivaninha Wooton (c. 1900).
Early Office Museum

"A resposta que venho esperando diariamente do sr. Alden, se ele me concederá subir para 150 ou não, ainda não fez sua aparição. Tenho a fortíssima impressão de que exibe um traço mau de caráter um homem possuidor de milhares de dólares que recuse a mísera quantia a um funcionário leal e trabalhador, tornando-o feliz e independente, abençoando internamente a mão caridosa que poderia desse modo colocá-lo acima da privação."[32] O pedido de Tailer era de um salário anual de 150 dólares – um aumento de 100 dólares sobre seu salário inicial de 50 dólares, com menos de um ano no emprego. Tailer argumentava que era o salário que ele merecia e, além do mais, era o que poderia lhe permitir se sustentar e aliviar as despesas de seu (rico) pai. A resposta de Alden na ocasião, calma e ponderada, foi que Tailer estava pedindo demais para sua posição: os funcionários em Boston, ele argumentou, recebiam apenas 50 dólares no primeiro ano, com um aumento de 50 dólares a cada ano subsequente.

Em vista de Alden barrar o aumento mês após mês, a lista de afrontas de Tailer se multiplicava. Em várias anotações, ele declara o esforço excessivo dos olhos. E também se queixa do trabalho com as mãos que ele é muitas vezes obrigado a fazer – uma afronta ao seu status de funcionário, que trabalha com a cabeça. "Ocorre-me frequentemente que já é tempo de Little, Alden & Co. contratarem um rapaz para carregar embrulhos e pacotes de mostruários de padronagens, pois já estou com eles há mais de um ano, e não é honroso para mim que esse tipo de trabalho grosseiro e incômodo ainda me seja atribuído."[33] Tailer, "um rapaz", não queria dizer que desejava alguém mais jovem, e sim um carregador para fazer aquele serviço, e acabou conseguindo. A distinção feita por Tailer entre funcionário e carregador era baseada tanto na classe como na raça. A maioria dos carregadores era constituída por imigrantes ou alguma classe de minorias – pelo menos 66% na cidade de Nova York, segundo o censo de 1855, sendo 6% afro-americanos – o que dava à função, na mentalidade dos funcionários, um matiz especialmente baixo. A brancura do colarinho remetia a algo mais que à mera indumentária.

As preocupações de Tailer com sua posição eram comuns naquele mundo do funcionalismo onde a distância entre empregado novato e sócio era vista simultaneamente como enorme e superável. Nenhuma outra profissão era tão convencida de seu status, tão movida pela ansiedade, e, no entanto, aparentava tanta objetividade. Por mais enfadonho que fosse o trabalho, não havia dúvida de que os funcionários se viam, e eram vistos pelos patrões, como aprendizes de diretoria – homens de negócios em treinamento. Poucos achavam que iriam se consumir na função de reles funcionários. Mais tarde, tornou-se proverbial imaginar as pessoas passando a vida inteira num cubículo, e antes, durante décadas, ser secretária era a posição mais alta a que uma mulher podia aspirar num escritório. Parte do prestígio do funcionalismo estava na indefinição do serviço. Dada a natureza da comercialização de produtos, os funcionários passavam muito tempo nas lojas que vendiam os produtos, atuando como vendedores, e sempre agradáveis aos clientes. Em outras palavras, seus encargos eram abrangentes a ponto de permitirem que efetuassem qualquer tarefa, o que significava que muito do seu trabalho dependia de muitos fatores não mensuráveis, além da produtividade: postura e boa educação, e a adequabilidade para futuro marido da filha do patrão. Um bom funcionário cercava o patrão das mesmas atenções que dedicava aos clientes, bajulando-o ao ponto da obsequiosidade, até que o patrão se convencesse de que tinha um bom homem ao seu dispor. Essas habilidades pessoais eram parte do conjunto de competências de um funcionário – algo que conhecemos hoje como política de escritório – e, embora isso não pudesse constar de seu currículo, este era o segredo da suposta nobreza na vida empresarial. O trabalho podia desumanizar, mas qualquer parte que permanecesse humana era a chave para a ascensão profissional.

Essa era também a razão pela qual os funcionários se sentiam superiores aos trabalhadores braçais. Os jovens empregados das fábricas não tinham ilusões de chegar à chefia, e foi por isso que alguns deles se filiaram ao nascente movimento trabalhista norte-americano. Mas os funcionários eram diferentes das pessoas que "trabalhavam com as mãos", e sabiam disso – uma consciência de classe que Tailer registra ao declarar que "o trabalho grosseiro e incômodo" de carregador era indigno dele. Os jovens que desejavam ingressar no mundo dos negócios sabiam que tinham que ser funcionários, e sabiam também que os funcionários podiam muito bem chegar a ser sócios da firma. "Só o tempo poderá colocá-lo na situação que seus ilustres predecessores têm agora!", Tailer escreveu no diário, referindo-se altivamente a si mesmo na terceira pessoa. Mas embora a paciência fosse a notória virtude do funcionário – que escrevia, como Bartleby, "silenciosamente, palidamente, mecanicamente" –, a impaciência era sua marca principal. Visto do chão da fábrica, o topo da siderúrgica de Pittsburgh parecia mesmo muito distante. Mas o escritório de seis pessoas ficava logo ali em cima, na figura desmitificada de um gordalhão dormitando na escrivaninha de tampo rolante, regado a débeis nuvens de fumaça de charuto.

Tailer se sentiu momentaneamente gratificado quando, por fim, recebeu o aumento almejado, e com um bônus potencial de 50 dólares. O faturamento da firma disparou para cima, e Tailer, tendo pleno conhecimento dos detalhes dos lucros (afinal, era ele quem depositava os cheques e fazia os saques), mais uma vez começou a ficar agitado, querendo uma compensação, comparando os meros 100 dólares que recebia com os "milhares" embolsados por Alden. Dois anos e meio depois, Tailer encontrou um emprego de vendedor em outra firma. Ao se despedir, Alden lhe disse que seu "maior defeito fora uma ansiedade muito forte para ser promovido". Contudo, a ansiedade deu resultados. Pouco tempo depois, aos 25 anos, Tailer já era comerciante. Mais tarde, teve dinheiro para fazer várias viagens a Cuba e à Europa, conheceu o pioneiro mórmon Brigham Young, o presidente Franklin Pierce e o papa Pio IX.

□

A simultânea impaciência e subserviência de alguém como Tailer se tornou o *leitmotif* dos trabalhadores de colarinho-branco nos 150 anos desde que o funcionalismo ascendeu à proeminência. Os escritórios passaram a ser espaços altamente ambíguos no capitalismo norte-americano em desenvolvimento acelerado. Os funcionários seriam parte da crescente classe trabalhadora, substituindo os artesãos e fazendeiros da economia dos velhos tempos? Ou seriam meros pontos de parada no caminho para se tornarem parte da "classe dominante"? A resposta parece ser que eles estavam numa posição mediana desconfortável: não exatamente na "classe média", ou ainda não – a expressão não era usada, e o conceito ainda não tinha surgido com força nos Estados Unidos do século XIX –, mas nem pertenciam à classe trabalhadora, nem à elite detentora do capital. Os homens de colarinho-branco raramente sabiam onde se situavam, com quem se identificavam. Era um dilema contínuo, enraizado no que poderia ser chamado de uma *in*consciência de classe, e que caracteriza o mundo do funcionário de escritório até os dias de hoje.

Em certo sentido, os primeiros funcionários de escritórios faziam parte de uma elite. Para começar, imigrantes eram praticamente impedidos de trabalhar em escritórios. Certamente, o racismo ostensivo tinha um papel importante, mas mais pertinente era o fato de que a função requeria um excepcional domínio do idioma inglês, e especificamente da terminologia comercial, o que significa que era comparativamente mais fácil para os imigrantes se agregarem às fábricas ou a outros trabalhos braçais, que dificilmente iriam exigir habilidades de fala ou escrita. Na estrutura de pagamento, na aparência e no estilo de vestir, os primeiros funcionários pareciam ser da elite. Recebiam salário fixo e não por produção, vestiam-se com esmero, tinham os pulsos finos e a compleição clara de aristocratas não afeitos ao trabalho pesado, num país nascido da revolta contra a aristocracia.

Em termos políticos e culturais, os funcionários passaram a formar suas próprias instituições. Enquanto muitos se esquivavam do mundo brutal e dos tapinhas nas costas da política urbana dos meados do século – com seus chefes regionais, gângsteres, discursos em cima de caixotes nas ruas, corrupção escancarada, tudo o que funcionários como Tailer rejeitavam como "eleitoreiro" –, eles desenvolveram seus próprios espaços, semirrefinados, para debater questões políticas e intelectuais. Aderiram a círculos de debates e a bibliotecas mantidas com contribuições, formando as principais bases eleitorais de liceus e ateneus em todas as cidades do país. A Mercantile Library Association, uma biblioteca privada formada em 1820, contava com um número considerável de funcionários entre seus membros, entre eles Tailer, que escreveu em seu diário que a "estimada instituição" estava "destinada a realizar um bem infinito a alguns dos mais incultos membros da comunidade mercantil". Tudo isso fazia parte do dogma do "aperfeiçoamento pessoal" que os jovens funcionários podiam considerar como sua contribuição coletiva à sociedade.

Significava também um compromisso com a respeitabilidade e a honra quando tantos na mídia apregoavam que aqueles jovens afetados estavam arruinando a moral dos clientes em suas lojas de varejo ou, pior ainda, entregando-se à devassidão em bordéis e tavernas.[34] Alguns, como Tailer, se deram ao trabalho de afirmar sua própria virtuosidade. Vagando pela cidade, como sempre fazia a trabalho ou a passeio, Tailer passava por diversas cenas, como uma registrada em seu diário, em que a Broadway "literalmente [sic] enxameava com as mais depravadas das mulheres".[35] Mas muitos outros sucumbiam, com consideravelmente menos santimônia, aos "vícios" oferecidos em abundância pela cidade no *antebellum*. Bares para funcionários – chamados de "*porterhouses*" – muitas vezes se tornavam reduto de alguns menos qualificados antes de saírem para uma "pândega" com prostitutas. Revistas intituladas *Whip*, *Rake* e *Flash*, além de inúmeros romances eróticos, traziam bisbilhotices sobre funcionários altamente empreendedores que ostentavam impressionantes poderes de sedução. Esses contos podem tê-los ajudado a orientar sua identidade diante dos ataques à sua masculinidade.[36]

Um único movimento coletivo que uniu os funcionários poderia ter levado a uma confrontação, e seu status poderia ter sido exposto e contestado (se não resolvido), mas eles fizeram todos os esforços para manter a civilidade e a amabilidade para com os empregadores, deixando as coisas ambíguas – onde, ao que parece, desejavam que estivessem. Esse foi o movimento para regulamentar o horário de fechamento do comércio varejista, onde as firmas vendiam as mercadorias. No início do século XIX, o horário desse comércio era arbitrário, e, portanto, os comerciantes e lojistas podiam manter os funcionários na loja até altas horas, geralmente até às dez da noite, impedindo que tivessem as poucas horas de lazer possíveis, nas quais poderiam ir à biblioteca ou à academia de ginástica. Em 1841, vários deles tinham se agrupado para formalizar o pedido de fechar as lojas significativamente mais cedo, às oito da noite. Mas esse pedido foi redigido na linguagem de amizade e cordialidade das salas de contabilidade: era uma "solicitação", contando com a boa vontade dos comerciantes, argumentando que algumas horas de descanso iriam deixar os "dedicados empregados de boa vontade" na loja.[37] Suscitaram a inimizade de alguns proprietários e editores de jornais, que, de imediato, resmungaram imprecações sobre a lassidão moral de funcionários frequentadores de bordel e, tomando fôlego, sobre um medo mais profundo de uma revolta trabalhista. Os funcionários responderam com agilidade, afirmando em cartas e petições que desejavam meramente se dedicar aos estudos, e, quanto a uma revolta trabalhista, não tinham planos de fazer greve, mas, pelo contrário, de convencer os proprietários com pedidos em tom suave.

O poderoso e influente editor do *New-York Tribune*, Horace Greeley, acolheu o movimento como um sinal de que os funcionários estavam finalmente caminhando na direção de se tornarem verdadeiros cidadãos da República. "A ignorância, a futilidade e o janotismo de Funcionários têm sido tema de ridículo público há tempo demais", ele escreveu no primeiro editorial. Mas se a zombaria tivesse fundamento, ele argumentava, naturalmente "seria preciso tomar medidas para melhorar a condição [dos funcionários]".[38] Quando foi aprovada a petição da associação dos funcionários para fechar os estabelecimentos mais cedo, o editor voltou ao assunto, instando para que as medidas fossem adotadas sem demora, dado que essa maior liberdade lhes permitiria ter mais acesso à educação moral: "No antigo sistema, o tempo dos funcionários era ocupado tão incessantemente que os privava totalmente de um tempo livre para o aprimoramento mental, moral e social que deveria caber a cada um logo ao assumir os deveres e responsabilidades da vida ativa."[39] Ele esperava ardentemente que os funcionários agora "emancipados" se incumbissem de aproveitar essa nova liberdade em recintos veneráveis, como o "New-York Lyceum" e outras sociedades voltadas para o debate e a educação.

Mas a maioria dos comerciantes continuava a resistir. Pouco adiantava que os funcionários estivessem fazendo pedidos em vez de exigências, formando associações em vez de sindicatos. Uma greve teria paralisado inteiramente a vida comercial de Nova York; uma petição só resultava em muxoxos dos comerciantes. Contudo, os funcionários estavam decididos a minimizar quaisquer semelhanças entre seus dóceis e cordiais pedidos de mais tempo livre e os meios violentos geralmente usados pelos trabalhadores braçais grevistas. Quando membros do Committee of the Dry Goods Clerks [Comitê dos Comerciários de Secos e Molhados] enviaram ao *Tribune* uma carta, sem assinatura, ameaçando um determinado comerciante que se recusava a fechar cedo ("cuidado com suas vitrines, se quiser salvá-las [sic] de serem quebradas"), o diretor do comitê pró-fechamento se deu ao trabalho de dissociar seu corpo dos sentimentos mais radicais, declarando que a carta era uma sabotagem da parte de "alguma pessoa maliciosa" tentando "baldar nossas medidas".[40] Apesar de conseguir várias associações maiores, e até uma concessão para formar uma aliança com o Congresso Industrial de Sindicatos dos Comerciários, em 1852, o movimento em prol do fechamento perdeu a força e se dissipou no fracasso.

Os funcionários queriam vencer? Ou se vencessem estariam comprometendo sua própria posição, de homens de negócios iniciantes, e não reles empregados? Em sua própria opinião, os funcionários não eram ameaça a coisa nenhuma. No variado mundo do trabalho norte-americano, eles se viam como bebês, sempre à beira das lágrimas, mas imediatamente sossegados com a oferta de uma chupeta simbólica. *Bartleby*, que explora a natureza ambígua do trabalho burocrático que Melville conheceu em primeira mão, é uma história do único tipo de resistência que um funcionário podia fazer: a resistência *passiva*. "Você *não vai* fazer?", o paternal narrador pergunta. "Eu *prefiro* não", Bartleby o corrige, desconcertando o patrão ao substituir um desejo pertinaz por uma vaga preferência. Um funcionário coloca a situação deles assim:

> O interesse dos funcionários em geral pelos negócios e o sucesso de seus empregadores é, creio eu, avaliado muito por baixo, e que tantos se interessem tão pouco é, talvez, tanto por culpa do patrão como deles mesmos. A maioria dos funcionários é de jovens que têm esperanças e expectativas de negócios à frente. Eles ainda não jogaram fora a confiança excessiva e a generosa amizade peculiares à juventude – são propensos a ter boa opinião sobre si mesmos e sobre o mundo, e se ressentem profundamente quando é mantida uma distância grande demais entre eles e seus superiores...
>
> Um bom funcionário tem interesse no crédito e sucesso de seu empregador independentemente do seu salário, e, a cada fim de ano de sucesso, ele sente que ele também, por sua assiduidade e fidelidade, acrescentou alguma coisa ao seu próprio capital, aos seus prospectos futuros, e algo a seu favor em caso de uma adversidade; um bom comerciante encoraja e torna recíproco esse sentimento.[41]

Anos antes da ascensão do funcionário, os economistas norte-americanos se preocupavam com a crescente distinção entre as classes produtoras, que faziam todo o trabalho, e as classes consumidoras, que simplesmente usufruíam dos produtos. Mas entre os anos 1830 e 1850, quando os funcionários conduziam sua pouca auspiciosa ascensão na mais baixa frequência da imaginação dos norte-americanos, o discurso mudou, passando dessa distinção para a possibilidade de uma "harmonia de interesses" entre empregadores e empregados.[42] Acionados obviamente pela ameaça de socialistas na Europa e América – gente como Charles Fourier e Karl Marx, Robert Owen e Henry George – que declaravam haver conflito irreconciliável entre capital e trabalho, esses pensadores estavam descrevendo também, inadvertidamente talvez, o mundo que o escritório abrigava: um mundo em que os empregados estavam em harmonia com seus empregadores. De fato, desde seus primeiros dias, o escritório era rico em antagonismos, queixas mesquinhas e hostilidade aberta. Na mente do típico empregado de escritório, porém, não parecia contradição buscar seus interesses juntamente com os do patrão. A Guerra Civil furou a harmonia nacional engendrada nos locais de trabalho – especialmente nas plantações de algodão do sul do país, onde, dentre todos os locais de trabalho, havia a maior desigualdade. Mas o escritório, que passou a ter proeminência nos anos que se seguiram, expandindo-se em fileiras e mais fileiras de escrivaninhas e engolfando as cidades em arranha-céus, admitia pouco da clamorosa rixa que acontecia fora de suas paredes. Enquanto reformadores prometiam uma utopia, o escritório prometia outra, que se mostrou mais durável: um infindável, plácido, aperto de mãos.

CAPÍTULO 2

O NASCIMENTO DO ESCRITÓRIO

*Em cada cidade, vila ou sede de fazenda, havia miríades de novas máquinas
– máquinas de escrever –, datilógrafas, telefonistas e operadoras
de telégrafos, balconistas de lojas... chegando a milhões e milhões
e, como classes, ignorados por si mesmos e pelos historiadores.*
– HENRY ADAMS, *The Education of Henry Adams* (1907)[1]

Imagine um contador fazendo uma pausa para examinar seu livro-razão em 1860 e, ao erguer os olhos, se visse em 1920. Ele se surpreenderia com o desvanecimento total de seu cantinho familiar, convertido num ambiente onde as colunas e o alto pé-direito mais pareciam uma caverna forrada de estalactites. Seu colega e companheiro isolado, o funcionário, desaparecera, substituído por dúzias de rostos desconhecidos que o rodeavam em fileiras de mesas perfeitamente compactadas. O sócio, sempre mascando um charuto na escrivaninha de tampo corrediço, ao seu lado, também sumira, multiplicado agora por um pequeno esquadrão de chefes trancados em aconchegantes conjuntos de salas executivas, lá no alto, na estratosfera.

Seu trabalho agora era angustiado, insistente, incansável. Adeus aos dias tranquilos, langorosos, da sala de contabilidade; saudações à labuta fabril do escritório. A textura do tempo ficou mais áspera, apertada – cada momento tão volátil quanto decisivo. Homens com cronômetros registram os movimentos de seu lápis, seus hábitos de arquivamento, suas idas ao banheiro, o quanto demora no bebedouro, quantos minutos ele desperdiça. O silêncio viscoso do antigo escritório é picotado pelos agudos estalidos metálicos da máquina de escrever e da calculadora, pelo abrir e fechar dos armários de arquivos. Ele bate o ponto na entrada e na saída, campainhas estridentes inauguram seu dia e o empurram para fora, apertando os olhos na escuridão do anoitecer, tropeçando e esbarrando nos milhares de casacos pretos que o acompanham, saindo do escritório numa corrente escura interminável.

Entre 1860 e 1920, os negócios se tornaram grandes negócios e inflaram a quantidade e os tipos de posições no escritório. A mudança no ambiente de trabalho refletiu a mudança no trabalho em si. A administração e a burocracia dominaram o mundo dos negócios. O *Walden*, de Thoreau, foi um poderoso protesto contra o tedioso trabalho sem sentido na época do *antebellum*, mas suas percepções firmes e serenas foram caladas pelo clangor de uma industriosidade nova, agressiva. O pósguerra deu a figuras como Thoreau uma réplica após outra; o novo tom do mundo do trabalho ressoou em um dos mais vendidos livretos dos anos 1880, *Blessed Be Drudgery*, escrito pelo cristão evangélico William Gannett. Em vez de pregar a importância da vida contemplativa contra os males de uma nova era, gananciosa, como se poderia esperar de um homem religioso, Gannett criou uma improvável – e inesperadamente inebriante – reconciliação. Ele reconhecia os horrores do trabalho e como intervinha entre nós e nossos ideais, e questionava como seria possível "conseguir uma vida ao ar livre", se era preciso "ir para o centro toda manhã e se empoleirar em bancos altos [no escritório] até a hora do jantar".[2] Mas nosso desejo de cultura e lazer, Gannett argumentava, só podia ser garantido por "nossa própria marcha, nossos passos na trilha, nosso exercício do hábito". "Em uma palavra", ele dizia, "depende do quanto 'labutarmos'."[3] A labuta não era oposta à cultura; pelo contrário, era a fonte de *toda* a cultura. O argumento revertia toda a história do pensamento ocidental baseado na Bíblia, que considerava o trabalho uma maldição desde a expulsão do homem do Paraíso. O trabalho não era uma carga, era liberdade – o caminho de volta ao Paraíso.

O escritório era considerado o lugar que mais garantia essa liberdade. Em uma série de romances extremamente populares, Horatio Alger Jr., o maior ideólogo da autossuficiência desde Emerson, retratou inúmeras vezes a improvável ascensão de um moleque de rua até a respeitabilidade do colarinho-branco. Não só as estatísticas mas também muitas evidências pessoais e cotidianas indicavam que esse tipo de trajetória não era muito provável; até os próprios protagonistas de Alger sempre dependiam da súbita intervenção de um patrono abastado. Apesar disso, uma "história de Horatio Alger" passou a significar a ascensão do ponto mínimo ao ponto máximo. A crença de que havia poucos obstáculos no caminho de um moleque pobre não só criou raízes, como persistiu e cresceu. "Por que não poderia ele alçar-se a uma posição de importância como os homens de quem ouvira falar, ou havia visto, de origem tão humilde quanto a dele?", conjetura um dos heróis protagonistas de *Rough and Ready; or, Life Among the New York Newsboys*.[4] O sentimento que conquistara milhares chegou a milhões em 1920.

Em 1889, inspirado nos livros de Alger, a empresa de jogos de tabuleiro Parker Brothers (que ficaria famosa pelo Monopólio) criou um jogo de ficção para crianças chamado Office Boy. Engenhosamente desenhado como uma espiral de células em formato de colmeia, representando as etapas no progresso de um office boy, o simples jogo com dados mostrava que, tendo paciência e coragem, um jovem subalterno poderia chegar ao topo da empresa. Começando como "office boy", passando a "carregador" e "auxiliar de estoque", o diligente trabalhador do escritório, se conseguisse evitar as células indicadoras de "descuidado", "desatento" e "desonesto", e caísse nas clássicas virtudes burguesas – "capaz", "sério" e "ambicioso" –, poderia alcançar o centro do tabuleiro, tornando-se "Presidente da Empresa".

Contudo, essas fantasias antiquadas – poderosas e aparentemente indeléveis, dado seu poder de fixação – tinham pouca aplicação no mundo do escritório na virada do século. Sua persistência ajudava os trabalhadores, não a entender, mas a lidar com as mudanças do seu mundo. Se ainda pairava algum ar heroico e quixotesco na ruidosa sala de contabilidade e entre os funcionários janotas do comércio, sequestrados em salinhas anônimas de obsoletas ruazinhas estreitas, em 1900, esse clima já se havia dissipado. Não mais presos à terra, centenas deles trabalhavam em inumeráveis prédios de escritórios que brotavam do solo e flutuavam no horizonte, recortando os céus. Os pináculos das igrejas ficavam acanhados diante das gárgulas e dos ornatos coroando os novos prédios de escritórios que, se alçando a centenas de metros, vistos do chão pareciam senhores de sua fria estratosfera, e tanto afrontavam a natureza e a proporção como atestavam o poder e a inventividade do homem. Os amplos galpões de produção das usinas siderúrgicas em torno de Ohio e Pensilvânia, Youngstown e Pittsburgh contrastavam com as séries de fileiras de datilógrafos metralhando páginas muito acima deles, em Nova York e Chicago – de fato, o aço daquelas usinas ia para a *construção* das torres de escritórios de onde um executivo da siderurgia podia dirigir seu império industrial. Nesse fermento histórico, incontáveis milhões de indivíduos, que de outro modo poderiam ter se tornado pequenos empresários, normalmente se tornavam empregados de novas corporações enormes, onde uns poucos poderiam fazer carreira. Contudo, no discurso do trabalho em escritório, havia o ritual da afirmação de potencial para mobilidade ascendente e respeitabilidade. Essa dissonância entre o potencial aparente do escritório e sua verdadeira natureza permanecia não resolvida. Desafiava, e também fundamentava, a noção de que o trabalho de colarinho-branco era da classe média.

Enormes avanços tecnológicos ajudaram o crescimento dos escritórios. Em 1860, estruturas metálicas permitiram a construção de edifícios mais altos; em 1870, elevadores auxiliaram a subida. A máquina de escrever Remington entrou no escritório em 1874; o telefone de Bell foi patenteado dois anos mais tarde; os telégrafos de Morse já estavam em uso havia vários anos.[5]

Em 1860, o censo registrou a existência de 750 mil pessoas trabalhando em "serviços profissionais"; em 1890, esse número mais que dobrou, chegando a 2.160.000; vinte anos mais tarde, o censo registrou o mesmo salto: em 1910 havia 4.420.000 trabalhadores em escritórios nos Estados Unidos.[6] E o mais espantoso de tudo isso, para os observadores que viveram na época, é que quase metade eram mulheres.[7]

O que sucedera aos Estados Unidos para que subitamente precisasse de tantos escritórios?

□

O pequeno mundo da sala de contabilidade havia correspondido ao pequeno mundo, desconectado, dos Estados Unidos, que tinha inúmeras cidadezinhas, mas era constituído em sua maior parte por uma colcha de retalhos de fazendas. No final do século XIX, porém, um florescente sistema de ferrovias cortou à foice essa paisagem pastoril. Pennsylva-

Jogo Office Boy, da Parker Brothers (1889).
Cortesia da Coleção Carson da Divisão de Livros Raros da Biblioteca do Congresso

nia Railroad; Michigan Central; Union Pacific; Chicago, Burlington & Quincy – esses nomes redesenharam uma geografia inteiramente nova na imaginação norte-americana. As ferrovias expandiram mercados, baixaram os custos dos transportes, e, consequentemente, os custos de bens e produtos. O telégrafo e as empresas de serviços telegráficos possibilitaram, pela primeira vez, a comunicação instantânea através de extensões de terra incomensuráveis. Ao conectar as metades leste e oeste do continente, os telégrafos – em um golpe mundial de proporções colossais – aniquilaram os velhos conceitos de espaço e tempo.

Na análise de Alfred Chandler, as ferrovias precipitaram uma mudança organizacional certamente tão relevante quanto a revolução tecnológica que impulsionou os trens. A coordenação de uma rede de trens requeria gerentes para controlar as atividades de unidades díspares, que precisavam ser alojadas em suas próprias estruturas em todo o país. Sociedades aptas a gerenciar navegações, plantações ou indústrias têxteis não conseguiam manejar uma ferrovia. Os especuladores e capitalistas, nomes que enchiam as manchetes e eram o centro das polêmicas daquele período, pouco fizeram para mudar a forma das empresas; em vez disso, um novo estrato de gerentes começou a ocupar o "meio caminho" entre os trabalhadores e os altos executivos, determinando as mudanças na forma organizacional – que, por sua vez, formaram o cerne dos escritórios que logo dominariam a paisagem norte-americana.[8]

As ferrovias adotaram uma forma organizacional aparentemente simples, mas de fato desbravadora, baseada na divisão da empresa em departamentos. No topo, um conselho diretor detinha o controle, abaixo do conselho ficava o presidente e, abaixo deste, o quadro de responsabilidades se espalhava na clássica forma hierárquica funcional, em leques. Finanças, fretes e construções eram setores separados e cada um deles, por sua vez, se abria em subdivisões com gerentes no comando de diversos departamentos – compras, maquinário, contabilidade – espalhados por vários escritórios regionais que coordenavam as atividades em todo o país. O Estado teve um papel significativo na organização da vida norte-americana: a ficção legal de "corporação" separou perfeitamente a propriedade de uma firma do seu próprio gerenciamento. Foram-se as responsabilidades multifacetadas que recaíam nos funcionários e sócios, cedendo lugar aos gerentes de carreira, que passavam anos galgando uma escada agora altamente articulada, e eles mesmos contratavam e guiavam empregados selecionados para subir aqueles mesmos degraus. (De fato, o uso da palavra "escada" para indicar os níveis em uma empresa se tornou usual por volta dessa época.)

A mudança entre os últimos anos do aconchegante mundo de *Bartleby* e os vastos e cavernosos salões dos novos escritórios pode ser vista na carreira de uma só pessoa. Assim como Edward Tailer, E. P. Ripley conseguiu um emprego trabalhando como funcionário de comércio de mercadorias em Boston imediatamente após o colégio, aos 17 anos de idade. Quatro anos depois, em 1866, ele entrou para a ferrovia Union Railroad como agente de contratos no escritório de Boston. Em 1870, foi contratado por outra ferrovia, a Chicago, Burlington & Quincy, como agente geral de fretes no escritório de Chicago, onde se tornou gerente de tráfego. No ano seguinte, passou a gerente geral e ajudou a esmagar a greve dos ferroviários em 1888. Em 1890, tornou-se vice-presidente de outra companhia ferroviária, chegando à presidência da Santa Fe Railway em 1896, aos 51 anos de idade. No lugar de duas posições – funcionário e sócio – agora havia sete. E esse quadro nem indica quão diferenciados os funcionários haviam se tornado: arquivistas, expedidores, cobradores, entre outros trabalhadores "semiqualificados" (como constava na classificação do censo). Muitos outros executivos ferroviários seguiram trajetórias similares – embora a maioria dos funcionários do comércio não tenha chegado à posição de executivo ferroviário.[9]

De fato, à medida que as companhias se expandiam, diminuía a probabilidade de "aprendizado" por conta própria, que era comum entre os funcionários antecessores. A especialização do trabalho em escritório fez com que a maioria dos trabalhadores passasse a ter apenas um tipo de conhecimento – contabilidade, arquivo ou cobrança – e pouco incentivo ou oportunidade para aprender tudo sobre o negócio. No nível mais baixo de uma engrenagem vasta e impessoal, o funcionário que entrava no mundo dos negócios, como fizera E. P. Ripley, mais provavelmente veria seu mundinho desmantelado e rearranjado em meio a centenas de escrivaninhas.

Os trens destruíram também as antigas redes de mercadores que antes mantinham pequenas parcerias nas salas de contabilidade. Os mercadores dependiam de um conhecimento especial sobre regiões e mercados isolados que, ao se abrirem com o acesso ferroviário rápido a outras regiões e mercados, perderam o isolamento e, portanto, a dependência de oligarquias de mercadores. A depressão atingiu os Estados Unidos primeiro nos anos 1870 e novamente nos anos 1890; isso forçou os fabricantes a se consolidarem e se integrarem verticalmente, de modo a baixarem os preços.[10] A única maneira de continuar a ganhar dinheiro nesse novo sistema de competição, que na Era Dourada realmente soava como guerra aberta, era a fusão. Uma onda de fusões varreu o mundo dos negócios nos anos 1890, consolidando as indústrias de aço, petróleo, tabaco, alimentos e abatedouros. Entre 1897 e 1904 apenas, mais de 4 mil firmas caíram para 257 combinações, trustes e corporações.[11]

A invenção das telecomunicações permitiu que os escritórios se separassem das fábricas e dos armazéns, expandindo assim a gama de serviços disponíveis para trabalhadores de escritórios. Considere uma empresa de encomendas e seu depósito. Chefes e entregadores não precisavam mais conduzir as transações pessoalmente; afora um mensageiro ocasional, agora era possível enviar e receber informações do depósito, da fábrica ou da gráfica, por código Morse ou um simples telefonema. Dentro do escritório propriamente dito, o uso de tubos pneumáticos possibilitava transportar materiais entre os andares da empresa, enquanto as transcrições de ditados ficavam racionais e polidamente impessoais graças aos gravadores, que levavam as vozes roucas carregadas de fumo e bebida desde a confortável suíte do alto executivo no último andar até o atormentado datilógrafo afogado nas extensas mesas de estenografia.

Paradoxalmente, essa nova capacidade de se comunicar com rapidez e eficiência resultou em cada vez mais trabalho para os funcionários destrincharem mais produtos concretos, mas também mais papelada (faturas, recibos, contratos, memorandos, relatórios de lucros e perdas), significando mais datilógrafos, que por sua vez implicavam em mais mensagens e, assim, mais mensageiros.

Coisas anunciadas como equipamentos de "economia de mão de obra" deram origem a uma indústria inteiramente nova, e mais mão de obra. Nos termos do teórico da tecnologia Marshall McLuhan, em *Understanding Media*: "Foi o telefone, paradoxalmente, que acelerou a adoção comercial da máquina de escrever. A frase 'Mande um memorando sobre isso', repetida em milhões de telefones diariamente, ajudou a criar a enorme expansão da função de datilógrafo."[12] No romance de

Sinclair Lewis sobre escritório, *The Job* (1917), sua protagonista, Una Golden, sofre um tipo de sublime horror ao confrontar a abrangência das máquinas supostamente destinadas a poupar mão de obra: "máquinas para abrir e selar cartas, máquinas de escrever automáticas, fonógrafos para ditado, dutos pneumáticos". Mas ela fica surpresa ao descobrir que "as moças trabalham o mesmo tempo que antes, com o mesmo esforço e desesperança depois da introdução daquilo; e suspeitou que havia algo errado num sistema em que os equipamentos para poupar tempo não poupavam o tempo de ninguém a não ser dos proprietários".[13]

Menos celebrada que a máquina de escrever e o telégrafo, embora não menos impactante, foi a invenção do arquivo vertical em gabinete. Embora o arquivamento para organização dos papéis da empresa fosse tão antigo quanto o próprio escritório, os arquivos verticais só começaram a aparecer nos anos 1880. Inicialmente, eram de madeira, semelhantes a guarda-roupas, com gavetas que armazenavam caixas com arquivos ou guardavam papéis avulsos presos com grampos de metal. Antes disso, os arquivos eram armazenados em escaninhos na mesa do funcionário, dificultando muito o acesso. Por incrível que isso pareça agora, muitos anos se passaram até que a ideia de armazenar papéis sem dobrar nem enrolar se tornou amplamente aceita – primeiro, na horizontal, depois de lado. Quando ficou evidente que o imenso volume de correspondência interna podia ser armazenado mais facilmente em um arquivo vertical, o sistema se tornou onipresente.[14] Os prédios cada vez mais altos aumentaram o problema de riscos de incêndio e os arquivos de madeira foram substituídos pelos de metal – os altos gabinetes imitavam a forma de um arranha-céu, de modo que o "arquivo" parecia um dublê metafórico do escritório em si. "Cada escritório dentro do arranha-céu", C. Wright Mills iria sugerir alguns anos depois, "é um segmento de um enorme arquivo, uma parte da fábrica simbólica que produz os bilhões de pedaços de papel que engrenam a moderna sociedade em seu formato cotidiano."[15] Aldous Huxley, em seu distópico romance *Admirável mundo novo*, não podia imaginar símbolo mais poderoso de um mundo totalmente burocratizado do que a ideia de cada pessoa ter seu nome em um arquivo:

> Não mais anônima, mas nomeada, identificada, a procissão [de tubos de ensaio] marchava lentamente; através de uma abertura na parede, lentamente, até a Sala de Predestinação Social.
> – Oitenta e oito metros cúbicos de fichas de papelão – disse Mr. Foster deliciado, enquanto entravam...
> – Atualizados toda manhã – acrescentou o Diretor [das incubadoras].
> – E coordenados toda tarde.[16]

Um requisito mais sutil que mudou o formato do escritório, entretanto, foi a nova necessidade de projetar espaços que distinguissem os recentes níveis múltiplos de gerenciamento. No consenso fácil, informal da sala de contabilidade, um funcionário podia se sentar a pouco mais de um metro do sócio, que talvez o tivesse favorecido com visível prestígio, já que tinha uma mesa de qualidade ligeiramente melhor. Porém, a proliferação de gerentes seniores e vice-presidentes veio mostrar que as relações de poder eram a um só tempo obviamente hierárquicas e embaraçosamente similares. O que separava um gerente de um gerente sênior, afora algumas centenas de dólares no salário? O escritório, cada vez mais refinado em sua distribuição de prêmios de status, deixava a diferença clara como o dia – dava escrivaninhas a alguns e espaços privativos para outros; cadeiras metálicas de produção em série competiam com o rico tom de chocolate no mogno entalhado à mão; até a qualidade do carpete ou o acabamento de um pé de mesa podia distinguir um tipo de trabalhador de outro.

A diferença mais óbvia ficou na mesa do funcionário. A escrivaninha clássica da antiga sala de contabilidade era a Wooton – uma peça maciça, alta e grandiosa, repleta de escaninhos, inclusive nas portas laterais que pareciam se estender para dar ao usuário um caloroso abraço. Numa escrivaninha dessas, a pessoa podia se enfiar, se perder lá dentro – significava realmente um lar. Ao fim do dia, bastava fechar todas as partes e trancar as portas. Todos os papéis ficavam de prontidão, aguardando a manhã seguinte.

Quando o funcionário deixou de ser o todo competente faz-tudo do escritório, relegado agora à vastidão daquele andar, parecia um tanto dispendioso dar-lhe uma escrivaninha tão elaborada. Os executivos que, na essência, não tinham trabalho algum – ou quase nenhum trabalho de mesa – passaram a ter um móvel do Segundo Império, com acabamento de madeira, ao passo que os funcionários receberam a Escrivaninha da Eficiência Moderna. Inventada em 1915 pela Steelcase Corporation (na época, chamada Metal Office Furniture Company), era uma mesa lisa de metal, ocasionalmente acrescida de gavetas para arquivo. A questão era que não dava aos funcionários, nem à sua papelada, nenhum lugar para se esconderem. A nova classe de gerentes adorou: ao passar lenta e ameaçadoramente pelas longas alas, era fácil vigiar o que os funcionários estavam fazendo.

□

A expansão do alcance e escopo do escritório, assim como da especialização e do refinamento de suas atividades, aconteceu tão depressa, arrebanhando tantos novos trabalhadores ansiosos para cair no banquete gerencial, que a uma certa altura um problema se tornou óbvio e inelutável. A questão é que as pessoas não sabiam o que fazer com os escritórios. "O antigo modo descuidado de nossos ancestrais", como disse um escritor nos anos 1890, prevaleceu no projeto do escritório; em outras palavras, não havia projeto nenhum.[17]

Na virada do século, a questão tinha adquirido uma urgência especial. Muitos consideravam que as instituições, tanto públicas como privadas, estavam gravemente fora do controle. Começou no chão de fábrica. A indústria não estava funcionando em sua máxima potência: as crescentes lutas dos operários estavam levando a frequentes sabotagens de equipamentos, deserções e greves maciças. Os gerentes reclamavam que, mesmo no dia a dia, os operários costumavam fingir doenças e fazer corpo mole, deliberadamente retardando a operação, numa prática que ficou conhecida em nossos dias como "operação tartaruga". Característica comum a qualquer local de trabalho, os operários gostavam de aplicá-la especialmente quando os gerentes ficavam vermelhos de tanto gritar, pedindo mais velocidade.

Não que os gerentes tivessem a menor ideia do que eles mesmos estavam fazendo. A adoção de hierarquias organizacionais nem sempre resultou em maior eficiência, como havia argumentado Chandler. As companhias geralmente se fundiam por conveniência, imitando formas organizacionais que nem sempre eram apropriadas. O tamanho das organizações aumentara tanto que não ficava claro quem era responsável pelo quê. Antes da Primeira Guerra Mundial, a General Motors possuía inúmeras fábricas e pontos de distribuição díspares, e não havia diversificado adequadamente seu gerenciamento; um único executivo, William C. Durant, tomava praticamente todas as decisões. Como exemplo de sua infinita sabedoria, ele havia decidido que, como a automobilística era uma indústria em crescimento, não havia necessidade de reservas de caixa. Quando uma recessão atingiu a economia em 1910, a companhia quase faliu. Nessa ocasião, a Standard Oil tinha muitíssimo dinheiro em caixa, mas não sabia o que fazer com aquilo, porque a empresa nem sabia quanto tinha. Não haviam padronizado suas práticas contábeis durante sua longa existência; nenhum dos livros conferia. Os estados americanos também haviam perdido o rumo. Um legislador da Califórnia descreveu as finanças do estado (aparentemente, um problema desde tempos imemoriais) em 1909: "Havia quase um caos em se tratando de organização de provisões para despesas estaduais. Nenhuma auditoria das finanças do estado foi feita em mais de vinte anos. Os comitês financeiros das duas casas eram cenários de uma competição cega por parte das várias instituições e departamentos de estado, empenhados em assegurar a maior parte possível de qualquer quantia que porventura houvesse no Tesouro... Trocas de favores e compra de votos para as contas de apropriações eram prática comum entre os membros do legislativo."[18]

Ainda por cima, os escritórios onde tudo era feito eram, em todos os sentidos, deprimentes. Um trabalhador, em 1894, convidou os leitores a descer com ele às profundezas:

Imagine uma sala cujo piso fica alguns degraus abaixo do nível da calçada: uma sala pequena e empoeirada, pouco iluminada pela malograda luz do dia, com duas janelas em um lado. A ventilação era piorada por uma porta que se abria para outro escritório igualmente deprimente, e outra que fazia comunicação direta com a fundição, de onde corria um ar pesado e opaco, carregado de fumaça e maus odores, ornamentados com graciosos festões de teias de aranha, triplamente aumentadas pelo acúmulo de limo e fuligem. As janelas laterais, voltadas para oeste, se abriam para uma passagem estreita, tendo no lado oposto a sala suja da caldeira e um motor barulhento... Esse quadro desagradável, longe de ser exagerado, realmente serve para dar uma vaga ideia do... escritório de um estabelecimento grande e famoso da cidade de Nova York.[19]

Os funcionários, que não usufruíam mais da tranquila relação com seus dois ou três colegas e seus chefes, agora ficavam espremidos em fileiras firmemente controladas, imitando – na falta de outro precedente – o patamar da fábrica. Na sala, qualquer que fosse o ponto de vista, o mundo parecia um inumerável, infinito mar de mesas. Os chefes geralmente estavam fora das vistas, em um andar acima – onde havia o único banheiro, que custava aos trabalhadores vários lances de escada para alcançar.

À reputação da Era Dourada de corrupção despreocupada em todos os níveis do governo, literalmente corporações assassinas, e ao profundo buraco negro de iniquidade entre as classes, poderia ser acrescido o senso de que um absoluto caos estava dominando os órgãos de administração pública e privada no país. Da perspectiva da elite, os Estados Unidos seriam um caso perdido, até perigoso: revolucionários pareciam estar se esgueirando em todos os cantos da República, por vezes invadindo escritórios executivos com armas engatilhadas, outras vezes arremessando bombas em presidentes, tudo na esperança de inspirar as massas intranquilas e desconfortáveis de trabalhadores dos campos e das fábricas. Os escritórios que deveriam dirigi-los estavam afundando sob montanhas de papel – pedidos extraviados, recibos desaparecidos, contabilidade rasurada e totalmente forjada, tudo somando milhões de dólares que, se fossem verificados, não seriam encontrados. Para manter a vida industrial nos Estados Unidos, a salvação teria que vir do centro de controle da economia norte-americana – o escritório, com sua nova classe de gerentes. Para racionalizar o escritório e melhorar a eficiência dos negócios norte-americanos, a administração precisaria se tornar uma ciência.

☐

Em 1898, a Bethlehem Iron Company, fornecedora de armamentos domésticos para a Marinha dos Estados Unidos e que, apesar do nome *iron*, ferro, era uma produtora de aço, contratou Frederick Taylor como consultor. Taylor era membro da American Society of Mechanical Engineers [Sociedade Americana de Engenheiros Mecânicos], e havia começado discretamente a se destacar com uma série de artigos sobre problemas comuns de incentivos e eficiência no processo de manufatura, atraindo a atenção de alguns executivos que por acaso os leram.

Entre os amigos, ele se distinguia também como sendo meio esquisito. Observadores menos generosos talvez o chamassem de maníaco. A vida inteira ele mostrou uma obsessão com medições e garantias de que toda atividade física fosse desempenhada com o nível máximo possível de eficiência. O jovem Taylor insistia em medir uma quadra para jogo de *rounders* (um ancestral do beisebol) com exatidão de centímetros.[20] Já adulto, Taylor aparecia em jogos recreativos de tênis com uma raquete patenteada que ele havia projetado, curvada no meio, afirmando que ela aumentava a produtividade da jogada. E já havia registrado patentes também para redes e postes novos e mais eficientes. Seu jogo de golfe também era esquisito: seu taco *driver* para longa distância era 25 centímetros mais comprido que o padrão e usava um taco de finalização *putter* de dois sentidos, feito em casa, que ele girava no estilo do croquet. Desenvolveu um giro incomum, baseado em estudos informais de movimento: dobrando uma perna e levantando um ombro, ele se erguia como uma mola ao bater na bola, e mesmo assim conseguia uma tacada incrivelmente longa. Em resposta à carta de um amigo que zombava de seu giro, ele escreveu, tranquilamente:

> Sua mente parece se ocupar inteiramente de acessórios, enquanto a minha tem trabalhado mais voltada ao estudo do movimento. Eu gostaria que fosse possível lhe fornecer uma impressão adequada

de alguns dos belos movimentos que desenvolvi neste último ano. O único inconveniente possível é que a bola ainda se recusa a cair suavemente dentro do buraco, como deveria, e também, na maioria dos casos, ela se recusa a seguir, ou na direção que desejo, ou até a distância requerida. Afora essas poucas desvantagens, as teorias são perfeitas.[21]

Muitas de suas obsessões podem ser rastreadas até a infância. Ele nasceu em 1856 – o mesmo ano que Freud – na Filadélfia, e sua família bem-sucedida, abastada, o criou em um lar culturalmente rico e custeou seus estudos por três anos na Europa, onde Taylor adquiriu fluência em francês e alemão. Mas ele demonstrava pouco interesse em atividades culturais. Embora tenha seguido para a prestigiosa Phillips Exeter Academy, onde se preparou para Harvard, suas notas eram medíocres. Quando passou a estudar com afinco e melhorar seu desempenho, começou a sofrer de problemas frequentes de visão e dolorosas enxaquecas. Fisiologicamente, isso talvez demonstrasse falta de cuidados médicos (ele simplesmente precisava usar óculos), mas os pais de Taylor interpretaram os problemas médicos como efeito de excesso de esforço e achavam que ele deveria reconsiderar o projeto de ir para a universidade. Um dos biógrafos de Taylor, o psiquiatra Sudhir Kakar, foi um tanto bizarro ao argumentar que suas dores de cabeça eram de fato manifestações psicossomáticas de uma crise existencial: Taylor ficara travado por seu desejo de rejeitar Harvard, símbolo da herança elitista de seu pai, em favor de um trabalho de homem de verdade.

Fossem quais fossem suas razões, era na verdade um pouco estranho que Taylor, em vez de garantir um emprego seguro e não estressante de funcionário, condizente com sua classe, decidisse descambar para um trabalho de aprendiz de maquinista em uma obra de hidráulica (onde, em vez de pagamento da fábrica, recebia mesada do pai). Mais tarde, ele afirmou que seu estágio o tornara profundamente conhecedor das atitudes dos operários.[22] Contudo, essa compreensão do ponto de vista dos operários, ao invés de inspirar compaixão pelas preocupações nas oficinas, endureceu sua opinião contrária. A seu ver, os operários não trabalhavam tanto e gastavam quantidades exorbitantes de tempo batendo papo, fazendo pausas para fumar e reduzindo o ritmo quando precisavam descansar. Ao mesmo tempo, começou a se voltar contra as atitudes habituais dos executivos e capitalistas, que lhe pareciam ter a mesma falta de entendimento do que seria necessário para tornar o trabalho mais eficiente. Depois dessa iniciação, ele passou a trainee de executivo na Midvale Steel Works, onde, conta, ficou conhecendo a "operação tartaruga", essa prática que iria preocupá-lo e enraivecê-lo pelo resto da vida.

Na Midvale, Taylor era o demônio do local de trabalho. Repreendia constantemente os trabalhadores pela lentidão proposital, pela recusa em aceitar ou entender as ordens dadas. Claro que eles respondiam em seus próprios termos. "Eu tinha a idade de um jovem", ele diria mais tarde, depondo perante o Congresso, "mas dou minha palavra de que era um bocado mais velho do que agora, com a preocupação, a maldade e o desdém daquela droga toda. É uma vida horrível para qualquer homem, não poder olhar de frente nenhum trabalhador, o dia inteiro, sem ver hostilidade."[23] Depois de passar da Midvale para a Bethlehem, ele decidiu quebrar a hostilidade de uma vez por todas. E descobriu que a chave era retirar o saber dos trabalhadores e instalá-lo numa classe separada de pessoas.

Não há um só trabalhador, Taylor repetia, "que não devote uma parte considerável de seu tempo estudando quão devagar ele pode trabalhar e ainda assim convencer seu patrão de que está indo num ritmo bom".[24] Mas a culpa era do estilo indolente de administração, que prevalecia nos escritórios de todas as fábricas. Não havia um só gerente que soubesse qual o tempo ideal para cumprir qualquer tarefa. Ninguém tinha estudado os tipos de movimentos envolvidos no cumprimento de uma tarefa. Ninguém sabia se as ferramentas tinham sido projetadas para gerar eficiência máxima na fabricação de um determinado produto. Como na quadra de tênis, assim foi no escritório: na Bethlehem, Taylor insistiu na criação de equipes que desenhassem um diagrama completo do processo de trabalho, para ver onde existiam lacunas e ineficiências, e ver onde poderiam ser dispensados trabalhadores que estivessem fazendo tarefas desnecessárias.

Frederick "Speedy" Taylor (1856-1915). *Coleção Frederick Winslow Taylor, Biblioteca Samuel C. Williams do Stevens Institute of Technology, Hoboken, N.J.*

"Lidar com cada operário, individualmente, implicava construir um escritório para o superintendente e os funcionários responsáveis por aquele setor do trabalho", Taylor escreveu sobre uma fábrica exemplar. "Nesse escritório, o trabalho de cada operário era planejado com muita antecedência, e os trabalhadores eram conduzidos de local a local pelos funcionários, com mapas ou diagramas detalhados do pátio a percorrer, muito parecido com as peças movidas num tabuleiro de xadrez, e para isso foram instalados um telefone e um serviço de mensagens."[25] Ele mandava separar a observação, o estudo e o estímulo de cada um dos trabalhadores. E o mais notável foi que Taylor assegurou que todos os operários fizessem seu trabalho com a maior rapidez e eficiência possíveis, contratando peritos para medir cada movimento deles com um cronômetro. Depois da observação, Taylor dividia cada serviço em uma série de partes e associava a cada segmento um preço. Esse sistema de "preço-peça" correspondia também a um sistema de incentivos: em vez de salário fixo, os trabalhadores eram pagos à medida que completassem certos segmentos de seu trabalho. Se conseguissem aumentar a velocidade, ganhavam mais. Fãs do livro que inspirou o filme *Moneyball* [O homem que mudou o jogo], em que uma forma de taylorismo é aplicada aos titulares e reservas de um time de beisebol, reconhecem os princípios básicos da abordagem: a velha insistência obstinada gerada pela coragem e pelos instintos precisava ser descartada. Em seu lugar deveria ser cultuada a santidade dos resultados mensuráveis: diagramas, métricas – "ciência".

Os argumentos de Taylor iam muito além da busca por mera eficiência. O taylorismo implicava uma completa mudança na natureza e na compreensão do trabalho em si.

Dividir mão de obra e tarefas não era novidade. A crescente divisão técnica do trabalho em atividades separadas, mínimas, havia sido prevista pelo menos desde Adam Smith, com sua fábrica imaginária de alfinetes em *A riqueza das nações*. O maquinário industrial já estava tornando homogênea e automática a maior parte dos trabalhos, de tal modo que um objeto complexo, antes manufaturado por no máximo duas ou três pessoas, era cada vez mais dividido entre dúzias de trabalhadores, que contribuíam para o produto final simplesmente girando uma manivela na hora certa. Operários que anteriormente talvez se orgulhassem de seu trabalho estavam agora reduzidos, como se dizia, a "engrenagens de uma máquina", indistinguíveis uns dos outros, sem qualquer conhecimento ou habilidade em especial de que pudessem se orgulhar. Muitos veriam – e viram – o taylorismo como defensor de uma forma ainda mais profunda de degradação, pois dividia o trabalho ainda mais, até as mínimas unidades possíveis.

Por estranho que pareça, o taylorismo foi apresentado como uma tentativa de resgatar a divisão do trabalho e emancipar cada trabalhador, individualmente. Taylor odiava os sindicatos, que afirmavam que os trabalhadores podiam se unir para proteger seus interesses coletivos. Ele argumentava o oposto, que cada trabalhador tinha seus próprios interesses e cada um podia e devia ser responsável por sua própria ascensão. Os trabalhadores não tinham interesses em comum e competiam entre si. O sistema de incentivos estabelecido por ele mostrava que um operário podia melhorar sua própria capacidade de trabalho e indicava como se podia medir esses resultados por meio de marcas de melhora em seu cartão de ponto. Se o local de trabalho no começo do século XX parecia estar destruindo o indivíduo, o sistema de Taylor tentava restaurá-lo.

A falsidade desse enfoque era patente. Os comentários amistosos de Taylor sobre os trabalhadores norte-americanos contradiziam algumas de suas afirmações mais agressivas em favor de sua visão, fato que passava despercebido a muito poucos trabalhadores de verdade. "No passado, o homem vinha primeiro", Taylor escreveu. "No futuro, o sistema deve vir primeiro."[26] O taylorismo era uma maneira de pensar que chegou à custa do próprio saber dos trabalhadores sobre seu sistema. Todos os componentes mentais do trabalho manual precisavam ser extraídos e dados a chefes especialmente treinados, que reorganizavam o serviço de modo a impossibilitar qualquer grupo de operários de ter o controle do processo. E os tayloristas fariam qualquer coisa para isso. Com uma impressionante clareza insana, Taylor assim resumiu sua filosofia:

> Somente por meio de padronização *obrigatória* de métodos, adoção *obrigatória* das melhores ferramentas e condições de trabalho, e cooperação *obrigatória*, pode-se assegurar esse trabalho mais rápido. E o dever de obrigar à adoção de padrões e obrigar a essa cooperação recai apenas sobre a *gerência*.[27]

(Ênfase no original.)

Embora demorasse a ganhar aceitação no mundo dos negócios, o sistema de Taylor ganhava cada vez mais fama. Ele gradualmente angariou um círculo de acólitos, que propagaram seu sistema em vários locais de trabalho como consultores autônomos. A Society to Promote the Science of Management [Sociedade para Promoção da Ciência da Administração] fez uma primeira reunião na Keens Chophouse em Nova York, na esperança de que algum dia seus princípios iriam ser implantados.

Em novembro de 1910 foi dado o grande passo. As ferrovias queriam aumentar seus fretes em 27 milhões de dólares. Junto com os executivos, os trabalhadores ferroviários e as companhias de seguros (representando os investidores que detinham ações de ferrovias) apoiavam o movimento. Os transportadores, que sofreriam o impacto dos custos, se opunham. Louis Brandeis, um advogado de meia-idade vindo de Boston, conhecido por recorrer a fatores socioeconômicos em suas avaliações legais, decidiu enfrentar as ferrovias sem cobrar nada. Nos argumentos iniciais, ele questionou repetidamente os executivos ferroviários sobre suas razões contábeis para elevar os custos. Ninguém conseguiu dar a Brandeis uma resposta direta. Durante um recesso no julgamento, Brandeis buscou mais informações para reforçar seu caso. Um de seus amigos – Harrington Emerson, um perito em eficiência na Santa Fe Railway (fora do processo) – lhe disse para procurar Frederick Taylor. "Eu logo reconheci", ele diria depois, "que no sr. Taylor eu tinha encontrado um homem realmente grande." Mantendo contato estreito com o círculo, Brandeis ficou cada vez mais convencido de que o movimento pela administração científica era maior que todos os outros "em sua importância e esperanças". Quando prosseguiu o julgamento, Brandeis proclamou que era possível ter mais eficiência: "Nós oferecemos cooperação para reduzir custos e, assim, baixar preços. Isso pode ser feito com a introdução da administração científica." Todos os associados a Taylor testemunharam. Em 10 de novembro de 1910, a manchete do *New York Times* dizia:

VIAS PODEM POUPAR
1 MILHÃO DE DÓLARES POR DIA

Brandeis diz que a administração científica
resolve o problema e declara que
os aumentos de taxas são desnecessários

Nos dois meses seguintes, os jornais tentaram achar o homem por trás dessa nova "administração científica". Na manhã em que apareceu o perfil no *New-York Tribune* – "Extirpar o desperdício nos negócios é o prazer especial desse homem: Talvez nossas ferrovias possam poupar 1 milhão de dólares por dia se o ouvirem" – Taylor acordou famoso.[28]

Agora que os artigos de Taylor eram bem acolhidos em jornais mais populares, os obscuros tayloristas, abraçando uns aos outros e seu amor pela eficiência, como membros de uma seita religiosa perseguida, de repente refulgiam sob holofotes.²⁹ Até Lenin, pouco depois da Revolução Bolchevique, era encontrado no *Pravda* argumentando a favor da utilidade do taylorismo no desenvolvimento da indústria soviética:

> O sistema de Taylor... como todo progresso capitalista, é uma combinação da refinada brutalidade da exploração burguesa com muitas das maiores conquistas científicas no campo da análise de movimentos mecânicos durante o trabalho, eliminação de movimentos supérfluos e ineficazes, elaboração de métodos corretos de trabalho, introdução do melhor sistema de contabilidade e controle etc. A República Soviética deve, a todo custo, adotar tudo o que tiver valor nas conquistas da ciência e da tecnologia nesse campo.³⁰

Taylor e a figura do "perito em eficiência" tornaram-se caricatos em todo o país, e qualquer movimento desnecessário, até um assovio, era considerado um impedimento à eficiência pura. Ele destilou suas teorias no livro *Princípios da administração científica*, que teve influência até no Japão, onde muitos executivos atribuíram a essa influência a boa recuperação do país após a guerra. Quando o filho de Taylor, Robert, visitou uma fábrica da Toshiba em 1961, os executivos insistiram em ter uma foto ou mesmo um lápis – qualquer coisa que seu grande pai tivesse tocado com as mãos.

O triunfo taylorista que dominara os noticiários se espalhou pelo andar das oficinas de forma mais sub-reptícia, como um vírus. Os operários da fábrica no andar das oficinas começaram a relatar aparições súbitas de "camisas brancas" entre eles, esgueirando-se um a um, no início, e de repente estavam em toda parte, num ofuscante enxame branco. Câmeras de gravação de movimentos, desenvolvidas pelo fotógrafo revolucionário Eadweard Muybridge, logo foram instaladas pelos camisas brancas nas fábricas, para garantir que cada movimento de cada operário fosse eficiente. Um grupo de maquinistas da New England Bolt Company em Everett, Massachusetts, relatou o cerco aos seus camaradas: "Câmeras em frente a eles. Câmeras atrás deles. Câmeras à direita deles. Câmeras à esquerda deles... Se os 'taylorizadores' tivessem um aparato que contasse o que a mente do operário estava pensando, eles

O EXPERT EM EFICIÊNCIA DESCOBRE QUE A FIRMA PERDE MILHARES DE DÓLARES CADA VEZ QUE O OFFICE BOY EDDIE PASSA PELO DEPARTAMENTO DE CONTABILIDADE ASSOVIANDO PERTURBADORES TEMAS DE JAZZ.

Charge na revista *Life* (1925).

provavelmente desenvolveriam uma 'eficiência' maior, fazendo com que ele 'cortasse fora' todos os pensamentos sobre ser homem."[31]

Porém, o elemento mais infame do modelo taylorista era o homem do cronômetro. Começou com um camisa branca e seu cronômetro. A única linha na anotação de 28 de maio de 1915 no diário de Will Poyfair Jr., empregado da Buick, dizia "Cronometrado hoje". Sucinto e agourento. Uma semana depois, ele repara que sua turma de quatro homens da drenagem foi dispersada, seu trabalho dividido em tarefas separadas, e a cada um foi atribuída uma cota e um valor por peça. Na Watertown Arsenal, um grupo de moldadores foi embora quando um operário se recusou a trabalhar cronometrado, e seus colegas o seguiram; a greve levou a cinco meses de audiências no Congresso sobre a natureza do taylorismo.[32]

Taylor morreu em 1915, de pneumonia. Ele já estava se tornando uma figura cultuada, atraindo acólitos, todos tentando se sobressair pela lealdade às ideias do mestre. Não é de se admirar que ele exercesse essa tremenda influência sobre seus contemporâneos: por absoluta compulsão ele havia se tornado um titã, canalizando todo o espírito de sua época ao emprestar o nome a um novo modo de trabalhar e de gerenciar o trabalho. O teórico da administração Peter Drucker o classificou em paralelo a Freud e Darwin (com Taylor substituindo o usual Marx) como os três progenitores da era moderna. Poucos escritores sobre administração, divisão do trabalho ou história do trabalho deixaram de prestar homenagem – seja com admiração ou zombaria – a Taylor. Mas foi o romancista John Dos Passos, em sua trilogia de romances experimentais, *U.S.A.*, quem ofereceu um dos retratos mais sutilmente sardônicos, recorrendo à lenda de que Taylor começava o dia dando corda ao relógio de pulso: "Ele não aguentava ver um torno ocioso, um homem ocioso. A produtividade lhe subia à cabeça e excitava seus nervos insones como bebida ou mulheres numa noite de sábado... na manhã de seu quinquagésimo nono aniversário, quando a enfermeira entrou no quarto, às quatro e meia, ele estava morto, com o relógio de pulso na mão."[33]

□

A animosidade de Taylor era reservada inteiramente para atacar a preguiça no chão de fábrica. Mas sua maior influência recaía sobre outro lugar. Ao despojar os trabalhadores de suas próprias maneiras de lidar com o trabalho – o que um sindicalista, "Big Bill" Haywood, chamou de "cérebro de gerente... sob o boné do operário" – ele havia simplesmente transferido o trabalho de gerenciamento para outro local: dentro do escritório. Os escritórios passaram a gerar grandes custos indiretos para as operações tayloristas, com diagramas organizacionais para definir, até o mínimo detalhe, o processo de trabalho que os operários antes mantinham na própria cabeça. Os escritórios tiveram um crescimento enorme, apenas para alojar todos os novos camisas brancas, com seus cronômetros e câmeras. Mesmo onde o taylorismo não foi adotado em sua forma mais estrita – e, de fato, assim foi na maioria dos escritórios – o espírito do gerenciamento se espalhou por toda parte.

A adoção da administração científica, portanto, exigia uma imensa expansão da burocracia. "Tudo isso [ou seja, administração científica] requer uma cooperação cordial da gerência, envolvendo organização e sistemas muito mais elaborados que o antiquado modo de juntar os homens em grandes gangues", escreveu Taylor. "Essa organização consistia, neste caso [isto é, Bethlehem Steel], em um conjunto de homens engajados no desenvolvimento da ciência do trabalho por meio de estudo de tempos, como foi descrito acima; outro conjunto de homens, também trabalhadores e muitíssimo capacitados, eram professores e ajudavam e orientavam os homens nos serviços; outro conjunto era o de homens do setor de ferramentas, que lhes forneciam os utensílios apropriados e os mantinham em perfeita ordem; e havia ainda um conjunto de funcionários que planejavam o trabalho com muita antecedência, movimentavam os homens de um lugar a outro com mínimas perdas de tempo e registravam efetivamente os ganhos de cada homem etc." Esse modelo simplificado do sistema Taylor indicava como era extenso o aumento na hierarquia, em termos de níveis e departamentos, que a administração científica exigia. Todos os custos que o sistema poupava no chão de fábrica provavelmente eram repassados aos escritórios da empresa, com todos os seus novos contratados.

Se Taylor tivesse sido o único de sua época mordido pela mosca da eficiência, seu sistema poderia ter morrido como uma peculiar monomania apenas. Após a greve da Watertown Arsenal, operários e sindicatos estavam à caça dos camisas brancas, e pode ser que isso tenha impedido definitivamente que a forma mais pura da administração científica tomasse conta do andar das oficinas. Mas o taylorismo era apenas uma – a mais famosa e influente – das escolas tentando sistematizar o local de trabalho. A Pennsylvania Railroad havia introduzido um sistema de preço-peça bem antes de Taylor racionalizá-lo, e a eficiência se tornou uma palavra de ordem tão logo a indústria americana começou a cair no caos e na lassidão de sua Era Dourada. Em 1900, um grupo de gerentes obcecados por eficiência captou o espírito da época e lançou uma revista, chamada – inevitavelmente, talvez – *System*. Com o subtítulo de *uma revista mensal para o homem de negócios*, cada edição trazia artigos propondo novos modelos para as minúcias da vida no escritório, fosse um novo sistema de arquivamento, fosse um modo mais eficiente de lamber envelopes. Na seção "Sucesso por meio do sistema", citações de executivos de sucesso, com cabelos brancos e costeletas, confirmavam a importância e a necessidade de sistemas na organização dos negócios. "Conhecimento técnico com treinamento em organização e métodos sistêmicos é o principal requisito da formação do moderno homem de negócios", afirmou Thomas Phillips, presidente do Federal Trust and Savings Bank, em Chicago. Na ocasião, Edward Lacey, presidente do Bankers' National Bank, afirmava que os negócios haviam mudado de forma tal que os sistemas eram agora vitais para seu funcionamento: "Enquanto o mundo dos negócios era uma massa de unidades menores, a necessidade de sistema não era tão aparente, mas, com o aumento do tamanho das unidades de negócios, a necessidade logo trouxe a adoção de métodos e princípios sistêmicos."[34] A relação do pensamento sistêmico com o escritório também foi explicitada. Cada exemplar da *System* continha uma seção especial com fotografias, intitulada "Campos de Batalha de Negócios", onde vários métodos e formas de organização de escritórios eram mostrados como exemplos a serem copiados. (A popularidade da *System* estourou nos Loucos Anos 1920 e, em 1929, passou a ser semanal e foi relançada com o nome que permaneceu até 2009 – *BusinessWeek*.)

No espírito do mestre, os associados e acólitos de Taylor logo começaram a sistematizar tudo o que viam: medicina, construção, esportes, qualquer coisa, os tayloristas tentavam tornar mais eficiente. Uma equipe de marido e mulher, Frank e Lillian Gilbreth ficaram famosos por taylorizarem sua própria grande família, com 12 filhos, retratados no livro e no filme *Papai batuta* [*Cheaper by the Dozen*]. Após a morte de Frank, Lillian prosseguiu com a missão, levando os princípios da administração científica à contratação e demissão de empregados. Lillian acreditava piamente que a versão de Taylor da administração científica negligenciava o "elemento humano", tentando se impor aos operários sem verificar se estes consentiriam na imposição. Desenvolvendo testes psicológicos e de personalidade para contratar empregados, seu sistema de "administração de pessoal" logo ficou tão famoso e popular quanto a administração científica. Supostamente uma versão mais humanizada do sistema de Taylor, na verdade fazia exatamente o que antes os operários ridicularizavam sarcasticamente: era um aparato para entrar na mente dos operários e assegurar que se submeteriam docilmente às demandas da gerência. Entra em cena o departamento de administração de pessoal, que tem sido uma das conquistas mais duradouras da administração científica, chegando até nós com um nome diferente, mas familiar: recursos humanos.

Com toda essa agitação em torno do escritório, era apenas uma questão de tempo, é claro, para o escritório em si – onde a administração científica estava sendo fomentada – ser objeto de sistematização. Na introdução do tratado de Frank Gilbreth sobre redução de movimentos corporais ineficientes, *Estudo dos movimentos*, o escritor Robert Thurston Kent mostra como, inspirado pelas descrições de Gilbreth sobre o assentamento de tijolos com maior rapidez, ele começou a examinar detalhadamente a circulação, em seu escritório, da correspondência sobre publicações de negócios de engenharia. E observou que a aplicação do estudo dos movimentos no carimbar envelopes começou a melhorar a velocidade da saída, com 100-120 envelopes por minuto. Não levou mais que um minuto de reflexão para reconhecer que o escritório poderia ser muito mais sistematizado.[35]

O discípulo de Taylor, W. H. Leffingwell, conduziu os mais abrangentes experimentos em organização de escritórios, publicou os primeiros achados na *System* e mais tarde organizou suas pesquisas em dois livros prolixos e dogmáticos, *Scientific Office Management* (1917) e o manual de oitocentas páginas *Office Management* (1925). Tal como nos trabalhos tayloristas na fábrica (havia também livretos sobre administração doméstica para as donas de casa), *Scientific Office Management* apregoa a importância da observação individual e os resultados do estudo de tempo e movimento. Porém, em vez de polias e tornos, os meios de produção a serem racionalizados no escritório são canetas e envelopes, máquinas de escrever e formulários de recibos, armários de arquivos e escrivaninhas. Em um tom inimitável, soando a um só tempo como um expert arrogante e completamente desatento, Leffingwell detalha os horrores do escritório ineficiente, mal controlado:

> Há milhões de movimentos desnecessários no mundo, e, quando se começa a investigar um escritório dando atenção apenas a esses movimentos, passa-se a crer que a maioria deles se encontra nos escritórios. Observe uma moça mexendo em papéis ou fichas. Muito depois de terminar o trabalho, ela continua calmamente ajeitando-os aqui e ali. Observe um funcionário trabalhando apressado, jogando papéis num monte desordenado e depois, quando já terminou, veja-o passar alguns minutos arrumando as coisas. Nem ocorre a ele empilhá-los de modo ordenado desde o início. Observe-o quando há algumas cartas para selar ou carimbar. Primeiro, ele cuidadosamente umedece a face gomada, depois aperta para baixo, depois bate cada selo com o punho. Observe funcionários guardando impressos em envelopes. Um especialista treinado faz o serviço de quatro ou mais trabalhadores sem treinamento; contudo, apenas metade da diferença se deve à velocidade; a outra metade se deve à eliminação de movimentos desperdiçados.[36]

As legendas das fotografias indicam como o escritório cientificamente administrado consegue economizar 20% preparando envelopes, por meio da eliminação de movimentos inúteis e adoção de mobiliário mais favorável à saúde. "Esta mesa de abertura de correspondências para 'movimentos estudados' possibilitou um aumento de 20% no resultado", Leffingwell escreve em uma legenda. "Esta moça pega dinheiro, cartas e clipes e os classifica a uma taxa de 310 por hora. Note os cestos embutidos e o descanso para os pés."[37] A observação também reduz a fadiga e a ineficiência na datilografia: "Uma datilógrafa que conseguia escrever muito depressa tinha o hábito de seguidamente virar a cabeça para ler o original, umas quatro ou cinco vezes em cada sentença. Era só um hábito, já que não havia nada de errado com a memória dela, como ficou provado quando solicitada a repetir uma sentença que ela ia copiar e que só tinha lido uma vez. Quando ela ficou sabendo que estava virando a cabeça oito ou dez vezes por minuto, mais de 500 vezes por hora, o hábito cessou, resultando em aumento imediato da velocidade e redução da fadiga."[38] Ao mesmo tempo, Leffingwell nota a dificuldade de instituir técnicas de administração e "estudos de tempo" no escritório, e sugere formas manipulativas de jogos para estimular os trabalhadores a participar do estudo: "Um gerente, que teve sucesso considerável introduzindo o uso do cronômetro em seu escritório, casualmente comenta com seu subalterno: 'Quanto tempo será que você leva para fazer esse serviço?' Depois que dois ou três empregados são cronometrados e nada acontece, o resto do pessoal do escritório não só está disposto, mas até ansioso para ter seu 'tempo estudado'."[39]

Contudo, em sua maior parte, além de demonstrar a mania dos tayloristas de subdividir infinitamente as tarefas e estudar os tempos, o tratado de Leffingwell inconscientemente revela a crua novidade na própria vida dos escritórios – o fato de que os gerentes estavam muito hesitantes sobre o modo de organizar e fazê-los funcionar. Quando não está discutindo o estudo de tempos e movimentos, Leffingwell descreve as normas fundamentais da vida no escritório de forma superficial, básica. "Em muitos escritórios, pouca atenção é dada à seleção de lápis", ele escreve, alarmado. "Alguns tipos de trabalho requerem lápis de grafite macio, outros requerem grafite médio e outros, grafite duro. Às vezes é necessário usar borracha."[40] Discutindo a iluminação de um escritório, Leffingwell escreve, em um tom mesclando descoberta e autoritarismo, que "alguns tipos de trabalho exigem luz muito melhor do que outros

– providencie para que os trabalhadores que precisam de mais luz sejam prioridade."[41] Quanto ao layout do escritório, sua tendência "científica" é reproduzir o modelo de linha de montagem do chão de fábrica. Ele sugere que os departamentos que dependem uns dos outros fiquem próximos. E sua recomendação sobre bebedouros, calculados com precisão excessiva, pode soar como uma sátira do próprio taylorismo: "Em média, uma pessoa deveria beber água pelo menos cinco ou seis vezes ao dia. Se as centenas de funcionários em um escritório fossem obrigados a andar 15 metros para ir e 15 metros para voltar do bebedouro, cinco vezes por dia, cada um caminharia 150 metros por dia. Multiplicados por cem funcionários, a distância percorrida seria de mais de 15 mil metros, mais de 15 quilômetros! Multiplicados por trezentos dias úteis, os funcionários andariam quase cinco mil quilômetros por ano para beber água."[42] Em outra parte do livro, Leffingwell enfatizou a importância do chamado "trabalho com bem-estar" – que hoje classificaríamos como as amenidades oferecidas por um dado escritório (instalações para recreação, café bebível, ocasionais rosquinhas de sobra de uma reunião no café da manhã). No mundo mecanizado do escritório taylorista, as amenidades eram diferentes: uma "sala de descanso", onde as mulheres podiam se estirar em sofás ou se reunir em torno de um fonógrafo para dançar, ou uma sala para onde os homens podiam se retirar e fumar durante as pausas de 15 minutos.

Todos eram sinais de um mundo do escritório que estava apenas tomando forma; o conceito de "escritório" em si, como um mundo separado, com suas próprias regras, atmosfera e cultura, estava sendo alinhado sob a rubrica de administração. O escritório não era mais simplesmente um reservatório administrativo, parasita do "trabalho de verdade" feito nas fábricas e nos campos, mas sim o lugar onde o trabalho de verdade estava sendo feito. Lee Galloway, outro discípulo de Taylor, referiu-se exatamente a esse equívoco no início de seu manual, *Office Management* [*Gerência do escritório*]: "Quando se vê que as atividades de produção e distribuição só são possíveis por meio das operações abrangidas pelo termo 'trabalho de escritório', então nos aproximamos da verdadeira apreciação do escritório como fator econômico necessário. Os gerentes e empregados do escritório deixam de ser agentes passivos na promoção dos negócios, e seu trabalho não é mais debitado de uma conta improdutiva. Eles imediatamente ascendem à dignidade de forças ativas que fornecem ideias construtivas e coordenam as atividades do negócio, formando unidades de trabalho uniformes, de imenso tamanho e poder."[43] Em outras palavras, o escritório estava se tornando o verdadeiro local de trabalho, e a administração científica tentava vê-lo como o local de uma possível utopia, onde os agitados gerentes proliferavam como cigarras no verão, onde fileiras impecavelmente ordenadas de escrivaninhas se estendiam até o horizonte longínquo, onde os negócios norte-americanos se tornaram inexoráveis, aprimorados, motivo de orgulho.

□

Vale discorrer sobre o que o taylorismo e outras teorias contemporâneas da eficiência devem ter feito com o mundo do funcionário de escritório. Sem dúvida, os efeitos não foram os mesmos de geração em geração. Assim como os empregados de escritório contemporâneos que testemunharam os últimos espasmos da máquina de escrever, do ditafone, e aprenderam a aceitar o microcomputador e o escâner, os trabalhadores de escritório, nos vinte anos seguintes à virada do século sentiram uma mudança profunda no ritmo, na natureza e no volume de trabalho. Escritórios com poucos funcionários de repente tinham centenas deles; chefes que antes ficavam à distância de um braço de repente foram isolados em luxuosas suítes executivas. Os pequenos escritórios de comerciantes sofreram metástases, tornando-se impérios burocratas, cobrindo não só cidades populosas, mas continentes inteiros. Os escritórios foram separados em departamentos, e estes foram divididos hierarquicamente em gerentes e funcionários. Para a maioria das pessoas, o trabalho ficou mais especializado e menos interessante. *Bendita trabalheira!*

Os funcionários de escritório foram forçados a se conscientizar de seu corpo e seus movimentos ao longo do tempo, de um modo nunca antes conhecido. O taylorismo, fosse ou não aplicado em sua forma mais brutal, assegurava supervisão constante. Fotos de escritórios naquela época mostram homens parecendo capatazes percorrendo os andares, vigiando funcionários sentados de cabeça baixa – ninguém parecia estar conversando, nem ousando desviar os olhos do trabalho. Em muitos escritórios, um movimento errado ganhava uma punição. Graças ao alcance do taylorismo, os gerentes acreditavam, quase como um dogma, que pequenas alterações nos arranjos do escritório poderiam mudar o comportamento, bem como alianças e hábitos. E estavam certos. Um teórico da administração na época, R. H. Goodell, relatou um exemplo em que os funcionários eram constantemente perturbados por visitantes passando num corredor. Ele decidiu virar as mesas de costas para a porta de modo a ficarem também de costas para a mesa do supervisor. Assim, os funcionários não eram mais perturbados, mas também ficavam sem saber quem o supervisor estava observando – embora soubessem que eram vigiados o tempo todo.[44] Em outras palavras, era mais fácil continuar trabalhando se internalizassem o olhar vigilante do chefe. Sem dúvida, outros escritórios mantinham a natureza mais casual das antigas salas de contabilidade, mas eram firmas menores. As práticas informais dos antigos escritórios permaneceram, mas como um tipo de subterfúgio: no futuro, o ritmo despreocupado não seria a norma; o tempo não seria dado, mas sim roubado.

O taylorismo teve sucesso não só por causa da força da personalidade de seu fundador, mas também porque se harmonizava com uma mudança cultural mais ampla, voltada para a anatomia dos movimentos corporais ao longo do tempo. De pintores cubistas como Braque e Picasso a fotógrafos como Eadweard Muybridge, o final do século XIX e início do século XX testemunharam uma obsessão por rupturas de objetos, momentos e corpos – correspondendo a uma ruptura das características da própria mente. Os movimentos estritos do balé clássico estavam dando lugar aos movimentos aparentemente mais livres, embora não menos planejados, da dança moderna. E por fim, o nascimento do cinema significou que o movimento podia ser capturado em um fluxo contínuo e depois desacelerado, visto em suas partes componentes. Entre os mais fervorosos nas plateias, é claro, estavam os próprios funcionários. Os que trabalhavam sob o taylorismo se viram como que varridos numa tremenda torrente em que aspectos de sua vida, até então despercebidos, estavam sendo esmiuçados.[45]

A sensação de estar sendo observado fez parte de uma mudança maior, em que alguns segmentos da força de trabalho do escritório se sentiam transformados em objetos, em vez de agentes do capitalismo. Até a virada do século, era mais fácil fazer distinções nos contornos do que foi chamado, não totalmente de brincadeira, de "linha do colarinho", a separação entre trabalho braçal e não braçal, que fazia a maioria dos funcionários se sentirem naturalmente situados no mais alto estrato da sociedade. De fato, o próprio termo "colarinho-branco" para designar um certo tipo de trabalhador foi cunhado quando o escritor socialista Upton Sinclair o lançou em sua polêmica contra a imprensa dominante, *The Brass Check* (1920), para caracterizar os jornalistas conservadores que desdenhavam a classe operária industrial. "Por terem permissão para usar um colarinho-branco", ele escarneceu, "[eles] se veem como membros da classe capitalista."[46] Charges do sistema de Taylor representavam homens de terno, pálidos e esnobes, dirigindo trabalhadores industriais sujos e suados: ali estava o escritório tendo precedência sobre a fábrica, o colarinho-branco sobre o azul e o trabalhador treinado, versado, sobre o burro de carga que ele desqualificou à força.

Porém, essa imagem de superioridade não fazia mais parte da experiência de muitos trabalhadores. O próprio escritório havia sido fracionado pela forçosa separação entre proprietários e administradores, e pela construção de um sistema novo, elaborado, de hierarquias nas modernas corporações norte-americanas. "O empregado de escritório não tem mais a familiaridade que costumava ter", observava a *BusinessWeek* (*née System*) em 1929. "Ele não é ninguém, um trabalhador, quase um número, como um operário de fábrica."[47] Não existia mais a correlação natural entre fazer um serviço limpo e pertencer à classe média. A conexão que um homem como Edward Tailer antes fizera, entre sua baixa posição como funcionário e a posição de seu chefe, se tornara um abismo. Ao separar conhecimento e processo básico de trabalho ("a separação entre concepção e execução", como Harry Braverman certa vez definiu), na fábrica bem como no escritório, a ideologia do taylorismo só conseguiu garantir um local de trabalho dividido contra si mesmo, tanto no espaço quanto na prática, com um grupo de gerentes controlando a forma de executar o trabalho e seus subordinados meramente realizando aquele trabalho. Mais perigosamente, de certa

As respostas sindicais ao taylorismo geralmente enfatizavam a divisão entre os refinados gerentes de colarinho-branco e os trabalhos que forçosamente dirigiam (mal). *Smithsonian Institution*

forma, essa divisão pôs em séria dúvida a ideia de que os funcionários do escritório estavam, em geral, ascendendo. Alguns ali, em termos de salário, status e oportunidades de vida, estavam mais perto dos encardidos trabalhadores braçais que eles deviam dirigir. Ficava cada vez mais claro, pelo formato dos próprios escritórios e pela distância entre o primeiro e o último níveis da "escada", que parte dos trabalhadores jamais chegaria às camadas superiores da administração. Para alguns, o trabalho seria sempre, francamente, muito chato. A reação destes às mudanças iria delinear os rumos do escritório nas gerações seguintes.

☐

Em 1906, alguns anos antes de Taylor alcançar a fama, surgiu um prédio de escritórios com uma concepção combinada, unificada, de arquitetura, mobiliário, projeto de interiores e organização, que parecia antecipar e resolver todos os problemas de administração e mão de obra no escritório. O Larkin Administration Building em Buffalo, no estado de Nova York, projetado pelo jovem Frank Lloyd Wright para a Larkin Soap Company, se visto por fora era pesado e indistinto: uma austera pilha de tijolos protegida nos cantos por imensas torres contendo as escadarias, combinando com os arredores enfumaçados e fechados do estado de Nova York na virada do século. Contudo, ao entrar no prédio, os visitantes ficavam admirados com a leveza e luminosidade do pátio interno onde, sob uma claraboia alta, diligentes funcionários em fileiras alinhadas cuidavam das pilhas de correspondência despejadas no prédio a uma velocidade implacável. Incomum para qualquer prédio de escritórios era o frescor do ar, mantido no mesmo nível de temperatura até mesmo quando o calor do alto verão asfixiava os moradores de Buffalo. A vida de todos os trabalhadores no prédio era supervisionada e organizada. Larkin oferecia salas de almoço, uma sala de banhos, clínica hospitalar, treinamento em segurança, ginásio esportivo, caixas de poupança, fundos de benefícios, piqueniques, concertos semanais e um plano de participação nos lucros.[48] Empenhada em se tornar ao mesmo tempo o suprassumo de uma empresa avançada e um escritório-modelo, a Larkin antecipou a natureza familiar e global de muitas corporações no futuro.

A Larkin Company começou em 1875 como uma manufatureira de sabão, vendido na estrada por ambulantes, e mais tarde sua produção se ramificou em perfumes e talcos. Em 1881, começou a travar contato via correios com clientes lojistas e o resultado, inesperado, foi uma explosão de pedidos. Logo, no que pareceu um salto natural, Larkin passou a fornecer produtos de luxo em geral, como lenços finos e pequenas fotografias artísticas, e a selecionar pedidos para incentivar as vendas. Funcionou: gradualmente a empresa começou a comprar diretamente dos fabricantes grandes quantidades de todo tipo de produtos – bicicletas, prataria, carrinhos de bebê, roupas, armas – e a vendê-los por meio de seu novo negócio expandido, de encomendas pelo correio.[49] Assim como a Amazon.com um século depois, a Larkin foi forçada a se expandir enormemente de sua *raison d'être* original para se concentrar no gerenciamento do próprio volume de pedidos recebidos por correspondência. Foram construídas 12 novas fábricas de sabão nos anos 1890, mas logo ficou claro que o negócio de encomendas pelo correio deixara de ser secundário. Em 1903, a empresa estava recebendo 5 mil pedidos por dia.[50] Darwin D. Martin, um dos assistentes da contabilidade, desenvolveu um sistema de arquivamento de contas altamente eficiente para rastrear os pedidos, mas a inovação não resolvia a falta de espaço. A administração da empresa decidiu que não podia mais ter seus funcionários trabalhando em ambientes quentes, sujos, barulhentos, rodeados por tonéis de sabão. Aos 35 anos de idade, Wright era um arquiteto jovem, mais conhecido por suas casas, que já eram famosas. "As casas dele são chamadas de casas 'malucas'", escreveu Darwin Martin em uma carta para John Larkin, tranquilizando-o porque "os proprietários, que ficamos conhecendo, não eram malucos".[51] No encontro pessoal, Wright impressionou os diretores da Larkin com sua evangelização sobre ar limpo e espaços bem iluminados. Pela força de seu fervor quase messiânico, ele foi contratado.

Os desafios do projeto do Larkin Building eram muitos. Precisaria acomodar 1.800 empregados de escritório que processavam as seis expedições diárias de encomendas, sem deixar de garantir um ambiente espaçoso e confortável. Parte do problema era a localização: Buffalo não era uma cidade adequada a um escritório limpo e bem iluminado. Em torno do local destinado à empresa, perto das fábricas já construídas, havia ferrovias, fornalhas e fundições, carvoarias e outras indústrias pesadas – um ambiente sujo e empoeirado demais para um negócio de sabão. Sem controle atmosférico, a fuligem se acumulava pelas paredes e pelos tampos das mesas. Os prédios originais de fábricas, onde os empregados do escritório estavam alojados, não tinham nada parecido com ar-condicionado (o aparelho ainda não tinha sido inventado), e não existia nenhum exemplo de prédio de escritórios que conseguisse uma boa circulação de ar e uma quantidade adequada de luz. O projeto de Wright atenderia a todos esses desafios e, no processo, elevaria o status do projeto de escritório a uma obra de arte. "Enquanto isso for simples e verdadeiro haverá", Wright entoava alguns meses após estar terminado, "uma bênção para seus ocupantes, até certo ponto cumprindo, graças aos homens que o plantaram ali, seus dois grandes deveres recíprocos, o dever para com o Passado e o dever para com o Futuro – deveres autoimpostos por todos os homens de reto pensar."[52]

Wright havia prometido aos proprietários que os escritórios seriam "tão claros quanto ao ar livre" – apesar dos planos de revestir o interior com alvenaria de tijolos maciços. Mesmo assim, a realização mais imediatamente óbvia no prédio era a radiosa onipresença de luz natural – algo que os trabalhadores dos escritórios supostamente progressistas de hoje às vezes passam o dia inteiro sem ter. Os trabalhadores do andar inferior recebiam iluminação natural através de janelas nas paredes estruturais inferiores e de claraboias. As escadas, antes abarrotadas, eram atenuadas por claraboias e janelas estreitas ao longo da subida. A entrada do saguão se abria em duas grandes folhas de vidro transparente, emolduradas como portas; era raro na época, mas, depois da Larkin, passou a ser comum em todos os saguões de prédios. A característica mais famosa daquele edifício, contudo, era sua sala central, um pátio de luz. Filtrada pelo telhado de metal e vidro, cascateando por uma vastidão cavernosa esculpida com sacadas, a luz do dia inundava e se refletia nas paredes brancas. O pátio de luz era uma característica comum nos arranha-céus de Chicago, mas, diferente daqueles prédios, onde o espaço era cercado por lojas de varejo, a Larkin usou seu pátio de luz como escritório – de fato, o espaço administrativo central, onde Darwin Martin e William Heath se sentavam ao lado de uma fileira bem-ordenada de assistentes administrativos.

Tanta luz natural, juntamente com a predileção geral de Buffalo pela viciosidade dos verões úmidos, criava um grande problema para controlar a temperatura e a ventilação. A solução de Wright aparentemente lhe chegou num surto de inspiração: "A solução custou, mas veio num lampejo. Fui para Buffalo no primeiro trem, para tentar convencer a Larkin Company de que valia a pena gastar mais 30 mil dólares e construir as torres de escadarias isoladas do bloco central, independentes não só para comunicação e saída de emergência, mas também para entrada de ar do sistema de ventilação."[53] As torres gigantescas no lado de fora foram então mantidas exteriores ao prédio, precisamente para deixar o interior mais habitável. Em outras palavras, foram as necessidades do escritório e a estrutura mecânica do sistema de ventilação que determinaram o formato do prédio, num raro exemplo da forma realmente atender à função. O ar entrava através dos dutos nas paredes dessas torres, nos quatro cantos do prédio; entrando pelo andar do subsolo, o ar era filtrado e aquecido ou, após a instalação de um novo sistema de refrigeração, resfriado. Esse ar "condicionado" era então distribuído por todos os andares do prédio. Embora tenham surgido sistemas mais avançados após a adoção maciça da refrigeração, o ambiente inovador do Larkin Building fez dele praticamente o primeiro prédio com ar-condicionado nos Estados Unidos.

O arranjo das escrivaninhas e dos próprios escritórios a princípio parecia tradicional. Em cada lado das meias-paredes à altura do peito, que delimitavam a galeria central, havia armários modulares de arquivos e séries de fileiras de mesas especialmente projetadas, agrupadas de quatro em quatro, cada uma equipada com uma cadeira ornamentada de metal, presa à mesa, suspensa e dobrável (que, apesar de todos os ornatos, parecia bem desconfortável para se sentar o dia inteiro).[54] Mais agradáveis, as condições gerais suavizavam o fluxo extremamente organizado de papéis que saíam rapidamente da área de recepção no andar térreo para o topo do prédio, de onde caíam, aos poucos, nos diversos departamentos até serem expedidos em segurança para o chão de fábrica. Os correspondentes ditavam respostas sobre as encomendas usando gramofones. As gravações eram prensadas em discos de cera, e estes eram levados por mensageiros para a central de datilografia, onde as respostas datilografadas eram conferidas e então enviadas para o depósito. (Cerca de cinquenta anos depois, Wright revisita essa lenta curva descendente para o projeto do Solomon R. Guggenheim Museum, em Nova York.) Muitas salas eram dedicadas ao descanso e à diversão. A Young Women's Christian Association (YWCA) estava presente no prédio principalmente para terapia e aconselhamento (mas não havia rapazes empregados em número suficiente para justificar uma ação da Young Men's Christian Association – YMCA). Uma biblioteca oferecia quatrocentos títulos recentes e as mais novas revistas; uma "sala de repouso" era equipada com poltronas de couro e um piano. Jardins cobertos eram um refúgio na primavera e no verão.[55]

Há poucos relatos de empregados, mas os ainda vivos reafirmam um orgulho especial pela natureza calorosa do trabalho. "Um lugar de classe para se trabalhar em Buffalo", relatou uma antiga secretária. "Eles *cuidavam* de você."⁵⁶ Um visitante declarou que centenas de milhares vinham se maravilhar com o prédio – inclusive vários aristocratas russos e diversos engenheiros e projetistas do mundo todo –, algo estranho considerando que, afinal, era simplesmente um escritório.

Havia mais em jogo na meticulosidade do projeto do Larkin Building do que a mera solução de problemas ou o cuidado com seus empregados, como indicavam os milhares de visitantes. Wright e o pessoal da Larkin haviam criado um ambiente de escritório em sua completude, e cada detalhe fora planejado para emanar a atitude esclarecida da própria empresa. Assim como os escritórios da Google, o Larkin Building era uma propaganda da empresa; a fama de atenção ao processo de trabalho ajudava a vender os produtos da companhia. As paredes tinham inscrições com palavras inspiradoras, estimulando o espírito produtivo coletivo:

GENEROSIDADE ALTRUÍSMO SACRIFÍCIO
INTEGRIDADE LEALDADE FIDELIDADE
IMAGINAÇÃO JUÍZO INICIATIVA
COOPERAÇÃO ECONOMIA INDUSTRIOSIDADE
INTELIGÊNCIA ENTUSIASMO CONTROLE

O prédio era também uma propaganda, tanto para o pessoal como para os dignitários estrangeiros que o visitavam, da saúde e fortaleza dos negócios norte-americanos. "É a empresa, a empresa norte-americana que movimenta as engrenagens", escreveu o comentarista George Twitmyer na *Business Man's Magazine*, "sistemas e métodos cuidadosamente organizados são os rolamentos; boa vontade, o lubrificante."⁵⁷ Wright, ele também proclamou a inelutável identidade norte-americana do Larkin Building. "A bandeira dos Estados Unidos é a única que ficaria bem dentro ou fora desse prédio; a única bandeira, com suas simples estrelas e barras, que não ficaria incongruente nem deslocada nas massas retangulares simples do exterior e no tratamento retilíneo honesto do interior." Em tons que fazem lembrar Ralph Waldo Emerson, ele proclamou a independência do prédio das influências malignas europeias: "Acho que nosso prédio é completamente norte-americano, pelo trata-

O pátio de luz do Larkin Building de Frank Lloyd Wright (1904).
Buffalo Historical Society

mento direto e inovador. Não tem nenhum rótulo de servilismo aos 'estilos' estrangeiros, embora se valha, com gratidão, dos tesouros e da sabedoria legada por seus ancestrais."[58]

Ao mesmo tempo, embora fosse infinitamente mais avançado e respeitado do que os escritórios sombrios e melancólicos que começavam despercebidamente a se elevar bem acima das cidades norte-americanas, havia um perigo na natureza totalitária do Larkin Building que iria aparecer repetidas vezes na história dos escritórios. O que passava por bem-estar dos trabalhadores poderia também ser visto, com um pouco de imaginação, como controle social. Veja a fotografia do solário: uma fila de mulheres com roupas e penteados idênticos, na mesma linha de visão, guardadas nos cantos da mesa de trabalho por quatro executivos, homens. Esse ambiente era comunitário, focado na equipe? Ou era projetado para fácil supervisão e vigilância, de modo a reforçar a disciplina e aderência à unidade? Até as atividades recreativas enfatizavam a cooperação e o compromisso. O tema de um "baile de máscaras" para executivos e secretárias, em 1916, foi descrito em um panfleto com uma linguagem satírica de alegoria do século XVII, temperada com algumas palavras de ordem da teoria da administração do século XX: "E quando a Indústria é governada pela Ignorância, e todas as qualidades que acompanham a Ignorância, como a Desordem, a Preguiça, a Ganância, a Ineficiência e os Conflitos, a Indústria se torna inútil e incapaz de servir à humanidade. Contudo, quando a Indústria é libertada da Ignorância pela Imaginação e o estado de espírito que acompanha a Imaginação, como o Serviço, a Cooperação, a Ordem, o Sistema e a Ambição, então a Indústria se torna a verdadeira serva da humanidade e indispensável à sua felicidade."[59]

"Sistema", "Ordem", "Ineficiência": esses eram jargões e maldições para os administradores científicos com potencial de fazer um grande estrago no que deveria ser apenas uma festa da empresa com objetivo de relaxar. "Relaxar", porém, não era uma ação neutra; antes, era o outro lado da equação administrativa – evidência do compromisso da Larkin Company com o que era conhecido na época como "melhoria industrial". Era um movimento frouxo de reformistas e visionários, alarmados pela onda de greves e sabotagens cometidas por trabalhadores inquietos e desmotivados; não se pensava que a solução fosse reduzir a monotonia do trabalho – digamos, fazendo rodízio de trabalhadores, de emprego em emprego, ou oferecendo a eles mais controle sobre seu ritmo de trabalho. Ao contrário, para os reformistas, a monotonia era de fato a parte *boa* do trabalho industrializado. O historiador intelectual Daniel Rodgers define com elegância: "Tomando por empréstimo o conceito de hábito dos psicólogos do final do século XIX, eles insistiam em que a rotina emancipava o trabalhador pelo uso de trilhas profundas e confortáveis no sistema nervoso, deixando a mente livre para pensar. Logo, se os empregados da indústria se irritavam com suas tarefas, as curas efetivas se concentravam não no trabalho, mas no estado mental do trabalhador."[60] Assim, a tarefa consistia em oferecer amenidades ligadas, ou não, ao serviço. O Larkin Building correspondia precisamente a esse ideal: o processo de trabalho era tão regimentado quanto um escritório taylorista, mas os trabalhadores tinham, em compensação, palestras a assistir no meio do expediente, aulas a frequentar, e o jornal *Ourselves* da empresa, que os empregados podiam ajudar a compor, ou pelo menos ler. O trabalho, entorpecedor, continuava o mesmo. Embora o Larkin Building tenha elevado o processo e o ambiente de trabalho, pouco fez para mudar a natureza de como o trabalho era organizado ou como as hierarquias eram racionalizadas – em suma, como o escritório poderia oferecer um trabalho melhor, e não só um ambiente melhor. O Larkin Building permaneceria sendo o melhor prédio de escritórios do mercado durante anos. Mas seu projeto só conseguia refratar, e não resolver, o problema crescente do trabalho em escritório e seus descontentamentos no início do século XX.

CAPÍTULO 3

A REVOLUÇÃO DA BLUSA BRANCA

Os escritórios de nossos avôs não tinham móveis, arquivos de metal, elevadores, aquecedores, não tinham telefones – e não tinham saias.
– CHARLES LORING, arquiteto[1]

Em seu romance *The Job*, Sinclair Lewis, o primeiro escritor norte-americano a ganhar o Prêmio Nobel de Literatura, se dispõe a analisar um fenômeno simultaneamente novo e extraordinariamente comum: a ascensão da mulher provinciana que vai trabalhar num escritório na cidade grande. Antes que essa figura viesse a se tornar um estereótipo – a "moça de colarinho-branco", "w.c.g." nos Estados Unidos – Lewis já havia traçado seu perfil. Sua heroína, Una Golden, cresceu em Panama, um lugar presunçosamente isolado em algum ponto ermo e verdejante do meio oeste do estado da Pensilvânia, e que desmentia o exotismo de seu nome. "Nem bonita, nem vistosa, nem particularmente articulada, mas instintivamente por dentro das coisas", Una tinha uma aptidão inata para as boas maneiras e a etiqueta – "uma executiva natural" que não deixa seu pai, o capitão Lew Golden, levar os alimentos à boca com a faca, nem sua mãe perder o juízo lendo em excesso os romances baratos de banca de jornal.[2]

Ambiciosa, mas inexperiente, desejando a liberdade sem ter a menor ideia do que seria isso, ela lê atropeladamente tudo o que encontra na escola secundária, preparando-se para uma existência típica de panamaniana: arrumar um marido dentre os poucos rapazes disponíveis, e se contentar com as parcas amenidades da vida privada nos intervalos das horas dedicadas aos afazeres domésticos. Isto é, até seu pai morrer (ela estava então com 24 anos, e sua desafortunada mãe se encontrava em uma idade muito mais avançada e sem serventia), deixando-a sobrecarregada com uma herança de dívidas que ele escondia das duas. Então, Una toma um caminho que incontáveis milhões de moças como ela iriam seguir: matricula-se numa escola de comércio onde aprende estenografia, datilografia, arquivamento, noções de contabilidade, e, de posse desses conhecimentos, parte para Nova York, onde se emprega num escritório recebendo um salário mísero, mas que ao menos mantém os cobradores a distância.

"É uma nova geração de seu sexo; elas são calmas, seguras de si, e até capazes", escreveu o popular romancista Christopher Morley numa coluna de jornal em 1921, descrevendo um bando de moças de colarinho-branco vistas no metrô. "São felizes, porque são tão perecíveis, porque (apesar de sua ingênua suposição de segurança) sabe-se que elas são encantadoras apenas como um ornamento inocente desse mundo dos negócios do qual são tão ignorantes."[3] Lewis comentou a alienação das moças de colarinho-branco num tom de maior desagrado, e mesmo de autêntico ódio. Era um "grande, competente, amplamente inútil cosmos de escritórios", um "mundo cujas crises não se podem compreender, a não ser que se tenha aprendido que a diferença entre lápis 2 A e lápis 2 B é, no mínimo, igual ao contraste entre Londres e Tibete; a não ser que se entenda por que uma jovem que normalmente mantém o domínio de si mesma pode passar uma semana de trágico desconforto por estar usando uma impressora de faturamento em vez da máquina de escrever comum que ela usa para correspondência."[4] Lewis sabia que sua sátira (um pouco exacerbada) só mascarava algo essencial na vida do escritório: que havia assumido um lugar desmesurado na vida mental de toda uma geração de gente do mundo inteiro. "Não mais em florestas povoadas por lobos ou desfiladeiros perigosos, mas em corredores ladrilhados e elevadores, andam nossos heróis de hoje", ele escreveu. "Um mundo desarrazoado, que sacrifica o canto dos pássaros, os crepúsculos tranquilos e a luz dourada do meio-dia para vender tralhas – e, no entanto, nos governa." Todavia, o escritório não podia ser desconsiderado, escreve Lewis, porque "a vida vive lá". "O escritório é cheio de frêmitos de amor, desconfiança e ambição", ele prossegue. "Cada ala entre escrivaninhas estremece de romances secretos tão incessantemente quanto uma batalha nas trincheiras ou num beco na Normandia." Ele deixou de acrescentar (embora sem dúvida reconhecesse) que as normas que regiam os sexos estavam sendo reescritas, mais nos Estados Unidos do que em qualquer outro lugar. Poucas transformações sociais no século XX foram tão silenciosamente revolucionárias.

□

O governo norte-americano começou a contratar mulheres para o trabalho burocrático nos anos 1860, quando uma fatia considerável da força de trabalho de homens letrados trocou o apertado colarinho branco pelo sangrento uniforme azul da União. Francis Elias Spinner, tesoureiro dos Estados Unidos, abriu o caminho, derrotando a oposição dos homens de seu escritório que anteviam um desregramento da preservação do sagrado caráter masculino. Spinner manteve as perigosas contratadas longe de qualquer trabalho que exigisse sensibilidade, atribuindo-lhes tarefas leves, que não requeriam grandes raciocínios – como classificar e despachar títulos e dinheiro – num período de experiência. Para sua agradável surpresa, as mulheres fizeram um trabalho excelente. E o melhor era que não precisava pagar a elas tanto quanto pagava aos homens. Assim, ele continuou a contratar mulheres mesmo após o término da guerra, e os legisladores federais garantiam que elas não ganhassem demais: em 1866, foi estabelecido um salário máximo para mulheres de 900 dólares por ano, ao passo que o salário máximo dos homens variava entre 1.200 e 1.800 dólares.[5] "Algumas mulheres estão trabalhando mais e melhor por 900 dólares *per annum* do que qualquer funcionário homem que recebe o dobro dessa quantia", Spinner declarou, satisfeito, em 1869.[6]

Quando se tornou evidente que as mulheres eram funcionárias perfeitamente capazes – frequentemente com desempenho melhor que o dos homens –, elas começaram a entrar em massa no mundo dos negócios, derrubando totalmente os enclaves masculinos, que tinham sido dominantes até a Guerra Civil. A mudança de proporção foi enorme, acompanhando o próprio crescimento da força de trabalho burocrático. Em 1870, havia 80 mil funcionários no trabalho burocrático nos Estados Unidos, e apenas 3% eram mulheres. Cinquenta anos depois havia três milhões de funcionários no trabalho burocrático, dos quais cerca de 50% eram mulheres.[7]

O extraordinário crescimento de empregos de mulheres era contingente ao fato de ficarem limitadas a certos cargos, onde praticamente estabeleceram um monopólio – ainda que esse monopólio indicasse uma sujeição predominante e uma discriminação despreocupada, e não um poder incontrolado. A estenografia era um desses campos. As estenógrafas anotavam ditados, principalmente os mais importantes, pois mensagens escritas à mão – mesmo por uma terceira pessoa – ainda eram consideradas mais respeitosas do que datilografadas. Em resultado, eram consideradas ligeiramente mais elevadas em status e salário do que as datilógrafas, mas abaixo das secretárias particulares, que pelo menos desfrutavam de uma proximidade pessoal do poder executivo (ainda que fora do alcance delas). Assim como tantos outros do escritório, grande parte da estabilidade da força de trabalho – seu relativo distanciamento do conflito trabalho-diretoria que dominava outros locais em todo o mundo – dependia da simples ambiguidade do status de uma estenógrafa. Independentemente do status, porém, não havia dúvida sobre a qualidade ou o interesse da tarefa em si: fosse um ditado manuscrito, fosse batido à máquina, não envolvia muito em termos de imaginação ou iniciativa, já que as mulheres eram consideradas mais aptas a dar conta de trabalhar sem reconhecimento.

Em vista da tendência à prática de contratar mulheres para funções de datilografia e estenografia, esses cargos se tornaram tão associados a elas que frequentemente as pessoas se referiam a essas funcionárias como "datilógrafas". Às vezes dispensando a necessidade de diferenciar humanos e máquinas, as mulheres eram chamadas simplesmente "da datilografia".[8] Anúncios da Remington – a primeira máquina de escrever amplamente adotada pelos escritórios – eram povoados quase exclusivamente por estereotipados anjos femininos de punhos flexíveis, longos e delicados dedos de pianista pairando expectantes sobre as teclas. Christopher Sholes, designer da primeira máquina de escrever comercializada, produzida em 1867, a qualificava de "obviamente, uma bênção para a humanidade, e especialmente para o sexo feminino".[9] Um anúncio da Remington surgido nas profundezas da depressão dos anos 1870 na revista *Nation* sugeria que a máquina poderia ser um meio de os cavalheiros ajudarem uma jovem a sair da pobreza:

> Nenhuma invenção abriu para as mulheres um caminho tão amplo e fácil para um emprego adequado e lucrativo quanto a "Máquina de Escrever", e isso merece um cuidadoso exame por parte de todas as pessoas sérias e caridosas interessadas no tema do trabalho para a mulher.
>
> Moças simples estão ganhando de 10 a 20 dólares por semana com a "Máquina de Escrever", e já podemos garantir boas colocações para cem datilógrafas experientes nos tribunais da cidade.
>
> O público está cordialmente convidado a nos visitar para inspecionar o funcionamento da máquina, e obter todas as informações em nossas lojas.[10]

A função de secretária particular também foi ficando gradualmente identificada como exclusivamente feminina. Não era o tédio da estenografia e da datilografia, mas o beco sem saída do secretariado que supostamente o tornava apropriado para mulheres. "Uma mulher é preferível para o cargo secretarial", escreveu W. H. Leffingwell, discípulo de Taylor no design do escritório, "pois não é avessa a fazer tarefas menores, envolvendo o manuseio de pequenos detalhes que iriam aborrecer e irritar homens ambiciosos, os quais geralmente acham que o trabalho delas não tem importância e pode ser efetuado por alguém com um salário mais baixo."[11] "Elas são mais estáveis que os rapazes", disse um diretor de ferrovia ao declarar sua preferência pela contratação de funcionárias. "Elas não ficam naquela ansiedade louca para ir embora logo... Nunca pensam em si como Gerentes Gerais de uma ferrovia e se contentam em continuar trabalhando."[12]

Em 1926, 88% dos cargos secretariais eram ocupados por mulheres. Elas compunham quase 100% dos cargos na datilografia, estenografia, arquivo e telefonia.[13] A tendência de qualquer escritório era dar os cargos mais baixos às mulheres. Até o termo "office boy", com o significado do emprego mais subalterno e de menor salário, passou a designar pessoas dos dois sexos: um anúncio de emprego nos anos 1920 dizia "Contrata-se – office boy, de qualquer sexo".[14]

Embora fosse obviamente desejável para as companhias ter mão de obra barata, o salário desigual das mulheres não era novidade na virada do século, e não era o que as tornava instantaneamente preferíveis. Os homens não passaram a considerar as mulheres mais adequadas a funções subalternas e repetitivas de uma hora para outra. O grande contingente delas à procura de trabalho em escritório foi causado, pelo menos, pelas convulsões da economia norte-americana. Logo antes e imediatamente depois da Guerra Civil, as famílias de fazendeiros tinham trabalho de sobra para as mulheres – na maioria das vezes trabalho não remunerado, certamente, mas produtivo mesmo assim. Pais e mães não queriam deixar as filhas fazerem as malas e partirem para a cidade, já que eram tão necessárias em casa. Mas à medida que as indústrias se consolidavam, muitas mercadorias produzidas pelas fazendas passaram a ser manufaturadas nas cidades e colocadas à venda em lojas por todo o país. Os pequenos fazendeiros vinham sendo absorvidos por fazendas maiores, e as terras cultiváveis absorvidas pelas cidades e as indústrias. Também aqui se conta a grande história da extinção da antiga classe média e a emergência de uma "nova" classe média, cujas consequências específicas na divisão do trabalho por gênero foram profundas. Escasseando o dinheiro dos pequenos negociantes, e com menos trabalho doméstico produtivo para as mulheres, o escritório veio a ser uma oportunidade irrecusável. A nova mão de obra coincidia maravilhosamente com as necessidades da administração. No setor de produção das fábricas, as equipes de operários qualificados e não qualificados eram subordinadas à gerência. O escritório administrava bem a fábrica. No segmento "não qualificado" da força de trabalho havia um excedente de mulheres, duplamente subordinadas: podiam operar máquinas que as mantinham num serviço monótono, e não tinham chance de obter um cargo de gerência. De fato, a ampla aceitação das formas científicas de gestão dependia da presença das mulheres no escritório.

Quando Upton Sinclair cunhou a expressão "colarinho-branco", foi em escárnio aos humildes escriturários que acreditavam que, ao contrário de seus companheiros pobres e sujos das fábricas, estavam abrindo caminho entre arquivos e cópias para pertencer às fileiras da classe dominante. Como já observamos, essa distinção vinha se tornando cada vez mais insustentável (apesar de vigorosamente afirmada) na era dos grandes escritórios no estilo fabril. Mas agora todo o trabalho humilde estava sendo tomado pelas mulheres, o pagamento por esse trabalho também vinha sendo degradado (e degradante), e não se imaginava que elas fossem capazes de subir os degraus da companhia da mesma forma que os homens, já que continuava a ser impensável para os executivos colocar mulheres a seu lado em funções de diretoria. Assim, surgiu no interior do escritório uma divisão de classe claramente definida pela distinção de gênero. Os homens podiam se pensar como classe média contanto que as mulheres, da perspectiva deles, permanecessem como um proletariado do escritório, fossem trabalhar para ajudar a família até se casarem ou, nas retrógradas palavras de *The Job*, se mantivessem "tão ocupadas que passassem de garotas sorridentes a solteironas de lábios apertados antes de descobrirem a vida".

□

No entanto, o escritório proporcionava uma sensação de liberdade que não podia ser subestimada. O escritório escolhia as mulheres, mas elas também escolhiam o escritório. E as funcionárias não se viam como total e universalmente degradadas. Para muitas filhas de pessoas das classes operárias, o escritório oferecia uma rota de fuga para a arena da respeitabilidade da classe média, além de pagar mais do que muitas outras oportunidades. Para filhas da classe média, especialmente aquelas cujos pais não podiam pagar uma educação superior mais cara, a formação comercial e o trabalho burocrático eram maneiras de entrar no mundo dos negócios (e sair do que tinham se tornado as "profissões femininas" habituais, como a de professora). O testemunho de Rose Chernin, uma judia russa, é exemplar. Ela passara a Primeira Guerra Mundial trabalhando numa fábrica de munição bélica, enquanto continuava frequentando as aulas da escola secundária a fim de não abrir mão dos estudos em favor do emprego. Agarrava-se à esperança de que a educação lhe desse pelo menos a chance de escapar da fábrica e conseguir um emprego num escritório.

Você sabe o que é passar dez horas por dia checando bombas numa fábrica suja e barulhenta? Você vira a bomba para lá e para cá, até a mente ficar vazia. E o tempo todo você fica esperando pelo intervalo, os cinco minutos de intervalo para ir ao toalete. Este se torna o único momento significativo nas dez horas do dia. Você sente que tem que haver outro jeito. Eu pensava, com a ingenuidade de uma criança, que ter uma educação, uma formação de escola secundária, me daria um emprego num escritório. No escritório! Quando atravessávamos o pátio da fábrica, passávamos pelos escritórios. Eu olhava para aquelas moças de roupas limpas, sentadas à escrivaninha, e pensava: Ali é outro mundo.[15]

Os caminhos e oportunidades para mulheres da classe operária diferiam grandemente das que pertenciam à classe média. Muito dessa diferença vinha da educação. Em 1900, dificilmente um norte-americano, homem ou mulher, permanecia na escola até o término do ensino médio. Um bom número de crianças de 14 anos, particularmente os filhos de imigrantes e de operários, não passava do quarto ano.[16] Certamente, a decisão de abandonar a escola tinha alguma racionalidade: os novos empregos disponíveis para as classes mais baixas não exigiam uma formação especial e, de qualquer maneira, as escolas públicas não ofereciam aulas de comércio e indústria. Mas a indústria tinha uma fome crescente e insaciável de mão de obra burocrática competente. Assim sendo, líderes empresariais se voltaram para as escolas. Executivos se uniram a educadores progressistas para criar um programa de ensino que mantivesse os alunos na escola – e fizesse deles funcionários em potencial. Dado que a maioria dos quadros de diretoria das escolas urbanas tinha uma preponderância de líderes empresariais e profissionais, foi relativamente fácil incluir programas vocacionais no currículo do ensino médio. E funcionou: a taxa de evasão escolar no ensino médio caía na medida em que os alunos permaneciam na escola para aprender as artes da contabilidade e da estenografia, com a promessa de um emprego logo após a graduação se tornando mais palpável. Se quisessem continuar os estudos, podiam ir para uma faculdade de comércio. Foi um momento importante na história, não só do escritório, mas também do sistema educacional, pois formar pessoas para o trabalho em escritório passou a ser o objetivo manifesto das escolas públicas norte-americanas. O país se tornava rapidamente uma nação de funcionários.

As escolas formavam meninos e meninas, porém, de maneiras diferentes. Os homens eram estimulados a estudar escrituração e contabilidade, com o propósito de desenvolver sua competência em "liderança empresarial". Em contraste, as mulheres eram consideradas naturalmente adequadas para a estenografia. Essa divisão arbitrária entre o executivo mais forte, versado em números, comandando a secretária ou estenógrafa subordinada – e o pensamento correspondente de que as mulheres eram inatamente mais apropriadas para um trabalho mecânico, leve, e incapazes de lidar bem com a matemática – persiste obstinadamente até os dias de hoje, mesmo que algumas mulheres, ainda mais obstinadamente, tenham se recusado a manter essa divisão. Apesar da pletora de manuais exaltando as alegrias da área da estenografia e sua proximidade do mundo dos negócios, as poucas mulheres que chegaram por outras vias eram as mais bem pagas no escritório (apesar de ainda ganharem menos do que os homens que desempenhavam a mesma função). Para as mulheres de classe média, em contraste, o trabalho de estenógrafa era considerado um emprego menor. Mais apropriado era ser secretária particular, cargo que ficava mais perto do poder. Os manuais de secretariado prometiam uma ascensão divertida e empolgante na estrutura corporativa que jamais foi corroborada por estatísticas de mobilidade ascensional das secretárias. Elas eram encorajadas a se encantar com a noção de que seu trabalho era "profissional" e com o fato de que trabalhavam nas salas de recepção altamente estilizadas dos bancos e nas suítes elegantes dos executivos – muitas das quais pareciam residências. Estranhamente, considerava-se de mais alta classe trabalhar essencialmente como empregada doméstica de um diretor, a serviço de seus humores e caprichos, do que ser uma estenógrafa competente. Mais tarde, Rosabeth Moss Kanter, historiadora e teórica de administração, denominou "contingência de status" esse fenômeno de o prestígio da profissão secretarial ser menos derivado da satisfação com o trabalho do que com a proximidade do poder e do prestígio (geralmente masculinos). Corriam algumas histórias de secretárias que obtiveram a confiança do patrão e passaram a ganhar o bastante para adquirir escritórios acarpetados e com móveis de mogno. Numa dessas histórias, a secretária tinha um "escritório no 17º andar de um dos edifícios de propriedade da corporação, com uma vista magnífica da cidade".[17] Quando o chefe estava fora, ela ficava no comando. Essas histórias extremamente raras eram, contudo, fortes estímulos para as secretárias.

□

Era natural que, com tantas normas não escritas regendo o novo mundo do escritório, uma quantidade substancial de confusão, pânico e aflição ostentosa cercasse as discussões masculinas sobre a presença das mulheres e o concomitante problema sexual. Subitamente, a severa observância da separação das esferas de homens e mulheres na América vitoriana não subsistia, e ficava aberta a questão de que tipo de influência as mulheres teriam na preservação do ambiente de trabalho masculino. Iriam elas, tidas como seres de moral superior inata, trazer civilização e ordem, bem como um sentido de másculo propósito, aos preguiçosos e efeminados funcionários? Ou elas, também tidas como tentadoras, e, portanto, destruidoras do frio ascetismo ético do trabalho masculino, iriam orquestrar um caos sexual no escritório, e pôr abaixo o mundo dos negócios? A premência dessas questões era exacerbada pela tão comum diligência feminina em "chegar ao altar" – isto é, havia a convenção de que as mulheres permaneciam no escritório somente enquanto solteiras, sendo a servidão doméstica presumivelmente sua real profissão, incompatível com um lugar na equipe de estenografia.

Embora a proporção de mulheres casadas, ou que continuavam a trabalhar depois de casadas, tivesse aumentado muito no início do século XX, o fato de que a maioria era solteira tornava a presença delas potencialmente preocupante para os homens solteiros, e também para os casados. Num panfleto sobre o relacionamento entre a estenógrafa e seu chefe, redigido pelo escritor Fessenden Chase, as estenógrafas eram rotuladas, previsivelmente, de prostitutas à disposição. "No antro acolhedor ou 'estúdio' particular do empregador, tentações e oportunidades estão sempre surgindo e o suscetível empregador é presa fácil da garota de brilhante plumagem, de olhares ternos que fascinam e seduzem", escreveu Chase, amplificando o silencioso voyeurismo da cena. "É só um passo entre o olhar terno e o beijo gratificante, e não podemos esquecer que a garota do 'escritório particular' geralmente está querendo beijar e ser beijada a fim de obter favores especiais e, talvez, um aumento de salário concedido por seu suscetível empregador."[18]

A entrada das mulheres no escritório se justapôs – não por coincidência – ao desenvolvimento da causa do sufrágio feminino. A crescente independência na esfera do trabalho naturalmente correspondia ao clamor por liberdade e direitos de cidadania. Em consequência, havia uma forte discussão entre as mulheres – na esfera de um florescente público feminino que buscava formar opinião sobre tudo – a respeito dos perigos e das possibilidades que o escritório lhes oferecia. Jane Addams, precursora do movimento de melhoria industrial (lembremos do espírito reinante na política de bem-estar do Larkin Building), preocupava-se com o ambiente aberto do escritório, abundante de tentações irresistíveis, onde as mulheres eram forçadas a aceitar dinheiro e presentes dos chefes em troca de favores sexuais. Dada a insuportável liberdade do local de trabalho, as mulheres, por vontade própria, "caíam numa vida depravada, unicamente por falta de limitação", dizia Addams. Ligeiramente mais realistas eram os receios de que as mulheres precisavam cruzar uma barreira impossível, como escreveu Janette Egmont num periódico especializado em comércio e estenografia, "entre Cila do pudor e Caríbdis da familiaridade, para elevar o padrão (e, nessa geração, até mesmo estabelecer o padrão) pelo qual os homens irão julgar o sexo [delas] na profissão".[19] Afinal, para autores como Egmont, o problema parecia insolúvel: o espectro do sexo era irresistível, o trabalho no escritório estava inevitavelmente comprometido, e não havia solução à vista. Enquanto isso, sempre apareciam cenas com "duas ou três garotas, os funcionários homens vão comparar a loura com a morena, e a discussão vai se estender por muito tempo".[20]

Mas, naturalmente, muito do medo do poder das mulheres sobre os homens era manifestado por homens. E, quando os homens imputavam

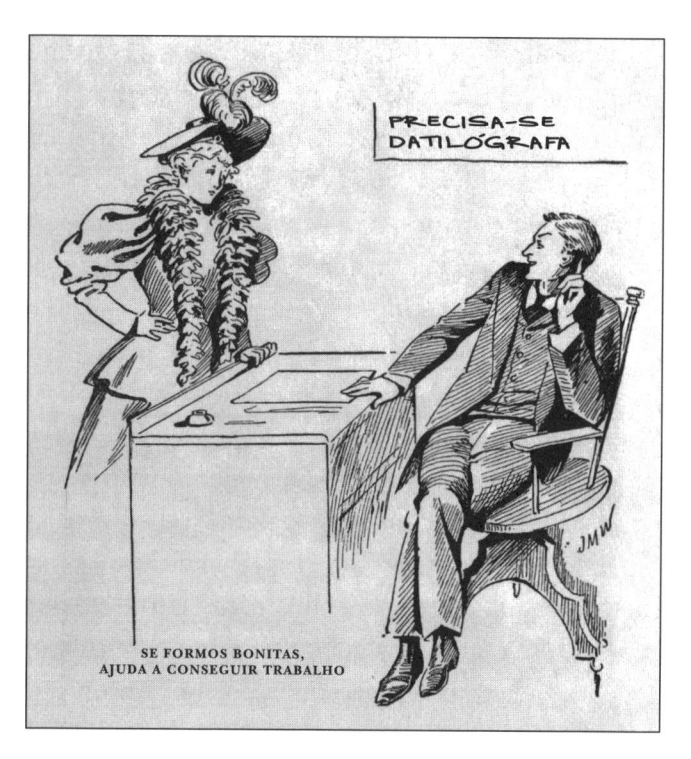

Cartum numa publicação especializada de estenografia, satirizando a política sexual no escritório (maio de 1895).
General Research Division, The New York Public Library, Astor, Lenox and Tilden Foundations

às mulheres o perigo da vida no escritório, eram contestados pelas mulheres de quem, presumivelmente, estavam falando a favor. Em 1900, Len G. Broughton, um popular pastor evangélico da Tabernacle Baptist Church de Atlanta, foi ao Brooklin, em Nova York, onde, falando para um público masculino na YMCA, desandou numa peroração carregada de invectivas contra a crescente luxúria nos locais de trabalho do colarinho-branco. Declarou que o diploma de estenógrafa não era um bilhete de entrada para o sucesso no mundo dos negócios, nem para encontrar um marido bem-sucedido, e, sim, "a habilitação para uma vida de lascívia. Eu prefiro entregar um passaporte direto para o inferno nas mãos de uma jovem do que esse certificado de admissão ao escritório do chefe a portas fechadas". Muitas funcionárias tomaram conhecimento dessa mensagem. Não estavam dispostas a sofrer caladas as insinuações de fraqueza diante dos homens. No entanto, suas respostas nem sempre eram tão politicamente salutares quanto um leitor atual poderia esperar. Uma estenógrafa que se identificou como "Miss Ware" escreveu para o *Atlanta Constitution* desmentindo a acusação do pastor, de que as estenógrafas eram impuras e depravadas. Ela afirmava que pelo menos "99%" das estenógrafas que entraram e saíram do escritório eram cristãs virtuosas; somente as pobres, desesperadas, e sem religião cediam a patrões agressivos. Comentaristas de Nova York foram ainda mais longe, separando as funcionárias de escritório daquilo que consideravam categorias mais baixas, assinalando que Broughton parecia estar esquecendo que "não está lidando com o pessoal de cor lá do Sul", mas com mulheres de "um desenvolvimento intelectual mais alto".[21]

Se as funcionárias de escritório eram cristãs virtuosas ou não (embora pelo menos até a era do pós-guerra fossem quase todas brancas), o fato é que seu local de trabalho não tinha nenhuma proteção contra o assédio sexual – uma expressão desconhecida até o final do século XX. As orientações dos manuais e organizações a esse respeito eram um equívoco. As mulheres deveriam reagir às propostas com um silêncio paciente, ou fingir alegremente não estar percebendo. Um manual de secretariado de 1919 aconselhava: "Ela deve aprender a não ver que o olhar dele é ardente demais, a não sentir a mão que pousa sobre a dela, ou o braço que desliza pelo encosto da cadeira." E devia fazer isso sempre com "tato e polidez, pois não é a rejeição que conta, mas a maneira como é feita".[22] Pode-se observar nos manuais uma presunção de que os homens não podiam ser confrontados, a não ser que a mulher quisesse perder o emprego. E perdia mesmo: uma pesquisa com 12 mil secretárias demitidas desde 1937 indica que pelo menos dois terços delas foram mandadas embora por "defeitos de caráter e personalidade" de seus chefes. Segundo alguns achados, essas características incluíam "uma recusa [por parte da secretária] a sair à noite com o chefe".[23] Assim como os outros funcionários, as mulheres de colarinho-branco deviam ter uma postura profissional, cada uma responsável por seu próprio trabalho e seu próprio sucesso.

As preocupações com a sexualidade no ambiente de trabalho repercutiam na típica ansiedade em busca de status por parte dos funcionários, ansiedade que remontava à era da sala de contabilidade, quando os homens de colarinho-branco pareciam ser efeminados. A presença de mulheres no local de trabalho pode ter dado aos homens – principalmente aos gerentes – uma confirmação de sua superioridade e poder, inerentes à classe média. Mas no fim das primeiras décadas do século XX, quando seu fracasso em se organizar em sindicatos já resultava em estagnação salarial, levando-os a perder a vantagem econômica sobre os operários das fábricas, a questão de sua masculinidade voltou à baila. Nos anos 1920, um caso escandaloso de assassinato noticiado em todo o país conseguiu refratar imediatamente todas essas preocupações.

Nos escritórios do Chase National Bank, na cidade de Nova York, uma estenógrafa chamada Shirley McIntyre conheceu Walter Mayer, um contador, ou seja, alguém em posição não muito mais elevada que a dela. Mayer se apaixonou loucamente por McIntyre e, impetuosamente, pediu-a em casamento. A princípio, ela aceitou. Mais tarde, aparentemente depois de sair com alguns superiores que lhe deram "um gostinho do luxo" (palavras de Mayer), ela voltou atrás. Mayer implorou, ameaçando suicídio. McIntyre chamou-o de "inferior", com quem ela não se casaria. A reação de Mayer foi brutal: foi ao apartamento de McIntyre, matou-a a tiros e em seguida atirou em si mesmo. Mas sobreviveu. Semanas depois, tendo se recuperado, Mayer foi levado a julgamento por homicídio. Ele fez uma defesa sentimentaloide diante de um júri receptivo, alegando que sua noiva tinha se tornado materialista, colocando "coisas" acima do amor. A mãe de McIntyre foi convocada, e até ela testemunhou a favor do bom senso de Mayer e contra o mau comportamento da filha. Deu certo. O júri o condenou por uma acusação menor que assassinato, e com pedido de leniência.[24]

Entre o assassinato e o julgamento, o que interferiu foi uma explosão de simpatia na cobertura jornalística. Havia evidências de sobra para uma condenação por assassinato doloso. Mayer tinha planejado o crime com muita antecedência (como provam cartas inequívocas escritas por ele). Mas, nos jornais, ele foi apresentado como um símbolo da débil masculinidade do colarinho-branco. Na verdade, o salário de McIntyre era mais alto que o de Mayer. Ela ganhava 60 dólares por semana, e ele ganhava 10 dólares a menos. Portanto, ele agira como qualquer homem em sua situação agiria. No século XIX – diziam os jornais – Mayer e McIntyre teriam se contentado com um matrimônio tranquilo. Mas agora o jogo tinha virado. Ao contrário de mulheres que estavam conquistando sua independência financeira, homens como Mayer ficavam largados no beco sem saída do trabalho burocrático. Segundo os jornais, Mayer teria dito a um amigo: "Há bons empregos para uns poucos homens, e muitos remos nas galés para os escravos." O que poderia ser visto como pura incompetência foi convertido numa matéria sobre o *pathos* do homem de colarinho-branco – que as funcionárias deveriam aceitar, ou pelo menos rejeitar de maneira mais educada.[25]

Nos anos seguintes à Grande Depressão, que causou um abalo colossal na confiança dos homens de negócios e na de funcionários sem grande chance de ascensão profissional, a insinuação de que as mulheres estavam arruinando o escritório tornou-se objeto de chacota na cultura popular. O filme *Baby Face* [*Serpente de luxo*] (1933), lançado antes que a censura instaurada pelo Código Hays desse um fim rápido ao voraz apetite de Hollywood pela franca libertinagem, não só teve a virtude de trazer a então desconhecida Barbara Stanwyck ao papel principal, mas também de consolidar como arquétipo cultural do "golpe do baú" a crescente população de funcionárias, que os homens supostamente desejavam e temiam. Interpretada por Barbara Stanwyck, a protagonista, Lily Powers, vem de uma cidadezinha onde trabalhava com seu pai fabricante de bebidas ilegais, assediada por operários fisicamente depauperados e socialmente desesperados, cujas investidas devido a suas qualidades sexuais ela tentava rechaçar. Um imigrante alemão, sapateiro, aconselhou-a usar suas qualidades para dar outro rumo na vida. "Você não entende suas *potencialidades*", ele exclama. "Você não leu o Nietzsche que lhe dei?" Mais tarde, no filme, estando a sós com Lily na oficina, ele salta para uma exposição pseudofilosófica, de insuperável estranheza, sobre a natureza da força de vontade feminina: "Uma mulher jovem, linda como você, pode fazer tudo o que quiser. Você tem poder sobre os homens. Mas tem que usar os homens, e não se deixar usar por eles... Explore a si mesma! Use os homens! Seja forte, desafiadora – use os homens para obter o que você quer!" Quando seu pai morre num acidente absurdo, ela pega um avião para Nova York junto com uma amiga afro-americana, Chico (Theresa Harris), que trabalhava na destilaria ilegal, para entender melhor suas "potencialidades".

Graças ao chefe do Departamento de Pessoal, com quem dormiu, Lily arruma um emprego no degrau mais baixo da fictícia Gotham Trust Company, um banco instalado num arranha-céu art déco. (Chico se torna empregada doméstica de Lily, pontuando o filme com ocasionais interpretações de blues. Apesar de Theresa Harris dividir com Barbara Stanwyck um bom tempo na tela, *Baby Face* parte do princípio de que sua personagem jamais seria aceita no mundo do colarinho-branco.) Num recurso engenhoso e grotesco, a câmera vai passando de janela em janela à medida que Lily galga de cama em cama sua posição no banco, subindo do balcão de câmbio para os departamentos de arquivo,

Barbara Stanwyck como Lily Powers, em *Baby Face* (1933), usando suas "potencialidades". *Photofest*

de hipoteca, de seguros, de contabilidade, até chegar aos mais altos escalões da companhia. Ela até usa e logo dispensa John Wayne, jovenzinho, na escalada. "Acorda, garoto", diz uma funcionária quando ele lança um suplicante olhar desamparado, "Baby Face está deixando sua classe social." Cada vez que há risco de cair numa cilada, ela apela para o charme – algo que o filme apresenta focalizando seu rosto cintilante e sorridente, deliberadamente embaçado pela câmera para parecer mais etéreo. Mas seu desejo é apenas material: voltamos sempre ao apartamento de Lily e, a cada degrau que ela sobe, maior e mais luxuosa é sua residência. Finalmente envolvida num escândalo, quando um ex-amante atira no namorado atual dela, que é o presidente da companhia, e se mata em seguida, Lily é transferida para a filial do Gotham Trust em Paris, de volta ao mais baixo degrau. Ali, o novo presidente, Courtland Trenholm, vai visitá-la e sucumbe aos seus encantos.

Mas somos lembrados de que isso se passa na Depressão, e os bancos não são tão estáveis quanto costumavam ser. Numa onda de pânico, as pessoas fazem uma corrida ao banco, e Trenholm põe 1 milhão de dólares de seu próprio bolso para salvá-lo. Ele implora a Lily que venda tudo o que possui. "Não, não posso", ela conclui. "Preciso pensar em mim mesma. Passei por muita coisa para conseguir isso. Minha vida foi dura e amarga. Não sou como as outras mulheres. A doçura e a bondade que existiam em mim estão mortas. Tudo o que tenho são as minhas coisas; sem elas, eu não sou nada. Eu teria que voltar ao que era. Não, não vou abrir mão delas." É uma fala surpreendente, reveladora, a primeira vez que Lily admite francamente seus motivos. Infelizmente, tudo cai por terra num final pobre, moralizante: Trenholm tenta se matar e, na ambulância a caminho do hospital, Lily por fim admite que o ama de verdade. Ela desiste do dinheiro e volta à sua classe. *Baby Face* tem o mérito de, no mínimo, dar à personagem Lily uma função – transmitida por Stanwyck num excelente trabalho –, ainda que fosse sugerir que, afinal, ela é igual a qualquer outra mulher: quer o casamento, não o poder. Como vários filmes da época, *Baby Face* refrata os medos inconscientes de toda uma classe de homens que viam em sua falta de força de vontade a causa verdadeira do fracasso nos negócios. Assim também o filme, como tantos outros da época, reafirma aos das classes baixas dos

Estados Unidos que as fronteiras de classe não eram transgredidas. Embora Lily buscasse escapar da classe baixa, acaba se casando com um Trenholm pobre.

Possuídos por esses terrores profundamente inculcados, nem todos os escritórios ficavam esperando para ver se mais funcionários homens matavam as mulheres que os rejeitavam, ou se caçadoras de fortunas destruiriam a empresa. O medo generalizado do que homens e mulheres trabalhando juntos poderiam causar aos dois sexos no escritório, ou na sociedade lá fora, levou algumas companhias a varrer do espaço de trabalho todos os vestígios dos privilégios masculinos e, simultaneamente, a adotar a segregação sexual nos ambientes de trabalho. No Metropolitan Life Insurance Building, um dos maiores e mais icônicos arranha-céus de Manhattan no início do século XX, foram proibidas as escarradeiras nos escritórios dos velhos comerciantes, bem como fumar, exceto em algumas áreas permitidas. O próprio escritório, ao contrário da maioria dos outros, era impecável – "um modelo de limpeza doméstica", como disse o historiador Olivier Zunz. Homens e mulheres passaram a ter entradas separadas, assim como corredores, elevadores e escadas. Nas áreas de descanso também imperava a segregação sexual. À moda taylorista, o trabalho era distribuído de modo a ocupar as pessoas durante todo o expediente, relógios elétricos marcavam rigorosamente o tempo, e supervisores garantiam que não houvesse conversas, nem em voz baixa, quanto mais em voz alta ou risadas.[26]

Ao mesmo tempo, espelhando o mundo social menos segregado de cinemas, teatros, boates e parques de diversões, homens e mulheres encontravam meios de interagir no ambiente do escritório que os preparavam para o mundo sexual mais aberto fora dele. Por menos que fosse, as mulheres tinham que interagir com os homens a que eram subordinadas, tanto as estenógrafas anotando ditados, como as datilógrafas supervisionadas por um funcionário. O mais importante, porém, eram os programas recreativos oferecidos pela Met Life. Um desses programas consistia em aulas de dança – inspirado pela mania das danças frenéticas (o jitterbug, o Charleston) que invadia todos os centros urbanos dos Estados Unidos. Embora as mulheres da Met Life – que nos anúncios da

As "Belles" do Metropolitan Life Building. *Museum of the History of New York*

empresa eram chamadas de "Metropolitan Belles" – só tivessem permissão para aprender umas com as outras, sempre havia grupos de homens e mulheres reunidos no terraço do prédio para aprender a dançar.

Até mesmo a interação de uma secretária com o patrão, tão bem estipulada, podia levar a outros tipos de interação entre homem e mulher. O termo "esposa de escritório" entrou no vernáculo para descrever a secretária que era mais próxima ao chefe do que a esposa propriamente dita. A escritora Faith Baldwin, documentarista extremamente popular da vida sexual no escritório, explorou a ideia em seu best-seller *The Office Wife* (1929): "Ela se sentia muito próxima ao patrão na efusiva tagarelice juvenil que sempre se seguia a uma vitória ou à promessa de uma. Ela pensava... como aprendeu a conhecê-lo bem. Tinha aprendido a ver, no mesmo instante da reunião, se ele estava cansado ou irritável, se o dia estava caminhando bem ou mal, se ele estava a fim de ir à luta ou exausto e enfiado em si mesmo, sem muito entusiasmo."[27] No romance de Baldwin, a secretária, que tinha o privilégio de ocupar o mais íntimo santuário do escritório em vez de ficar presa ao andar das estenógrafas, passa a acompanhar o chefe aonde quer que ele vá, providenciando todo o conforto que a esposa providenciaria em outras circunstâncias. Ela se torna apaixonadamente competente no trabalho, uma funcionária-modelo. Depois, num final feliz de contos de fadas, ela se casa com o chefe – parecendo demonstrar que o escritório é um lugar que não permite assédio ou avanços indesejados, mas onde há felicidade em potencial. O outro lado da moeda é que o romance traz o casamento com o chefe como um prêmio de consolação, em lugar de uma promoção na carreira. Você trabalha muito bem, mas não vai poder progredir no mundo. Sua recompensa é poder se casar com alguém que possa. Era um modo de manejar o que parece hoje uma situação intolerável, resolvendo de maneira plausível o que era uma autêntica e debilitante contradição social.

Hoje esses aspectos da vida no escritório parecem triviais, e até mesmo desagradáveis, mas essas interações eram novidade. Para o bem e para o mal, o escritório engendrou muito do mundo sexual que habitamos. Trouxe a possibilidade de homens e mulheres se conhecerem – se não como iguais, é claro, pelo menos num terreno distante do atormentado, invisível mundo do lar. Embora as mulheres continuassem a ser minoria por alguns anos mais, e fossem realmente excluídas das fileiras administrativas, tornaram-se a principal fonte de estereótipos da vida no escritório.

Isso se aplicou também à mídia: a "moça de colarinho-branco" foi tema de um grande número de romances populares na segunda e terceira décadas do século XX. Havia uma certa congruência entre o tipo de protagonista desses romances e as mulheres que os liam. Apesar de mulheres trabalharem em fábricas havia anos, a diferença estava em que eram quase exclusivamente operárias, imigrantes, sem acesso a publicações em inglês. Mas as mulheres de classe média que trabalhavam em escritório eram geralmente da mesma classe do público-alvo de romances, um público predominantemente feminino. A tendência permaneceu nos temas de romances e do cinema, em que as pessoas retratadas em determinada mídia tinham empregos muito similares aos dos consumidores dessas narrativas.

Os romances sobre moças de colarinho-branco eram notavelmente semelhantes, talvez porque, durante muitos anos, tenham sido escritos por homens. Em *The Job*, de Lewis, assim como em outro um pouco mais contemporâneo, *Alice Adams*, de Booth Tarkington, e no volumoso best-seller *Kitty Foyle*, de Christopher Morley, situado na era da Depressão, a protagonista é obrigada a ter um emprego de colarinho-branco após a morte do arrimo da família – seu pai –, que antes já não estava muito bem de vida. Esse clichê da mulher condenada a trabalhar camufla a verdadeira história, de que muitas estavam decidindo, por desejo e vontade própria, entrar no mundo do trabalho. Mas Lewis e seus contemporâneos deviam muito aos romances naturalistas da época, de Theodore Dreiser e Jack London, por sua vez devedores de Émile Zola, em que traços biológicos herdados e pesadas forças sociais estreitavam e determinavam as escolhas.

Dentre eles, somente Lewis concebeu um romance feminista, no qual, por mais improvável que fosse, uma mulher alcançou sucesso profissional. Una Golden, assim como suas colegas de trabalho, espera sofrer na labuta só enquanto não arranja um homem casável no escritório. Vê mulheres muito mais velhas lutando com as máquinas e surtando com a falta de sentido do trabalho: "Às vezes havia epidemias de histeria, e mulheres de 35 ou 40 anos – normalmente satisfeitas – se juntavam às velhas para chorar. Una imaginava se aos 35 estaria chorando como elas – e se aos 65 teria chorado por mais trinta anos áridos." Ela se apaixona por um jovem colega, Walter Babson, um charmoso editor, irrequieto, falante, de palavreado solto, que ocasionalmente exprime seu apoio aos sindicatos e ao socialismo. Mas, incapaz de subir nos degraus da companhia, e sem dinheiro para um casamento, ele vai para o Oeste e deixa Una contemplando o futuro de uma vida solitária. Quando a mãe dela morre, sofrendo o luto e uma crise de inutilidade, ela se casa com um vendedor, Eddie Schwirtz. O hábito de grandes bebedeiras o leva a perder o emprego e ele passa a depender de Una e a explorá-la financeiramente.

Após anos de abuso ela o deixa, arruma outro emprego num escritório melhor, e vai morar num conjunto residencial só de mulheres. Nesse momento o romance começa a dar uma virada estranha, e até radical. Ouvindo a história de vida de outras mulheres, Una se enche de confiança e chega a um cargo administrativo, ainda que baixo, no White Line Hotels. Sua capacidade a conduz a posições mais altas, a ponto de contratar um assistente – ninguém menos que seu antigo amante, Walter Babson. Una se torna executiva do White Line e se casa com Walter. No final da história, ela se imagina tendo um filho e continuando a ocupar o cargo: "Vou continuar no emprego – se tive o mundo do escritório que desejei para mim, vou ao menos conquistá-lo, e dar aos meus funcionários uma vida decente." Era uma fantasia de conquista individual, insólita, rigorosamente implausível, não menos esperançosa que as histórias de Horatio Alger, muito populares na época. Mas era uma fantasia feminista, que não imaginava "o altar" como uma barreira. Era uma fantasia que nenhuma mulher daquele tempo poderia entender. Todavia, o escritório conseguiu realizar essa fantasia. Os anos que se seguiram testemunharam a luta para torná-la realidade.

☐

Se, apesar do que sugeriam os manuais de secretariado, o escritório não era hospitaleiro para tratar as mulheres como iguais, então – diziam outros – elas deveriam torná-lo tão hospitaleiro quanto possível. Deveriam ser comportadas, eficientes e limpas. A sexualização do local de trabalho punha em risco as virtudes da classe média, que o escritório deveria enaltecer. Assim, algumas funcionárias se encarregaram de garantir que as mulheres, pelo menos, não iriam comprometer o caráter respeitável do ambiente.

Em 1909, uma dona de casa de meia-idade, de Providence, chamada Katharine Gibbs, viu-se subitamente perdida quando o marido sofreu um acidente de barco, deixando-a viúva com dois filhos para criar. Sem saber fazer nada além das ocupações domésticas, lançou-se desesperadamente à vida empresarial. Primeiro, tentou ser costureira, e fracassou rapidamente. Depois seguiu o caminho trilhado por milhões de mulheres como ela: fez um curso de estenografia no Boston's Simmons College.

Simmons era uma escola de secretariado diferenciada, que ensinava línguas estrangeiras além da estenografia, conferindo às alunas um ar de educação cosmopolita que as tornava profissionalmente atraentes para companhias desejosas de um quadro de secretárias exalando inteligência além do puro magnetismo físico. Gibbs aprendeu de cor essa lição.

Ela vendeu todas as suas joias por mil dólares e usou o dinheiro para montar seu próprio curso, comprando a Providence School for Secretaries em 1911. O que ficou conhecido informalmente como escolas "Katie Gibbs" era uma boa opção para mulheres inteligentes que só precisavam de um pequeno aprimoramento. As escolas Gibbs davam esse aprimoramento e muito mais. Seu foco era formar mulheres com personalidade adequada ao escritório: sérias, inteligentes, eficientes, que atendessem o chefe sem questionar e sem deixá-lo constrangido. Além da datilografia e estenografia, processos gerais e operação de telefonia, constavam no currículo noções de direito, matemática e inglês.[28] Mais tarde veio a incluir gerência de produção, relações de trabalho, finanças, noções de contabilidade e conhecimentos gerais.[29] E, naturalmente, dicas de vestuário e aparência pessoal. As moças de Katie Gibbs não deveriam ter a beleza por objetivo, e sim uma "aparência respeitável", que refletisse bom senso, e não apelo sexual. No quinquagésimo aniversário da escola, a *BusinessWeek* fez uma matéria sobre o perfil das alunas, dizendo que o "toque profissional" incluía "vestido em vez de saia e blusa, leve uso de cosméticos e joias, sempre saltos altos e meias e, para uso externo, chapéu e luvas".[30] Pais especialmente ricos e particularmente interessados eram incentivados a mandar as filhas para aulas em Bermudas no começo da primavera.[31] Apenas um homem se matriculou em tempo integral.[32] Na Gibbs e em escolas competitivas como a dela, a carga horária era extenuante: cinquenta horas por semana, sendo a metade em aulas e a outra em deveres de casa. A disciplina era igualmente intensa: uma aluna se lembra de um teste de datilografia em que a moça errou logo no começo, recomeçou em outra folha de papel – e consequentemente foi expulsa.[33]

O estilo "Katie Gibbs" tornou-se proverbial na cultura em geral. A própria Gibbs era o perfeito símbolo da delicada severidade que desejava cultivar nas alunas. No novelesco e picante *roman à clef* de Judith

Krantz, intitulado *Scruples* [*Luxúria*] – publicado no fim dos nos 1970, mas escrito no começo dos 1960, no despontar da revolução sexual –, a protagonista, Billy, recorda o momento em que saiu do elevador e entrou na escola Gibbs. "A primeira coisa que encontrou seus olhos foi o olhar fixo da falecida sra. Gibbs, preservado com toda a sua implacável severidade num retrato na parede atrás da mesa da recepcionista. Ela não parecia má, Billy pensou, mas era como se soubesse tudo sobre você, e não tivesse decidido – ainda – a desaprovar isso ativamente."[34] Essa vívida descrição do rigoroso programa educacional confere com vários outros relatos:

> Por que as pessoas tiveram a crueldade de inventar a estenografia, ela se perguntava enquanto eternas sirenes infernais tocavam de hora em hora e ela saía apressada, mas com a precisão exigida, da sala de estenografia para a sala de datilografia, e depois voltava novamente à sala de estenografia. Muitas de suas colegas tinham alguma noção de datilografia antes de entrar para a Katie Gibbs, mas até as que pensavam ter uma vantagem sobre o sistema ficavam imediatamente desiludidas com sua destreza prévia. Ser "Material Gibbs" significava que você precisava atingir determinados graus de proficiência, que pareciam a Billy ultrajantes. Estavam mesmo esperando que ela fosse capaz de anotar sessenta palavras por minuto na estenografia e datilografar sem erros um mínimo de sessenta palavras por minuto ao completar o curso? Estavam mesmo.[35]

A famosa disciplina da escola não impede Billy de se dar ao prazer das primeiras experiências de sexo casual. Na verdade, a disciplina e a vida sexual parecem se complementar e estimular uma à outra: "Billy finalmente sentia fortes impulsos obsessivos vindo em seu auxílio, ajudando-a a se aprofundar no trabalho com a confiança que viria a dominá-lo, se apropriar dele... Ela ficava tão excitada sexualmente que às vezes, entre as aulas na Gibbs, precisava ir ao toalete, trancar-se num reservado, enfiar o dedo entre as coxas e, esfregando bem depressa, ter um orgasmo rápido, silencioso, necessário."[36] Ser "material Gibbs" ajuda Billy a se tornar adulta, confiante, segura de si. "Embora faltassem apenas cinco meses para seu aniversário de 21 anos", escreve Krantz sobre sua graduação, "ela aparentava e falava como se tivesse soberbos e bem equilibrados 25." Billy ocupa imediatamente um cargo de secretária na Ikehorn Enterprises, nos mais altos escalões do Pan Am Building, que dominava em altura a estação Grand Central e a Park Avenue.

As moças de Gibbs, escreve Lynn Peril em sua rica história do mundo secretarial, eram treinadas para ser "nada menos que gueixas de escritório". Aprendiam a ser simpáticas ao telefone e a discorrer brilhantemente sobre assuntos da atualidade nos coquetéis da empresa. Em outras palavras, elas eram integralmente *esmeradas* – acessórios elegantes para chefes desejosos de enfeitar o local de trabalho. Mas também, como mostram Krantz e outros, as funcionárias tinham que se preparar para um mundo tão pesado quanto um romance de Jane Austen, cheio de códigos sutis e sistemas de comportamento. Elas não subvertiam a ordem do lugar; eram simplesmente especialistas naquilo. A própria Gibbs reconhecia a injustiça do mundo para o qual ela preparava suas pupilas: "A carreira da mulher é bloqueada por falta de aberturas, pela injusta competição masculina, pelo preconceito e, não menos importante, pelo salário e reconhecimento inadequados."[37] No entanto, afora a questão de ter um emprego, ser aluna de Gibbs não era remédio para nenhum desses problemas. Gibbs pode ter sido uma empresária, mas suas alunas eram formadas para trabalhar para empresários. Velhas gerações de manuais e organizações haviam ensinado às mulheres a rejeitar avanços indesejados de chefes abusados, e Gibbs ensinou-as a lidar com o mundo do escritório com uma certa dose de aprumo. Era o melhor que podiam esperar.

CAPÍTULO 4

NO ALTO DO ARRANHA-CÉU

Se seus olhos pudessem penetrar as opacas massas das fachadas, veriam um espetáculo incrível: trezentos mil e quinhentos homens e mulheres – talvez mais – trabalhando num mesmo espaço e ao mesmo tempo. Uma humanidade que, rompendo com o destino milenar de estar ligada ao chão, está suspensa entre o céu e a terra, subindo e descendo em grupos de vinte e feixes de duzentos. É uma nova cena do purgatório?
– LE CORBUSIER, *Quando as catedrais eram brancas*[1]

Em meados do século, com os Estados Unidos se preparando para enfrentar a frígida primeira década da Guerra Fria, nada marcava mais o dinamismo dos negócios do que a linha do horizonte das cidades. Os comunistas podiam ter alardeado a igualdade dos povos, mas, em termos da pontiaguda desigualdade das linhas do horizonte, Moscou e Berlim Oriental, para não dizer Pequim e Hanói, não tinham nada a ver com Nova York e Chicago, cujas silhuetas se assemelhavam aos altos e baixos de um gráfico do PIB. Fotografias de Manhattan, tiradas do outro lado da ponte do Brooklyn, mostram um montanhoso agrupamento de cristas, algumas envidraçadas e lustrosas, outras, severas hastes de alvenaria e aço ornamentadas com espirais e esculturas, enquanto em Chicago o "Loop" era um circuito por uma elegante esplanada de arranha-céus que contemplavam placidamente a suave curva do lago Michigan. Os arranha-céus tornaram visíveis o nascimento e o crescimento do escritório.

Até a ressurgência da globalização, depois da Guerra Fria, quando edifícios altos começaram a ser erigidos na costa sul da China e na península árabe, o arranha-céu era uma das instituições mais peculiares do colarinho-branco dos Estados Unidos, muito mais um símbolo da façanha, e até mesmo da crueldade, do capitalismo norte-americano do que também não deixava de ser: uma altíssima coleção de escritórios enfadonhos. Em outros países, eram vistos como objeto de desejo de homens e mulheres no mundo dos negócios. Não é de admirar que a imagem marcante do crescimento da China contemporânea seja o florescente distrito Pudong de Xangai, com seus estranhos prédios futuristas. À medida que o taylorismo e outras ideias parecidas se espalhavam pelo mundo, os ramos administrativos das indústrias, juntamente com as instituições financeiras, atingiam um enorme crescimento no mundo ocidental (embora não na mesma medida que nos Estados Unidos). Mas as cidades europeias não ostentavam o mesmo padrão de desenvolvimento. Eram cidades mais velhas, densas, circunscritas por séculos de tradição de edificações, bem como pela espessura do tecido urbano. Elas impunham restrições à altura dos prédios muito antes de os arranha-céus se tornarem populares nos Estados Unidos. O London Building Act [Código de Obras Londrino] de 1894 limitava a altura a 30 metros. Em Berlim, durante muitos anos, o máximo era 22 metros. A devastação dos tempos de guerra abriu espaços para construções mais altas e as restrições afrouxaram, mas ainda havia alguma resistência, liderada por fortes instituições do bem-estar social, que viam as incorporações imobiliárias como inimigas da social-democracia. Em 1950, o edifício mais alto dos Estados Unidos tinha 373,5 metros (o Empire State Building). Quinze anos mais tarde, os prédios mais altos de Londres eram o Shell Centre e o Portland House, com 107 e 100 metros, respectivamente. Os três outros mais altos tinham menos de 70 metros.[2]

O ritmo inexorável das construções nos Estados Unidos fez com que o caráter das cidades mudasse drasticamente. A transformação foi tão tremenda, eficaz e permanente, que para habitantes e visitantes contemporâneos é difícil imaginar que a vida urbana pudesse ter sido diferente, sem tantos escritórios. Lugares como Chicago e Nova York, conhecidos tanto por suas indústrias (abatedouros em Chicago, transporte marítimo em Nova York) quanto por seus distritos financeiros, ficaram lotados de escritórios. Áreas residenciais pequenas, de baixa densidade, foram demolidas, replanejadas e substituídas por edifícios que abrigavam milhares de funcionários. Entre 1871 e 1923, Nova York construiu cerca de 22 milhões de metros quadrados de espaço para escritórios. Dos anos 1920 até início dos 1930, a cidade acrescentou mais 11 milhões, sendo 4 milhões construídos de 1930 a 1933, os primeiros anos da Grande Depressão. Nem o colapso da economia conseguiu interromper as construções. A infinita capacidade de construir parecia produzir, no chão, o mais revigorante e, ao mesmo tempo, o mais atemorizante dos fatos: que todas as casas e os apartamentos poderiam ser arrasados para dar lugar a mais escritórios, e que se podia construir sempre cada vez mais alto. E a infinidade dos arranha-céus correspondia à intensificação e à ampliação dos escritórios dentro dele. A experiência do homem nas ruas, alienado pelas torres à sua volta, tornou-se um tropo clássico da literatura norte-americana: "Que esfinge de cimento e alumínio desabou sobre seus crânios e devorou seus cérebros e imaginação?", lamenta Allen Ginsberg em *Howl* (1955). Foi "Moloch", o deus dos sacrifícios de crianças, "cujos edifícios são julgamento!... cujos olhos são mil janelas cegas! / Moloch, cujos arranha-céus se elevam nas longas ruas como infindáveis Jeovás!". Ginsberg deu testemunho apenas da presença dos arranha-céus. Alguns anos depois o poeta James Merrill, em "An Urban Convalescence" (1962), invocou a ausência causada pelo processo de destruição, os milhares de prédios demolidos nos planejamentos de "renovação urbana" a fim de dar lugar aos novos edifícios. "Dá para pensar que o simples fato de terem permanecido / Ameaçava as cidades como incêndios misteriosos." Em meados do século, tornou-se uma fonte de preocupação para muitos o fato de que a linha recortada do horizonte pudesse ser somente uma miragem da variedade, de que cada belo edifício estava de fato cheio de histórias e mais histórias de funcionários de colarinhos-brancos idênticos, de que a cidade, cintilando à noite sobre o rio, consistia em pouco mais de milhões de metros quadrados em escritórios.

A ascensão do arranha-céu foi um dos aspectos mais bem documentados da história do escritório, tema de incontáveis obras sobre a história da arquitetura. Mas essa história se atém quase exclusivamente ao exterior dos prédios, sua escala, sua força e seu volume imponente. Pela leitura de livros sobre arranha-céus, você talvez jamais viesse a saber que tinha gente trabalhando lá dentro. ("O que os críticos aprenderam a ad-

Os zumbis de escritório em *A turba*, de King Vidor (1928). *Photofest*

mirar nos grandes edifícios é a fotografia deles", lastima Lewis Mumford em *Sticks and Stones* [*Estacas e pedras*], em 1924.) Mas durante sua implacável escalada nas cidades dos Estados Unidos, a vida lá dentro era objeto de tanto interesse quanto as gárgulas que se projetavam no alto de suas torres. E grande parte das formas tomadas pelo edifício foram inspiradas nas lutas que se passavam lá dentro. A tomada de cena mais famosa de *A turba* (1928), filme de King Vidor, é uma mostra dramática disso: a câmera se aproxima de um prédio convencional art déco e vai subindo por uma coluna de janelas até entrar numa delas, onde pairamos sobre um extenso mar de escrivaninhas, com incontáveis funcionários preenchendo detalhadamente pilhas de livros de contabilidade. Depois vemos as mesmas figuras saindo em massa e encontrando amigos que trabalham em outros edifícios. Cada vez mais pessoas que olham horrorizadas para os arranha-céus acabam indo trabalhar neles. São estas as novas figuras que lhes dão vida, que estão no coração do mundo dos negócios dos Estados Unidos. O que elas viam?

Assim como à expansão interna do escritório, os avanços tecnológicos mais uma vez ajudaram o crescimento vertical das construções. Até os anos 1870, um prédio de seis andares era praticamente o mais alto possível, graças – como escreveu o historiador de arquitetura Hugh Morrison – "a uma relutância humana universal a subir mais que cinco lances de escada".[3] O elevador de passageiros, movido a vapor, desenvolvido nos anos 1850, só foi usado num prédio de escritórios em 1871. O elevador hidráulico foi patenteado em 1872 e adotado pelo The New York Tribune Building, elevando-o a dez andares acima do solo. Outro ingrediente-chave – um esqueleto de aço para suportar a parede externa – foi usado pela primeira vez em 1884-85, em Chicago, no Home Insurance Building, um edifício frequentemente citado como o primeiro arranha-céu. Depois que o Wainwright Building, de Louis Sullivan e Dankmar Adler, consagrou o gênero em St. Louis, em 1891, o furor pelos arranha-céus tornou-se irremissível, e os mais significativos subiram em Chicago. Os nomes de arquitetos de arranha-céus entraram para o cânone da arquitetura norte-americana, geralmente referidos de maneira informal como "a Escola de Chicago": Sullivan e Adler, Daniel Burnham e John Wellborn Root. Agora que seus edifícios passaram a fazer parte da história da arte, é difícil recordar o terror e o medo que essas maravilhas provocavam. No clássico *A ética protestante e o espírito do capitalismo*, Max Weber recorreu a uma metáfora inspirada no arranha-céu ao dizer que a moderna administração burocrática estava apertando o cerco em torno da humanidade da mesma maneira que "uma concha dura como aço".[4]

Mas é claro que o aço ficava apenas no interior, visível para o público fascinado, de boca aberta, somente enquanto aquelas coisas gigantescas estavam sendo erguidas. Para os espectadores de hoje, habituados às mais hiperbólicas aplicações de vidro e de concreto, os velhos arranha-céus de Nova York e Chicago, com sua ornamentação exótica e refinada em tijolos maciços, saguões espetaculares decorados com pátina dourada e gradis de ferro ornamental transpiram uma atenção elegante, até mesmo rococó, aos detalhes decorativos associados a prédios de um passado mais distante. Mas a despeito da modernidade dos materiais usados para erguê-los e da força de seu imenso tamanho, os arranha-céus eram deliberadamente apresentados como antimodernos na ocasião de sua construção, assim planejados para atenuar aquilo que potencialmente poderiam parecer: odes frias e cruéis à eficiência e à ambição. As torres de Sullivan eram divididas como se fossem colunas: um embasamento com pé-direito alto e grandes vitrines destinadas ao comércio varejista, voltado para pátios ajardinados ou para a rua, uma sequência contínua de andares superpostos de escritórios constituía o corpo do prédio, e uma cobertura quadrada coroava a obra, cuja cornija, vista da rua, parecia apontar para fora e para cima, dando ao olhar a impressão, quando percorria o alto do edifício, de que a cornija se estendia pelo ar, num impulso ascendente. Ornamentos ostentosos, colunas engastadas e pilastras interrompendo o fluxo vertical reduziam e amenizavam o volume. Em Nova York, o ímpeto de adornar edifícios era ainda mais inexorável. A torre neogótica da Woolworth, a forma de torre sineira veneziana do Metropolitan Life – estes eram os prédios modernos que evocavam descaradamente estilos e conceitos do passado. Garantir que o arranha-céu preservasse o heroísmo aristocrático da vida moderna e, ao mesmo tempo, expressasse o poder dos negócios norte-americanos, essa era uma preocupação constante de figuras como Sullivan e seus contemporâneos. "Como inculcar nessa pilha estéril, nessa rude aglomeração brutal, exclamação constante de eterna contenda, a graciosidade das mais altas formas de sensibilidade e cultura que repousam nas mais baixas e intensas formas de paixão?", escreveu Sullivan em "The Tall Office Building Artistically Considered", em 1896. "Como proclamar, da vertiginosa altura desse estranho, esdrúxulo terraço, o pacífico evangelho da emoção, da beleza, o culto a uma vida mais elevada?"[5] Por que essa preocupação tão intensamente floreada com o "culto a uma vida mais elevada", em edifícios a serviço do progresso e do poder criativo-destrutivo dos negócios? Em outras palavras, por que os titãs do comércio pareciam ter tanto medo das implicações da vida moderna?

O melhor lugar para encontrar essa resposta é Chicago. O berço do arranha-céu foi também o berço de um distrito comercial que começou do zero, sendo talvez o mais puro "centro da cidade" de qualquer cidade norte-americana, a saber, o "Loop", um lugar dedicado inteiramente à consagração do colarinho-branco. Antes da devastação da área pelo incêndio de 1871, o Loop já era causa de preocupação para os cidadãos mais tradicionalistas. Já vinha se enchendo de prédios comerciais, de lojas de varejo e oficinas. Embora baixas, essas estruturas comerciais começavam a suplantar as igrejas e residências daquela cidade do Meio-Oeste.[6] Depois do incêndio, a chance de reforma se impôs. Parte do distrito era originalmente um bairro de classe operária, algo inaceitável pela classe média. Nas palavras do investidor imobiliário Mahlon D. Ogden, era "coberto de inúmeras espeluncas e pardieiros, ocupado nos últimos vinte anos por antros de baixeza e jogatina, local e *rendez-vous* de ladrões, assaltantes, bandidos e assassinos de toda espécie e de toda cor, o que excluía todo propósito de decência e de comércio".[7] O incêndio desocupou toda aquela parte, deixando terrenos disponíveis e uma zona mais atraente para a especulação imobiliária. A fim de equilibrar as despesas, as fábricas e lojas se transferiram para o noroeste da região.

Além dos altos preços dos terrenos, havia naqueles anos outro motivo para manter as fábricas e os armazéns longe do centro administrativo. Pois o desenvolvimento espetacular, inexorável, da indústria em Chicago não aconteceu sem custos sociais, que tomaram a forma de um movimento trabalhista cada vez mais incontrolável. À medida que a indústria crescia, cresciam também o nível e o impulso de organização. Nos anos 1860, Chicago era a sede da campanha pela jornada de trabalho de oito horas por dia. Nos anos 1880, o governo da cidade já simpatizava com a causa sindicalista, e a polícia se recusava a cooperar com os empresários que tentavam contratar trabalhadores não sindicalizados ou substituir grevistas por fura-greves. A própria construção dos arranha-céus, dependente do trabalho assalariado, foi suspensa devido às greves frequentes. Três dos maiores exemplos da Escola de Chicago – Marshall Field Wholesale Store, de Richardson, Rookery, de Burnham e Root e Auditorium, de Sullivan e Adler – enfrentavam dificuldades com greves de carpinteiros, pedreiros e serventes.[8] As publicações locais sobre arquitetura faziam reportagens alarmantes sobre o quanto crescia o movimento, e geralmente se posicionavam a favor dos fura-greves.

Especialmente apavorantes aos olhos dos líderes do empresariado e dos arquitetos de arranha-céus contratados por eles, além de malvistas pelas instituições políticas da cidade, eram as facções anarquistas dos sindicatos. Além do intento de igualdade mundial proposto em suas ideias, o fato de se dedicarem a organizar imigrantes recusados por outros sindicatos piorava a situação. Muitos membros e líderes dos sindicatos – embora nem tantos quanto seus oponentes xenófobos alegavam – eram imigrantes alemães, portadores dos vigorosos debates e ideias que agitavam a esquerda socialista e anarquista de sua terra natal. Eles defendiam uma solução radical para o crescente abismo entre capitalistas e trabalhadores – "a instituição de uma sociedade livre, baseada na organização da produção cooperativa" – o que, sem dúvida, acarretava a eliminação da classe capitalista. À margem da sociedade, o escritório da publicação anarquista *Alarm* se situava muito perto do Loop. Não eram só uns poucos anarquistas que desprezavam os arranha-céus em expansão a seu redor. Num artigo de 1885, Lucy Parsons, uma ex-escrava que veio para o norte com o marido e fazia parte da liderança anarquista, interpretou os arranha-céus exatamente como os arquitetos e executivos esperavam – a consumação do comércio norte-americano –, só que invertendo a moral da história:

> Construímos magníficas pilhas de arquitetura cuja altura vertiginosa nos deslumbra quando tentamos seguir com os olhos as empenas das torres de tijolos maciços, granito e ferro, onde camada após camada é quebrada apenas por impressionantes placas de vidro. E quando gradualmente vamos baixando os olhos, pavimento por pavimento, até chegar ao chão, descobrimos, dentro da própria sombra dessas magníficas moradias, o homem sem lar, a criança sem lar, a jovem oferecendo sua virtude por uns míseros dólares para alugar um quartinho no sótão de um deles... No entanto, foi o trabalho deles que erigiu essas evidências de civilização.[9]

Em outro artigo, Parsons defende uma forma de ação direta: "Vocês todos aí, indigentes famintos que leem estas linhas, utilizem-se desses métodos de guerra que a Ciência pôs nas mãos dos pobres, e se tornarão um poder nessa terra e em qualquer outra. Aprendam a usar explosivos!" A ameaça de uma ação violenta – bombas plantadas num arranha-céu – pegou a cidade ainda traumatizada com o incêndio de 1871. Em janeiro de 1885, alguém colocou um artefato explosivo num escritório da Burlington & Quincy Railroad, em Chicago, um edifício construído por Burnham e Root no coração do Loop. O dispositivo foi desarmado antes de detonar. Em 4 de maio de 1886, porém, numa reunião de sindicalistas e ativistas na Haymarket Square, uma bomba explodiu – ninguém sabe quem a colocou –, matando sete policiais e ferindo muitos mais. Na histeria que se seguiu, 31 anarquistas foram presos, levados a julgamento, e quatro foram sentenciados à morte e enforcados. Todo o período dos anos 1880 passou a ser relembrado como a era anarquista, e foi matéria de interesse nacional. "Durante a época anarquista", diz um personagem do romance *Cliff-Dwellers* (1893), de Henry Blake Fuller, que se passa num arranha-céu, "o pessoal do Leste estava muito mais assustado do que nós."[10]

A bomba da Haymarket e o julgamento aquietaram – pelo menos momentaneamente – a ala mais radical do movimento trabalhista. Mas a sensação de terror que haviam semeado entre os projetistas e construtores do Loop de Chicago perdurou. "Arquitetura e construção são símbolos da lei e da ordem, e iconoclastas querem derrubá-los", dizia um editorial típico do *Building Budget*, um periódico especializado em arquitetura. "Quando a sociedade é instável e a propriedade fica insegura, os homens não se dispõem a produzir estruturas belas e substanciais... O anarquista é o óbvio inimigo do arquiteto e do construtor. De fato, a arte e a anarquia não podem coexistir. São tão antagônicos quanto a luz e a escuridão, o cosmo e o caos, a ordem e a confusão."[11] Em outras palavras, a arquitetura comercial e a mudança radical eram opostas; se o movimento trabalhista ganhasse, o arranha-céu perderia. Para os ideais empresariais, a classe operária era uma fonte de perigos à espreita.

Para os homens de negócios de Chicago e seus arquitetos, a solução – que veio mais por acaso do que por planejamento – foi separar o trabalho fabril do setor administrativo: uma separação, tão forçosa e completa quanto possível, de operários e funcionários. O resultado foi um distrito do colarinho-branco extremamente purificado. Como disse um observador: "As barreiras da cidade cristalizaram, num grau insólito, a tendência à centralização."[12]

Os arquitetos projetavam edifícios para clientes desejosos de salientar a natureza elevada do trabalho em escritório, sua aristocrática localização acima do perigoso mundo das fábricas. Como diz o historiador de arquitetura Daniel Bluestone, eles seguiam um modelo "estético que criava uma conexão necessária entre comércio e cultura, negando sua incompatibilidade e sugerindo que era preciso emanar refinamento e bom gosto de seus locais de trabalho".[13] Embora muitos críticos de arquitetura e observadores com a mesma mentalidade denunciassem que os arranha-céus eram desprovidos de beleza e estética ornamental – "uma barafunda de objetos em que relevo, distanciamento, dignidade e sentido sucumbiam totalmente",[14] escreveu o romancista norte-americano Henry James, revisitando o país após passar muitos anos no estrangeiro –, os arquitetos se viam em apuros para realçar a força estética de objetos que se portavam como utilitários. Em vez de revestir os edifícios com rendilhados e outras eflorescências, eles abusavam de ornamentos em áreas que agradassem aos clientes na chegada ao prédio, e aos diretores e executivos (que recebiam clientes frequentemente). As entradas dos edifícios, por exemplo, geralmente ostentavam uma profusão de estilos antigos conflitantes para indicar o alto nível do trabalho lá dentro. Num guia da época, o verbete sobre o Unity Building (1892), projetado por Clinton J. Warren, transmite a experiência de entrar num desses edifícios:

> Ao adentrar o grande arco do portal, da altura de um andar e meio, as paredes do primeiro vestíbulo são compostas por mármores namíbios, alpinos, verdes e de Siena. Sobre a porta interna há um painel artístico em vidro e bronze. Passando pela rotunda, o olhar é deslumbrado pela surpreendente beleza fulgurante do estilo renas-

centista italiano. Do chão de mosaico de mármore, cujo gracioso desenho e harmoniosa combinação de cores são retirados dos melhores exemplos da renascença do Velho Mundo, eleva-se o primeiro andar numa sacada com balaustradas e colunetas de mármore.[15]

Quem já percorreu um desses prédios antigos sabe que até os elevadores eram envolvidos pelos belíssimos padrões dos gradis de ferro forjado e bronze.

Os escritórios propriamente ditos eram menos extraordinários. Os funcionários do nível mais baixo geralmente ficavam em salas banais que seguiam – quando não literalmente – o espírito de concepções de eficiência amplamente tayloristas. E entre os próprios funcionários havia divisões de classes tão nítidas quanto em toda a sociedade do início do século XX, desmentindo a natureza de total "classe média" de seu emprego. Mas a importância de manter uma força de trabalho que podia se imaginar muito acima do emprego na fábrica foi exacerbada pela "época anarquista". E onde as salas eram sem graça, os arquitetos eram chamados a providenciar dezenas de amenidades para que os funcionários se sentissem fazendo parte de um grande empreendimento de classe média. Isso incluía estarem situados com alguma proximidade da classe executiva, tendo a possibilidade de aspirar àquela posição. Lynn Harding, a burocrata de nível básico protagonista do romance *Skyscraper* (1931), de Faith Baldwin, descreve seu escritório como "uma sala estritamente utilitária. Não tinha cortinas suntuosas, nem mobília maciça, nem murais, nem carpete grosso... fileiras e fileiras de armários de arquivos verdes".[16] Mas quando ela entra na sala do chefe, é "subjugada pela emoção. A sala era imensa, tinha pilares. Um pesado carpete de veludo vermelho cobria o chão. As paredes, tratadas com bela e cara simplicidade. As mesas de tampo liso, em mogno, eram menos profissionais em aparência que a de Lynn".[17] Ainda que a maioria dos funcionários empacasse fora das salas de pilares e carpetes de veludo, parecia ser significativo que pudessem se aproximar, entrar, e até algum dia comandar aquelas salas. Segundo os folhetos informativos, um dos atrativos de estudar para ser secretária profissional era o conforto e a classe do ambiente, sugerindo que ser "secretária particular de um capitão da indústria" significava que as "horas de trabalho são passadas entre móveis de mogno ou nogueira, estofados em couro de ricas tonalidades e belos tapetes".[18] Grande parte das condições especiais do trabalho em escritório se devia à abundância de luz natural que os melhores edifícios recebiam. Sem dúvida, a luz era importante para o tipo de trabalho ali – datilografar, arquivar, somar, e todo o resto –, mas não havia motivo para que uma iluminação a gás ou elétrica não realizasse essa função. Grandes janelas e luz natural também eram cruciais para elevar o trabalho num sentido *cultural*, sugerindo que os funcionários de escritórios estavam de fato desempenhando um tipo especial de trabalho para o qual luz natural e ambiente arejado eram um princípio.

Quando buscavam entretenimento, os funcionários de Chicago raramente precisavam sair do prédio. Vários edifícios tinham terraços com jardins e, nos meses mais quentes do verão, apresentavam produções teatrais, concertos, e shows de variedades. Barbearias, bancas de revistas, agências de bancos, lavanderias e alfaiates, consultórios médicos e dentários, bibliotecas, restaurantes, salas de recreação – tudo isso havia nos melhores edifícios de Chicago, aspectos que os diligentes arquitetos e empreiteiros estimulavam em todo o país.[19] Alguns edifícios se tornaram cidades em miniatura, tornando possível aos funcionários evitar totalmente a vida na cidade. Críticos do Solon S. Beman – conhecido como Pullman Building (1883-84) – sugeriam que o ar "palaciano" do prédio, que tinha restaurante, biblioteca e sala de estar para funcionários e suas famílias, além de apartamentos-modelo para o pessoal do escritório, tornava-o "muito mais extensivo e elaborado do que o exigido para a finalidade de instalar escritórios".[20] Pullman esperava que um edifício grandioso fosse "produtivo em harmonia e bons sentimentos, e que iria interessar mais [os funcionários] no trabalho para o qual foram empregados".[21]

Essas intuições (de 1873) se mostraram proféticas. Pullman fizera sua fortuna fabricando vagões-dormitórios para trens nos anos 1860, quando as ferrovias estavam em pleno desenvolvimento. Quando Abraham Lincoln foi assassinado, seu corpo foi levado de Washington D.C. para Springfield, Illinois, num vagão-dormitório da Pullman. Em 1880, incomodado com a onda de insatisfação trabalhista que começava a

A outra cidade da companhia: a sede da Pullman Car Company, em Chicago. *New York Public Library*

varrer Chicago e arredores, Pullman decidiu construir uma fábrica com uma cidadezinha em torno, ao sul de Chicago, na esperança de que tivesse um efeito "enobrecedor e de refinamento" sobre os trabalhadores – assim como os arranha-céus sobre seus ocupantes. A pequena cidade era autossuficiente. Construída totalmente em tijolos, constava de várias casas e dez prédios de apartamentos; o Arcade Building, com trinta lojas de varejo, um teatro de mil lugares, um banco e uma biblioteca (os 6 mil volumes que a compunham foram doados por Pullman); um hotel com seu bar; uma escola; e vários parques e praças.

Mas os trabalhadores não eram proprietários dos imóveis; eles pagavam aluguel, gerando lucros diretos para a companhia. E os aluguéis subiam enquanto os salários ficavam estagnados. Em 1894, os empregados de Pullman se organizaram, filiando-se ao sindicato da American Railway Union, liderado por um futuro candidato à presidência, o socialista Eugene V. Debs. Os trabalhadores exigiam aluguéis mais baixos ou salários mais altos. Quando a companhia se recusou a negociar, eles entraram em greve. Aos 4 mil trabalhadores da cidadezinha, uniram-se mais 50 mil. O governo federal acabou intervindo para pôr fim à greve, mas enquanto isso as esperanças de Pullman, de criar uma utopia de trabalhadores, foram destruídas.[22] O único lugar onde obteve sucesso, juntamente com tantos outros como ele, foi o distrito comercial do Loop. Enquanto os trabalhadores da ferrovia faziam greve, as células acarpetadas de veludo vermelho do edifício estavam calmas. Por essas razões, uma recomendação normal dos guias de viagem era para que os turistas evitassem visitas ao distrito das fábricas e armazéns na Zona Norte de Chicago, mas que tivessem uma "visão abrangente" da cidade, subindo ao topo do edifício Masonic Temple – então o mais alto prédio comercial do mundo.[23]

Entretanto, era difícil reproduzir a utopia do Loop em outras cidades. E até no próprio Loop começaram a brotar prédios menos luminosos – e literalmente bem menos iluminados – do que outros como o Pullman Building. Em Nova York, principalmente, os arranha-céus pareciam enxovalhados, alvos de um abandono delirante, poucos deles obedecendo aos ditames de qualquer teoria estética. Vendo a linha do horizonte de Nova York em 1893, o grande escritor norte-americano William Dean Howells comentou que, "arquitetonicamente", aquilo mais se parecia com "uma queixada de cavalo, com dentes quebrados ou deslocados a intervalos". Mas, na opinião de Howells, a culpa não era dos arquitetos.[24] "Não posso culpar, pelo efeito medonho, nada além da ganância do proprietário do terreno no aguardo da valorização, como se diz. É ele quem mais estraga a linha do horizonte, e mantém a rua, já projetada feia e pobre, derrotada em seu propósito, e um certo caos retorna."[25] Queixas da altura dos arranha-céus eram um traço recorrente da vida urbana. Da mesma forma, a densidade de ocupantes numa só área passou a provocar ansiedade nas ruas cada vez mais congestionadas do centro. Num famoso cartum editorial do *Chicago Tribune* da época, um artista imaginou o que aconteceria se os 6 mil trabalhadores do Monadnock Building saíssem ao mesmo tempo, e desenhou a imagem de regimento após regimento de trabalhadores de chapéu e casaco preto empilhados uns sobre os outros, bloqueando uma rua inteira. A síntese de comércio exposto e arquitetura orgânica, tão ardentemente desejada por Louis Sullivan, mal havia sido alcançada e, sob inabalável ceticismo, já começava a se desfazer.

O texto clássico de Sullivan, "The Tall Office Building Artistically Considered" revela o problema. Tentando entender o arranha-céu a partir do interior, Sullivan argumenta que a unidade mais básica do arranha-céu é a "célula", ao mesmo tempo o bloco de construção do corpo do prédio e, em seu imaginário particular, o hexágono elementar que compõe a colmeia. (A colmeia era, de longa data, uma metáfora muito usada para o formato da torre comercial: foi a fórmula do jogo Office Boy, do Parker Brothers, e, mais recentemente, o logotipo do Freelancers Union [Sindicato dos Autônomos], com abelhas – os trabalhadores freelancers – esvoaçando em volta.)[26] O corpo da torre, diz Sullivan, se baseia em um "número indefinido de andares de escritórios sobrepostos em camadas, uma camada igual à outra, um escritório igual a todos os outros – cada escritório semelhante à célula de um favo de mel". Assim, o tamanho do escritório determina o tamanho de tudo o mais: "Partimos da ideia de célula individual, que requer apenas uma janela com suas paredes laterais, peitoril e lintel, e, sem maiores dificuldades, fazemos todas iguais porque são todas iguais." Tudo o mais é padronizado: "A divisão prática da unidade do escritório, horizontal e vertical, se baseia naturalmente num espaço com área e iluminação confortáveis, no tamanho do escritório-padrão, predeterminado naturalmente pelo padrão da unidade estrutural, e, aproximadamente, no tamanho das aberturas da janela."

Estabelecer a extraordinária altura do edifício a partir dos banais labirintos do escritório revela o paradoxo no coração do arranha-céu, mesmo na versão de Sullivan, considerada "artística". Pois o arranha-céu se baseia na padronização das unidades de escritório ("células") – cada uma delas multiplicada para preencher o espaço oferecido pelo terreno da edificação, criando, com esse processo, a planta baixa que gera a forma básica do prédio –, fazendo "todas iguais porque todas são iguais". Multiplicados "indefinidamente" para cima e para baixo em toda a altura do edifício, os pavimentos também são idênticos. O pináculo da criação, uma das grandes "oportunidades" jamais oferecidas por Deus ao homem, torna-se um mecanismo de produção de escritórios cortados como biscoitos, todos inevitavelmente iguais. A fórmula cunhada por Sullivan para explicar esse princípio individualista-conformista veio a ser lugar-comum na história da arquitetura: "A forma segue a função."[27] O invólucro do edifício não iria refletir nenhum estilo em particular, nenhum ideal vazio, mas sim, com a mais pura transparência possível, a forma e a sensação do interior. Foi o escritório que determinou o arranha-céu – e esse fato deveria ter um efeito benéfico na própria forma do escritório.

Mas o resultado foi oposto: poucas concepções de escritório tiveram um efeito mais deletério no ambiente de trabalho do que essa que, ironicamente, se pretendia artística. No começo do século XX, a unidade-padrão de escritório – a célula, no imaginário de Sullivan – também tendia à padronização. Em geral, os escritórios pequenos eram separados do corredor por uma divisória de vidro semitransparente; os escritórios maiores eram divididos em forma de T, com uma área de recepção para estenografia e arquivos, e duas salas privadas medindo cerca de 40 metros quadrados cada uma. Tão forte era o ímpeto de uniformização dos escritórios que esse plano foi adotado por quase todos os arranha-céus nos Estados Unidos. Se o *motto* de Sullivan não pode ser responsabilizado pela bárbara tendência kitsch que assolou os projetos dos arranha-céus norte-americanos e a enorme quantidade dos que foram construídos, talvez uma variação dele possa. O título de uma influente obra da historiadora de arquitetura Carol Willis nos dá uma explicação melhor, embora menos palatável: *A forma segue as finanças*. De um modo geral, fazer um escritório "funcional" tinha pouco a ver com as necessidades de uma determinada corporação, e muito mais a ver com servir para *qualquer* corporação. Não se tratava de fazer um edifício de escritórios conforme as especificações de uma dada empresa (embora isso às vezes ocorresse em certos casos), mas de construir com finalidades lucrativas, de modo que uma empresa pudesse ocupar e desocupar o espaço sem qualquer dificuldade. O espaço tinha que ser eminentemente *arrendável*. Portanto, os escritórios deviam ser orientados só parcialmente pela arte e pelo trabalho. Quem ganhou com esse novo modelo norte-americano não foram os funcionários ou os arquitetos, nem mesmo os capitães da indústria, mas os especuladores imobiliários. A linha do horizonte das cidades passou a representar, mais do que engenhosidade humana e competência empresarial, dólares por metro quadrado.

□

Depois da ornamentação espalhafatosa dos edifícios dos anos 1920, algo interveio no avanço do arranha-céu, levando as coisas por um caminho ainda mais absurdo. O concurso lançado pelo *Chicago Tribune* para o projeto de seus mais novos edifícios resultou em centenas de propostas bizarras vindas de várias partes do mundo, inclusive uma da Europa, com o contorno do edifício na forma de uma tabacaria "Red Indian". Adolf Loos, um modernista austríaco que ficou malvisto por causa de um ensaio afirmando que ornamentos na arquitetura deveriam ser considerados infração penal, propôs uma paródia dos ideais de Sullivan: uma coluna gigantesca adornada com janelas. O projeto vencedor, de Raymond Hood (mais tarde responsável pelo Rockefeller Center), foi uma estrutura neogótica convencional. O segundo colocado, Eliel Saarinen (pai do famoso Eero, que veio a ser um arquiteto famoso), propôs uma lâmina vertical fina, modernista, sem adornos, algo nunca visto no Ocidente. Anos mais tarde, quando as lâminas de vidro se tornaram *de rigueur*, ele seria considerado o verdadeiro vencedor. No entanto, o concurso do *Tribune* – geralmente citado na história da arquitetura do período como o auge do fascínio público com os arranha-céus – parecia ser o ponto de declínio da primeira fase da arquitetura desses edifícios. Construídos em tremenda abundância, eles já não funcionavam com a devida eficiência e não acomodavam os trabalhadores em condições adequadas. Profundas mudanças partiram de dentro do escritório e foram transformando gradualmente suas condições externas.

Os primeiros anos da década de 1920 não foram auspiciosos para os funcionários. Durante a guerra, eles tinham perdido terreno em questões de ganha-pão. Os sindicatos tinham consolidado privilégios industriais – a jornada diária de oito horas, conselhos de arbitragem pró-sindicatos, a prática de negociação coletiva – e, organizados, os trabalhadores braçais começaram a reduzir a diferença salarial entre eles e os trabalhadores de escritório. Em 1915, o funcionário de colarinho-branco na indústria ganhava em média mais que o dobro da média salarial do trabalhador da fábrica. Em 1920, essa diferença tinha diminuído para menos de uma vez e meia. No mesmo período, o custo de vida praticamente dobrou.[28]

A recessão breve, porém severa, que se seguiu à Primeira Guerra Mundial afetou particularmente os trabalhadores de escritório. Desemprego, redução salarial e menores chances de ascensão profissional eliminaram os sonhos de classe média de muitos. Em vista da distância reduzida entre eles e a mão de obra qualificada, a ideia de organizar um sindicato tornou-se mais atraente. Durante a guerra, e principalmente logo depois, o movimento sindical do colarinho-branco começou a crescer nos Estados Unidos. A Retail Clerks International Protective Association (RCIPA) passou de 15 mil membros antes da guerra para 21 mil em 1920. A RCIPA começou a organizar mulheres em funções burocráticas, e sua publicação interna, *The Advocate*, adotou um tom radical, dizendo que os colarinhos-brancos eram membros da grande "massa de trabalhadores" do país.[29] Da mesma forma os sindicatos de guarda-livros, estenógrafas e contadores cresciam em tamanho, passando de oito cidades com sedes locais antes da guerra para quarenta cidades depois da guerra. O sindicato de funcionários de ferrovias cresceu de 5 mil para 186 mil entre 1915 e 1920.[30]

O "retorno à normalidade" dos anos 1920 e o consequente surto de prosperidade (de desigualdade também) destruiu esses ganhos quase tão rapidamente quanto tinham surgido. Embora grande parte da renda fosse proveniente de dividendos e juros – em outras palavras, para quem estava na ciranda financeira –, os salários aumentaram continuamente de 1920 a 1929. Os sindicatos do colarinho-branco perderam tanto em números relativos como absolutos. O número de trabalhadores tinha crescido, mas os sindicatos não conseguiram organizá-los, e muitos membros se afastaram. Geralmente, uma virada conservadora no país significava também uma virada contra as organizações sindicais. O Industrial Workers of the World (IWW) – o movimento mais radical anarquista-socialista das duas décadas anteriores – estava esgotado em 1924. Mas até sindicatos consideravelmente menos intransigentes retrocediam.

O resultado foi um endurecimento de atitudes com relação ao colarinho-branco, tanto da esquerda quanto da direita. Certamente, os funcionários de escritório eram uma massa heterogênea, cindida por classe e gênero. Mas se tornaram alvo de apelos de massa, como se todos os que usassem colarinho-branco, independentemente de sua educação, capacidade e chances na vida, tivessem a mesma atitude mental básica e as mesmas perspectivas. Para o empresariado em geral, o empregado de escritório era naturalmente a mais leal das figuras, o mais profundamente convicto da probabilidade e certeza da mobilidade profissional. Escolas profissionalizantes para aspirantes a diretores e executivos, como a Harvard Business School, promoviam a ideia de que os altos cargos do mundo do escritório requeriam uma formação especializada nas artes de gestão. A cultura popular direcionada a funcionários – filmes, romances baratos, anúncios – louvava o conceito de crescimento pessoal, frequentemente apelando para novas fontes de um freudismo pop. O psicólogo e orador francês Émile Coué deixou o país eletrizado com suas turnês de palestras, incitando as pessoas a crer que a prática da "autossugestão" as levaria ao sucesso. "Dia após dia, em todos os sentidos, estou ficando cada vez melhor", ele orientava seu público de colarinho-branco a repetir.[31]

A caricatura do funcionário de colarinho-branco como o retrato perfeito do individualismo norte-americano no mundo do trabalho era possivelmente menos caricata do que uma lançada por radicais em 1920. Nos anos de derrota da esquerda norte-americana, a figura do trabalhador de escritório de classe média baixa, deslumbrado com uma falsa consciência de seu status, passou a ser o bode expiatório dominante. O "homem de colarinho-branco" tornou-se a imagem-padrão do norte-americano atormentado, perdendo terreno enquanto todos à sua volta pareciam estar ganhando. Os cartunistas representavam John Q. Public [uma espécie de Zé Ninguém] de colarinho-branco. Segundo um relato da época, "um homenzinho fraco, tímido, tacanho, com um chapeuzinho surrado sobre a testa preocupada".[32] Filmes como *The Crowd* mostravam escritórios funcionando como máquinas de produção de conformismo, despejando milhares de drones em espaços cavernosos, vestidos do mesmo jeito, trabalhando nas mesmas escrivaninhas idênticas, falando com os mesmos jargões desgastados. A frase "escravo de colarinho-branco" ficou muito popular na imprensa, particularmente para descrever o estereótipo do funcionário de escritório que não sabia reconhecer o fato de sua própria exploração.

O funcionário tornou-se o que o trabalhador braçal "de capacete", racista, mascando chicletes, seria nos anos 1970: o símbolo de uma forte reação. Assim como o operário de capacete, o estereótipo do homem de colarinho-branco frustrado evitava lidar com seus problemas, atacando minorias que roubavam seu emprego. Na peça crítica, alucinatória, de Elmer L. Rice, *The Adding Machine* (1923), o protagonista, sr. Zero, é um guarda-livros frustrado que passa o dia inteiro sentado num tamborete numa sala com um assistente, somando números. Ao mesmo tempo, vemos o sr. Zero sonhando acordado com elogios dos diretores ou em fantasias de confronto com seu chefe. "Vou lhe dizer: 'Não estou nada satisfeito. Faz 25 anos que estou nesse emprego, e para continuar preciso ter um futuro aqui'", ele se imagina dizendo. Descobrimos que ele realmente está no mesmo emprego há 25 anos, jamais progredindo, e nunca levantando a voz. Mas no meio da peça ele será substituído por uma máquina de calcular. Frustrados, ele e seus colegas de colarinho-branco se embebedam e se põem a gritar ataques a vários grupos: "Danem-se os católicos! Danem-se os judeus! Danem-se os negros! Enforca! Queima! Lincha! Mata!" Ele acaba matando o chefe e é executado pelo crime. No fim da peça, vemos o sr. Zero na vida após a morte, descobrindo que virá reencarnado como operador de uma "supercalculadora".

Os sindicalistas lamentavam a dificuldade de influenciar as diversas classes de trabalhadores, e tendiam a censurar os escravos de colarinho-branco por se darem ares de importância injustificada. Num artigo de agosto de 1929, observando as crescentes similaridades entre o trabalho no escritório e nas fábricas, os editores da *American Federationist*, a revista do American Federation of Labor (AFL), imploravam aos funcionários que tivessem "sensatez" e "se apressassem a garantir sua futura proteção e bem-estar". "Não se pode deter o progresso", aconselhavam. "Você tem que estar preparado para ter uma parte inteligente no progresso."[33] Mas esse tom de urgência bem-educada não durou muito. Diante da crescente massa de colarinhos-brancos desorganizados, Samuel Gompers, o poderoso cabeça do AFL, teria gritado: "Me mostrem dois colarinhos-brancos num piquete, e eu organizo a classe trabalhadora inteira."³⁴ A frase de Gompers (possivelmente apócrifa) captava o entendimento contraditório do trabalhador de escritório, que era *da* classe trabalhadora, mas se recusava a acreditar nisso ou participar de qualquer de suas atividades políticas ("piquete") ou outras. E não somente: a resistência dos trabalhadores de escritório aos sindicatos estava de fato evitando que toda a classe trabalhadora se organizasse. Eles atuavam como um amortecedor entre o capital e o trabalho.

□

Embora a natureza da classe dos funcionários de escritório estivesse se tornando uma obsessão nos Estados Unidos, a tendência das análises era cair numa padronização previsível, confirmando a pujança do mundo dos negócios norte-americano, por um lado, e o signo da idiotice política, por outro. Mas mudanças políticas contemporâneas na Europa se refletiram nos Estados Unidos de modo a transformar irrevogavelmente a natureza da fala norte-americana. Foi sobretudo o caso da Alemanha, obviamente o país mais convulsionado pelas mudanças no pós-guerra.

Os trabalhos acadêmicos alemães sobre o crescimento dos empregos em escritório constituem, de longe, o mais rico corpo de estudos sobre os trabalhadores de colarinho-branco em qualquer lugar do mundo. Sociólogos alemães estavam interessados na ascensão do que vinham chamando de "nova classe média" (*der neue Mittelstand*) por muitas gerações. O melhor trabalho sobre os colarinhos-brancos norte-americanos antes da Segunda Guerra Mundial foi de um alemão (Jürgen Kocka), e o aparato teórico de *White Collar*, de C. Wright Mills, depende fortemente das fontes alemãs. O ímpeto principal desse florescimento do pensamento partiu de um debate obscuro, porém excepcionalmente intenso, que teve lugar na virada do século entre as fileiras de socialistas alemães no recém-formado Partido Social Democrata (PSD) sobre a natureza da divisão de classes na sociedade. Seguindo a interpretação mais comum do *Manifesto Comunista*, uma facção de marxistas supostamente ortodoxos argumentava que a sociedade estava se dividindo em dois grandes grupos opostos, capitalistas e proletários, e os políticos deveriam se empenhar em fortalecer a classe trabalhadora. Um grupo "revisionista" (que, se tivesse procurado, teria encontrado escritos de um Marx mais maduro apontando essa diversidade de classes) observava que, na sociedade, as classes não vinham se simplificando num esquema básico, mas, pelo contrário, se tornavam cada vez mais complexas. Bastava ver, diziam eles, a crescente massa de trabalhadores de colarinho-branco repartida em várias frações da classe. De que lado do esquema ortodoxo elas se situavam? Para os ortodoxos, a resposta era simples: de um modo geral, eram membros da classe trabalhadora, uma "classe trabalhadora de colarinho-duro" (*Stehkragenproletariat*) que, pressionada pelo gradual deslindamento das contradições do capitalismo, iria acabar reconhecendo seu lugar na massa laboral. Para muitos revisionistas, essa resposta era consideravelmente menos clara.

Essas questões ganharam uma importância mais imediata na República de Weimar dos anos 1920, quando a estabilidade do amortecedor supostamente proporcionada pelos trabalhadores de colarinho-branco estava sofrendo um abalo incontrolável. A velha questão que pairava sobre os funcionários do século XIX – quem eram eles? a quem sua lealdade era dirigida? – não podia ser ignorada. O motivo estava na crise política. A inflação e a depressão atingiram a Alemanha de Weimar antes de qualquer outro lugar graças aos efeitos do fracasso na guerra, e os trabalhadores de escritório foram lançados ao desemprego. A crise econômica jogou sal nas já dolorosas feridas políticas abertas pela derrota alemã na Primeira Guerra Mundial. Violentas brigas de rua entre grupos radicais de esquerda e direita eram comuns em todo o país. Vendo que o Partido Comunista alemão se mostrava muito interessado em unir a classe trabalhadora industrial, jornalistas e cientistas sociais cogitavam a possibilidade de os trabalhadores de escritório – os *Angestellte*, ou "empregados assalariados", na Alemanha –, desorganizados e sem rumo certo, serem presa fácil para o crescente movimento nazista.

Em meio a esses tumultos, o sociólogo Emil Lederer explorou a noção de que os colarinhos-brancos pertenciam a uma "nova classe média". Apesar dos repetidos apelos de políticos às pequenas empresas, a velha classe média de lojistas e modestos empreendedores estava desaparecendo. Em seu lugar, emergiam trabalhadores assalariados, empregados de escritório. Houve um tempo, conforme Lederer observa, em que os assalariados eram mais fortes em número e podiam se imaginar como "mediadores" – mais uma vez, o amortecedor – na crescente refrega entre capital e trabalho. De fato, Lederer chegou a endossar essa posição ao investigar o problema, em 1912. Mas a guerra e a tensão econômica tornou precário esse status mediador do assalariado:

> ... sua permanente dependência do empregador, o fato de que ele está à mercê do mercado de trabalho, o desenvolvimento de um sistema remunerativo baseado na situação econômica e financeira predominante e, por fim, a sempre crescente prática de compensação na proporção da eficiência de cada um – o que significa que o pagamento do empregado decresce na medida em que ele envelhece –, todos esses fatores contribuem para reduzir o status social e econômico do assalariado, que se vê então exposto ao perigo da proletarização.[35]

Em outras palavras, o empregado ficava exposto à ideia de que poderia, de uma hora para outra, cair nas fileiras da classe operária. O assalariado tinha que tomar partido. Transmitindo o clima apocalíptico da Alemanha nos anos 1920, Lederer sugeria que os anos vindouros iriam indicar de que lado estava o empregado de escritório. E previa que as massas assalariadas iriam se unir ao *stratum* da classe operária num sindicato reunindo todas as classes de empregados.

Outros eram mais céticos. Por volta da mesma época, o jornalista esquerdista e teórico de cinema Siegfried Kracauer abordou o tema, mas com um método diferente. No que classificou como "mais eletrizante do que um filme rodado na África", Kracauer se dispôs a atuar como repórter entre os *"assalariat"*. Ele os entrevistou nos locais de trabalho e adjacências, nos palácios de prazer onde passavam horas – bares também com função de bordel, estádios esportivos, grandes restaurantes luxuosos. Berlim, onde ele fez essa cobertura, lhe parecia "uma cidade de pronunciada cultura de empregados, isto é, uma cultura feita de empregados para empregados, e vista como cultura pela maioria dos empregados".[36] Essa percepção pode parecer esquisita para a maioria de nós, que vivemos em cidades largamente caracterizadas por colarinhos-brancos e prestadores de serviços. Mas, nos industriais anos 1920, isso era totalmente estranho, tão invulgar que Kracauer podia ter uma visão distanciada dos colarinhos-brancos. E encontrou nos "*salariat*" uma geração que ele declarou ser "espiritualmente sem-teto". "Eles estão vivendo sem uma doutrina a seguir, sem um objetivo que possam compreender... Portanto vivem com medo de olhar para diante e procurar o caminho para seu destino."[37]

Ele os achou estratificados, diferenciados dos operários pelos locais de trabalho e estilo de vida. As firmas alemãs, acompanhando o costume norte-americano, aplicavam testes de personalidade e aptidão (e às vezes de caligrafia e frenologia) para garantir que os funcionários fossem adequados à organização – procedimentos que ninguém usava com os operários. O rigor e a abrangência dos testes significavam que um "tipo assalariado" estava começando a se desenvolver em Berlim: "A fala, as roupas, os gestos e a expressão foram assimilados, e o resultado desse processo é a mesma aparência agradável que, com o auxílio de fotografias, pode ser amplamente reproduzida."[38] Os filhos da antiga classe média viam sua educação burguesa aplicada a outras práticas. "Mocinhas que hoje perfuram cartões antes tropeçavam nos *études* de *pianoforte* em casa." Ele compara o clima da hierarquia no escritório ao de romances modernistas. "Se a literatura geralmente imita a realidade, aqui ela precede a realidade. A obra de Franz Kafka dá o retrato definitivo da labiríntica grande firma humana – tão espantosa quanto os modelos em papelão de intrincados castelos de barões do crime feitos para crianças – e da inacessibilidade à autoridade suprema."[39] E reconheceu que os sindicatos pouco ou nada faziam para acabar com a tediosa mecanização do local de trabalho. "A máquina", disse-lhe um sindicalista, "deve ser um instrumento de libertação."[40] Existiam sindicatos de assalariados na Alemanha e representavam milhares de trabalhadores, contudo, muitos tendiam a se dissociar dos sindicatos do operariado filiado aos partidos Social-Democrata e Comunista. Vários sindicatos eram essencialmente ligados ao empresariado. Os sindicatos dos colarinhos-brancos insistiam numa diferenciação até entre si, mas, acima de tudo, dos operários, que eles consideravam socialmente inferiores. "A típica mania da Alemanha burguesa de se destacar da multidão por meio de uma posição mais elevada, ainda que apenas imaginária, dificultava a solidariedade entre os próprios assalariados", escreveu Kracauer, contrariando a previsão de Lederer, de uma gradual "proletarização" do colarinho-branco.[41]

À medida que a economia alemã e a República de Weimar cambaleavam, passando de uma crise a outra e culminando com a explosão de 1929, um vago temor de que o estrato mais baixo dos colarinhos-brancos estivesse começando a formar uma massa reacionária, e, portanto, uma base natural para o crescente Partido Nazista, tornou-se uma fixação entre os escritores de esquerda. O socialista Theodor Geiger argumentava que os funcionários de classe média baixa eram singularmente sensíveis a um reconhecimento de prestígio e status. Para ele, era uma questão de lógica política que a decadente posição econômica deles iria entrar em conflito com seu elevado sentimento de pertencer à classe média – um fenômeno que veio a ser conhecido como "pânico de status" – e assim, naturalmente, eles votariam nos nazistas.[42]

O problema com essa ideia, e também com a análoga caricatura esquerdista do "escravo de colarinho-branco" nos Estados Unidos, era a falta de base empírica. Embora uma parte dos colarinhos-brancos tenha se unido à direita nas eleições da década de 1920, era uma parte geralmente mais rica e em cargos de maior estabilidade. Os nazistas propriamente ditos não tinham um atrativo específico para os colarinhos-brancos e recebiam apenas uma pequena proporção de seus votos. Mesmo depois de 1929, quando o desemprego ceifou escalões dos colarinhos-brancos, a maioria deles votou maciçamente em outros partidos (o socialista Social-Democrata, o nacionalista Partido Nacional do Povo e o liberal Partido Democrata Alemão). Ainda assim, na esteira da vitória nazista, a caricatura não só persistiu como cresceu em estatura e aceitação. As raízes do fascismo eram complexas. A ascensão do nazismo ao poder não dependia de uma única classe ou estrato. Mas parte do sucesso nazista provinha do fracionamento da esquerda no país, juntamente com o fracasso dos partidos mais tradicionais. A incapacidade para reconhecer isso em toda a sua extensão levou à construção do colarinho-branco de classe média baixa como um reacionário natural, um bode expiatório de falhas muito mais profundas. Era irreprimível o desejo de situar os fracassos ou sucessos de um movimento político apontando para os funcionários de escritórios do país. Nos Estados Unidos, a insólita briga pela alma do funcionário estava apenas começando.

□

A notícia dos colarinhos-brancos nazistas não demorou a chegar à América. Os Estados Unidos já se preocupavam com o fantasma fascista – Sinclair Lewis, autor de *The Job*, demonstrou isso em sua história contrafatual dos Estados Unidos autoritários, *It Can't Happen Here* (1935) – e não poucas histórias envolviam funcionários de escritório. O espectro do fascismo nos Estados Unidos produziu, com considerável rapidez e desenvoltura, o mesmo contorno básico dos debates que ocorriam na Alemanha.

Para se ter uma ideia de como os funcionários eram representados como agentes do fascismo, nada melhor que a *New Masses*, uma revista de tom forte e surpreendentemente popular para marxistas norte-americanos que, além de publicar Theodore Dreiser e John Dos Passos, bem como as obras primordiais de Richard Wright e Ralph Ellison, alardeava as tendências reacionárias dos lacaios de terno cinzento. Um articulista narra sua lembrança da cena de fantoches de escritório em Wall Street solidários a policiais no espancamento de um grupo de manifestantes radicais. "A visão de um grupo de radicais sendo espancados era algo da natureza de um circo para os colarinhos-brancos", escreveu o autor. "Das escadas do Treasury Building, das janelas dos prédios de escritórios, do alto dos arranha-céus, funcionários de 20 dólares semanais com gravatas listradas de grêmios acadêmicos urravam de prazer enquanto a polícia descia o cassetete na cabeça dos manifestantes indefesos."[43] Um longo poema em mal-arranjados versos, intitulado "Escravos de Colarinho-branco", imaginava uma multidão de técnicos, "mexedores de lápis", entoando canções monótonas sobre o sinistro ofício de transformar trabalho pesado em dígitos nas folhas macias do livro-razão:

Somos trezentos fortes, dia após dia
Sobre a mesa nosso corpo encurva,

Nos anos 1930, os sindicatos de colarinho-branco incitavam seus membros a imitar a "macheza" de seus pares operários.
Tamiment and Robert F. Wagner Library, New York University

E os lápis conciliam números, números, números,
Sejam de pilhas de ferro enferrujado,
De cortes de salário, de um tesouro encontrado,
Somos aqueles que os marcam em números –
Nós, de quem trabalhadores riem das "calças lustrosas
Que passam os dias brincando com lápis" enquanto

> *Eles suam e se submetem ao pouco que ganham:*
> *Mas sabem que somos mais fortes, pois mantemos*
> *Números a guardar estranhos sentidos: números que contam*
> *Histórias secretas que eles jamais conhecerão.*[44]

O tom hostil era implacável. Os funcionários de escritório eram a classe "mais instável e iludida do nosso sistema social". O crítico literário Michael Gold, da *New Masses*, chegou ao ponto de recorrer às palavras de Ernest Hemingway para expressar a moda dos anos 1920 como "a alma atormentada da classe de colarinho-branco". "Conheço mais de cem publicitários, homens da imprensa, dentistas, médicos, engenheiros, técnicos, advogados, executivos, homens alegres, encovados, espirituosos, mulherengos, bons bebedores", disse Gold, descrevendo o que ele considerava a origem do herói de colarinho-branco típico de Hemingway. "Eles vão trabalhar todas as manhãs e ficam revolvendo o cérebro cansado oito horas por dia, na mais renhida peleja que o mundo jamais conheceu na luta para ganhar a vida... [eles] se tornam frangalhos nervosos sob a pressão da competição profissional norte-americana."[45] Enquanto análise literária, a masculinidade agressivamente ferida de Hemingway, proveniente da vida penosa do colarinho-branco, era genial. Mas a perfídia dos ataques aos funcionários de escritório era bem clara. Apesar da simpatia pelo proletariado, a equipe altamente culta da *New Masses* era colarinho-branco em tudo e por tudo, e seus vitupérios eram muito mais uma aversão a si mesmos do que uma autêntica exortação à ação. O fato de que os próprios escritores esquerdistas do país estavam engajados em "trabalho mental" exigia um notável contorcionismo para atender à necessidade de negar esse fato em seus escritos.

Mas a quebra da Bolsa e a Depressão mudaram, com impressionante rapidez, o tom da esquerda. Em vez de negar sua imagem no espelho, os trabalhadores culturais passaram a ver os colarinhos-brancos como camaradas proletários. "É claro que as massas de empregados com salários baixos (inclusive profissionais assalariados) *não* são membros da classe média", escreveu o marxista Lewis Corey em seu best-seller surpresa *The Crisis of the Middle Class* (1935), com a inabalável certeza tão comum naqueles dias, antes de se lançar a um surto de itálicos messiânicos: "*Eles são, econômica e funcionalmente, uma parte da classe trabalhadora: um 'novo' proletariado.*"⁴⁶ A nova consciência, inclusive política, dos sindicalistas quanto aos funcionários de escritório foi atribuída a uma nova militância dos próprios trabalhadores, mas é provável que o desespero engendrado pela crise financeira tenha levado sindicalistas e escritores a "descobrir" a nova consciência de classe dos colarinhos-brancos. Manchetes da *New Masses* clamavam: "Colarinhos-Brancos e Estudantes Entram em Ação" e "Revolta dos Técnicos", descrevendo greves e violentos confrontos entre os mexedores de lápis e a polícia. A matéria "No Front do Colarinho-Branco" cobria uma greve na indústria editorial de livros, em que as condições pareciam ser tenebrosas. Segundo a *New Masses*, "Como uma criação de cavalos, uma indústria esnobe e especializada", as editoras de livros eram piores que a maior parte dos ambientes de escritório, por terem cultivado "uma aura aristocrática que leva a um autoengano por parte de muitos dos que nela trabalham". Isso apesar do fato de que, nas editoras, "a maioria dos funcionários são pessimamente pagos", e a "ausência de pagamento de horas extras é geral". (*Plus ça change...*) Todavia, foi uma surpresa quando os empregados da Macaulay Company, membros do Sindicato dos Trabalhadores de Escritório, entraram em greve exigindo melhores condições de trabalho, criando o "primeiro problema trabalhista na história da editoria de livros". Escritores e editores famosos como Dashiell Hammett e Malcolm Cowley apoiaram os grevistas, enquanto outros escritores recolheram seus livros até que a greve fosse resolvida, como acabou sendo, e em favor dos trabalhadores. Algumas revistas também foram sindicalizadas: A *New Republic*, do próprio Cowley, passou a ser representada pelo United Office and Professional Workers of America, filiado ao Partido Comunista dos Estados Unidos.⁴⁷

Essa crescente politização do trabalho mental – que o historiador Michael Denning chamou de "frente cultural" – tornou-se uma parte essencial da estratégia esquerdista na era do New Deal.⁴⁸ A nova consciência de classe vigente no escritório passou a afetar também a cultura popular. Faith Baldwin, conhecido como provedor de narrativas de mobilidade ascendente de secretárias se casando com os chefes, escreveu um romance pós-quebra, *Skyscraper* (1931), em que o galã de alta clas-

O protagonista do romance em linogravura de Giacomo Patri, *White Collar*, prisioneiro de sua ilusão de classe.

se profissional é representado como influência maligna para a economia, e o arranha-céu, um símbolo de especulação e excesso. A secretária ingênua, Lynn Harding, embora inicialmente tentada pelo poder e pela riqueza do advogado David Dwight, se aborrece quando ele quer ganhar dinheiro utilizando informação privilegiada da empresa, e acaba percebendo que seu lugar é mesmo em sua correta classe moral. Após vários períodos de indecisão, ela se casa com um funcionário de classe média baixa, que a corteja durante toda a história. Enquanto isso, um "romance gráfico" em linogravura, *White Collar* (1940), do imigrante italiano Giacomo Patri (que ganhou posfácio de John L. Lewis, poderoso presidente da United Mine Workers e arquiteto do New Deal), conta a história muda de um publicitário que ignora acintosamente a maré ascendente do ativismo trabalhista à sua volta mesmo quando perde o emprego e passa a sofrer privações. No fim da história, ele se converte à causa trabalhista. A imagem final é de uma multidão de operários marchando ao lado de seus irmãos e irmãs de colarinho-branco.

O clima de inquietude alarmava os altos executivos. Eles estavam em pânico devido às primeiras medidas de melhorias para os trabalhadores impostas pelo New Deal, como o Social Security Act, que garantia pensão a idosos através, em parte, de cobrança de impostos dos empregadores, e o National Labor Relations Act de 1935, que legalizava o direito de negociação coletiva dos trabalhadores. Em meio a esse turbilhão, o grosso dos funcionários permanecia quieto. Afora alguns bolsões de sindicalização bem-sucedida, os funcionários resistiam ao clamor trabalhista, cada vez mais insistente, para se organizarem. Mas seria a calmaria antes da tempestade? Iriam eles aceitar as propostas de seus indóceis irmãos operários e, num rasgo de inspiração, quebrar os lápis nas canelas, arrebentar as calculadoras e os ditafones, encurralar os chefes em suas saletas envidraçadas, até conseguir o que queriam? Os empurradores de papel trabalhando sossegadamente nas escrivaninhas de metal não teriam sido revolucionários desde sempre?

A conferência anual da National Office Management Association, um grupo fundado em 1919 por W. H. Leffingwell, taylorista perito em espaços de escritórios, desviou a atenção das fascinantes discussões sobre métodos de arquivamento e as últimas novidades em tecnologia da comunicação, dedicando-se cada vez mais à tarefa de se contrapor à ameaça trabalhista, que podia causar uma sublevação a qualquer momento. Um "consultor" industrial que passou algum tempo espionando focos de atividades trabalhistas em várias partes do mundo, desde minas galesas até escritórios de ferrovias no centro-oeste norte-americano, assegurou à associação que todos os funcionários de escritórios que conhecera eram "individualistas", na verdadeira tradição norte-americana. Somente quando os degraus da escada na empresa passavam a ficar fora do alcance e a possibilidade de ascensão parecia estar desaparecendo, o funcionário perdia a fé no sonho e começava a se bandear, junto com seus colegas empurradores de papel. O consultor informava também que os operários temiam ficar desempregados e, portanto, contavam com os sindicatos para ter segurança no emprego. Em contraste, os funcionários de escritório temiam que não lhes dessem credibilidade por seu trabalho – o que, por sua vez, trazia o espectro de que uma promoção talvez não estivesse ligada à técnica ou à competência, mas a algum fator burocrático, como antiguidade na empresa. Portanto, em locais de trabalho regidos pelas normas da burocracia, e não por mérito individual, o sindicato era um perigo à espreita.[49]

Os empresários decidiram que a maneira de enfrentar esse perigo era projetar escritórios melhores.

Ano após ano durante a Grande Depressão, a National Office Management Association reafirmou, o que nunca fizera antes, a importância de um local de trabalho bom, limpo e bem iluminado. Sob a influência de Freud e de teorias da psicologia humanista, a noção de que o funcionário de escritório era uma figura a ser disciplinada em prol da produtividade por meio dos incentivos apropriados foi cedendo espaço para teorias do "subconsciente" (na linguagem da psicologia pop). "O efeito de um escritório limpo... é mais ou menos subconsciente", disse um diretor de recursos humanos. "Não obstante, condições insatisfatórias são frequentemente o começo de uma atitude mental queixosa, que acaba levando a reclamações mais graves."[50] A tendência dos escritórios a centralizar todas as operações – resultando em amplas cavernas divididas em baias e *pools* de estenógrafas que os tayloristas tinham racionalizado como um espetáculo de pura eficiência – agora era culpável por dar aos funcionários a impressão de que seu trabalho consistia em rotina e prazos. De onde – os diretores recém-céticos se perguntavam – viriam os futuros executivos, se o trabalho de nível básico passara a ser grupal, dividido em funções fixas, descaracterizado e reduzido a uma parcela ínfima da atividade? Como alguém iria adquirir hábitos mentais de administração se seu trabalho havia sido totalmente despojado de iniciativa mental?[51] Outra motivação para a mudança de atitudes administrativas foi a entrada de mulheres no escritório. Para eles, isso significava que o menor sopro do clima promíscuo das fraternidades universitárias remanescente do escritório do século XIX precisava ser eliminado. Os diretores agora acreditavam que o escritório precisava ter uma boa "taxa matrimonial" – e essa assepsia significava, aparentemente, a ampliação da disponibilidade de parceiros de vida em comum.[52]

A transformação na retórica administrativa estava em consonância com mudanças mais amplas no mundo dos negócios norte-americano; a Grande Depressão havia acabado com a jactância da Era Dourada. A confiança dos sindicatos e a onipresente alternativa de um "Estado Operário" da União Soviética (que parecia ter sobrevivido melhor à Depressão do que os países capitalistas) produziram um ethos corporativo propenso a trocas e acordos, a fim de se precaver contra demandas mais radicais. A implacável supervisão e as repetitivas soluções dos tayloristas sobreviviam em parte, mas atenuadas pelo envoltório de um freudismo pop. A crescente popularidade das ciências voltadas para o comportamento – sociologia, antropologia, psicologia – levava os administradores a tentar descobrir como os empregados se comportavam *realmente*, em vez de como *deveriam* se comportar. Portanto, um melhor ambiente de trabalho, mais adequado às necessidades dos empregados, iria – teoricamente – neutralizar queixas que poderiam virar bolas de neve e provocar uma avalanche de greves.

O novo ambiente de trabalho, mais ameno e tolerante, tomou forma sob os auspícios do que veio a ser chamado movimento de "relações humanas". Teve origem no fracasso de uma espécie de ciência social experimental baseada em suposições equivocadas e que, ironicamente, daria margem a especulações baseadas em métodos igualmente questionáveis. No fim da década de 1920 e durante os primeiros anos de 1930, uma série de experimentos em iluminação foi conduzida por pesquisadores em psicologia comportamental na Western Electric's Hawthorne Works, em Cicero, Illinois, visando a descobrir o efeito de mudanças de luz na produtividade das fábricas. Segundo as premissas do experimento, a causa seria facilmente identificável: mais iluminação, maior produtividade, e vice-versa. A frustração veio com a descoberta de que parecia não haver nenhuma relação entre a iluminação e a produtividade. Às vezes a luz interferia, às vezes, não. Ao fim de angustiosas pesquisas, chegou-se à conclusão de que era o fato de *serem observados* que afetava o quanto os empregados trabalhavam, e não a intensidade da luz.

Essas descobertas foram um golpe para a vaidade dos cientistas sociais, e coube a uma nova leva de investigação intelectual deduzir o que poderia ser aplicado ao local de trabalho. No começo dos anos 1930, Elton Mayo, professor de administração em Harvard, lançou um folheto com reflexões sobre o significado dos experimentos de Hawthorne. A sinopse resultante, *The Human Problems of an Industrial Civilization*, veio a ser o documento fundador das relações humanas. Os relatos de Hawthorne, mesclados a outros experimentos em ciências sociais, com sombrias exegeses de estudos de Freud e Émile Durkheim sobre suicídio, levaram Mayo a concluir sua investigação com o trágico pessimismo de que os seres humanos estavam perdidos num estado de anomia, que não entendiam nem desejavam. Mayo argumentava que uma visão empobrecida do homem mantinha a suposição de que era apenas *Homo economicus*, perseguindo cegamente seus interesses pessoais. Ecoando, desavisadamente, as ideias do anarquista Peter Kropotkin, ele afirmava que a cooperação era parte da natureza humana, tanto quanto a competição. Somente a cooperação humana na mais alta escala, promovida por um mundo corporativo mais sintonizado com as necessidades dos empregados, poderia salvar o planeta do caos que, de outra forma, seria inevitável. Os administradores precisavam se tornar "ouvidores"; precisavam se tornar antropólogos, e até biólogos em seus locais de trabalho.[53] Os seres humanos precisavam ter um senso de pertencimento, de união. Somente então os empregados se sentiriam em paz em suas organizações – e os administradores, em paz com os empregados.

Tal como os administradores, os arquitetos enfrentavam uma situação revolucionária, cuja agitação significava que era preciso um estilo de construção inteiramente novo. Para os arquitetos, assim como para outros, aquela era uma época de polêmicas, com escolas rivais surgindo uma após outra, todas empenhadas em atacar o problema de encontrar um lar adequado ao homem da era industrial. Mas o "modernismo" nas artes se via frequentemente aliado a movimentos de massa, da esquerda e da direita, e as fantasias dos arquitetos eram opostas aos tumultos. Como as áreas construídas eram destinadas a durar para sempre, os arquitetos queriam, mais que nunca, restabelecer o sossego e a harmonia, ainda que isso significasse revolucionar todos os estilos existentes até então, a fim de encontrar um novo terreno, mais firme.

O arquiteto franco-suíço Le Corbusier, cujo pendor para imensas vidraças talvez tenha sido sua contribuição mais adotada na disciplina, era paradigmático. Ele expôs o problema com severidade num livrinho brilhante de 1923, profético, desencantado, chamado *Vers une architecture*. Após várias seções de aforismos reconhecidamente famosos, ainda que duvidosos ("Não existe homem primitivo, somente recursos primitivos"; "A casa é uma máquina onde se vive"), delineando os meios tecnológicos (principalmente o concreto) agora ao alcance do "novo espírito" que se alastrava por todo o globo, ele escreveu seu mais direto material político. "É uma questão de construção que está na raiz da turbulência social de hoje", afirmava.⁵⁴ Ele queria dizer, com isso, que a construção deixara de acompanhar o progresso tecnológico, acelerado com tamanha rapidez no fim do século XIX e começo do século XX, e que o homem estava ao mesmo tempo entusiasmado e aturdido. Le Corbusier acusava frontalmente os arquitetos de não compreenderem o "profundo abismo" existente entre as épocas anteriores e a idade moderna. A transformação dos meios tinha que resultar na transformação dos fins. A falta de um teto transcendental do homem seria resolvida pela arquitetura – ou nas ruas. "A sociedade está repleta de um violento desejo de algo que pode obter ou não. A questão é: tudo depende do empenho e da atenção dada a esses sintomas alarmantes."⁵⁵

A escolha era clara: "arquitetura ou revolução". Sua conclusão foi lacônica: "É possível evitar a revolução."⁵⁶

☐

Le Corbusier – o *nom de plume* de Charles-Édouard Jeanneret – foi um autodidata que insistia em seu profissionalismo, e um pensador altamente político que se considerava acima da política. O arquiteto mais influente do século XX passou boa parte de sua carreira imaginando projetos que nunca foram executados e fomentando comitês e organizações para transmitir ideias que poucos aceitavam. Em seu desvelo para planejar, circunscrever e redefinir os espaços de trabalho e de vida da humanidade, ele lembra Frederick Taylor – outra figura profética que conquistou notoriedade (e vilipêndios) mais tarde na vida. A semelhança não é mera coincidência. Le Corbusier foi um dos primeiros defensores do pensamento taylorista na França. Ao que parece, ele tomou conhecimento da administração científica e da obra escrita por seu fundador durante a Primeira Guerra Mundial. Na devastação deixada pela guerra, Le Corbusier, como muitos de seus contemporâneos, propôs a adoção do taylorismo como uma fonte de renovação social, um milagre de produtividade para um continente arruinado e carente. Embora sua principal preocupação fosse a produção em massa de moradias – uma preocupação social pertinente nos anos 1920, quando milhares de parisienses morriam por falta de habitação adequada –, ele veio a conceber também soluções tecnocráticas, um planejamento centralizado para a organização do trabalho.

Nos anos 1930, Le Corbusier fez uma viagem, muito divulgada, à terra de Taylor e a Nova York, registrada em seu diário de viagem *Quando as catedrais eram brancas*. Nova York o impressionou muito, e não só pela arquitetura: páginas e páginas de suas memórias relatam o poderoso efeito que o jazz teve sobre ele – as longas frases musicais improvisadas flutuando em rápidos movimentos de acordes, ao mesmo tempo atávicas e incomparavelmente modernas. (Nessa mesma época, o pintor holandês Piet Mondrian tentava dar aos abstratos vermelhos e amarelos dançantes da paisagem urbana de Manhattan a sensação imagística do jazz, chamando-a de *Broadway Boogie-Woogie*.) Mas a Le Corbusier o jazz parecia estar adiante da arquitetura de Manhattan. Algo na frieza do jazz denunciava o que havia de anguloso nos tons clássicos rígidos das bases dilatadas, de estilos embaralhados, das torres nova-iorquinas.

"Os arranha-céus são pequenos demais, e há um número excessivo deles", foi a conclusão de Le Corbusier, deixando embasbacados os repórteres que o seguiam. "O raciocínio é claro e as provas são abundantes, as ruas cheias deles, um total desastre urbano", ele prosseguiu.[57] A seu ver, Manhattan tinha cometido o erro de ver os arranha-céus como "penachos" se elevando da face da cidade, em vez de formas de organização e controle da população, o que seria "um modo prodigioso de melhorar as condições de trabalho, um criador de economia e, por meio disso, um distribuidor de riquezas".[58] Mas esses edifícios haviam sido desfigurados por funções não naturais, gerando dinheiro para empreendimentos imobiliários. Os prédios se elevavam em degraus, como zigurates mesopotâmicos, graças a leis de zoneamento urbano ineficazes. E o pior de tudo era que não proporcionavam as condições de calma e silêncio necessárias ao trabalho, condições ao nosso alcance, mas não realizadas em nenhum deles. Le Corbusier ficou imaginando como seriam escritórios realmente perfeitos. "A vida do escritório intensamente produtiva por meio de racionalização mecânica: correio, telefone, rádio, tubos pneumáticos etc... e o benefício de condições de excelência psicofisiológica: luxo, perfeição, alta qualidade no prédio inteiro – corredores, elevadores, escritórios propriamente ditos (silenciosos e com ar

Projeto de Le Corbusier para um escritório em Algiers (1938-42).

puro)", ele entoava antes de se lançar ao ataque aos escritórios parisienses, ainda não racionalizados: "Ah! Escritórios horrorosos, medíocres e deploráveis, uma insuspeitada degradação do espírito do trabalho – com aquelas portas, aqueles elevadores grotescos, ridículos, idiotas, vestíbulos escuros, áridos, e uma série de salas sombrias abertas para o burburinho da rua ou para pátios deprimentes."[59]

Nova York estava à beira de uma mudança radical para mostrar ao mundo o que poderia fazer com a organização dos escritórios nos arranha-céus; só faltava completar a revolução que tinha iniciado. A visão de Le Corbusier apareceu sob diversos nomes: *ville radieuse* (cidade radiosa), *cité d'affaires* (distrito de negócios), *ville contemporaine* (cidade contemporânea). Embora seus planos mudassem a cada ano, em essência ele imaginava uma paisagem urbana rasa, pontuada por grandes torres de até 220 metros elevando-se a espaços regulares numa teia de ruas radiais, com os escritórios situados em andares sobre lojas de serviços para a torre ("os serviços comuns para arranha-céus: restaurantes, bares, lojas, barbearias, mercados etc."). De certa forma, o sonho de Le Corbusier já tinha sido realizado por Raymond Hood no Rockefeller Center, uma ilha do colarinho-branco com total autossuficiência. Mas, seguindo a tendência de Le Corbusier, arquitetos de todo o mundo passaram a imaginar utopias urbanas direcionadas inteiramente aos funcionários de escritórios: os planos do influente arquiteto japonês Kenzo Tange para Tóquio, em 1960, se baseavam num projeto de centralização da "população industrial terciária", ou seja, funcionários de colarinho-branco.

A tendência a conglomerar funções empresariais num mesmo espaço foi o marco inicial da progressiva planificação do escritório, iniciada no Pullman Building. Mas talvez o legado mais duradouro de Le Corbusier para o futuro do escritório tenha sido a adesão ideológica ao vidro. "O exterior do arranha-céu, a fachada – as fachadas – pode ser uma película de vidro, uma pele de vidro. Por que repudiar a própria riqueza: a entrada de jorros de luz?"[60] Este viria a ser o tema central da arquitetura vigente nas cidades norte-americanas, logo apelidado de "Estilo Internacional", graças à promoção dos arquitetos norte-americanos Philip Johnson e Henry-Russell Hitchcock, e a uma exposição montada por eles com esse título no Museum of Modern Art em 1932. Associado a arquitetos europeus como Le Corbusier, Walter Gropius e Ludwig Mies van der Rohe, o Estilo Internacional foi essencialmente o nome do modernismo arquitetônico, criado inicialmente para solucionar problemas urbanos (como moradia de trabalhadores) com novos materiais (concreto), livre dos métodos e modelos do passado. Esse acabou sendo o estilo usado pelos norte-americanos para expressar o poderio corporativo. O que fora inicialmente "internacional" do Estilo Internacional veio a ser identificado com os Estados Unidos e, através dele, à arquitetura da globalização corporativa.

Juntamente com o concreto, o vidro foi a expressão ideal da austeridade arquitetônica modernista, e seu uso persistiu nas mais ousadas incursões de nossos tempos pós-modernos. Como Mies van der Rohe (ou simplesmente Mies, como ele preferia ser chamado) mostrou no Pavilhão de Barcelona em 1929, e seu acólito norte-americano Philip Johnson repetiu na maravilhosa Glass House em New Canaan, Connecticut, o vidro é um meio extraordinário para facilitar a entrada da luz, criar espaços elegantes em interiores de escala doméstica – um complemento arejado, perfeito para as superfícies lisas das paredes e os telhados modernistas. Cortado em formas variadas e colorido aqui e ali, lembra uma das miniaturas de Mondrian. Em escala do tamanho de um prédio de escritórios, porém, pode transformar a torre em algo fulgurante, uma massa de luz viva refletindo os baixos edifícios de alvenaria de uma antiga linha do horizonte ou o lento passear das nuvens. Já em 1921, Mies, então na Alemanha de Weimar, esboçou o sonho de um arranha-céu em vidro e aço, e teve a ousadia de imaginar uma folha de puro vidro, sem os cortes aparentes proporcionados por montantes, caixilhos ou bandeiras. Como todo morador de qualquer cidade do mundo sabe, esse sonho foi realizado numa abundância extraordinária, até mesmo obscena, com os atuais palácios de cristal pontuando as linhas do horizonte.

O vidro tem sido um substituto possível para as fachadas de alvenaria desde que as estruturas de aço eliminaram a necessidade de paredes estruturais. Mas uma fachada totalmente de vidro, a *"curtain wall"*, isto é, um invólucro se salientando de modo a mascarar o edifício, como uma cortina escondendo uma janela, apresenta problemas para o ambiente interno. Ninguém precisa de toda a luz que uma "pele" de vidro cria numa sala. Na verdade, a fachada de vidro cria uma quantidade desmesurada de calor, produzindo um efeito estufa que frita as pessoas – algo que Le Corbusier descobriu, da pior maneira, em sua Cité de Refuge, um abrigo do Exército da Salvação e um dos primeiros grandes prédios envidraçados, maravilhosamente ameno no inverno em que foi inaugurado, mas constrangedoramente escaldante no verão seguinte.[61]

Para sorte dos modernistas, a tecnologia entrou em cena para sancionar a adoração ao deus do vidro. Na virada do século, Willis Cartier, um homem em muitos sentidos tão importante quanto Thomas Edison mas nem de perto tão venerado, começou a fazer experimentos com controle da umidade no interior de construções. Ele passou anos no esquema de tentativa e erro, usando bicos de pulverização para retirar gotículas de água do ar saturado. Mas logo surgiu uma série de patentes de filtragem e controle térmico. A Carrier Corporation, pretensiosamente, chamou de "ar feito pelo homem", tempos antes de outros se contentarem em usar o termo mais comum e facilmente compreensível de "ar-condicionado".[62] O aparelho levou décadas para ser difundido, foi empregado inicialmente em grandes auditórios, anfiteatros e outros espaços amplos, e só mais tarde adotado em prédios de escritórios. O primeiro edifício norte-americano no Estilo Internacional, o Philadelphia Savings Fund Society (1933), coberto com uma estilosa cortina de vidro realçada com montantes reluzentes, foi o segundo prédio de escritórios no país a ser totalmente equipado com ar-condicionado. (O primeiro foi o Milam, construído em San Antonio, em 1928.) Observadores passaram a registrar o novo e surpreendente fenômeno de funcionários de escritório agasalhados com grossos suéteres em pleno verão, protegendo-se contra o fluxo de ar gelado.

Duas outras invenções coincidiram com a ascensão do ar-condicionado: a lâmpada fluorescente, que consumia muito menos energia do que as lâmpadas de voltagem tradicional, e o teto rebaixado que, da mesma forma que a cortina de vidro se projetava para fora da estrutura, pendia do teto verdadeiro na laje, criando um espaço entre dois andares. De repente era possível esconder a fiação elétrica de pontos de luz e cabos de ar-condicionado, ocultos entre os dois níveis do teto. O pé-direito dos ambientes foi reduzido, inaugurando os andares comprimidos, compactos, que conhecemos hoje. Embora o uso do vidro tivesse o objetivo de iluminar os interiores, o ar-condicionado e a luz fluorescente tornaram possível empurrar as pessoas cada vez mais para dentro do edifício, onde não recebiam nenhuma luz natural, quanto mais ar natural (com os fortes ventos açoitando os andares mais altos do arranha-céu, era impossível manter as janelas abertas). Dos anos 1950 ao começo dos 1960, a extensão dos andares cresceu de modo exponencial: em 1962, a média era de 80 centímetros quadrados por pessoa, o dobro do espaço de 1952, primeiro ano em que esse número foi registrado.[63] Nesse período de tempo, o número de colarinhos-brancos também tinha praticamente dobrado.[64]

No final da construção do edifício da ONU em Nova York, o UN Secretariat Building, em 1952, com seu enorme invólucro de vidro verde – projetado parcialmente pela mão de Le Corbusier –, foi dada a partida para a loucura. Caixas de vidro pipocavam por todo o país, inspiradas pelo mesmo princípio de "a forma segue as finanças" que havia sancionado a farra arquitetônica anterior. Mal se passaram sete anos, Lewis Mumford, o crítico de arquitetura do *New Yorker*, enumerou num triste catálogo a nova paisagem dos prédios de escritórios: "edifícios ambiciosos, engolindo cada centímetro quadrado permitido pela lei; edifícios ostentosos, com maliciosos murais de saguão flertando com a arte com intenções longe de honradas; construções berrantes, de cores feias que lembram os matizes favoritos da Detroit atual e que daqui a alguns anos vão estar igualmente fora de moda; edifícios cobertos de escorregadias folhas de metal prensado, mais baratas que pedra e tijolo e que, apesar de todos os relevos decorativos, têm a mesma aparência – magnificência barata; e construções ordinárias, de teto tão baixo que sua justificativa para a instalação do ar-condicionado deve ser considerada notoriamente descarada, como seus ocupantes, sem dúvida, estão percebendo."[65]

Mumford, um estudioso polimático da história urbana e severo crítico dos excessos da arquitetura, foi um dos mais lidos e mais intencionalmente ignorados autores de sua época. Foi uma inspiração para Jane Jacobs (autora do clássico *Morte e vida de grandes cidades*) na crítica à renovação urbana. E foi satirizado como "coletivista" no hino de Ayn Rand ao gênio solitário arquitetônico, *The Fountainhead*, cujo personagem, o "coletivista" Ellsworth Toohey, crítico de arquitetura, é parcialmente baseado em Mumford. No entanto, um pouco como Rand, Mumford se preocupava com a tendência homogeneizante da vida no pós-guerra e temia que, por baixo dos espetaculares avanços tecnológicos da sociedade de consumo, jazia um insosso anonimato e um desabrigo espiritual. A arquitetura também não estava conseguindo acolher melhor as pessoas. Em suas acusações, Mumford repetia que o modernismo não era adaptado às "funções e necessidades humanas" – os requisitos mais básicos da arquitetura. Ele era um "crítico de esquina", não se colocando como um especialista em arquitetura, mas como um morador interessado na maneira como a arquitetura afetava os habitantes da cidade.

A seu ver, até o símbolo mais sensacional e poderoso, o arranha-céu, merecia as críticas. "Em nenhum momento da evolução do arranha-céu a execução voltada eficazmente para a empresa respeitou as condições que consideram a saúde e a capacidade de trabalho o elemento dominante do projeto", ele escreveu nos anos 1950. Essa crítica foi dirigida ao UN Secretariat Building, o prédio da ONU em Nova York, especificamente censurado por ele como exemplo do pior defeito formal: a desconsideração das necessidades dos funcionários. Aspectos fundamentais do projeto tinham consequências, não intencionais, porém graves. O prédio foi construído no sentido norte-sul, o que significa que as janelas dão para leste e oeste. De manhã o sol nascente sobre o East River penetra, desimpedido, pela fachada de vidro, obrigando os funcionários no perímetro do prédio a fechar as persianas para não ficarem estorricados. Por outro lado, nem todo mundo usufruía dos benefícios da abundância de luz. Nos escritórios propriamente ditos, os arquitetos adotaram simplesmente o padrão do formato em T. Isso significa que os espaços destinados às secretárias são separados por divisórias de vidro opaco, onde a única iluminação se infiltra através da divisória, num edifício que tem abundância de luz natural. Esse óbvio descaso pelos funcionários fazia Mumford lembrar outros tempos, muito piores: "Os locatários dos anos 1850 tinham exatamente as mesmas divisórias, num lamentável esforço para remediar o fato de que os compartimentos internos não recebiam luz do dia nem ventilação. Ver esse simbólico substituto de luz e ar reaparecendo num edifício que se orgulha de sua modernidade estética é o mesmo que ver Maria Tifoide como fiscal da saúde pública."[66] Faltavam pequenas amenidades, como lanchonetes em todos os andares, onde os funcionários dos diversos departamentos poderiam socializar. Mumford foi um dos primeiros escritores a reconhecer a importância da colaboração e interação aleatória no ambiente de trabalho. Funcionários isolados em condições austeras, planos utópicos resultando em espaços distópicos: críticas que viriam a constituir um *leitmotiv* das queixas dos escritórios nas décadas seguintes.

Apesar do desdém de Mumford pelo arranha-céu – que ele considerava uma forma "obsoleta" –, surgiu um na Park Avenue que conseguiu dar conta de todas as disfunções apontadas por ele. De fato, o quartel-general da companhia Lever Brothers, carinhosamente chamado por muitos de Lever House, veio a ser um dos grandes prédios de escritórios da época. Com a fachada projetada por Skidmore, Owings e Merrill (SOM), em coordenação com a Raymond Loewy Associates no projeto do interior, o edifício foi um modelo seguido por incontáveis arranha-céus de vidro e uma provável fonte de inspiração para a agência de publicidade Sterling Cooper em *Mad Men*. Uma lâmina extremamente fina de vidro verde erguia-se de uma base achatada, o prédio ocupava apenas 46% da área edificável do terreno e quebrava a linha do horizonte

A refulgente cortina de vidro da Lever House. *Ezra Stoller, ESTO*

da Park Avenue, tendo a face principal voltada para o sul, e não para o leste, que seria de frente para a rua. Na riqueza dos materiais e na atraente pele de vidro tátil, a Lever House parecia incorporar todas as ambições futurísticas dos Estados Unidos dos anos 1950, bem como sua inigualável prosperidade e ingênuo otimismo. Três de suas quatro faces eram cobertas por uma pele de vidro dividida apenas por bandeiras horizontais de aço inox verde-azulado, que indicavam as divisões dos

O interior leve e bem iluminado da Lever House. *Ezra Stoller, ESTO*

andares, acentuando a imagem de frescor que a Lever, que vendia sabonetes e produtos de limpeza, queria promover. Para acrescentar um ponto de exclamação a essa congruência de edificação e imagem corporativa, um equipamento mecânico foi projetado especialmente para o prédio, com gôndolas suspensas levando faxineiros diariamente a limpar as janelas da torre, mantendo o reflexo fluido das vidraças.

Quando inaugurada, a Lever House foi um sucesso imediato. A revista *Life* publicou que pedestres e taxistas diminuíam a velocidade até quase parar ao passarem pelo edifício. Atendo-se à entrada do saguão, de mármore polido e colunas revestidas de aço, a *BusinessWeek* comentou o prazer de quem entrava lá, sem saber se estava num prédio de escritórios ou num hotel de luxo.[67] Depois da inauguração, o edifício projetado para apenas 1.200 funcionários era invadido por milhares de visitantes que exigiam lá entrar "como se fosse a oitava maravilha do mundo", escreveu Mumford. No entanto, o sucesso da Lever House não se devia apenas ao espetáculo externo para o público (embora fosse mais que suficiente). Seu interior era totalmente projetado para dar o máximo conforto aos empregados. Em vez de seguir o padrão de unidades de escritório (ou, nas palavras de Sullivan, das "células"), os projetistas distribuíram o espaço entre as escrivaninhas. Em outras palavras, os escritórios foram criados tendo em mente o plano aberto para as mesas de datilografia, e não a suíte dos executivos.[68] As escrivaninhas tinham um design à moda antiga, com cantos arredondados ("para reduzir o número de meias de nylon rasgadas", segundo Mumford), e altura ajustável. Embora os escritórios fossem situados, como sempre, ao longo do perímetro, o prédio tinha apenas 18 metros de largura, de modo que a maioria das escrivaninhas não ficava a mais de 7,5 metros de uma janela. As amenidades eram muitas: no segundo andar, havia uma sala de estar para os empregados, decorada em verde-escuro e amarelo-mostarda; no terceiro andar, uma cozinha e cafeteria luxuosamente equipadas; e no terraço da base do edifício, um jardim para espairecer ao ar livre. Para Mumford, o único defeito era o andar da diretoria, em estilo retrô e cores berrantes, que quebrava a nova prática de ter executivos e empregados instalados "democraticamente" em espaços semelhantes, no mesmo andar.

Entretanto, um perigo se escondia no sucesso da Lever House. "Destacado, refletindo os prédios ao redor em sua fachada espelhada, a Lever House apresenta um contraste surpreendente com os antiquados edifícios da Park Avenue", escreveu Mumford elogiosamente, antes de um comentário agourento: "Mas se as inovações de seu planejamento se mostrarem sólidas, pode vir a ser apenas mais uma unidade num padrão repetitivo de edifícios e planos abertos." Em 1958, esse padrão começava a surgir. O Colgate-Palmolive Building (de Emery Roth & Sons), três quadras ao sul, e o Davies Building (dos mesmos), na 57th Street, estavam entre a meia dúzia de imitações que surgiram pouco depois do aparecimento da assombrosa fachada projetada pelo grupo SOM. E, quando a Park Avenue ficou saturada de lustrosos panos de vidro, a Sixth Avenue ofereceu uma nova chance de repetir o mesmo nefasto sucesso. A trama das fachadas de vidro e a trama das ruas da cidade passaram a convergir com sinistra precisão. Enquanto os antigos arranha-céus apontavam para cima sua altiva dignidade ornamental, os panos de vidro enfatizavam a nova forma organizacional das corporações, sua irremediável racionalidade. A cortina de vidro tornou-se uma tecnologia simples, neutra, infinitamente reprodutível. Era uma visão de pesadelo, que no filme *Intriga internacional* Alfred Hitchcock transformou lindamente numa brincadeira a partir dos letreiros de abertura criados por Saul Bass: os nomes dos atores eram encaixados em uma trama que gradualmente revelava ser a imensa fachada de vidro do prédio da ONU em Nova York: os seres humanos não têm lugar nesse mundo.

Somente um vizinho da Lever House se igualou, se é que não suplantou, esse triunfo. Claro que foi a cortina de topázio do Seagram Building, de Mies van der Rohe. Inaugurado poucos anos depois da Lever House, a fachada escura com esquadrias de bronze do edifício da Seagram apresentou um contraste imediato entre sua rica tonalidade de uísque e o espumoso verde-mar do Lever. Assim como a Lever House, o Seagram Building desdenhou ostensivamente os contornos da área edificável, e sua torre central parecia flutuar sobre um punhado de colunas erguendo-se de uma praça de mármore travertino polido, quase cegante de tão branco, embelezada com dois espelhos-d'água. Ao contrário do Lever, cuja torre central orientada para leste-oeste quebrava as linhas da Park Avenue, os 35 andares do Seagram, com uma solene honestidade, contemplavam delicadamente a cidade à qual pertenciam. E mantinham um diálogo refinado e digno com o neoclássico Racquet Club do outro lado da rua, construído em 1911 por McKim, Mead & White. A *plaza* de mármore circundando o Seagram parecia ao mesmo tempo espaçosa e austera. O prédio foi projetado para deixar as pessoas extasiadas – as luzes do teto dos pavimentos tinham a forma de painéis e, quando acesas à noite, imitavam o efeito do pano de vidro externo – mas não necessariamente por muito tempo. (Em contraste, o brilhante e iconoclasta crítico de arquitetura italiano Manfredo Tafuri dizia que o Seagram adotou "um perfeito e inquietante silêncio" em meio ao "caos" urbano. Era o "vazio como forma simbólica" – pura negação do ambiente urbano.)[69] Tornou-se um ícone da cultura pop no filme *Sob o signo do sexo* [*The Best of Everything*] (1959), rodado numa agência de propaganda fictícia no prédio. Uma das primeiras cenas do filme, em

Seagram Building – a "caixa preta" original. *Ezra Stoller, ESTO*

que a personagem Caroline Bender (Hope Lange) aparece olhando para o edifício, foi reproduzida em *Untitled Film Still #14*, de Cindy Sherman, e é uma de suas imagens mais conhecidas.

Os ambientes internos foram criados principalmente por Philip Johnson, um dos maiores promotores de Mies nos Estados Unidos (ele ajudou Mies a conseguir esse trabalho conversando com Phyllis Lambert, a astuta e arquitetonicamente bem informada filha do presidente da Seagram). Johnson seguira uma curiosa trajetória desde a montagem da Mostra do Estilo Internacional de 1932. Havia largado o emprego e tentado ser um opositor populista do New Deal, e satisfez seu apego ao nazismo num grau extraordinário, chegando a viajar para a Alemanha e acompanhar a Wehrmacht à Polônia. "Vimos Varsóvia queimar", ele escreveu numa carta entusiasmada. "Foi um espetáculo arrebatador."[70] Retornando à arquitetura quando os Estados Unidos entraram na guerra, ele se desculpou publicamente por suas ações, o que certamente precisava fazer. Manteve, porém, uma atitude singular quanto ao estilo que havia promovido, com seu rebelde senso estético imbuindo de força emocional e teatralidade o modernismo clássico de Mies. Colecionador de arte, Johnson destinou áreas de recepção e de conferências para exposição de obras de valor inestimável: Miró, Picasso e Rodin.[71] Concebeu a espetacular iluminação do edifício e exigiu um sistema de venezianas que permitia apenas três posições, a fim de expor o interior resplandecente durante a noite. Projetou também o restaurante Four Seasons, ocupando uma ala do prédio: com ricas paredes revestidas em madeira e repleto de cintilantes esculturas de Richard Lippold, o local tornou-se imediatamente o ponto mais importante de encontro dos poderosos da Bolsa – o teatro do poder corporativo na base da expressão arquitetônica dos negócios.

Apesar dos materiais excessivamente caros, tornando-o mais rico e imponente que qualquer dos seus rivais (as esquadrias de bronze só podiam ser polidas com óleo de limão), o Seagram foi a finalização das possibilidades de padronização inerente aos arranha-céus modernistas. Inadvertidamente, ele lançou a primeira das inumeráveis "caixas pretas" que tomariam todos os distritos empresariais das cidades norte-americanas. "O que faz de Mies um arquiteto tão bom é que é muito fácil

Escritório de um gerente de nível médio no Seagram Building (1958).
Ezra Stoller, ESTO

copiá-lo", Johnson teria gracejado alguns anos após o Seagram. Os críticos exigiam um lugar especial para edifícios como o Lever e o Seagram, argumentando que aquelas obras revolucionárias pouco tinham a ver com a inferioridade das cópias construídas por especuladores, projetadas por engenheiros, e não por arquitetos. Mas, para o transeunte, os prédios "originais" pareciam iguais a todos os demais, como icebergs se derretendo num mar de vidro indiferenciado. O Seagram foi um monumento, obra-prima da técnica, e uma estetização do que foi fundamentalmente uma arquitetura da burocracia corporativa. Era basicamente um prédio de escritórios, e gerou prédios de escritórios iguais a ele – e o retorno especulativo de escritórios na Park Avenue prometia ser maior que o de apartamentos. "O centro de Nova York tem muitos lugares de uso intenso durante o dia que ficam sinistramente mortos à noite", disse Jane Jacobs.[72] Refratando o sentimento contra as caixas pretas, no filme *2001: Uma odisseia no espaço*, o diretor Stanley Kubrick usou um monólito negro semelhante ao Seagram como símbolo de um futuro em que o homem seria controlado pelas máquinas. Já em 1960, dizia-se que Mies estava, curiosamente, arrependido. Quando Arthur Drexler, então curador de arquitetura e design do Museum of Modern Art, perguntou a Mies como ele passava os dias, ele respondeu: "Acordamos de manhã, sentamos na beira da cama, e pensamos 'Que diabos deu errado?'."[73]

CAPÍTULO 5

HOMENS E MULHERES CORPORATIVOS

*O sucesso na indústria e no comércio exige muito vigor; contudo,
a atividade industrial e comercial é essencialmente não heroica, no sentido da
ordem da cavalaria – sem espadas vencedoras, sem grandes proezas físicas,
sem chance de galopar no cavalo em armadura contra o inimigo de
preferência herege ou pagão –, e é compreensível que a ideologia da glória
de lutar pela luta em si, de vencer pela vitória em si, esmoreça
entre tantas colunas de números no escritório.*
– JOSEPH SCHUMPETER, *Capitalism, Socialism, and Democracy*[1]

Quem quisesse ver os sinais do paroxismo da pujança que invadiu os Estados Unidos após a Segunda Guerra Mundial encontraria poucos lugares mais indicados do que os escritórios. Voltando o olhar para os Estados Unidos de meados do século, seria possível pensar que o funcionário de escritório havia atingido o pináculo do conforto e do prestígio. O que começara como uma caverna abafada, com torres de arquivos amontoados por toda parte como sombrias estalagmites, se tornou, nos anos 1950, um ambiente asseado, com ofuscante iluminação interna. Em torno das fileiras cerradas das mesas em L da seção de estenografia, havia salas separadas por divisórias de vidro e decoradas com sofás, escrivaninhas de mogno, às vezes com tampo de mármore, além de poltronas e divãs, tudo criado pelos mais famosos nomes do design norte-americano – Charles e Ray Eames, Florence Knoll, George Nelson. Inspirados pelas maiores ousadias do expressionismo abstrato e da pop art (e talvez vice-versa), tons mais audaciosos se espalharam pelos edifícios, desde os painéis de vidro verde-mar ou uísque-forte da fachada-cortina até os pastel azul-bebê e rosa-salmão das portas das divisórias. O ar-condicionado soprava, continuamente, temperaturas gélidas nos amplos escritórios.

O luxo não tinha fim. O elevador para as suítes executivas nos últimos andares conduzia a uma extraordinária ostentação de esmero e detalhes, um confortável isolamento no naipe superior, longe do ricocheteio das batidas de máquinas de escrever lá embaixo. O filme *Um homem e dez destinos* (1954), sobre a luta pelo poder enfrentada em uma fábrica de móveis após a morte do CEO, dramatiza com muita precisão essa diferença: quando o elevador para no andar da equipe de datilógrafas, o visitante é assolado por uma onda de ruído de teclas e um troar de vozes conversando. Ao chegar ao último andar, o silêncio em contraposição é surreal. O visitante entra num espaço acarpetado, decorado com colunas e arcos neogóticos, solene como um monastério. A devoção aos negócios se tornara uma espécie de religião.

As suítes executivas que coroavam os arranha-céus não eram o único símbolo de uma América poderosa. O escritório não se expandiu apenas verticalmente. Naqueles anos, muitas companhias passaram a seguir o exemplo de milhares de cidadãos brancos que se mudavam das cidades para as verdes pastagens dos subúrbios. No pico do poderio industrial norte-americano – no final dos anos 1940, os negócios na zona rural controlavam 60% da produção industrial global –, a mudança das empresas e dos funcionários para os subúrbios permitia lidar melhor com o rápido crescimento e as transformações, assim como os motivos orgânicos na ornamentação dos arranha-céus de Chicago haviam amenizado a frieza latente na arquitetura. O centro das cidades perdia gradualmente os atrativos para o empresariado. As cidades estavam sendo invadidas por carros e congestionadas de escritórios: a quantidade de pessoal de escritório tinha dobrado entre 1942 e 1952, e o espaço nos prédios não correspondia a esse aumento. Em 1921, a General Foods alugava somente um espaço num único prédio de escritórios em Manhattan. Em 1945, seus 1.300 funcionários ocupavam vários andares de três outros prédios, numa solução extremamente ineficaz. Três anos depois, a empresa andava em busca de um local para se instalar nos subúrbios.[2]

Algumas razões menos positivas incentivaram o êxodo corporativo. Muitos norte-americanos brancos estavam alarmados pela chegada de cada vez mais pessoas de outras raças em suas cidades. "Nova York está se tornando cada vez mais uma cidade de negros e porto-riquenhos", dizia a *Fortune*. "Algumas empresas relutam em contratar uma grande proporção de empregados negros e porto-riquenhos."[3] As empresas desejavam mulheres brancas, de classe média e com boa formação, que – acreditava-se – eram cada vez mais fáceis de se encontrar nos subúrbios. Também a presença da indústria urbana, com seu contingente de trabalhadores sindicalizados, atemorizava os executivos. A *Fortune* sugeria que as corporações estavam se mudando para a zona rural "na esperança de reduzir o atrito... entre trabalhadores sindicalizados e o pessoal não organizado dos escritórios".[4] E havia outro medo peculiar ao clima da época do pós-guerra: a ameaça da guerra nuclear. Principalmente depois de 1949, quando a União Soviética testou sua primeira bomba atômica e, em consequência, as pesquisas e os gastos da Defesa Civil norte-americana aumentaram muito, os distritos empresariais urbanos passaram a ser considerados perigosos. Numa pesquisa, cada um dos executivos de uma corporação em vias de fugir de Nova York para Westchester County revelou, confidencialmente, que, "entre outras coisas, [ele] queria evitar áreas-alvo".[5] A cidade, cada vez mais vista como suja e superpopulosa, invadida por agitações sindicais e conflitos raciais, tinha perdido o charme. Longe das torres cinzentas e beges do centro, era possível encontrar colinas verdejantes e lagos artificiais – "natureza" (bem como um meio mais fácil de manter uma uniformidade étnica, de classe e de gênero). O subúrbio era um signo de saúde, contemplação, repouso – numa palavra, segurança. Nos Estados Unidos de meados do século, verde era sinônimo de bom.

Um dos primeiros exemplos de parque industrial rural – que, para muitos, continua sendo um modelo – era o conjunto de laboratórios Bell Labs da AT&T, em Murray Hill, Nova Jersey. A sede da corporação foi afugentada da cidade devido, principalmente, à especificidade de suas pesquisas no campo da acústica, o que exigia mais silêncio do que o centro de Nova York proporcionava. Na busca de um novo espaço, a AT&T venceu as objeções dos moradores do subúrbio, apresentando as civilizadas credenciais dos diretores. Conseguiram fazer passar uma lei de zoneamento permitindo a instalação de "laboratórios de pesquisas, projetos e/ou experimentos" – a primeira lei desse tipo no país, abrindo os subúrbios para mais parques industriais. Não foram poucos a observar que o Bell remetia aos bucólicos locais de campus de universidades como a Princeton, sua vizinha. "No Bell Labs, a Pesquisa Industrial Lembra os Belos Anos de Faculdade", dizia a manchete de um artigo de 1954 na *BusinessWeek*.[6] E, como muitas universidades norte-americanas, era isolado, com portões em volta. Eram construções baixas, como caixotes, cercadas de vegetação, com severa vigilância na entrada, de modo que os pesquisadores não tinham distrações, a não ser no interior do prédio.

No entanto, ao contrário de um campus universitário, os diversos prédios eram ligados por longos corredores. Assim, todo mundo tinha, deliberadamente, a possibilidade de encontrar todo mundo. Os laboratórios eram separados dos escritórios; para voltar ao escritório, ou para ir à cantina, os físicos se encontravam com os químicos, que se encontravam com os matemáticos, que se encontravam com os desenvolvedores.[7] Foi a origem do que as gerações futuras iriam chamar de "encontros fortuitos" – colisões inesperadas de pessoas em setores completamente diferentes da mesma empresa, graças à leve coerção e à sutil manipulação arquitetônica (também precursora do efeito "esbarrão", prevalente na economia comportamental). Entretanto, os projetistas do Bell Labs levaram em conta (o que vários escritórios atuais não fazem) o outro lado da moeda: espaço para pensar em silêncio, com concentração. No Bell Labs, pagamento e segurança do emprego eram divorciados da produtividade – a meta era inventar, e não cumprir prazos arbitrários – e o espaço de trabalho era bem distribuído em áreas sociais e privadas. Até as generosas áreas comuns desfrutavam de janelas do teto ao chão, com vista para a paisagem artificial. Havia espaço, tanto para contemplação solitária, como para socialização e conversas casuais.[8] E o Bell Labs impôs uma forma de coerção mais forte, com a exigência de rigorosos pré-requisitos na contratação do pessoal de laboratório. Num artigo da *BusinessWeek*, lê-se que "Toda essa liberdade, essa liberdade quase descontraída, está um pouco em desacordo com a família da Mãe Bell, cujo império das comunicações é a maior empresa não financeira do mundo... Em parte, a Liberdade é ilusória. O laboratório tem planos bem definidos e sabe exatamente o que quer... Ao longo dos anos, os homens têm sido meticulosamente selecionados e precisamente treinados. Os homens escolhidos para se encaixar no modelo caem no padrão desejado sem qualquer pressão do modelo em si".[9] A tranquilidade pastoril das instalações para pesquisas, com sua liberdade "descontraída" e "ilusória", deu frutos: em 1948, seus cientistas já tinham inventado o transistor e o "bit" (a unidade de informação eletrônica), duas peças fundamentais da tecnologia, que merecem o termo, apesar de batido, de "revolucionárias".

Em busca do efeito Bell (em 1958, quando a companhia já empregava 4.200 pessoas, a *Fortune* chamou o Bell Labs, sem o risco de uma hipérbole, de "o maior laboratório industrial do mundo")[10], outras companhias passaram a se instalar nos subúrbios. Em termos de arquitetura, ainda mais icônico que o Bell Labs foi o quartel-general da companhia de seguros Connecticut General, projetado por Skidmore, Owings e Merrill (SOM), a poderosa e altamente organizada firma construtora da Lever House. Foi talvez o prédio mais caprichado e bem planejado desde o Larkin Building, de Wright. Não haveria um equivalente nos Estados Unidos até chegar a era dos campi ponto-com. Situado num terreno plano de 300 acres perto de Hartford, Connecticut, consistia basicamente em um prédio de três andares, comprido, amplo, rodeado por um fosso; uma espécie de castelo do colarinho-branco. O pavimento era totalmente livre, com divisórias flexíveis deslizando pelo teto modulado (e para fora dele, quando as pessoas precisavam ser incorporadas

Connecticut General: a corporação pastoril. *Ezra Stoller, ESTO*

ao espaço), que, por sua vez, era iluminado em painéis contíguos, um padrão análogo ao da fachada-cortina. Como se para destacar ainda mais a pujança norte-americana, a mobília do interior – desde portas até armários de arquivos – era em tons fortes de vermelho, branco, amarelo, laranja e azul, cores sugestivas das casas de fazendas, do pôr do sol e da bandeira nacional. Cada peça de mobiliário era modulada e na escala adequada; escrivaninhas e divisórias, armários baixos e altos tinham as proporções exatas para se alinhar perfeitamente e flexibilidade para se recombinar uns com os outros. A despeito da pesada imponência do prédio, refazendo a seu bel-prazer a paisagem circundante, praticamente nada era permanente lá dentro.

Por trás da concepção do interior estava um dos mais formidáveis cérebros da arquitetura do século XX, Florence Schust Knoll. Nascida em Michigan, filha de imigrante suíço e mãe norte-americana, Knoll estudou design e arquitetura com os grandes nomes da época, Eliel Saarinen e Mies van der Rohe, entre outros. Mas sua inovação – tão inteligente quanto óbvia – foi avançar a arquitetura, até então empenhada na organização dos espaços, para o *planejamento* dos espaços internos. Em outras palavras, Knoll fazia o layout do interior para as empresas com o mesmo rigor e meticulosidade com que os arquitetos atendiam às necessidades dos clientes no planejamento do edifício como um todo. Hoje essa ideia é elementar, mas, antes de Knoll entrar no ramo de mobiliário e planejamento de interiores, mal havia fabricantes de móveis, quanto mais firmas de arquitetura, que considerassem os escritórios um organismo completo. Os empresários geralmente contratavam o decorador de confiança da esposa para mobiliar os escritórios. Os móveis eram escolhidos em catálogos, imitando precedentes. Na falta de um planejamento consciencioso, os edifícios com exterior ostensivamente moderno frequentemente apresentavam ambientes antiquados, abafados, ou involuntariamente retrô no interior. Knoll mudou tudo isso. Juntamente com seu marido, Hans Knoll, ela se tornou a mais famosa representante da "abordagem Bauhaus" em projetos de interiores – a ideia originária da escola Bauhaus, na Alemanha de Weimar, de que o bom projeto deveria ser fabricado por meios industriais para estar ao alcance de um público maior. Ela já havia alcançado um sucesso considerável com a produção em massa de móveis modernistas, como a poltrona inclinada Barcelona, de Mies, com espaldar em couro, e a cadeira Ventre de Eero Saarinen, branca, sinuosa, de assento afundado (que ficou duplamente famosa quando apareceu em um dos retratos da vida norte-americana "tradicional", de autoria de Norman Rockwell, para o *Saturday Evening Post*). Ela fez com que fosse normal – e definitivamente norte-americano – as empresas usarem o que havia de melhor no mobiliário modernista europeu ao compor a decoração dos escritórios.

Quando foi contratada para decorar o interior do CBS Building, em 1952, ela montou a Knoll Planning Unit, que analisava as exigências do espaço do cliente e assumia a responsabilidade de escolher os móveis, os equipamentos mecânicos, as cores e os tecidos, além das obras de arte e decoração.[11] A proposta de Knoll incluía o uso de "paste-up" na apresentação do projeto. Geralmente, o paste-up era uma folha de cartolina preta na qual os designers afixavam amostras de tecidos e materiais, algo muito utilizado na moda e na decoração. Knoll trasladou essas artes "femininas" para o reino masculino da arquitetura e do design.[12] (Ela insistia em referir a si mesma como designer, e não como decoradora – ao mesmo tempo profissionalizando sua disciplina e tornando sua conotação de gênero irrelevante.) O paste-up realçava as cores e texturas, permitindo senti-las também com o tato. O resultado era acolhedor e doméstico. Vários observadores comentavam que os saguões pareciam salas de estar modernas e confortáveis. Knoll ajudou muito a humanizar os ambientes do escritório. Seu trabalho foi um dos elementos de transformação do próprio modernismo, de uma tática da *avant-garde* europeia em símbolo do novo estilo "pais dedicados" do capitalismo corporativo norte-americano.

A parceria de Knoll com a SOM produziu um escritório mais bucólico e acolhedor do que qualquer outro, mas, na visão dos executivos da Connecticut General, era preciso mais que isso para arrastar as pessoas da zona urbana para o "campo". A fim de induzir equipes predominantemente femininas a sair de Nova York, onde estava a sede da companhia, e onde morava a maioria delas, o campus oferecia diversos atrativos: piscinas, banho de sol, bar, pranchas de *shuffleboard*, mesa de pingue-pongue, sala de carteado, sala de jogos, sala de meditação para o intervalo do almoço, biblioteca com empréstimo de livros, serviços de lavanderia, de sapateiro, de entrega de flores e refeições, 12 raias de boliche, duas quadras de *softball*, quatro quadras de tênis, seis pistas de arremesso de ferradura, e uma grande cafeteria com refeições baratas, e às vezes até de graça.[13] Como se fosse uma sucursal da escola de Katie Gibbs, a empresa oferecia aulas de línguas e de canto, além de (um pouco diferente do que fazia Gibbs) mecânica de automóveis, uma das aulas mais populares. Havia um auditório de quatrocentos lugares para apresentações musicais e peças de teatro amador, ônibus para transporte entre a companhia e a estação de trem, e até para mais longe. As mulheres, acostumadas à atividade da vida urbana, passaram a ter uma vida mais sedentária, apresentando um substancial ganho de peso no primeiro ano no campo. As refeições vinham com indicação do número de calorias.[14] Até a vida biológica dos empregados era tema de forte interesse da corporação.

Intitulando-se uma empresa "dedicada", a Connecticut General se preocupava também em tornar seus espaços o mais democrático possível. Embora isso não significasse abolir a distinção entre salas fechadas e escrivaninhas enfileiradas no salão, e muito menos modificar as relações de poder entre superiores e subalternos, significava que não haveria uma ala especial para os executivos. Esse desejo gerou um conflito entre a diretoria da Connecticut General e a SOM. Os arquitetos queriam um edifício separado para os escritórios da "Classe II" (uma ala que, além dos executivos, incluía os departamentos jurídico e financeiro, cujas equipes eram mais estáticas), a fim de manter o interior do prédio principal tão flexível e aberto quanto possível para a "Classe I" (de empregados com maior rotatividade de pessoal). Quando esses planos foram ventilados, foram recebidos com certo constrangimento, gerando resmungos dos membros do comitê de construção da Connecticut General e de alguns gerentes contra a existência de uma "torre de marfim" para os executivos. Numa reunião informativa sobre o prédio, um cliente da companhia de seguros, residente na Filadélfia, esquentou a discussão ao dizer: "Bem, eu acho até que faz sentido, mas nessa parte do país somos bem mais democráticos, e não acreditamos em clubes exclusivos para oficiais."[15] Afinal, Frazar B. Wilde, CEO da companhia, acedeu à lógica dos arquitetos e concordou, ainda que com grande relutância, à construção da ala separada.

A preocupação de Wilde, de seus colegas e dos clientes da Connecticut General com o aspecto democrático no ambiente de trabalho nos parece curiosa. Muitas empresas cumpriam a velha missão de melhoria industrial e de um "capitalismo do bem-estar" ao prover espaços de lazer e conveniência para os empregados, mas poucas se esquivavam de construir andares luxuosos, com vários banheiros e elevadores exclusivos para a diretoria. Algo mais parecia estar em jogo no desejo de manter a proximidade da diretoria com o pessoal.

Não que o pessoal e a diretoria fizessem o mesmo tipo de trabalho. Pelo contrário, pode ter sido tão somente a natureza mecânica do trabalho burocrático dos funcionários e o objetivo dos superiores de poder tomar decisões isoladas que motivaram a construção de um ambiente de trabalho aparentemente mais harmonioso (e aparentemente menos hierárquico). As características básicas do trabalho numa companhia de seguros se assemelhavam às de uma fábrica. Propiciar o bom fluxo da papelada era uma preocupação importante nos projetos de SOM e Knoll. Em resultado de seu planejamento meticuloso, o prédio inteiro zumbia com a suave regularidade de uma linha de produção. Até o fato de escadas rolantes, e não elevadores, levarem as pessoas aos diversos andares, acentuava essa impressão. Shirley Newman, uma das funcionárias, expôs ao *Saturday Evening Post* a eficiência das equipes de trabalho, referindo-se à operação da qual fazia parte como "linha de produção de cinco moças":

> A moça no fim... é a atendente da equipe. Ela abre e separa a correspondência. A moça seguinte é a que executa. Ela faz tudo o que é exigido pela correspondência – cancela, emite recibo, o que for. Depois eu verifico os papéis que ela me passa, acrescento as anotações que forem necessárias e passo para a moça à minha esquerda, a datilógrafa da equipe. Ela, por sua vez, passa tudo já datilografado para a última de nós, que coloca os papéis na ordem correta e encaminha, ou para outro departamento, ou para o arquivo central ou, se for o caso, reenvia para o segurado.[16]

Em contraste com o relato das mulheres sobre a natureza mecânica do trabalho, Wilde atesta o efeito de intimidade e imprevisto causado pela disposição dos corredores. "Em prédios verticalizados, onde elevadores rápidos levam as pessoas de um pequeno local de trabalho até o nível da rua, há poucos encontros fortuitos, pouca troca de experiências de trabalho", Newman disse à imprensa, possivelmente atento à necessidade de promover o prédio. "Aqui, na cafeteria, nos saguões, e nos trajetos diários que fazemos pelo edifício, podemos nos conhecer melhor."[17] Isso não era do feitio da Bell Labs; não havia a menor expectativa de que o pessoal da burocracia esbarrasse com os chefes num "encontro fortuito" e promovesse essa inovação. A ideia geral era criar um local de trabalho que *parecesse* dissolver as barreiras de status, em que a participação e a amizade reinantes fizessem um ambiente menos parecido com a fábrica de colarinho-branco que realmente era. Não foram poupados detalhes para dar essa impressão. "O prédio todo é *esque-*

O interior totalmente organizado do Connecticut General. *Ezra Stoller, ESTO*

matizado", disse um crítico no *Architectural Forum*, "e não há nenhuma falha aparente entre o plano geral e os cantos apainelados em madeira. É totalmente completo; os padrões retangulares – tudo são retângulos – vão do mínimo ao gigantesco, mas são tão sutilmente relacionados que o arquiteto se torna quase invisível."[18]

□

O lado alarmante do ambiente corporativo não escapou aos observadores. De fato, tornou-se uma obsessão nos anos 1950, atraindo milhões de leitores. *The Lonely Crowd*, *The Hidden Persuaders*, *The Power Elite*, *The Affluent Society*, *The Human Condition*, *The Organization Man*: partindo da crítica social, a trágica mensagem de desespero era inexorável. Dizia-se que a sociedade tendia a um totalitarismo brando, moldado por redes ocultas de elites ou por executivos tirânicos, por sinistros especialistas em relações humanas e economistas insensíveis, e, certamente, por publicitários manipuladores que levavam as pessoas a comprar coisas de que não precisavam. E a configuração geral da sociedade estava se afastando do individualismo norte-americano para entrar na jaula do conformismo. Os anos 1950 são conhecidos como a Era Dourada desse sonoro, infindável pigarrear crítico, em que "tipos ideais" brotavam como cogumelos depois da chuva. Boa parte disso foi inspirada, e às vezes escrita, pelos sociólogos alemães refugiados nos Estados Unidos depois da Segunda Guerra Mundial. Eles traziam a obsessão freudiano-marxista com *der neue Mittelstand*. Tal como ocorrera com os romances de moças de colarinho-branco da geração anterior, os protagonistas desses livros eram os leitores-alvo: funcionários de escritório saídos de uma década de depressão e guerra, e agora nadando em ondas de prosperidade.

Talvez esses livros estivessem certos sobre a conformidade, dada a boa quantidade deles que se tornaram grandes best-sellers. Se todo mundo falava sobre eles, todo mundo tinha que comprá-los. Termos técnicos introduzidos pelos sociólogos passaram a fazer parte das conversas normais da classe média. *The Lonely Crowd*, por exemplo – uma densa obra de sociologia, de sucesso espetacular –, acompanhava os cálices de martíni em muitos coquetéis, contribuindo com termos intelectuais como "*inner-directed*" (com motivação interna) e "*other-directed*" (motivado pela aprovação de outros). O homem motivado por si mesmo havia expandido as fronteiras norte-americanas, construído ferrovias, atravessado rios e construído barragens que fizeram um grande país; ele era operado por um "giroscópio interno". O homem motivado pelos outros, um novo tipo nas grandes áreas metropolitanas, dependia da aprovação de outros, fossem seus amigos e conhecidos ou personalidades da comunicação de massa. Na ausência de uma bússola interna, ele andava pela vida como se a visse de cima, usando um "radar".

Entretanto, o título *The Organization Man*, assim como *O homem no terno de flanela cinza*, foi como uma taquigrafia para designar o idiota conformista das corporações. "Você é um HOMEM CORPORATIVO... que não aguenta mais sua organização? Você é um CAÇADOR DE STATUS... enojado do seu status? Você é um CONFORMISTA... enjoado de se conformar? Então este livro é feito para você!", alardeava a capa da revista *Mad*, numa paródia em quadrinhos intitulada *The Organization Mad* (1956). O tom psicanalítico e sociológico que dominava até as conversas mais triviais (psicologia era o curso mais procurado nas universidades nos anos 1950) ficou tão insistente que até o costume de falar sobre conformismo tornou-se objeto de sátiras cáusticas – como o forte e deprimente romance de Richard Yates, *Revolutionary Road* (1961), em que funcionários medrosos nos subúrbios se reúnem rotineiramente para jantares regados a muita bebida, e suas conversas giram invariavelmente em torno "do vago, porém interminável e absorvente tema da Conformidade, ou O Subúrbio, ou Madison Avenue, ou Sociedade Norte-americana Hoje".[19] Títulos como *O homem no terno de flanela cinza* também exploram o novo mercado de livros sobre conformidade. Seu autor, Sloan Wilson, era relativamente desconhecido quando o livro foi publicado; contudo, sua história sobre um homem da área de relações públicas que vai trabalhar numa grande corporação radiodifusora e resiste à pressão para se conformar foi imediatamente apreciada pelos editores por captar o espírito da época – ou pelo menos seu marketing podia ser esse. Montou-se todo um aparato em torno do lançamento a fim de sugerir que aquele era *o* livro sobre conformidade corporativa. Os direitos de filmagem foram vendidos antes da publicação.

A silhueta do executivo de terno na capa foi extraída de uma foto de Gregory Peck, que faz o personagem no (extremamente tedioso) filme.

Certamente é verdade que o mundo dos negócios tendia ao gigantismo, apequenando o empregado da mesma forma que o arranha-céu se agigantava sobre o pedestre na calçada. "Nosso escritório tem 31.259 funcionários", diz C. C. Baxter (Jack Lemmon) na abertura da grande obra satírica de Billy Wilder *Se meu apartamento falasse* (1960), descrevendo seu trabalho na gigantesca companhia Consolidated Life Insurance. Ao fim de cada dia de trabalho, toca uma sirene escalonada por andar para que os milhares de empregados não tentem entupir os elevadores ao mesmo tempo. Diante de companhias desse porte, os velhos remanescentes do empreendedorismo da classe média estavam em extinção. Nos anos 1950, existiam pequenas firmas – milhões delas –, mas que operavam à sombra das empresas maiores, das quais dependiam. Essas empresas consolidaram um poder de monopólio ou oligopólio sobre indústrias inteiras. Já nos anos 1920, como escreveu o historiador Richard Edwards, "a consolidação tinha ocorrido nas indústrias de laticínios, grãos, carne, panificação, açúcar refinado, tabaco, sabões e artigos de toalete, produtos químicos, petróleo, pneus e borracha, calçados, maquinário de fabricação de calçados, aço, alumínio, cobre, artefatos de metal, produtos elétricos, eletrodomésticos, equipamentos de comunicação, veículos motorizados, equipamentos ferroviários e fotográficos, telefones, gás e eletricidade, serviços de seguros de vida e bancos comerciais".[20] O tamanho das empresas cresceu e, na mesma proporção, cresceu sua base financeira. Em 1919, havia cinco ou seis firmas com um ativo de mais de 1 bilhão de dólares; em 1969, eram quase cem firmas.[21] Essas mesmas firmas se diversificaram, com uma fusão após outra, passando a ter atividades muito diversas de sua especialidade inicial. As empresas maiores tiveram acesso a um poder político que jamais haviam tido, afetando políticas regulatórias e assegurando lucrativos contratos com o governo.

De um modo geral, apesar da diminuição do crescimento econômico no final dos anos 1950, provocando um aumento substancial dos investimentos das multinacionais norte-americanas em outros países (e num ritmo mais rápido que os investimentos domésticos), os Estados Unidos ficaram muito protegidos da competição estrangeira e, portanto, a salvo.[22] No interior do mundo corporativo, os funcionários definiam essa situação como uma calma profana pós-guerra – a sensação de ter escapado a um desastre de trem que feriu todos os outros, e os deixou não só ilesos, mas também mais saudáveis, felizes e fortes. "Chega um dia em que o santuário corporativo se torna nosso mundo", escreveu Alan Harrington em *Life in the Crystal Palace* (1958), livro de suas memórias enquanto relações-públicas numa grande corporação. "Não podemos imaginar nossa existência fora dele. Em nosso local seguro, vemos a luta dos outros em meio às incertezas e agradecemos às estrelas e aos bons ventos que nos trouxeram aqui." Do lado de fora, Joseph Schumpeter, brilhante economista emigrado da Áustria, apontou o paradoxo de segurança/enfraquecimento do vigor humano e seu heroico empreendedorismo. Em sua magnífica obra sobre economia política, *Capitalismo, socialismo e democracia* (publicado em múltiplas edições entre 1942 e 1950), ele argumenta que, com a ascensão de práticas monopolistas na indústria e o consequente desvanecimento de oportunidades de investimentos, a burocracia administrativa estava substituindo o empreendedor, a economia se direcionava ao planejamento central, e a vida burguesa, sem heroísmos, era um tédio. "A burguesia... precisa de um senhor", ele escreve, com sarcasmo.[23] Eles precisavam de empreendedores em busca da invenção, à moda dos cavaleiros medievais, ou iriam se sufocar na burocracia, levando ao inevitável socialismo. Harrington concordava tacitamente. "Volta e meia, escuto invectivas de meus superiores contra o socialismo, e me parece estranho", ele escreve. "Penso que nossa empresa se parece totalmente com um sistema socialista privado. Somos embalados por ela desde o berço até o túmulo."

"Burocracia" significava aí basicamente o tamanho e a hierarquia da administração, que o teórico conservador James Burnham (em seu livro *The Managerial Revolution*) interpretou como o domínio da burocracia despontando nos Estados Unidos. A enormidade das corporações devia-se, não pouco, ao crescimento do número de funcionários nos escritórios. Empregos em fábricas e em fazendas diminuíram em relação ao aumento de colarinhos-brancos. Foi uma consequência da demanda dos consumidores (muitos deles já colarinhos-brancos), que estavam mais interessados em uma maior oferta de serviços (entretenimento, educação, viagens) do que em mercadorias.[24] Mais serviços significavam mais tipos de empregos para colarinhos-brancos. Equipes de vendas de agências independentes eram empregadas das próprias firmas. As equipes das vendas incorporadas precisavam de pessoal administrativo. Os empregados se envolviam diretamente na área de publicidade. A popularidade de abordagens "psicológicas" para a venda de produtos e serviços exigia marketing e relações públicas – a quintessência dos empregos em meados do século (e precisamente por isso Wilson fez do protagonista de seu livro um relações-públicas) – que vieram a se tornar profissões. A fim de dimensionar a produtividade dos colarinhos-brancos, as empresas impunham contabilidade de custos, relatórios financeiros, orçamentos e controle de estoque, o que também exigia mais funcionários. A razão entre equipes de produção e não produção passou a ser mais equilibrada (ou, dependendo da perspectiva, ficou totalmente desarrazoada). Em 1960, os colarinhos-brancos constituíam um terço da força de trabalho total.[25] Ser classe média nos Estados Unidos costumava ser indicativo de estar começando seu próprio negócio. Em 1950 significava, quase invariavelmente, vestir terno e gravata para ir trabalhar num escritório junto com milhões de iguais.

Às vezes as superfícies modulares, repetitivas, da cortina de vidro dos prédios realmente simbolizavam uma mesmice ainda maior por trás delas. A empresa de tecnologia International Business Machines, a IBM, figurava entre as maiores das grandes corporações (era chamada de Big Blue), e não deixava dúvidas quanto à importância dada à lealdade na organização. Em seus complexos de caixas de vidro plano em Minnesota e no estado de Nova York, assinados por Eero Saarinen, a IBM desenvolveu uma cultura consumada de uniformidade corporativa que rivalizava com qualquer fraternidade universitária, e os empregados aprendiam canções e slogans... sobre a IBM. Em todas as salas imperava uma imagem do CEO, Thomas J. Watson Sr., sentado a uma mesa de madeira polida, de braços cruzados, suas feições acinzentadas sem qualquer expressão, e, acima da estante embutida de livros por trás dele, o slogan da companhia em letras maiúsculas: "PENSE".[26] Watson insistia num código de vestuário uniformizado, consistindo em terno cinza-escuro, gravata preta e camisa branca com colarinho extremamente duro, bem engomado. O mal-estar de uma firma de computadores ter enfarpelado seus empregados num uniforme corporativo, além de outros tantos códigos indistintos, não escapava a ninguém – incluindo a companhia. Num folheto de propaganda de 1955, a IBM lembrava aos clientes que: "Entramos na sua vida quando seu nascimento foi registrado num cartão perfurado. Desde então, muitos desses cartões foram compilados, marcando na história de sua vida as decisões e ações importantes. Se você frequentou a escola, internou-se num hospital, comprou uma casa, pagou imposto de renda, casou-se ou comprou um automóvel, haverá cartões perfurados permanentes registrando essas e outras histórias pessoais."[27] Assim como não havia problema em vestir os empregados no mesmo uniforme e ordenar que pensassem, não havia escrúpulos em dizer que os marcos significativos da vida de todo mundo, inclusive o nascimento, podiam ser reduzidos a furinhos num cartão.

A IBM era assustadora também para os que estavam fora dela. Suas máquinas simbolizavam o cruel automatismo de tudo, o que, por sua vez, significava tirar as pessoas do emprego. A automação no local de trabalho – dos operários ou colarinhos-brancos – foi tema de audiências no Congresso, e de uma chuva de artigos na imprensa especializada.[28] Computadores gigantescos, como o UNIVAC (Universal Automatic Computer) da Remington Rand, passaram a ser implantados nos escritórios para processar a quantidade cada vez mais pantagruélica de papelada, como folha de pagamento, contabilidade de custos e cobrança de seguros. A grande imprensa publicava matérias com manchetes do tipo "Robôs de Escritório", apavorando as pessoas a ponto de imaginarem um futuro totalmente robotizado.[29]

As empresas de computadores reagiram lançando uma enorme campanha publicitária, assegurando aos funcionários que seus empregos não seriam extintos, mas, pelo contrário, a automação iria tornar a vida deles mais alegre, aliviando a trabalheira do escritório. O UNIVAC apareceu em 1952 no noticiário, com Walter Cronkite prevendo, com acerto, a eleição de Eisenhower para a presidência. Em 1955, um IBM 701 apareceu no programa *Today* para resolver um problema de matemática. Os astros do design, Charles e Ray Eames, foram contratados para uma animação chamada *The Information Machine: Creative Man and the Data Processor* (1957), que mostrava a importância das máquinas para que o futuro da humanidade fosse mais tranquilo e luminoso. O filme apresentava o progresso da tecnologia desde a invenção da roda, e o resultado desse progresso: um ambiente urbano mais antigo, industrial, cheio de chaminés, cortado por cabos de telefone e eletricidade. Mas ainda havia esperança: "Algo surgiu que tornará viáveis nossas mais elegantes teorias. A recente aceleração tem sido fantástica. A calculadora eletrônica já é um instrumento do qual depende muito nossa vida diária."[30] O filme mostra o andar de um edifício de escritórios com padrão quadriculado, repleto de computadores reluzentes. Um homem de camisa social e gravata, um colarinho-branco criativo, trabalha em sua mesa (com o "PENSE" acima), reunindo dados para alimentar a máquina. A mensagem é bem clara: a vida com os computadores será mais desatravancada, mais saudável e oferecerá mais oportunidades para se trabalhar melhor. Enfim, os indivíduos poderão se realizar.

□

O mundo corporativo descrito pelos críticos em meados do século XX – de fato, o mundo a que muitos funcionários sentiam pertencer – era caracterizado por uma forte afluência, bem como por um medo difuso e um sentimento de autonomia individual que, contudo, não era *tão* livre assim. Era o auge do crescimento contínuo da burocracia privada que, na visão deles, havia resultado em um novo tipo social, uma mudança interna no caráter norte-americano. Frases contraditórias e paradoxais proliferavam na descrição dessa situação. A *BusinessWeek* empregava a expressão "liberdade ilusória" para o ambiente de pesquisas do Bell Labs; C. Wright Mills, sempre mais cáustico, classificava os colarinhos-brancos como um grupo de "alegres robôs". David Riesman e seus colaboradores de pesquisa, a partir das entrevistas realizadas para seu livro *A multidão solitária*, concluíram que o homem típico da classe média era um "colaborador antagonista". Apesar de desejar a aprovação dos outros, ele se sente competindo todo o tempo com os outros. Seu trabalho requer tanto a imitação como a manipulação de outras pessoas. Ele passa cada vez mais horas trabalhando e socializando nos intervalos – o que é também uma forma de trabalho – e esbanjando dinheiro para depois ser reembolsado, numa espécie de "terapia ocupacional". O escritório então se torna um cenário constante de cordialidade interesseira:

> A diminuição de horas [de trabalho] teve um efeito muito maior na vida da classe trabalhadora do que na classe média: o executivo e profissional continua [sic] passando longas horas empenhando-se na gigantesca produtividade norte-americana, não para chegar em casa cedo, mas para esticar as horas de almoço, intervalos para o café, convenções, e outras maneiras de combinar negócios com prazer. Da mesma forma, muito tempo no próprio escritório é gasto em sociabilidade: trocar fofocas ("conferências"), circular com simpatia ("inspeção"), bater papo com vendedores e gracejar com secretárias ("dar ânimo").[31]

Para Riesman, esse escritório sociável – longe do ideal disciplinado e rigidamente controlado dos tayloristas – afastava gerentes e diretores da vida doméstica. O trabalho tomava o lugar psíquico dos prazeres do lar, e a sociabilidade se tornava um ingrediente essencial ao trabalho. O anverso disso era o novo "radar" interno que portavam – a atenção constante, desgastante, às necessidades e ao julgamento dos outros. O escritor norte-americano Joseph Heller explorou magistralmente o potencial paranoide dessa disposição em *Alguma coisa mudou* (1974). O narrador, Bob Slocum, é um gerente de nível médio socialmente afável, mas muito tenso internamente, além de popular entre as secretárias da companhia de seguros onde trabalha, com as quais ele dorme de vez em quando. Ele vive num estado constante de baixa tensão, desespero moderado e medo. "Tenho arrepios quando vejo uma porta fechada" é a primeira frase do livro. Ele associa esse sentimento a uma cena primal de sua infância, quando encontra o irmão mais velho fazendo sexo por trás de uma porta fechada. Mas isso se aplica também ao mundo do escritório corporativo em meados do século, com sua mistura casual de monótona papelada tediosa e minas emocionais não detonadas entre e ao redor das pessoas com quem se convive mais do que com a própria família. Longe de ser um local de grandes paixões e emoções veementes, a sociabilidade do escritório oferece, no máximo, um nível baixo de terror:

> No escritório em que trabalho, há cinco pessoas de quem tenho medo. Cada uma dessas cinco pessoas tem medo de outras quatro pessoas (afora sobreposições), fazendo um total de vinte, e cada uma dessas vinte pessoas tem medo de seis pessoas, fazendo um total de 120 pessoas que são temidas por pelo menos uma pessoa. Cada uma dessas 120 pessoas tem medo das outras 119, e todas essas 145 pessoas têm medo dos 12 homens lá de cima, que ajudaram a fundar e construir a companhia, e agora são seus proprietários e diretores.[32]

Ao descrever seus medos privados, Slocum descreve também a natureza da burocracia privada: sua natureza autoprotetora, facilmente melindrável, necessita que os altos escalões sejam incessantemente bajulados pelos baixos. Para os críticos que desejavam mais "individualismo", isso era asfixiante para os próprios negócios. A estrutura em equipes, escreveu Harrington, "exige que *não* façamos o melhor, porque isso deixaria os chefes mal. Em outras palavras, a segurança do chefe incompetente é mais importante do que o trabalho bem-feito".[33]

O medo em outro sentido – a resistência a correr riscos – perpassa o livro que marcou essa época, *Organization Man*, de William H. Whyte. O autor – repórter da revista *Fortune*, por incrível que pareça – via conformidade, uma "idolatria do sistema", produzida em todos os setores da sociedade. Todo o sistema ficou travado para estimular a nova demanda social de *participação* a qualquer custo. O ethos de "motivação interna", que Riesman acreditava ainda existir na consciência norte-americana, para Whyte estava quase extinto. Seu alvo principal era o gerente de nível médio, em que duas gerações de teóricos do escritório, de Taylor a Mayo, depositaram suas esperanças. Whyte, em contraste, disparou uma condenação mordaz aos gerentes de nível médio. A seu ver, os Estados Unidos tinham sido o lar natural da "ética protestante do trabalho", e o ethos da lida individual alimentava o crescimento do capitalismo. Mas gradualmente, à medida que cada vez mais trabalhadores se tornavam empregados e engrossavam as fileiras das corporações de porte médio, que se tornavam cada vez mais abrangentes, a ética protestante vinha se tornando uma "ética social". Para o gerente de nível médio de uma corporação, o indivíduo já não era um herói; a sociedade, sim.

A argumentação de Whyte era grosseira, muito mais crua que qualquer *aperçu* descartável de *The Lonely Crowd*, mas foi eficaz. E sua pesquisa tinha muito de sólida. Para entender onde se iniciara o processo de transformação de homens livres em homens da organização, Whyte se deu ao trabalho de conversar com universitários em fim de curso. Ele descobriu que as universidades vinham negligenciando as áreas de humanidades em favor das áreas de engenharia e administração, cedendo à pressão para competir com a pesada ênfase da União Soviética nas ciências exatas.[34] Anos de dificuldades financeiras haviam levado os novos estudantes – membros do que mais tarde viria a ser chamada "geração silenciosa" – a evitar o risco, e eles fizeram declarações deprimentes sobre a depressão econômica. "Não acho a AT&T muito atraente", diz um formando, "mas é lá que eu gostaria de trabalhar. Se vier uma depressão, sempre haverá uma AT&T."[35] Grandes empresas, que para pessoas como Whyte pareciam antes imensas e impessoais, eram agora como um ventre, um seio oferecendo a segurança e a estabilidade então providas pelas universidades. Campanhas de recrutamento em campus, então uma novidade, prometiam aos futuros empregados um mundo de aventura no vasto panorama do mundo dos negócios: "VOCÊ PODE CRESCER E CONTINUAR CRESCENDO NA OWEN-ILLINOIS CO.", "VITRO OFERECE AOS GRADUANDOS OS ENGENHEIROS DE AMANHÃ!", "O CÉU É NOSSO MUNDO", "O CÉU É O LIMITE!".[36] Uma leve tubulação ligando o alojamento dos estudantes à escrivaninha tornava a vida organizacional irresistível. E apesar de haver oferta de empregos na produção, apenas 12% dos formandos entrevistados iam trabalhar em fábricas; a maioria preferia estar no escritório, fazer parte da equipe.[37] Whyte concluiu que o universitário graduando médio "não quer se rebelar contra o *status quo* porque realmente gosta dele". "Sejam quais forem suas muitas diferenças, estão unidos numa questão importante: mais que qualquer outra geração, a deles será uma geração de burocratas."[38]

Por muito tempo, Whyte foi o crítico predileto dos homens de negócios. Era recebido nos escritórios porque trabalhava numa revista de prestígio, e ele espinafrava as práticas deles. Perito em virulência e sarcasmo, dotado de um infalível detector de mentiras, Whyte desancava a expansão do linguajar empresarial – para o qual ele cunhou o termo "*businessese*" [algo como "comercialês"]. Ele observou duas tendências generalizadas: uma era a invasão maciça de frases padronizadas, e a outra, parecendo ir na contramão, privilegiava a conversa coloquial. A linguagem-padrão descrita por ele é familiar ainda hoje: "é nossa recomendação", "com referência a...", "solicitamos sua atenção", "com relação a sua carta", "no processo em questão", "no momento", "estamos considerando", "em futuro próximo", "normas da empresa". As estenógrafas aprendiam até símbolos específicos para essas frases feitas.

Mas a outra tendência, ainda hoje tão incômoda, Whyte chamava de "algaravia *reversa*". Em vez de longas frases vazias, essa linguagem informal, em "mangas de camisa", era cheia de exclamações em tom curto e grosso. Não havia pessoas, eram sempre "os caras". Quem mal suportava alguma coisa "segurava a onda", ou "se ferrava". Os empregados eram sempre o "ativo principal". Todos os homens de negócios estavam "de olho no futuro", e eram todos *lançadores*, liderando o time de futebol americano. Pois se havia uma metáfora de futebol americano, seria um crime não usá-la. Por que dizer "Empregados e diretores devem trabalhar juntos", quando se podia dizer algo muito mais pungente? Um exemplo real do futebol americano: "O time não vai atravessar com a bola de primeira só porque quer. Os marcadores não vão fazer o serviço se o lançador não deixar 'eles' entrarem na jogada. E nós, os lançadores, estamos deixando a bola cair."[39]

O mais espantoso sobre a linguagem informal é que podia ser rastreada até uma única fonte: *The Art of Plain Talk*, de Rudolph Flesch, um linguista que transformou sua tese de doutorado na Columbia em best-seller. "Não use ritmo", "não use frases longas com ordem inversa", "não use perguntas retóricas", "não use ironia (metade das pessoas não entende)": eram as palavras de orientação que Flesch atirava como uma bola para a linha de defesa do gol. Até o sangue, o suor e as lágrimas de Churchill foram alvo de censura. "O leitor tem uma vaga noção", escreve Flesch confiantemente, "de que Churchill usou uma figura de linguagem com três coisas molhadas em vez de dizer *guerra*; e é só isso." E assim o "comercialês" encontrou um parceiro para o tom forte, viril, conciso, fechado, da linguagem empresarial.[40]

A conformidade e a linguagem empresarial conformista não surgiram do nada; a pressão interna nos negócios não era suficiente. Assim como a ascensão das relações públicas, a meticulosa atenção à linguagem nasceu da profunda necessidade corporativa de se justificar perante o que consideravam um público potencialmente hostil. Nos anos 1940 e 1950, o mundo dos negócios se agarrava ao medo (quase totalmente infundado) de que os norte-americanos poderiam rejeitar o sistema capitalista. A National Association of Manufacturers (NAM), um grupo lobista que, juntamente com a Chamber of Commerce, buscava promover os interesses políticos do mundo dos negócios, via a livre empresa ameaçada, por um lado, pelo planejamento governamental e, por outro lado, pela agitação promovida pelos sindicatos. E lançou uma campanha para vencer. "O desafio hoje, a tremenda necessidade hoje", disse o presidente da NAM, Claude A. Putnam, em 1950, "é vender – revender, se quiserem – aos norte-americanos livres a filosofia que nos manteve, e à nossa economia, livres."[41] O Advertising Council produziu oito mil cartazes e colocou três milhões de anúncios no rádio atestando a importância da livre empresa. A NAM distribuiu uma história em quadrinhos a centenas de milhares de trabalhadores mostrando que a Revolução Americana havia sido deflagrada por "planejadores do governo" em Londres, com a intenção de tirar nossa liberdade.[42] "É lamentável", disse um empresário de Chicago durante um jantar de campanha, "que a maioria do povo norte-americano esteja pronta a destruir o mundo dos negócios pelo socialismo de Estado."[43] Toda a pesquisa de Whyte sugere que este não era bem o caso. Mas o empresariado persistia na tentativa de aprimorar seu aparato de comunicação, transformando até a própria linguagem.

□

Não satisfeito em estraçalhar a linguagem dos empregados, o escritório corporativo se dispôs também a moldar a personalidade deles. Essa estratégia veio à tona com a mania de testes de personalidade no pós-guerra. Talvez porque seu líder, Taylor, fosse tão maníaco, os administradores adeptos da ciência na geração anterior se interessavam pouco pelos trabalhadores como seres humanos. Seu interesse maior estava na testagem de aptidão, em assegurar que a organização era eficiente e o trabalho era efetuado. Entretanto, a escola de Mayo, com foco nas relações humanas, queria um ambiente de trabalho caloroso e amigável, com personalidades condizentes. Mas se o espírito das relações humanas se sobrepunha aos testes, a verdadeira fonte de seu conteúdo era distintamente mais sinistra. Durante anos, psicólogos diligentes haviam trabalhado em hospícios e prisões desenvolvendo testes para compreender as raízes da loucura e da anormalidade e, "no decorrer desse trabalho", diz Whyte, "eles desenvolveram testes engenhosos". Não foi preciso muita imaginação para pensar em aplicar esses testes a indivíduos ditos "normais". Embora os testes tivessem sido criados para medir a anormalidade, certamente só seria possível saber o que era anormal depois de determinar o que era normal. Esses testes logo se espalharam pelas empresas para detectar se o candidato ao emprego seria um homem da organização: Era radical ou conservador? Tinha bom discernimento prático e social? Iria perseverar ou se dobrar a pressões? Era estável ou instável? Feliz ou infeliz? Do tipo reformador ou submisso ao *status quo*? Tinha senso de humor ou não? Uma recusa a responder às perguntas já era reveladora, pois os testes eram montados de modo a entender o que as respostas, ou a falta delas, omitiam.[44]

Em teoria, esse regime de testes visava a encaixar tipos compatíveis em departamentos e grupos de trabalho adequados. Na prática, tornava a cultura corporativa mais uniforme, de cabo a rabo. Ao erradicar sistematicamente a anormalidade, os testes reforçavam a lealdade. Além da tendência a selecionar os participantes mais conservadores, cautelosos e modestamente "voltados para o outro", a testagem produzia seu próprio efeito Hawthorne: só o fato de alguém ser testado significava a probabilidade de ter sua personalidade remodelada de acordo com a doutrina da empresa. Responder ao teste tornou-se um jogo de adivinhar o que a empresa desejava. Se "Você gosta de ler tanto quanto gosta de receber visitas?" e "Você às vezes se sente pouco à vontade?" suscitassem respostas positivas, isso dizia algo sobre o grau da introversão do sujeito, que em geral não era bem-vista. Mas tentar fingir extroversão poderia resultar em acusação de sociabilidade excessiva, sinal de personalidade imponderada e estouvada, tão malvista quanto o excesso de vida interior. No entanto, o sujeito deveria concordar com "É pior uma mulher ter relações extraconjugais do que um homem?". Responder sim indicaria um forte conservadorismo viril, e causaria boa impressão na rapaziada executiva. Mas afirmativas demais a questões como "Arte moderna não deveria ser permitida em igrejas" daria a impressão de ser um pateta retrógrado. No final das contas, a maioria das pessoas que se davam bem nos testes eram as que ficavam no meio do caminho, ou tinham talento para se passar por elas – perfeitas para o ambiente forçadamente gregário do escritório corporativo de meados do século.

O regime de testagem era tão empolgante para a nova corporação das "relações humanas" que se tornou um nutriente da vida corporativa norte-americana após a guerra. Em 1952, um terço das corporações nos Estados Unidos aplicava testes. Em 1954 – apenas dois anos mais tarde – já eram mais de 60%, inclusive grandes empresas, como Sears, General Electric e Westinghouse.[45] Pesquisas pseudocientíficas e firmas de consultoria brotavam às centenas, competindo entre si para obter os ambiciosos contratos com os departamentos de pessoal. Esses testes se destinavam principalmente à triagem de candidatos a emprego. Às vezes, porém, tinham uso interno, aplicados a pessoas já na força de trabalho da empresa. Nesse caso, costumavam ser usados deliberadamente para programar demissões quando os negócios iam mal. Outras vezes eram usados para mandar embora diretores já em fim de carreira, com o raciocínio obliterado pela idade – o que um teste poderia facilmente ser montado para confirmar. Aos olhos da corporação, os funcionários eram compatíveis com os testes, e os testes, com seu pessoal.

Whyte sugere que, dado que as empresas já usavam os cartões perfurados IBM para tabular quase todas as estatísticas importantes, era só uma questão de tempo para que os resultados dos testes fossem perfurados também, fazendo do cartão o quadro mais completo possível da vida do funcionário.

Os testes se inscreveram amplamente na cultura popular como um dos mais potentes símbolos da conformidade no escritório. Em *O homem no terno de flanela cinza*, o protagonista, Tom Rath, é submetido a um teste inusitado para ser admitido como relações-públicas da fictícia United Broadcasting Corporation. Walker, chefe do pessoal, pede a Rath para escrever sua autobiografia em uma hora. Foi um teste que ele aplicou a outros vinte ou trinta candidatos ao emprego. A única exigência seria que ele terminasse completando a frase "O fato mais significativo a meu respeito é...". "É surpreendente o quão reveladores são os resultados", diz Walker. Rath fica agoniado, se sente sufocado diante da questão. O único fato do qual ele não poderia falar era o que lhe vinha insistentemente ao pensamento, mais forte que qualquer outro. É "17 homens": o cômputo dos homens que ele matara na guerra. Um destes era seu melhor amigo, que morreu ao passar inadvertidamente ao alcance de uma granada lançada por ele. Rath sabia que seria "melodramático" dizer algo assim com tanta franqueza num teste, mas qualquer outro tom que ele tentava aplicar, desde o puro cinismo ao mais raso humor, soava falso. Por fim, irritado com todo o objetivo do teste, ele escreve os fatos básicos de sua vida: data de nascimento, histórico escolar, estado civil e dependentes. Na verdade, tudo o que podia caber num cartão perfurado IBM. "Do ponto de vista da United Broadcasting Corporation", ele concluiu, "o fato mais significativo sobre mim é que estou me candidatando a um cargo nesse departamento de relações-públicas e, após um período inicial de treinamento, provavelmente farei um bom trabalho. Terei prazer em responder a quaisquer perguntas que me pareçam relevantes, mas, após considerável reflexão, decidi que não desejo escrever uma autobiografia como parte da inscrição para o emprego."[46]

Se *O homem no terno de flanela cinza* fosse a acusação contundente dirigida a uma sociedade conformista, pretendida desde sua publicação,

Rath não teria sido recompensado por sua insubordinação. Mas no mundo da ficção, ele consegue o emprego. E cada ato de não conformismo subsequente serve para elevar sua posição. Quando lhe pedem para avaliar um discurso escrito por seu chefe – Hopkins, o mais alto executivo da United Broadcasting Corporation –, Rath cogita não dizer o que realmente pensa: o discurso estava horrível. Entretanto, incitado pela esposa, Rath desfaz o último ponto de seu manto de homem cordato e, cautelosamente, diz a verdade. Embora inicialmente perplexo pela incomum franqueza de Rath, Hopkins logo reconhece seu valor. Promove Rath a seu assistente pessoal e tenta moldá-lo à sua própria imagem – um executivo autoritário, cuja vida inteira é dedicada ao trabalho. Mas Rath ainda resiste. Ele vê o perigo – à saúde, ao lar, à família – de se comprometer em termos absolutos com o emprego. Seu chefe, com inveja e admiração da explícita falta de ambição de Rath, lhe dá um cargo mais baixo, de nível médio, menos exigente, que paga muito bem. Por casualidade, a vida no subúrbio também melhora. Rath obtém permissão do conselho administrativo local para lotear o enorme terreno que ele havia herdado de sua avó anos antes, e então pode vender os lotes e ganhar mais dinheiro. A história termina com Rath considerado herói pela sociedade que lhe possibilitou satisfazer todas as suas necessidades menores, um modelo de cidadão corporativo.

Assim, em vez de criticar o mundo do escritório por sua conformidade repressiva, Sloan Wilson parece admirar sua capacidade de resposta à franqueza. *Se os homens no terno de flanela cinza tivessem pelo menos a coragem de ficar absolutamente no meio do caminho de vez em quando!*, parece ser a tépida mensagem. Não exatamente algo que faria ferver o sangue de um funcionário. Embora *The Organization Man* fosse citado frequentemente em relação com o livro de Wilson, Whyte desprezava *O homem no terno de flanela cinza*. Para ele, tratava-se de uma história que queria "estar dos dois lados",[47] sugerindo que era possível manter a conduta moral e ao mesmo tempo se dar bem no mercado dos anos 1950. O materialismo feroz e a vida espiritual poderiam ser unificados num "hedonismo autoenobrecedor" – outra de suas frases, como "cooperação antagonista", que parecia exprimir bem o mundo conflitante do funcionário em meados do século.[48] Para não deixar dúvidas quanto ao conservadorismo da história, Wilson abre e fecha o livro com panegíricos exagerados à diligente atenção de sua esposa a todos os pormenores domésticos enquanto ele estava ocupado, escrevendo. Além de manter as crianças a distância, ela "cuidava de todas as finanças da casa, consertava bicicletas, arrumava desculpas para meu não comparecimento a eventos sociais" e, de acordo com a mística feminina de ser vista e não ouvida, "era alegre e ornamental".[49]

Contudo, um pouco de desconforto perpassa os animados encômios de Wilson ao ambiente do trabalho corporativo. São as lembranças que Rath tem da guerra, que – tanto no livro como no filme – são ativadas por detalhes: um homem calvo, uma cicatriz no pescoço de alguém. Nessas longas digressões narrativas de duras batalhas, e num breve porém intenso caso de amor com uma jovem italiana, Rath – geralmente lacônico ao ponto de desafiar a credulidade – demonstra alguma aparência de vida interior. É algo que a vida o compele a reprimir – assim como o teste da entrevista não era um lugar para contar a lembrança mais importante de sua vida. Toda a conversa sobre conformidade não era necessariamente errônea, mas a ênfase era equivocada. Os monumentais conflitos do começo do século XX, que definiram a vida de tantos funcionários, desapareciam por baixo do zumbido do ambiente desesperadamente não heroico do escritório. "Cada ala entre escrivaninhas estremece com romances secretos, tão incessantemente quanto uma trincheira de guerra": a sátira de Sinclair Lewis, escrita durante uma guerra anterior, parecia ter eco nas passagens mais melancólicas do pós-guerra descrevendo a experiência dos colarinhos-brancos.

Em *Life in the Crystal Palace*, Alan Harrington, um relações-públicas como o ficcional Rath, descreve uma munificência corporativa tão grandiosa quanto sufocante, ao mesmo tempo indulgente e completamente inadequada às necessidades humanas reais, profundas, indizíveis. Quando uma funcionária, "alta, loura... uma dessas mulheres solteiras nervosas e eficientes num mundo de homens", finalmente passa três semanas de férias na Espanha, ao retornar conta histórias de aventuras, algumas implicitamente sexuais, que deixam chocados seus compatriotas no escritório. "As histórias que essa mulher solitária e animada contou sobre as férias eram do tipo que suscita uma resposta bem-humorada no Crystal Palace", ele escreve. "Uma de nossas garotas não deveria ter experiências tão maravilhosas." No entanto, Harrington prossegue:

> Muitos de nós já tínhamos andado por aí e conhecíamos as quebradas da vida. Ralph Butler, por exemplo, trabalhou como engenheiro durante cinco anos na Turquia e tinha uma amante nas montanhas. Arthur Moore comandou tropas de guerrilha nas florestas da Birmânia. Na ponte de um cruzador em Okinawa, Carleton Bell diz "urrei de terror" quando um kamikaze passou a centímetros de sua cabeça. Carl Jensen no passado foi acrobata e dava shows andando em corda bamba. George O'Brien foi repórter "foca" e dançou loucamente no Le Bourget quando Lindbergh aterrissou. E Robert Cloud, no último ano de colégio, levou o time à vitória correndo sessenta jardas.

"Hoje", Harrington conclui, pesaroso, "você vê tantos indivíduos outrora robustos, agora de semblante plácido, se acotovelando nos corredores em grupos e comitês, carregando papéis administrativos. Eles perderam alguma coisa... verve... apetite."[50]

Entretanto, os privilégios do Crystal Palace não são poucos, e seus ocupantes são tão bem tratados quanto qualquer ser humano na história do planeta. A segurança no emprego é garantida, os planos de previdência são generosos, a vida de trabalho é tão vagarosa e fácil quanto desejam. "Não estamos preocupados com o emprego, com o futuro com... nada", escreve Harrington. "É uma sensação curiosa não ter nenhuma preocupação de verdade." E chama a isso de "estado de bem-estar da empresa privada", no estilo da social-democracia europeia para funcionários, um bastião contra a brutalidade do sistema da livre empresa norte-americana que, na visão de Harrington, engrandeceu o país. Seu sucesso permite que os membros das novas grandes corporações norte-americanas fiquem cochilando durante os dias, misturando-se uns aos outros. Num dia típico, o ônibus da empresa os transporta da estação de trem para o Palace. Música suave – fornecida pela empresa Muzak – começa a tocar, interrompida e recomeçada a cada 15 minutos. "Dizem que essa música aumenta um percentual mensurável da produtividade", diz Harrington, "mas acho que, se ficar prestando atenção, entro em devaneios. Faz-me sentir num coquetel com piano-bar." O cenário transmite um conforto inacreditável, e um clima sonolento de agradável tédio, como o episódio dos comedores de lótus na *Odisseia*, de Homero:

> Nossos empregados... têm uma visão incomparável a qualquer outra oferecida aos homens desde o início dos tempos. Montanhas ondulam até o horizonte, irão explodir em flores na próxima semana, quando vier o outono irão flamejar em vermelho e dourado, e o inverno irá despejar nelas a neve polvilhada. Nossos terrenos ajardinados também irão florir. Sentimos o odor das madressilvas, os gramados são tão verdes que doem nos olhos. Os campos se estendem até as colinas e além, como um perpétuo futuro verde.[51]

Esse retrato de bem-aventurança quase assustadora de um ambiente de trabalho já sugere os temas de todas as críticas às empresas que proliferaram entre os anos 1950 e 1960. Harrington diz ainda que a tranquilidade inebriada das corporações de meados do século dependia do afastamento dos funcionários de qualquer oportunidade de iniciativa ou criatividade. Essa crítica partia de dentro do mundo do escritório, em concordância com opiniões externas, de jornalistas e sociólogos. Mas a moral da história era muito simples: o escritório havia esmagado o empreendedorismo, não por entraves à meritocracia, mas porque a burocracia tomou seu lugar. Riesman e sua turma queriam algo muito maior: uma crítica do próprio caráter norte-americano e da política nacional de classes, que se revelava dentro e fora do local de trabalho. Mas, dada a superficial receptividade aos seus escritos, a parábola acabou por encorajar mais empreendedores, e diminuir a burocracia – uma elisão que viria a ter enormes ramificações.

□

Desse modo, o escritório vinha destruindo o espírito do homem que desbravava fronteiras, obrigando-o a uma excessiva sociabilidade e a uma vã atenção aos outros, escavando até o fundo de sua alma, erradicando seu gênio nato, aplainando suas asperezas em favor dos impulsos arbitrários da organização. A solução pedida pela situação era tão sobredeterminada quanto as premissas originais das críticas. O que parecia estar implícito em Whyte, Riesman e outros – e às vezes falado mais explicitamente – era que as antigas fontes de *virilidade* estavam sendo esmagadas no escritório. Quando falavam em individualidade, falavam puramente em termos de um único sexo. O que não significa dizer que as mulheres eram irrelevantes nesse quadro. Como disse Riesman: "O reembolso das despesas pode servir como uma terapia ocupacional quase infindável para homens que, devido a uma tradição de trabalho árduo, aversão à esposa, ascetismo duradouro e ansiedade a respeito de colaboradores antagônicos, ainda acham que precisam render um bom dia de trabalho na empresa."[52] Um cogumelo venenoso está à espreita em meio às ervas sociológicas: *aversão à esposa?*

Em geral, a corporação demonstrava algum interesse pela vida familiar dos empregados homens. Quando CEOs como o sênior Thomas Watson se referiam à "família IBM" queriam sugerir, calorosamente, que a IBM não contratava apenas um engenheiro, mas sua esposa e filhos também.[53] Mas a frase não era assim tão brincalhona: as esposas – principalmente as esposas dos executivos – se viam fazendo uma grande quantidade de tarefas para os maridos empregados da corporação. E as corporações sabiam disso. Frequentemente investigavam a esposa de um funcionário em potencial, ou sugerindo fortemente que ela comparecesse a uma entrevista junto com ele, ou marcando um café da manhã ou jantar informal com o candidato e a esposa. Segundo um estudo da *Fortune* em 1951, metade das empresas observavam as esposas de funcionários em potencial, e uma empresa estimava que 20% dos candidatos eram recusados por causa das esposas.[54] Nos Estados Unidos de meados do século, o controle corporativo se estendia bem além do escritório, atingindo em profundidade as famílias. Ou, talvez mais precisamente, o escritório trabalhava para incorporar a família, e a família passou a ter a marca do escritório. "Nós controlamos o ambiente do homem nos negócios, e o perdemos inteiramente quando ele cruza a soleira da porta de casa", disse um executivo a Whyte. "Portanto, a diretoria tem o desafio e a obrigação de planejar e criar deliberadamente uma atitude favorável, construtiva por parte da esposa, que libere a energia total do marido para o trabalho."[55]

Quem era essa sra. Executivo que as empresas procuravam? No resumo dos achados das entrevistas de Whyte, "é uma esposa: (1) altamente adaptável, (2) altamente gregária, (3) que entende que seu marido pertence à corporação".[56] Mas o item (3) tinha a implicação de que a esposa também pertencia, inevitavelmente, à corporação (ela não deveria trabalhar fora de casa). Num estudo realizado com uma grande empresa nos anos 1970, chamada de "Indsco", a teórica de administração Rosabeth Moss Kanter encontrou esposas que também sentiam que sua vida particular era estruturada em função da empresa:

> Até dois anos atrás, quando pensei em voltar a estudar, eu era uma esposa Indsco, tão casada com a empresa quanto Fred. Ninguém jamais exigiu nada de mim de *per se*, exceto sair para jantar com fulano e fulano. Mas em meu próprio ser, eu era muito dependente das experiências de Fred na Indsco. A empresa escolheu o lugar onde moramos. Nossos amigos, à exceção de alguns vizinhos, eram amigos Indsco, *por causa* da empresa. Eu sempre achei que nosso objetivo fosse viver em tranquilidade, criar raízes quando as crianças estivessem na escola. Agora elas estão na escola, e a empresa nos diz para nos mudarmos, e nos mudamos, adiando o cumprimento do objetivo... Se Fred estivesse progredindo, eu achava que *eu* estava progredindo. Sou a mulher por trás do homem, podia me orgulhar das realizações dele.[57]

Por um lado, elas precisavam agir como uma influência "estabilizadora" em casa. Uma entrevistada disse: "O homem tem tantas frustrações no escritório. É uma competitividade tão forte, que ele precisa encontrar calma quando chega em casa."[58] Por outro lado, ela precisava comparecer a eventos corporativos – jantares, festas, palestras, campeonatos de golfe – e, incessantemente, aproveitar cada oportunidade para abrilhantar a reputação do marido. E, devido às várias opiniões sobre o comportamento apropriado das mulheres, muitas vezes havia expectativas maiores quanto às esposas corporativas do que quanto aos homens. Uma esposa charmosa podia salvar a carreira de um marido impopular. Com a mesma facilidade, beber um quarto martíni ou fazer um comentário de mau gosto podiam acabar com a carreira dele.

À medida que o homem subia nos escalões corporativos, os problemas da esposa aumentavam. Quanto mais o marido progredia na instituição, mais presa ela ficava a seu papel de parceira e ajudante institucional. As escolhas sociais não eram determinadas apenas por morarem no terreno, ou arredores, da companhia: uma esposa corporativa fazia amizades por motivos estratégicos, para ajudar o marido *dentro* da companhia. Escolhas movidas pelo afeto se tornavam escolhas corporativas. A política do escritório impregnava tudo. "Você tem que abrir mão dos velhos amigos", disse a esposa de um administrador em ascensão profissional. "Você tem que sopesar quem deve convidar para uma festa, ou não. Tem que ter cuidado ao enviar cartões de Natal, para quem enviar e para quem não enviar. Parece esnobismo, mas é o que se tem que fazer. Você tem que ser a esposa do chefe."[59] Era uma forma de emprego que nunca entrou nas estatísticas.

O papel fortemente restrito das mulheres em meados do século parecia ser quase um retrocesso com relação aos anos de "trabalhar fora" que marcaram a entrada delas no escritório. Funcionária burocrática de nível baixo ou esposa corporativa? Não havia opção de liberdade, quanto mais de poder. À falta de mudanças importantes no modo de funcionamento do escritório, restava algo a fazer: brincadeiras. Uma das mais populares era um jogo chamado Pega-Pega, o Scuttle. Uma famosa descrição do jogo, feita por um ex-funcionário de escritório (então trabalhando numa estação de rádio), é assim:

> As regras do Pega-Pega são fáceis de assimilar e pôr em prática. Todos os locutores e técnicos que não estiverem ocupados no momento escolhem uma secretária ou arquivista, correm atrás dela para cima e para baixo, passam pela sala do acervo musical, vão até às cabines de som, apanham a garota e lhe tiram a calcinha. Sem a calcinha, a moça pode vesti-la de novo, caso queira. Nada de perverso jamais aconteceu. O único objetivo do jogo é tirar a calcinha.

Enquanto tudo isso acontece, a garota geralmente grita, berra, se debate, enrubesce, ameaça fingir um desmaio, mas, que eu saiba, nenhuma jamais denunciou um pegador à diretoria. Na verdade, as garotas usavam as calcinhas mais bonitas para ir trabalhar.[60]

"Nada de perverso jamais aconteceu": a frase é defensiva, ciente de que a descrição do jogo poderia ser considerada chocante na opinião de alguns – ou de muitos. Quando o programa de TV *Mad Men* repetiu o jogo, quem fez o roteiro precisou amenizar: o publicitário executivo Ken Cosgrove perseguia a secretária Allison só para descobrir a cor da calcinha dela, sem tirá-la. Mas a autora da piada, Helen Gurley Brown, se encarregou de desmentir a ideia de que o escritório era um campo minado para as mulheres. As garotas usavam as calcinhas mais bonitas: elas *queriam* ser caçadas. A gritaria era uma atuação melodramática, para que todo mundo ouvisse e ficasse sabendo. Nem perigoso, nem um soporífero enfadonho como os autores anticonformismo queriam fazer crer, o escritório era de fato o lugar mais sexualmente excitante na face da Terra. "Baseada em minhas próprias observações e experiências em 19 escritórios diferentes", escreveu Brown em seu estrondoso best-seller *Sex and the Office* (1964), "estou certa de que os escritórios são muito mais sexies do que os haréns turcos, as fraternidades universitárias nos fins de semana, as festas de piscina de Hollywood, o sorriso de Cary Grant, o encarte central da *Playboy*, e acontecem muito mais coisas lá do que nos devaneios das ninfetas."[61] O sistema estava lá para se tirar vantagem dele; cabia a você *trabalhar* isso.

Brown veio a ser a mais notória escritora do país em 1962, com *Sex and the Single Girl*, um livro de memórias e conselhos, informando tanto às lascivas como às horrorizadas que o sexo era fonte de prazer, e que as mulheres não só podiam como deviam aproveitar o máximo possível, principalmente antes do casamento, se conseguissem. Os leitores a recompensaram, comprando o livro em enormes quantidades. Em três semanas, foram vendidos dois milhões de exemplares. Seu estilo, particularmente, era encantador para muitos e praticamente inimitável, apesar de ter gerado milhares de imitadores (a criadora de *Girls*, Lena Dunham dentre elas): ao mesmo tempo loquaz, franca, zombeteira e fú-

Helen Gurley Brown no departamento fotográfico da *Cosmopolitan*.
Sophia Smith Collection, Smith College

til, parecia a milhões ser a voz do senso comum das mulheres de mente aberta, até que enfim libertadas das regras de decoro impostas pelos homens. Ao contrário de *The Feminine Mystique*, lançado um ano depois, *Sex and the Single Girl* se dirigia a mulheres já inseridas no escritório; falava mais às secretárias do que às donas de casa da classe média. E, ao contrário de Betty Friedan, Brown não pregava a derrubada de um sistema repressivo. O sistema existente oferecia oportunidades a serem conquistadas e prazeres a serem agarrados, por meio de estratégias de pequenas subversões. *Sex and the Office* ampliou o campo para se falar diretamente sobre o local de trabalho, causando escândalo a conservadores e aborrecimento a muitos liberais. Depois, quando Brown se tornou editora da *Cosmopolitan*, foi considerada em total oposição à segunda onda do feminismo; certa vez editores da *Ms.* chegaram a ocupar seu escritório. Mas ela continuou sendo parte do movimento, e se distinguiu por seu foco obsessivo no escritório.

A inabalável confiança de Brown, a certeza que passava para todos de que o escritório era um campo sexual tão rico quanto um dormitório de faculdade (porém mais limpo, com pessoas mais bem-vestidas), desmentia a ideia de uma vida de trabalho sacrificada. Nascida na zona rural Green Forest, nas montanhas Ozarks, em Arkansas, era filha de um professor primário e uma dona de casa. Anos mais tarde, ela quase nunca mencionava Green Forest, que não tinha o glamour das cidades de arranha-céus como Nova York e Chicago, onde sua mensagem tinha mais ressonância.[62] "Eu não tinha dinheiro nem diploma de faculdade, tinha a cara coberta de acne e uma família de caipiras", ela recorda numa entrevista em 1980.[63] Frequentou uma escola de secretariado e trabalhava numa estação de rádio à noite – a mesma rádio em que as outras eram alvos do Pega-Pega, distinção esta que Brown, supostamente, nunca recebeu. "Às vezes, esperançosa, eu levantava os olhos da máquina de escrever e via três ou quatro pegadores espiando da porta, escolhendo, mas a decisão era sempre a mesma – jovem demais, pálida demais, peito achatado demais... Claramente, eu era não pegável."[64] Quando trabalhava num estúdio de cinema em Los Angeles, ela passou a aceitar os favores de um executivo, a quem chamou de M. na autobiografia, e tornou-se amante dele. M. comprou-lhe um apartamento, deu a ela dinheiro para decorá-lo, só pedindo em troca que ela se comportasse como uma amante clássica: aprendesse a trocar naturalmente as roupas de trabalho por lingerie quando ele chegasse, providenciasse os drinques para acompanhar o encontro, e lhe contasse as últimas fofocas.[65] Em pouco tempo ela começou a odiar a situação. M. era fortemente antissemita, odiava os amigos judeus de Brown e mandava que ela ficasse em casa muitas noites, caso ele conseguisse escapar da esposa.[66] Entretanto, foi uma experiência que, despida de complexidade e dificuldade, ela transformou numa fonte de ousados conselhos em *Sex and the Office*, em que indica às leitoras como conduzir um *affair* de escritório com um homem casado. Terminado o relacionamento, ela permaneceu solteira, com orgulho e petulância, desafiando até a calmaria dos anos 1950, quando a taxa de casamento estava em alta e a média de idade para se casar girava em torno dos vinte e poucos anos.[67]

Em se tratando de escrever sobre satisfação na vida de trabalho em escritório, a própria Brown foi seu melhor exemplo. (Sua autobiografia foi intitulada *Having it All*.) Apesar de ter se casado em 1959, tinha trabalhado em todos aqueles escritórios, podia computar um bom número de relacionamentos e escapadas casuais, e era bem-sucedida *dentro* do mundo do trabalho – como redatora de publicidade e de revista – antes de ter um sucesso brutal em razão de tudo isso. Mas sua solução, inédita, para o problema do sucesso profissional em oposição a casamento e vida em família foi simplesmente negar essa oposição – ou talvez delinear uma terceira via. As mulheres não precisavam se casar, e não tinham obrigação de ser solteiras para trabalhar num escritório. A adesão à vida romântica e a escalada profissional (pelo menos até onde fosse possível para a mulher) eram complementares, e não contraditórias. Todo o nervosismo e as inquietações das gerações anteriores podiam ser atirados pela janela do arranha-céu. (*Se* ele tivesse janelas.) Apesar de sublinhar, em detalhes, todos os grandes obstáculos na trajetória das mulheres no local de trabalho, Brown acreditava estar pregando uma filosofia da libertação. E sua influência sugere que foi recebida como tal por milhões de leitoras.

O mundo do escritório focalizado por Brown era dominado por uma das explosões, hoje habituais, do medo de um colapso moral: as mulheres estavam sempre emasculando os homens, e os homens estavam sempre abusando das mulheres. O filme *Sob o signo do sexo* [*The Best of Everything*] (1959), baseado no best-seller com o mesmo título, de autoria de Rona Jaffe, pretendia expor as terríveis escolhas enfrentadas pelas mulheres no ambiente corporativo insensível, amoral. "Esta é a história da selva feminina", diz a narradora do trailer, em tom agourento, "de mulheres que não se casaram aos 20 anos, e de homens que as desejam – *mas não como esposas.*" Filmado em CinemaScope, *Sob o signo do sexo* se aproveitou dos grandes ambientes internos dos escritórios de meados do século e dos largos cruzamentos das ruas de Manhattan. O filme começa com tomadas de cenas da Park Avenue ao amanhecer, mulheres jorrando de ônibus e de estações do metrô, vestindo saias e luvas brancas, entrando em massa nos arranha-céus. A enorme seção de estenógrafas no alto do Seagram Building parece falar de possibilidades, oportunidades. Segurando nas mãos um cartaz de propaganda, Caroline Bender (Hope Lange), recém-saída da escola Radcliffe, chega à *plaza* do Seagram levando um anúncio da Fabian Publishing Company:

SECRETÁRIAS. Vocês merecem o melhor de tudo!
[*The Best of Everything*]
O melhor emprego – O melhor ambiente
O melhor salário – Os melhores contatos!!

No desenrolar do filme, surge a questão explícita do que significa "*the best of everything*": o melhor de tudo é um marido apaixonado ou uma carreira bem-sucedida? É uma das poucas obras da cultura popular a trazer uma sugestão plausível de que a mulher pode ter ambos. Parece trazer também a implicação de que a mulher pode *precisar* de ambos.

A abordagem da amizade no escritório, a intimidade casual entre as mulheres, é delicada e afetuosa. Nas primeiras horas da manhã, chega um bando animado de datilógrafas tagarelas, tirando as capas das máquinas de escrever, retocando rapidamente a maquiagem, ajeitando a saia. Há uma tranquila solidariedade no trabalho. Elas conversam sobre namorados economizando para comprar o anel de noivado, trocam di-

Caroline Bender (Hope Lange) e April Morrison (Diane Baker)
na seção de estenógrafas em *Sob o signo do sexo* (1959). *Photofest*

cas de trabalho. A primeira vez que Caroline sai para almoçar, a chefe da seção, Mary Agnes (Sue Carson), a aconselha a demorar bastante. A chefe, Amanda Farrow (Joan Crawford), "não chega aqui antes das 3:30".

CAROLINE: Não chega?
MARY AGNES: Claro que não, ela é executiva.
CAROLINE: Como é que ela consegue fazer o trabalho?
MARY AGNES: Executivos não trabalham. Quanto mais você sobe, menos trabalho tem.

Mas as amizades escondem divisões profundas no escritório, entre gerações e entre classes de pessoas. O presidente da Fabian Publishing Company, Fred Shalimar (Brian Aherne), fica na sala do canto; é um réptil remanescente da geração anterior, com mãos ágeis irrepreensíveis, uma névoa alcoólica embaçando o brilho de seus olhos azuis, e um afetado sotaque britânico que envolve sensualmente sua pronúncia do nome Eugene O'Neill – um conhecido que ele menciona constantemente para convencer (sem sucesso) as funcionárias mais jovens a "se divertirem um pouquinho". Sua contraparte é a editora, na figura de uma pétrea Joan Crawford, de sobrancelhas escurecidas e arqueadas como asas de condor. Ela é exigente e desumana, e cada uma de suas duras palavras traz as cicatrizes de uma história não falada da batalha para alcançar a posição de editora num ambiente hostil. O amigo de Caroline na empresa, o editor Mike Rice (Stephen Boyd), beberrão irlandês-americano, a adverte contra a ambição: chegar à posição de editora fará dela "uma mulher cruel, autoritária e calculista" como Farrow.

Mas o destino de Caroline é diferente. Ela tem a aura de uma eleita. Em vez de se formar na faculdade de comércio, como as outras estenógrafas, ela tinha estudado na prestigiosa Radcliffe. Suas amigas estão procurando emprego em outro lugar ou têm origem provinciana; elas não entendem a cidade e os homens que as perseguem. Instintivamente, Caroline leva trabalho para fazer em casa. Quando o namorado, que mora longe, a troca por outra, ela se dedica de corpo e alma à carreira. Ela se submete ao impulso de ser "mulher da organização" apenas para fazer o jogo da empresa, mas recomenda manuscritos recusados por Farrow. Em breve, é promovida a leitora, e depois, a editora. "Por que você quer esse cargo?", Farrow lhe pergunta. "Porque foi para isso que frequentei a faculdade", ela responde, "foi para isso que trabalhei. Significa tudo para mim." Farrow, por sua vez, tenta retomar sua vida amorosa, em vão. O filme dá a entender que, para a geração dela, é tarde demais. Mas no final Caroline não só tem uma carreira bem-sucedida, como acaba envolvida com Mike Rice, o homem do escritório. A insinuação mais forte não é a possibilidade de coexistência de trabalho e vida amorosa; é que só podem coexistir quando a vida amorosa está no escritório – é o que significa ter o melhor de tudo, *"the best of everything"*.

Um enredo mais cru sobre o tema está em *Se meu apartamento falasse* (1960), filme de Hollywood cuja profundidade de percepção e o retrato sombrio do local de trabalho podem ter feito desse o melhor filme sobre escritório de todos os tempos. Destrói todas as crenças tolas sobre a respeitabilidade da classe média, ao mesmo tempo em que se aprofunda na ideia de que os escritórios eram cheios de mulheres solteiras reprimidas e homens casados amorais. O solteiro C. C. Baxter (Jack Lemmon) ocupa a escrivaninha número 861, bem no centro do setor de contabilidade, exageradamente grande, numa companhia de seguros. A tomada de cena que o localiza é um clássico do filme de escritório – desde a cena de abertura em *A turba*, com o mar de escrivaninhas, até o *Como enlouquecer seu chefe*, com o mar de cubículos. Sua insegurança e sua inata falta de sorte com as mulheres atraem simpatia para o personagem. Baxter é um tipo bem-mandado, que empresta seu apartamento para os chefes casados terem encontros com estenógrafas e telefonistas solteiras depois do expediente. A ideia geral é uma brincadeira sobre a meritocracia no escritório: embora Baxter nada faça de especial para ser promovido, sua solicitude com a vida sexual de seus superiores o eleva rapidamente aos mais altos escalões. As pessoas usam um jargão ("Você é material executivo!") para descrever ações que não têm nada a ver com o trabalho. "Dei uma palavrinha com Sheldrake [o presidente da companhia], recomendando você", diz Al Kirkeby (David Lewis), um diretor de nível médio, frequentador do apartamento. "Estamos sempre de olho em jovens executivos. Você está subindo, garotão!" Quando Baxter tem a primeira promoção, o funcionário na escrivaninha ao lado grita: "Qual é, Baxter, está sendo promovido ou demitido?... Trabalho aqui há duas vezes mais tempo que você!" A antiguidade na empresa não significa nada. O que conta é o mérito – com todas as suas fontes duvidosas. Enquanto isso, a ascensorista Fran Kubelik (Shirley MacLaine), de classe inferior – e por quem Baxter tem muita atração –, sobe e desce fisicamente o dia inteiro e está tendo um caso com Sheldrake, o presidente da companhia, mas sabe muito bem que não vai sair dali.

Se meu apartamento falasse imagina o escritório exalando sexo; porém, mais como uma fraternidade grotesca do que como o harém de *Sex and the Office*, com homens comendo com os olhos as garotas novas e beliscando rotineiramente as secretárias na saída do elevador. A festa de Natal, fiel à lenda, se torna uma farra de enormes bebedeiras e agarramentos, extremamente desagradável. O sexo é totalmente ligado à hierarquia. As estenógrafas e telefonistas dormem com os chefes a portas fechadas, mas inferiores como Baxter não têm a menor chance.

C. C. Baxter (Jack Lemmon) é promovido em *Se meu apartamento falasse* (1960).
Photofest

À medida que ele galga posições, testa sua nova autoridade apostando no carisma sexual, tentando obter os favores de Fran. Ele a convida para a festa de Natal e à sua sala para falar sobre o trabalho dela:

KUBELIK: Acho melhor eu voltar ao elevador, ou serei demitida.
BAXTER: Não precisa se preocupar, eu tenho um bocado de influência com o pessoal. (*Toma um drinque.*) Você conhece o sr. Sheldrake?
KUBELIK: (*Cautelosamente.*) Por quê?
BAXTER: Ele e eu somos assim. (*Esfregando um dedo no outro.*)... Acho que posso dar uma palavrinha com o sr. Sheldrake, arrumar uma promoçãozinha para você. Que tal ser *coordenadora* dos elevadores?
KUBELIK: Acho que há muitas garotas com mais tempo de empresa que eu.
BAXTER: Sem *problema*! Vamos conversar sobre isso nos feriados?

Fran acha Baxter bonitinho e charmoso, mas somente quando Sheldrake a humilha completamente (ao lhe dar dinheiro de presente de Natal), ela começa a pensar nas propostas inocentes dele. No final, Fran parece acabar junto com Baxter, mas não se trata, em nenhum momento, de uma inversão da hierarquia. Apenas duas pessoas, entre milhares no edifício, são salvas.

O sucesso de Helen Gurley Brown, de fato muito grande, foi ver um modo de compor um lugar de liberdade para as secretárias no que estava destinado a ser, tanto quanto Brown podia enxergar, um ambiente de desigualdades. Na brilhante assertividade de sua prosa – à sua maneira tipicamente precisa e irritante, que ela chamava de "pipi-cocô" – todas as ansiedades dos velhos manuais desaparecem. Não havia problema em ter boa aparência e ser levada a sério profissionalmente, em ser agressivamente feminina e se sustentar: "Num mundo ideal, podemos avançar e subir apenas usando o cérebro e o talento, mas, como o mundo é imperfeito, um pouco de escuta atenta, risadas, rebolado, sorrisos, piscadelas, flertes e desmaios são exigências para a promoção, e sair do setor de expedição."[68] E se ficar estagnada como secretária? "O trabalho de secretária não é tão mau para se ficar 'estagnada', afinal. Secretárias executivas ficam perto de alguns dos homens mais brilhantes do mundo, e levam uma vida ótima."[69] E bajular o chefe? É uma boa ideia, ela diz. "Se você insinuar que a arquivista mais bonita tem uma paixão secreta por ele, sua participação nos lucros pode ser muito boa na época do Natal."[70] A forma sardônica de Brown falar das dificuldades do escritório estimulava algumas leitoras e irritava outras. Ela tendia a satirizar e ao mesmo tempo apresentar justificativas indulgentes: por exemplo, provocando executivos por serem inseguros e carentes de elogios, e dizendo às mulheres que fossem em frente e os elogiassem. Trabalhar é ótimo, e sexo é ótimo – *ergo*, Brown conclui, "ser ótima num ótimo trabalho é sexy".[71] Tudo podia ser resolvido num banho quente de malícia e duplo sentido sobre o trabalho. Quanto a políticas de escritório, Brown dizia, "abstinência não vai garantir seu emprego".

No final, havia uma estratégia subjacente a tudo isso. Brown sabia que um emprego no escritório era difícil de conseguir e fácil de perder, especialmente para as mulheres, que não só ganhavam menos como tinham menos poder. A única maneira de obter esse poder era revirar tudo para o lado positivo. Isso incluía dizer sim a propostas dos homens. Ser capaz de dizer sim, convicta e radiante, era o único modo de também poder dizer não (com calma, sem ferir o orgulho do homem). Embora Brown reconhecesse o abismo de poder entre homens e mulheres, ela acreditava que as mulheres deviam agarrar todo poder que conseguissem – e isso significava ter capacidade de manter total controle sobre sua sexualidade e, se possível, sobre seu emprego. Em retrospecto, muito do que Brown apregoava pode parecer ingenuidade ou temeridade – expondo de tal maneira o que se vê facilmente como assédio ou impotência. Mas foi a essa impotência que ela estava determinada a não ceder. Dentro, é claro, das regras do jogo.

CAPÍTULO 6

PLANOS ABERTOS

O homem das cavernas, sem dúvida, gostava de encontrar uma boa caverna mas se posicionava na entrada, olhando para fora. Proteger as costas e saber o que se passa lá fora é uma boa regra de sobrevivência. É também uma boa regra de sobrevivência no escritório.
– ROBERT PROPST, The Office: A Facility Based on Change[1]

No filme *Playtime – Tempo de diversão* (1967), do cineasta francês Jacques Tati, o herói chaplinesco Monsieur Hulot, mais ou menos mudo – estereótipo do gaulês de nariz comprido, vestindo sobretudo –, se encontra numa missão anônima numa Paris futurista, de modernos arranha-céus e ruas largas. Inteiramente construída em cenários, a cidade é o sonho de Le Corbusier realizado: uma *ville radieuse* de puro planejamento racional, com todos os detalhes mapeados antecipadamente, onde nada deve dar errado. A velha Paris, simbolizada pela Torre Eiffel, fica espiando em segundo plano, refletida nas vidraças das fachadas e nas grandes portas transparentes que se abrem para os espaçosos saguões dos prédios modernos. O filme se arrasta no tempo que leva para atravessar as enormes distâncias no interior dos edifícios, enfatizando o tempo vazio e homogêneo do futuro zelosamente burocrático. Enquanto Hulot descobre que leva uma eternidade para ir de um lado a outro do edifício, ou para subir do térreo ao topo pelo elevador, a mensagem é de uma civilização que mudou depressa demais, cresceu demais, para que seus pobres habitantes a entendessem. Hulot se perde e se confunde todo o tempo. A eletricidade nos reluzentes restaurantes modernos falha a toda hora, a arquitetura nova em folha é malfeita e despenca com facilidade.

A assustadora imagem presciente do futuro, de Jacques Tati, em *Playtime – Tempo de diversão* (1967). *Photofest*

Há uma cena que, para os espectadores modernos, parece uma alucinação: ao subir pela escada rolante de um prédio de escritórios, ele se encontra acima de um amplo espaço aberto, onde funcionários de terno estão trabalhando dentro de caixas quadradas isoladas. Tati fica parado ali para transmitir o absurdo e o calmo horror daquilo. No futuro – ele parece dizer – não haverá mais escritórios. Vamos todos trabalhar dentro de caixas em forma de cubos, escondidos dos outros e de nós mesmos.

□

Em 1958, a Herman Miller Company contratou Robert Propst, professor de arte na Universidade do Colorado, para chefiar o novo setor de pesquisa. A empresa queria ampliar sua área tradicional de atuação, de design de móveis de escritório para ramos até então intocados pelos designers – agricultura, hospitais, escolas – e Propst parecia ser o candidato ideal. Embora recatado acadêmico das artes, Propst era na verdade um intelectual autônomo, exuberante, quase maníaco em suas criações, além de escultor e teórico. Intrépido oriundo do Oeste, de cabelos cor de areia, ele chegou a Herman Miller com patentes de equipamentos para playground, peças de avião, válvulas cardíacas, máquinas para extração de madeira e para marcação de gado.[2] No entanto, Propst não tinha formação em design. Isso parece ter sido um ponto positivo. Livre das preocupações tradicionais dos designers, ele podia explorar os problemas em maior profundidade e encontrar soluções concretas. Os executivos da Herman Miller acharam que a mente polimática de Propst ajudaria a conduzir a empresa a novos rumos.

Trabalhar com Propst era "fascinante", disse Bill Stumpf, um dos principais designers da Herman Miller. "Em uma hora, ele reinventava o mundo. Sua mente explodia como fogos de artifício."[3] A alma inquisitiva de Propst estava acoplada a – ou alimentada por – um perpétuo descontentamento com o ambiente. Às vezes isso se traduzia em descontentamento com quem quer que discordasse dele. "Quem não concordava com suas ideias ou forma de pensar via que seu relacionamento pessoal com ele estava mudado", disse Tom Pratt, outro associado da Herman Miller. "Ele achava que o jeito dele era o certo, e geralmente tinha razão."[4] Muitas pessoas que trabalharam com Propst atestaram sua impaciência com o estado das coisas e seu desejo irreprimível de consertá-las. Na busca de soluções para projetos, ele sempre partia da premissa de que os seres humanos estavam administrando mal o mundo que haviam construído – e que, de fato, tinham feito tudo errado. Um mínimo de pesquisa empírica, que poucos se davam ao trabalho de fazer, naturalmente confirmaria sua hipótese. Nas lendas em torno de Propst, um ótimo exemplo é citado constantemente. No começo da carreira, enquanto pesquisador da Herman Miller, Propst teve um problema de deslocamento de disco na coluna e ficou hospitalizado durante várias semanas. Passou imediatamente a observar a ineficiência dos cuidados hospitalares. Uma enfermeira reportou a um administrador que um paciente estava escrevendo páginas e páginas de anotações. Quando o administrador foi falar com ele sobre essa atividade, Propst lhe mostrou um caderno com exaustivos estudos sobre desperdício de energia, perda de tempo e movimentos inúteis que ele observava. Anos depois, Propst concretizou suas percepções, criando um sistema modular de armários, bandejas e mobiliário médico-hospitalar – Co/Struc – de fácil execução, mobilidade e desmontagem, que veio a ser adotado por hospitais de toda parte.

Apesar de incursões em outras áreas, como a do atendimento médico, Propst retornava obsessivamente à área da qual Herman Miller tentava sair: o escritório. Propst "começou imediatamente a nos inundar de ideias, conceitos e esboços, da agricultura à medicina", disse Hugh De Pree, presidente da Herman Miller na época, a John Berry, historiador da companhia de design. "Mas é interessante que, apesar de nosso desejo mútuo de explorar outros campos, o primeiro projeto a atrair sua incessante atenção foi o escritório."[5] Interessante, talvez, mas não era de surpreender. Ao se transferir da arte e da academia para a vida corporativa, Propst simplesmente descobriu o que milhões de outros sem-

Robert Propst trabalhando. *Cortesia de Herman Miller*

pre descobriram – que quem trabalha em escritório dedica muito tempo a pensar no arranjo físico do local.

Propst instalou seu campo de pesquisa num pequeno prédio em Ann Arbor, Michigan. A base da Herman Miller ficava na face leste do lago Michigan, em Zeeland, uma aldeia acanhada, fundada por descendentes de holandeses. Propst achou o ar de bacharelado de Ann Arbor mais propício a suas ideias, proporcionando-lhe contato com maior variedade de pesquisadores pós-graduados. Livre das disposições e do mobiliário exigidos pela indústria do escritório, Propst tinha uma relativa autonomia para criar seu próprio espaço de trabalho. Incomodado logo de início com a linha tradicional da escrivaninha, apenas um tampo plano, ele criou uma série de "*workstations*", inclusive uma bancada para se trabalhar em pé e prateleiras oblíquas à parede, para que revistas e outros materiais de referência estivessem sempre à mão. Observando que o material arquivado criava um problema de "se ninguém vê, ninguém lembra", ele criou escaninhos abertos e um sistema de código de cores indicativas das tarefas a cada momento. Em vez de se submeter à monotonia sedentária do trabalho comum em escritório, Propst estava sempre em movimento, andando de uma área de trabalho a outra, trabalhando em pé ou sentado. Essa atividade o fazia se sentir mais produtivo, alerta, vital.

Ao mesmo tempo, lia vorazmente publicações de sociologia e ciências comportamentais. Era começo dos anos 1960, quando despontava uma nova atitude sobre o homem e suas relações com o ambiente. Ouvia-se a voz de Norbert Wiener, o influente fundador da cibernética, dizendo que a tecnologia tinha o potencial de assumir características humanas e se tornar uma extensão do homem. Marshall McLuhan trazia argumentos análogos a respeito da mídia. Uma influência especial foi do antropólogo Edward T. Hall. Seu livro *A linguagem silenciosa* (1959) enfoca as variedades de entendimento não verbal existentes nas culturas do mundo, inclusive o entendimento do espaço. "Literalmente, milhares de experiências nos ensinam, inconscientemente, que o espaço comunica", ele escreveu. "No entanto, esse fato provavelmente nunca teria chegado ao nível da consciência se não entendêssemos que o espaço é organizado de maneira diferente em cada cultura."[6] A esse livro se seguiu outro, focalizando explicitamente as atitudes com relação ao espaço, *A dimensão oculta*, que causou enorme fascinação em arquitetos, designers, e projetistas de todo tipo. Numa discussão sinuosa e gradual sobre o "espaço social e individual e a percepção do homem sobre isso", Hall cunhou um termo para seu ramo de estudos: "proxêmica". É um campo nascido de seu argumento de que *"o homem e seu ambiente participam da modelagem um do outro. O homem está agora em posição de realmente criar o mundo total em que vive... um pensamento assustador em vista de quão pouco se sabe sobre o homem"*.[7] Hall se dirigia aos norte-americanos que sentiam a agressão a suas cidades causada pela renovação urbana e seu acalorado mergulho no caldeirão da integração racial. Mas Hall mostrava que o drama de uma civilização esquecida do próprio entendimento de suas imediações também estava presente na banal instalação do escritório, dado que a negligência ao ambiente era cada vez mais comum nos espaços que menos importavam às pessoas, como o local de trabalho. Baseando-se em mais de cem entrevistas, Hall revelou que o escritório tinha três "zonas ocultas", que muitos projetistas tendiam a ignorar:

1. A área imediata de trabalho, da mesa e da cadeira.
2. Uma série de pontos ao alcance da mão fora da área acima mencionada.
3. Espaços marcados como o limite alcançado quando alguém empurra a cadeira a uma pequena distância da mesa, sem precisar se levantar.[8]

W. H. Leffingwell, discípulo de Taylor, havia estudado minúcias semelhantes na vida do escritório. Contudo, sua reação foi racionalizar as ineficiências no uso indiscriminado de espaços. Na visão de Hall, porém, o uso "ineficiente" do espaço parece menos um mau hábito e mais a expressão de uma necessidade humana – ou de uma dimensão tácita pertinente a um conhecimento dos funcionários, que não pode ser nem reproduzida nem erradicada.

Era esse tipo de material que arrebatava um homem como Propst. Intelectual irrequieto e sem uma profissão regulamentada, ele devorava essas ideias, passeando livremente pelos mundos da antropologia, sociologia e psicologia social, impelido pela curiosidade. No entanto, como designer *manqué*, passou a imaginar também aplicações práticas ao escritório. Para ele, a linguagem do escritório e a linguagem da ciência social eram contíguas. Propst fez viagens de pesquisa, entrevistando trabalhadores, médicos, psicólogos e acadêmicos da área de relações industriais. Eles confirmaram as percepções adquiridas e desenvolvidas em seu próprio escritório: a importância de atividade física equilibrada, a necessidade de um ambiente propício à concentração no trabalho, a função prática do estímulo visual e um espaço aberto. Gradualmente, Propst foi percebendo a necessidade de um novo modo de trabalhar, mais sensível aos múltiplos tipos de reação das pessoas ao espaço. Criou protótipos de mesas altas com tampo de abrir e fechar para quem precisa trabalhar em pé, arquivos expostos e codificados por cores, postos de trabalho para comunicações e uma mesa baixa de apoio para mostruários. A cada entrevistado foram feitas 25 perguntas básicas sobre o espaço de trabalho: "Você se sente amarrado à mesa e muito sedentário?", "Você fica por fora de informações importantes?", e o principal: "Seu escritório é adaptável a mudanças?".

Nessas primeiras tentativas, amadorísticas, para definir um melhor ambiente de trabalho, vemos Propst desenvolvendo os rudimentos do que viria a ser chamado de "ergonomia" (do grego, algo como "leis que regem as condições de trabalho"). O que desde então se tornou um discurso banal sobre apoio para a coluna lombar teve início com pessoas como Propst procurando entender a relação entre o ser humano e o ambiente – a própria natureza de como alguém trabalha. E é importante notar que Propst estava preocupado especificamente com o trabalho em *escritório*, que ele considerava uma forma singular de atividade. Desde que os tayloristas haviam ratificado a ordem mecânica que via o trabalho em escritório muito semelhante ao trabalho nas fábricas, quase ninguém se dispusera a empreender um exame holístico do escritório como algo fundamentalmente diferente. Apesar de o escritório gozar do privilégio de um status associado a colarinhos brancos e bons ambientes, os projetistas ainda precisavam acrescentar um sistema – um layout, um planejamento – que de fato tornasse o trabalho em si mais fácil e produtivo. Propst foi um dos primeiros a dizer que o trabalho em escritório era mental, e que esse trabalho mental estava ligado ao aprimoramento ambiental dos recursos físicos das pessoas. Mudar uma escrivaninha era mudar todo um jeito de ser no mundo. Como declarou George Nelson, um dos mais ilustres designers da Herman Miller, em tom altissonante: "O Senhor jamais desejou que o homem ficasse imobilizado numa única posição... Isso não são escrivaninhas e armários de arquivos. Isso é um modo de vida." O design de escritórios estava adquirindo vida própria.

□

Desnecessário dizer que os anos 1960 viram profundas transformações nas relações e na cultura das sociedades do mundo inteiro. Mas seria um erro considerar essas tendências generalizadamente hostis aos negócios e aos ternos cinzentos do mundo do escritório. Como diz Thomas Frank em seu livro *The Conquest of Cool*, os negócios – especialmente as artes humanas, como a área da publicidade, a teoria da administração e as relações públicas – aderiram febrilmente ao espírito do individualismo que permeava a nascente contracultura. Os negócios não só aceitaram a contracultura, mas antecipavam muitas dessas mudanças, incorporando, e de fato propagando, várias de suas correntes. A velha obsessão com a conformidade e a burocracia era algo interno ao próprio mundo dos negócios. O interesse na individualidade também. Tanto os membros do Students for a Democratic Society como os gerentes intermediários eram leitores ávidos de *The Lonely Crowd*. E não esqueçamos que *The Organization Man* foi escrito por um editor da revista *Fortune*. Trazendo apenas eventualmente alguma acusação à sociedade, foi especificamente um incentivo aos líderes do empresariado para construir locais de trabalho criativos, que parassem de produzir os tão detestados robôs conformistas de Whyte e estimulassem a individualidade.[9]

O livro *The Human Side of Enterprise*, escrito pelo guru da administração Douglas McGregor em 1960, foi o mais famoso dos novos guias "espirituais" da vida corporativa. McGregor parecia estar falando ao lado de figuras como Hall, querendo uma abordagem nova, baseada nas ciências sociais, da questão das necessidades e dos valores humanos.

"A liberdade administrativa para gerir foi sendo progressivamente cerceada em nossa sociedade no século passado", ele escreveu. "Uma abordagem desses problemas é considerar despropositadas todas as restrições à administração e lutar cegamente contra elas... A outra abordagem é se tornar mais sensível aos valores humanos e exercer o autocontrole por meio de um código ético, consciente e positivo."[10] Como todos os livros de sucesso nessa área até então, o de McGregor apresentava uma "teoria" inovadora, condensada em uma forma simples, facilmente utilizável – qualquer homem de negócios sem tempo para nada poderia apreendê-la dando uma olhada no sumário. Assim como tantos outros, McGregor se posicionava contra Frederick Taylor, que ele associava à versão "Teoria X" da administração. A Teoria X era hierárquica, envolvia coerção, manipulação e supervisão; partia do princípio de que homens e mulheres tinham uma inclinação natural contra o trabalho. Portanto, era prerrogativa da administração controlar, direcionar e ameaçar os empregados para que trabalhassem. O teste de personalidade, visto por Whyte como sinal de uma sociedade controladora, era alvo da censura de McGregor também, que o considerava uma invasão de privacidade: Por que os menores detalhes das preferências e atitudes sociais de uma pessoa deveriam ser acessíveis a uma empresa privada?

A alternativa era a "Teoria Y". Partia da ideia de que o prazer no trabalho era "tão natural quanto brincar ou descansar"[11], e que, portanto, a autonomia e o autocontrole eram seus correlatos necessários. O potencial intelectual de um empregado era enorme e apenas parcialmente utilizado na vida contemporânea: a administração precisava estar aberta para reconhecer a iniciativa de um principiante, encorajando-o sutilmente à consecução de suas metas individuais, em vez de aterrorizá-lo com o medo da disciplina. McGregor usou frases no estilo New Age, tiradas do psicólogo Abraham Maslow, para descrever a Teoria Y como "a satisfação da necessidade de autoestima" e de "autorrealização". Falou de participação, abertura, humanismo. Num ambiente já semeado de discussões francas sobre um rígido conformismo, o livro de McGregor foi amplamente aceito logo após seu lançamento. Foi um dos trabalhos mais discutidos e influentes dos anos 1960 – talvez o tratado de administração mais citado pelos próprios administradores.[12]

Mesmo tratados de administração como *Only the Paranoid Survive*, de Andy Grove, ex-CEO da Intel, que redescobriram o valor da coerção e brutalidade tayloristas, insistiam na necessidade de respeitar a individualidade do empregado. Poucos adotam o amável tom New Age de McGregor, mas ainda assim seguem seus passos – ou, como diz Frank, "o corpo inchado da recente literatura da administração parece um longo tributo ao pensamento de McGregor, uma cadeia interminável de corolários da 'Teoria Y'".[13] De fato, McGregor foi o ponto culminante de duas décadas de teorias de relações humanas – ele estava entre os dissidentes da visão pessimista de Elton Mayo sobre o progresso industrial, mas que também viam a necessidade de uma intervenção psicológica.[14] E o crescimento das teorias de relações humanas estava ligado à implacável proporção de crescimento de funcionários de escritório em relação às equipes do setor de produção. Em vista do imenso número de funcionários, era impossível que todos fossem promovidos. As práticas de relações humanas tentavam fazer com que os funcionários obtivessem satisfação no próprio trabalho, e não numa possibilidade de promoção. Mostrou ser proveitoso também usar o conhecimento de relações humanas – a habilidade de manipulação astuciosa dos outros ou de "fazer amigos e influenciar pessoas", na frase de Dale Carnegie – para se elevar acima da burocracia do escritório.[15]

Certamente, o desenvolvimento do local de trabalho amigável, na Teoria Y-ista, tinha sido uma resposta mais direta à intranquilidade industrial gerada pelos sindicatos. Uma reação ao sucesso sindical nas manifestações do operariado nos anos 1920 e 1930 veio em forma do Taft-Hartley Act de 1947, colocando enormes barreiras legais contra greves e novas organizações. Mas o nível de sindicalizados atingiria o pico nos anos pós-guerra, com 35% dos empregados do setor privado filiados a sindicatos e a atividade grevista continuando a crescer: em média, um trabalhador norte-americano perdia 0,55 de um dia de trabalho em greves (comparado a 0,13 de um dia de trabalho na Inglaterra e apenas 0,04 de um dia na Alemanha). No entanto, os sindicatos enfrentavam um problema silencioso. Graças, em parte, à automação, sua base tradicional – o operário de fábrica – já não vinha aumentando no mesmo ritmo. O outro lado da força de trabalho não só estava aumentando mais rapidamente, mas superando estatisticamente o operariado. Por fim, em 1956, o Bureau of Labor Statistics registrou a virada da maré: havia pouco mais de 20 milhões de operários, ao passo que os colarinhos-brancos chegavam a quase 27 milhões. Em uma usina de força industrial como os Estados Unidos, era uma mudança relevante que tanto os sindicalistas como os empresários lutavam para dominar.

Para os sindicatos, aquilo era a manifestação de uma crise crescente, mas que custou a ser registrada. Num artigo para a *Harper's* em 1957, um representante sindical encarregado de aliciar os colarinhos-brancos afirmou francamente que sua tarefa era impossível e que os sindicatos que tentavam conquistá-los, a não ser que houvesse uma total reviravolta, estavam fadados ao fracasso. O autor – anônimo por medo de retaliação por parte de seus superiores – chegou a uma conclusão que muitos haviam se recusado a admitir, mas agora aceitavam: os colarinhos-brancos eram trabalhadores diferentes. Tinham um trabalho limpo, que não os obrigava a tomar banho no momento em que chegavam em casa. Acreditavam ardentemente no sonho americano da inexorável ascensão profissional. Preferiam a insegurança da promoção por mérito à segurança da ascensão por antiguidade. Os sindicatos prometiam acima de tudo a dignidade, que os colarinhos-brancos já afirmavam ter, graças ao prestígio da profissão, à rígida alvura de seus colarinhos. Muitos filhos de operários estavam se empregando em escritórios porque, tacitamente ou não, concordavam com isso.

Os funcionários de escritório acreditavam que seu trabalho exigia competências que poderiam levá-los aonde quer que fossem. Segundo o autor, as pessoas que trabalhavam com carvão ou aço viam sua atividade como algo vazio: eram mais inclinadas a falar sobre a indústria do que sobre o cargo que ocupavam. O funcionário médio, por sua vez, era identificado com a profissão – uma "estenógrafa", um "arquivista". E, se subisse de posição, era devido à sua competência naquela função em particular. "A mulher de colarinho-branco pensa em termos de sua capacidade, que ela pode levar consigo de emprego a emprego. Ela não caiu naquela função por acaso, por estar alinhada com um supervisor de pessoal. Ela tem alguma formação, talvez algum talento e investiu nisso. Ela tende a se preocupar tanto com sua contribuição para o trabalho quanto se preocupa com o montante do salário."[16] Ele conclui: "O Grande Sonho Americano ainda tem maior controle sobre os funcionários de colarinho-branco do que sobre os operários."

Havia também um clima ruim associado aos sindicatos. Publicamente, o mundo do trabalho organizado parecia recheado de conversas francas e greves agressivas. Esses métodos combativos eram contrários às artes sutis da política de escritório, onde prevaleciam a insinuação e o subterfúgio. Os sindicatos argumentavam que isso era apenas um sinal da profunda exploração dos colarinhos-brancos:

> Os funcionários de colarinho-branco são o grupo mais explorado em nossa economia. Amarrados a um salário fixo e não negociável, vítimas de todo aumento de preços (sem cláusula compensatória em seu benefício), sem uma voz política se elevando a seu favor, eles estão de fato "do lado onde a corda arrebenta". Mas como o arrendatário em *As vinhas da ira*, de Steinbeck, quem eles vão pôr na mira para atirar? Mr. Turner, chefe do Departamento de Contabilidade, que sempre chega mal-humorado? Os aceiros, que conseguem bons aumentos de salário para seus sindicalizados e assim – segundo os executivos da área – obrigam a subir os preços? Os políticos, que nunca cumprem as promessas? A companhia na qual trabalham?
>
> Não. Em vez de matar os executivos ou entrar para um sindicato, eles se submetem e vivem de esperanças.[17]

A principal preocupação dos sindicalistas era se os sindicatos poderiam realmente cumprir seu objetivo de arregimentar os colarinhos-brancos. Mas para nós, em retrospecto – e sabendo dos resultados não muito felizes do trabalho sindical –, a questão é mais profunda: como os funcionários de escritório se consideravam? Para C. Wright Mills, como sabemos, a nova classe média era de uma *mediocridade* irremediável, insuperável: não tinha condição de desenvolver um perfil diferenciado ou uma forma de agência política, e simplesmente seguia a força política que parecia estar ganhando. Pesquisas subsequentes das atitudes de funcionários pareciam confirmar esse nível mediano. Num estudo de 1962, pediram a funcionários de escritório que avaliassem sua percepção dos diretores de alto nível, dos trabalhadores industriais de nível médio e de si mesmos. Em todos os casos, os funcionários se consideraram diferentes das outras duas categorias, mas tendendo a avaliar muito favoravelmente os diretores em comparação a si mesmos; os operários com as mesmas características – "dignos de confiança", "conscienciosos no trabalho" e "confiáveis" – receberam a avaliação mais baixa.[18] Portanto, os funcionários se sentiam muito diferenciados dos operários "abaixo", e não tão diferenciados dos diretores "acima".

Na opinião dos sindicalistas, no entanto, naquele momento surgia uma voz diferente, a voz do funcionário de escritório que se via possuidor de uma competência particular, de um certo tipo de saber que lhe garantia mobilidade na profissão. Eram figuras que se viam, não amarradas a uma organização, como sugeriu Whyte, mas detentoras de poder, agilidade, capacidade de mudar de um lugar para outro. Não tendiam a responder a uma injunção das relações humanas no sentido de se consolar com as satisfações inerentes ao emprego. Pelo contrário, queriam organizações que respondessem às suas pretensões de talento. O que buscavam era *meritocracia*.

O entendimento que uma porção de funcionários, pequena, mas expressiva, tinha de si mesma não correspondia à hierarquia administrativa estabelecida em outras épocas. Da esquerda para a direita – de sindicalista a professor de administração –, uma nova concepção do funcionário de escritório surgia no horizonte.

□

A tarefa de descrever esse novo tipo de trabalhador – quase invariavelmente chamado de "trabalhador do conhecimento" – vem consumindo sociólogos, acadêmicos e teóricos de gestão por duas gerações. Entre os próprios administradores, a tarefa de propagandear a favor do trabalhador do conhecimento recaiu sobre o mais renomado teórico da administração do século, o emigrante austríaco Peter Drucker, que contribuiu para cunhar o termo. Ele fazia parte da grande onda de austríacos conservadores – Friedrich Hayek, Joseph Schumpeter, Ludwig von Mises, sir Karl Popper – que deixaram o país quando os alemães completaram a *Anschluss*. A crise de 1930 teve uma influência definitiva, tanto sobre Drucker como sobre todos esses outros.

O carismático e culto Drucker se inseriu em corporações norte-americanas como consultor e em universidades norte-americanas como palestrante. Sua postura notavelmente civilizada, combinada a luxuriantes cabelos negros cortados curtos (mais tarde, sua implacável calvície seria igualmente imponente), fazia dele uma presença ao mesmo tempo ameaçadora e sedutora. Produziu uma carrada de livros, com títulos despudoradamente portentosos – *The New Society, The Age of Discontinuity* – que exigiam a atenção de CEOs. Seu estilo literário era ousadamente aforismático, pleno de pronunciamentos vaticinadores sobre o futuro do homem, emitidos com um tom de autoridade que nenhum guru da administração norte-americano seria capaz de produzir. Para empresários que não conheciam filosofia, Drucker era o filósofo. Sua manifesta inteligência dava brilho à monocromática linguagem do empresariado. Ao discutir a estrutura de organizações e corporações, ele se movia com relativa tranquilidade entre um impressionante número de disciplinas (ciências sociais, história, economia) e, assim como seus compatriotas austríacos, discorria confortavelmente sobre épocas e continentes, enquanto a maioria dos norte-americanos mofava na retórica pseudo-espiritual da "autorrealização". No mundo corporativo brutalmente invasor dos anos 1980 e 1990, já idoso, Drucker rebateu críticas contra a desigualdade social; adquiriu uma reputação santificada entre executivos que antes obviamente o ignoravam. Hoje, quando suas esperanças de uma classe administrativa moral se afogaram na maré inclemente da globalização, os *aperçus* de Drucker são frases de calendários e livros de citações. Barack Obama citou-o como seu autor favorito.

Assim como McGregor, Drucker foi uma figura que, inadvertidamente, harmonizou os impulsos da nascente contracultura e o mundo dos negócios visivelmente saturado. Apesar de dificilmente ser considerado adepto da contracultura, anos mais tarde seus conceitos se mostraram úteis aos que desejavam tornar o escritório mais hospitaleiro para o mundo selvagem fora dele. No decurso dos anos 1960, Drucker veio a explanar um dos conceitos que o levariam à fama: a ideia de que vinha crescendo um grupo de trabalhadores que era central para a economia. Eram empregados de classe média que jamais se identificariam com o "proletariado", nem com o empresariado. Eram técnicos e profissionais que controlavam o que Drucker acreditava estar se tornando o mais importante de todos os recursos: o saber. Ao chamá-los de "trabalhadores do conhecimento" – termo cunhado por ele em 1962 ao mesmo tempo que por outro teórico social, Fritz Machlup, mas independentemente dele –, Drucker os via assumindo um papel histórico na construção de uma sociedade responsável.

Na visão de Drucker, o que estava mudando era a crescente necessidade de aplicar o conhecimento ao trabalho. O saber como tal, no sentido intelectual, era diferente. As fórmulas matemáticas e teoremas existentes nos livros eram uma forma de conhecimento útil para a história intelectual, mas a matemática aplicada a, digamos, um programa espacial era "trabalho do conhecimento". Assim também a propaganda e o marketing, além de várias outras profissões novas, exigiam essa atividade mental do trabalhador, aplicando o que sabiam de várias disciplinas à técnica de persuasão de massas. Uma coisa era ser especialista em Freud ou Newton numa universidade; outra coisa era usar insights de Freud para vender escovas de dente ou Newton para construir um míssil balístico capaz de atingir a União Soviética.

O próprio trabalho do conhecimento teve origem numa mudança histórica que Drucker, como tantos outros, atribuiu a Frederick Taylor. Mas sua versão da história foi marcada por uma elisão curiosa e útil. No relato de Drucker, Taylor chegou a um mundo do trabalho que se caracterizava por atividades repetitivas, que não exigiam pensar. Dependiam mais de determinação que de planejamento: o trabalhador tinha que trabalhar *mais* e não "melhor". Isso até a chegada de Taylor, ou seja: "Taylor, pela primeira vez na história, entendeu que o trabalho merecia a atenção de um homem instruído."[19] Drucker dizia que o trabalho alienado nas fábricas, realizado por homens não qualificados, provinha quase inteiramente do retrato que Taylor pintava deles – e da consequente atitude de complacência quanto à sua capacidade de planejamento e organização. Na verdade, não era bem assim. Antes de Taylor, o trabalho já era organizado por equipes de empregados de fábricas que, em grande parte, tinham controle sobre suas funções. O conhecimento aplicado ao trabalho era muito mais de natureza "tácita", definido entre os próprios empregados e desenvolvido muito mais por meio de uma linguagem silenciosa ou de códigos do que "explícita" (para usar uma famosa definição do sociólogo Michael Polanyi). O que Taylor queria em especial – de fato, o que constituía o sinal de sua obsessão – era extrair esse conhecimento tácito dos trabalhadores e transportá-lo para outro grupo de pessoas, os "engenheiros industriais". Drucker dizia que eles eram "o protótipo de todos os 'trabalhadores do conhecimento modernos'" – numa suposição plausível, mas que extirpava a tremenda quantidade de conhecimento que já existia no processo do trabalho.[20] (Taylor lamentava que, após serem ensinados a fazer "da melhor maneira", os empregados tinham a teimosia de voltar a usar seus próprios métodos de trabalho.)[21] Foi uma ficção útil, e muito comum, que contribuiu para consagrar uma nova classe de técnicos e profissionais como senhores numa sociedade cada vez mais progressista e dependente da aplicação do saber ao trabalho. Drucker afirmava que o trabalhador do conhecimento não era simplesmente um profissional autônomo, mas o "sucessor do empregado de ontem, o trabalhador braçal, qualificado ou não".

Teóricos sociais de toda parte tendiam a concordar que o mercado de trabalho nos Estados Unidos estava mudando drasticamente, tornando-se menos concentrado em manufatura e mais focado em bens e serviços – a primeira obra monumental sobre a época foi *The Coming of Post-Industrial Society*, do sociólogo Daniel Bell, em 1973 –, mas Drucker foi o primeiro a dar a essa era um herói, alguns anos após seu compatriota Schumpeter, vendo burocracia por todo lado, ter exigido um herói. A explicação de Drucker para a ascensão do trabalhador do conhecimento nos anos 1950 e 1960 ainda é impressionante. Em vez de acreditar na mudança do trabalho em si, ele achava que o aumento de vida útil do trabalhador estava mudando a oferta de emprego e, portanto, mudando os tipos de empregos disponíveis. A pessoa podia se imaginar trabalhando durante mais tempo na vida, e assim não precisava abandonar a escola, nem deixar de cursar uma universidade, a fim de entrar para o mercado de trabalho. Para ocupar uma mesa na equipe de estenografia, ninguém *precisava* de um curso completo; nem a álgebra, nem a história da guerra de 1812 iriam ter serventia no trabalho. Uma espécie de inflação educativa, porém, não tardou a fazer do ensino médio completo um requisito, assim como hoje um diploma universitário é exigido para praticamente qualquer emprego em escritório. As funções não se tornaram mais complexas, mas os indivíduos trabalhando lá, sim. Em outras palavras, "trabalhador do conhecimento" foi o nome dado a um empregado de escritório com excelente nível de conhecimentos, cuja capacidade excedia em muito as exigências de seu cargo. "Eles esperam ser considerados 'intelectuais'", escreve Drucker, "e descobrem que são apenas o 'pessoal'."[22] A explicação de Drucker, em outras palavras, era do lado da oferta e não do lado da procura: uma parte maior da população instruída estava preparada para – e de fato desejava – tipos de trabalho diferentes dos anteriores. Cabia ao local de trabalho se adaptar, Drucker concluiu. Isso significava administrar os trabalhadores do conhecimento a fim de arrancar deles um melhor desempenho: eles iriam corresponder às exigências do saber, e não às demandas de um chefe, uma autoridade arbitrária. A medida da produtividade seria *excelência*, e não rendimento. Isso, por sua vez, significava que o local de trabalho precisava se basear mais no desempenho, menos na hierarquia, e estar mais aberto às ideias dos empregados. Além disso, precisava mudar de forma: Drucker enaltecia a atmosfera de "campus" de empresas como Bell Labs e Connecticut General como condutoras do trabalho do conhecimento.[23]

No entanto, sua concepção de "trabalho do conhecimento" era quase inevitavelmente vaga, baseada num argumento mais propagandístico que analítico. Parecia responder a uma necessidade sentida, uma sensação de ansiedade na própria força de trabalho, e não a uma mudança nos tipos de trabalho efetuados. Tal como William H. Whyte e funcionários como Alan Harrington haviam nomeado a doença – burocracia –, Peter Drucker nomeou a cura ainda longe de acontecer. Mesmo os autores mais empiricamente motivados tinham dificuldade para definir as fronteiras do trabalho do conhecimento, cujas características resistiam à catalogação. Apesar disso, o termo se alastrou como uma epidemia entre os teóricos da administração, sugerindo que o trabalho do conhecimento era como pornografia: basta ver para saber o que é. Fritz

Machlup, cujo livro *The Production and Distribution of Knowledge in the United States* tinha sido lançado à época das primeiras incursões de Drucker na teoria social, tentou medir o real valor do conhecimento. Assim como Drucker, Machlup era um imigrado austríaco que havia estudado com Hayek e Von Mises, e afirmava que "uma sucessão de ocupações... primeiro burocráticas, depois administrativas e gerenciais, e agora de pessoal técnico e profissional" estava conduzindo "um movimento contínuo, do manual para o mental, e de um trabalho menos [especializado] para um mais altamente especializado".[24] Em sua avaliação, porém, Machlup era totalmente includente. Para ele, trabalhadores do conhecimento eram "todas as pessoas cujo trabalho consistia em delegar, negociar, planejar, dirigir, ler, anotar, escrever, desenhar, fazer plantas, calcular, ditar, telefonar, perfurar cartões, datilografar, usar gravador, verificar, e muitas outras funções".[25] Em suma, trabalho de escritório. Naturalmente, quando estimou o valor desse trabalho, ele o considerou o setor de maior crescimento na economia.

Machlup foi mais generoso que Drucker. Para ele, até as tarefas mais mecânicas dos colarinhos-brancos faziam parte do trabalho do conhecimento. Drucker e outros viam os trabalhadores do conhecimento como uma fração específica da força de trabalho, os eleitos do empresariado dentro da máquina burocrática do escritório, as pessoas que analisavam e julgavam, e não as que seguiam ordens. Contudo, já que todo tipo de trabalho num escritório podia ser classificado de "mental" (como Machlup intuiu corretamente), era inútil tentar identificar precisamente qual era o trabalho de conhecimento, e foi muito mais fácil fazer disso um clichê.

A esse respeito, é melhor pensar no trabalho do conhecimento como o nome de um desejo, ou de uma esperança, e não como um atributo real do local de trabalho. Os tênues contornos do trabalho do conhecimento seriam cada vez mais salientados por projetistas e gurus da administração seguidores dos passos confiantes (embora evanescentes) de Drucker. Cada teórico entendia a ideia de um modo diferente, acrescentando algo a seus multifacetados e fugidios significados. Apesar da imprecisão, e talvez um pouco por causa dela, a ideia de trabalho do conhecimento trouxe mudanças tão decisivas ao projeto do escritório, que perduram até os dias de hoje. Os trabalhadores do conhecimento seriam os heróis da sociedade vindoura, uma "sociedade da informação" na qual eles foram os principais "analistas simbólicos", uma "classe criativa" sempre repovoando o cerne urbano. O tom da reavaliação de valores – constantemente sombrio em Drucker – se tornava cada vez mais estridente e dissonante. Enquanto isso, projetistas de escritórios trabalhavam pacientemente na realização de condições materiais da utopia para que, quando ela viesse, encontrasse tudo pronto. Dizia-se que a criação de um espaço adequado ao trabalho do conhecimento talvez o tornasse finalmente uma realidade.

□

Robert Propst, que jamais via uma ideia nova de que não gostasse, aderiu ao conceito de "trabalhador do conhecimento" e passou a colocá-lo em comunicações e memorandos a Herman Miller. O imaginário trabalhador do conhecimento ocupava seus sonhos de um escritório ideal, onde estava em jogo mais que a mera ergonomia na distribuição do espaço. Tornou-se uma razão lógica, um impulso, para seu trabalho.

Foi então que, providencialmente, surgiu na Europa um projeto que daria ao seu design de móveis de escritório uma ambientação inteiramente nova, bem como um voto de enorme confiança.

De um modo geral, à exceção da inspiração para os prédios comerciais envelopados em vidro, a Europa não fornecia ideias de projetos para ambientes de trabalho havia muitas gerações. Os escritórios norte-americanos eram a forma dominante, e a Europa, no máximo, oferecia versões menores dos pantagruélicos arranha-céus e grandes planos abertos. Na verdade, o escritório em plano aberto ficou conhecido na Europa como "plano americano", que os europeus usavam raramente, se é que usavam. Na Europa ocidental, desprovida dos enormes andares amplos característicos dos prédios norte-americanos, a norma eram corredores estreitos e salas de portas fechadas. Duas devastadoras guerras continentais haviam sancionado essa cautela europeia.

Mas a reconstrução no pós-guerra ficou famosa por trazer uma inacreditável taxa de crescimento, particularmente na Alemanha, a nação mais destroçada. A emergência-relâmpago da indústria alemã, ressurgindo das cidades reduzidas a cinzas pelos bombardeios, foi descongelando gradualmente as tentativas experimentais do pensamento e design administrativos. Arquitetos foram autorizados a pensar em edifícios maiores. Alemães que tinham passado a guerra exilados nos Estados Unidos retornaram à Alemanha Ocidental, levando consigo ideias variadas sobre negócios, desde princípios científicos de administração a relações humanas, que inundaram a Alemanha com incrível rapidez. O terrível custo da guerra havia sido uma espécie de "destruição criativa". Na ânsia desesperada de enterrar e deixar para trás seu recente passado assassino, a Alemanha estava aberta a novos pensamentos. Da efervescência de ideias, surgiu uma nova abordagem de projeto de escritórios.[26]

Em 1958, os irmãos Wolfgang e Eberhard Schnelle, definhando na fábrica de móveis do pai, resolveram partir para uma empreitada e fundaram o grupo de consultoria Quickborner, uma firma de planejamento de espaço instalada perto de Hamburgo. Até então o planejamento do espaço havia sido uma função negligenciável na prática da arquitetura. Desde que o exterior tivesse vidro e brilho, o interior fosse bem decorado e com música ambiente, o arquiteto se dava por satisfeito (Florence Knoll era a única exceção). Os irmãos Schnelle, porém, viram uma oportunidade latente nos movimentados corredores entre as mesas. Embora as rígidas fileiras de escrivaninhas refletissem os mais profundos impulsos dos acólitos de Taylor, ao longo do tempo o ato de repartir o espaço entre as escrivaninhas tornou-se insípido e repetitivo, lembrando muito os corredores de escritórios anteriores. Os irmãos Schnelle queriam ir além das disposições convencionais na divisão do escritório, que talvez seguissem mapas da hierarquia organizacional, mas na verdade indicavam uma distinção de status e prestígio. Certamente, em termos de psicologia individual, fazia sentido dar aos diretores salas com portas fechadas, acarpetadas, nos andares mais altos. Mas em que isso contribuía para o fluxo do trabalho no escritório inteiro? Na visão deles, o escritório era um todo orgânico, constituído por interligações apropriadas entre as partes e uma rede de fluxo de papéis imensamente complexa. No entanto, muitos escritórios, consistindo inteiramente em portas fechadas ou planos abertos, dificilmente refletiam esse fluxo de trabalho. Era necessária uma nova concepção de escritório, que fosse orgânica, natural, em escala humana.

Após fazer medições da comunicação entre as salas, do tipo de espaço e nível de privacidade necessários a cada empregado, e do tempo que cada um precisava passar ao telefone comparado à interação com os colegas, os irmãos Schnelle chegaram a uma solução. Deram-lhe o nome de *Bürolandschaft*, que, em tradução literal, significa "paisagem do escritório". Muitos observaram na época, e até hoje observam, que a tradução é um pouco enganadora porque "paisagem" nessa frase em alemão não tem a conotação que tem em inglês, do mundo natural. Contudo, tem, sim, uma afinidade com certas "paisagens" planejadas no mundo natural, como o clássico jardim barroco italiano. No projeto-piloto dos irmãos Schnelle, a disposição das escrivaninhas parecia totalmente caótica, completamente sem planejamento – uma grande confusão, como uma floresta de ímãs de geladeira. Mas, assim como a exuberância aparentemente "selvagem" de um jardim "nativo", a paisagem de escritório tem um planejamento mais minucioso do que qualquer arranjo de mesas simétrico e organizado. Meandros de linhas imaginárias circundam cada aglomerado, delineando espaços de atividades em comum. Por entre o matagal de aglomerados fluem vias de trabalho sinuosas e invisíveis. Em vez dos carrinhos de café do Crystal Palace passarem chacoalhando a horas determinadas, a *Bürolandschaft* propunha uma "sala de intervalo" mais flexível, onde os empregados poderiam se retirar para conversar e lanchar tranquilamente. E o mais impressionante é que não havia portas fechadas à vista, ninguém encerrado em caixas, nenhum executivo em salas mais confortáveis com vista privilegiada. No máximo, divisórias moduladas e algumas plantas isolavam certas seções e funcionários.

A uniformidade dos projetos de escritório anteriores era tão rigidamente aceita por todos, que o conceito de forma livre parecia ao mesmo tempo promissor e totalmente insano. Apenas a editora Bertelsmann se dispôs a contratar o Quickborner Team para passar dois anos testando aquelas ideias. Um grupo de engenheiros, arquitetos e decoradores se reuniram a consultores do sistema Quickborner para trabalhar com os empregados da Bertelsmann a fim de traçarem um cenário apropriado.

226   CUBICULADOS

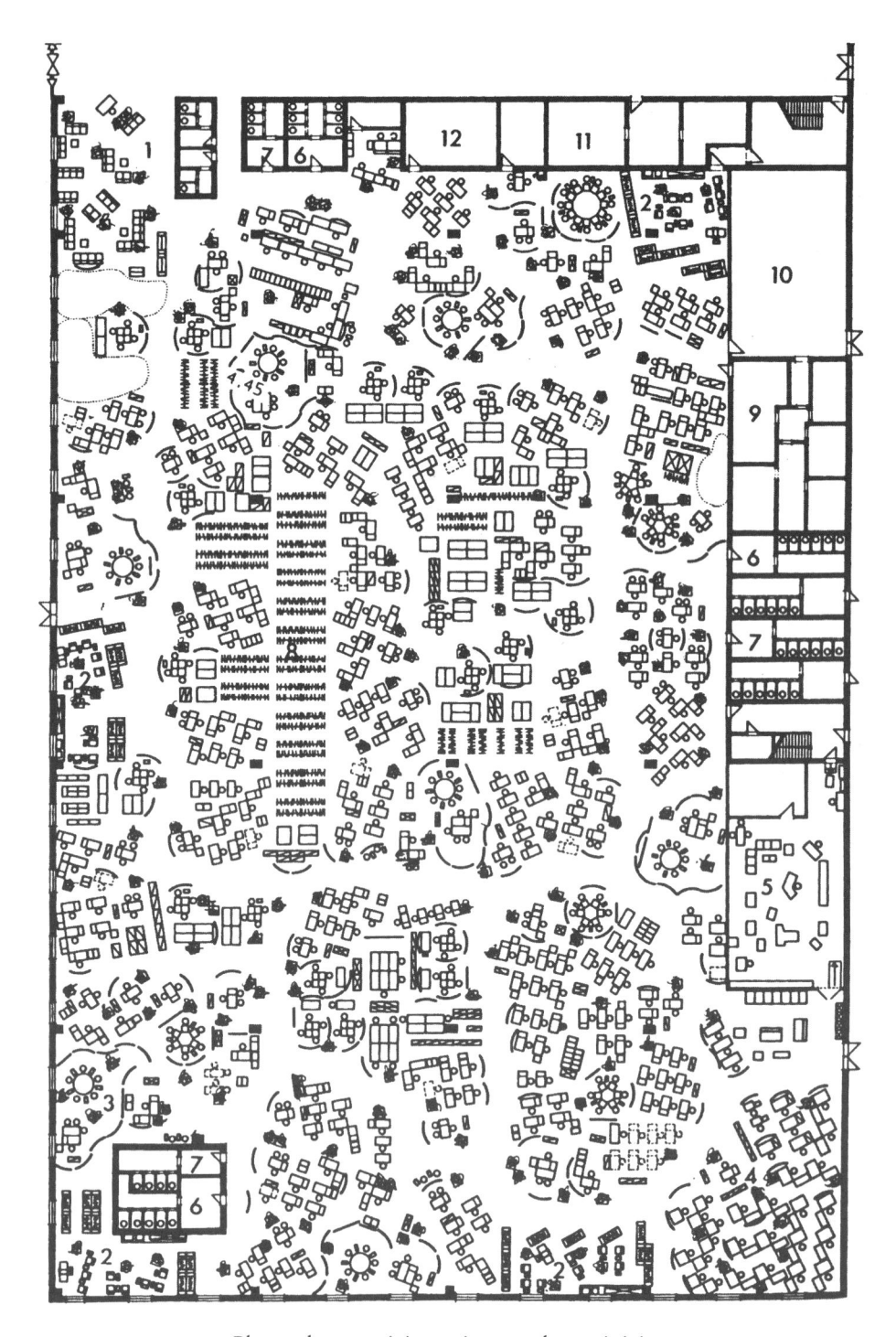

Planta de uma típica paisagem de escritório.

O resultado foi recebido como uma espécie de libertação. Empresas europeias logo se esfalfavam para transformar seu ambiente abafado, atravancado, nos espaços arejados, líricos e, acima de tudo, flexíveis, da *Bürolandschaft*. Dentro de poucos anos, as paisagens de escritório floresciam na Suécia (*kontorslandskap!*), a moda atravessou o canal da Mancha e acabou chegando ao Atlântico.[27] Artigos em pequenas publicações de arquitetura começaram a noticiar o fenômeno alemão, arrebatando os leitores com aquela fácil disposição multidirecional de pequenas mesas retangulares.

Francis Duffy, um arquiteto britânico dedicado à história dos escritórios, era estudante quando tomou conhecimento da *Bürolandschaft* ao ler um artigo do renomado historiador da arquitetura (e seu compatriota inglês) Reyner Banham, em 1964. Muitos anos depois, ele recorda o entusiasmo que o artigo lhe causou. "A forma do edifício era espetacularmente não ortogonal", ele escreveu. "Os interiores eram ricos em áreas informais para intervalos, elegantes vasos de plantas e *carpete*! Os locais de trabalho não eram dispostos em fileiras rígidas como os escritórios norte-americanos contemporâneos, mas num padrão orgânico e fluente, seguindo, como o texto de Banham explica, estudos sistemáticos de fluxos de informação e padrões de interação."[28] Acima de tudo, era apenas uma *abordagem*, não um projeto-modelo repetido e aplicável a qualquer lugar. "Uma vez vista", ele prossegue, "a *Bürolandschaft* jamais poderia ser esquecida."[29] A solução universal para o escritório tinha chegado. Os professores de Duffy esperavam que ele seguisse submissamente os "glamourosos" precedentes da Lever House e similares, mas ele se tornou rapidamente um dos mais articulados defensores da paisagem de escritório fora de seu país. Robert Propst, que tomou ciência do fenômeno na mesma ocasião,[30] tornou-se um forte proponente nos Estados Unidos. A Quickborner instalou equipes no Reino Unido e nos Estados Unidos, e a primeira paisagem de escritório foi projetada em 1967 para a DuPont. Em breve, a New York's Port Authority encomendava à Quickborner propostas de paisagens para as centenas de andares de escritórios que se elevavam na orla de Manhattan, as duas torres do World Trade Center.

Dado que cada escritório tinha diferentes necessidades e executava diferentes tipos de trabalho, a paisagem de cada escritório precisava ser radicalmente imprevisível, na exata medida de oposição ao "plano americano", que era apaticamente o mesmo para todos. E a "flexibilidade" significava que cada arranjo específico podia ser diferente, mas todas as paisagens eram reconhecíveis por suas características em comum. Relatos de trabalhadores sobre o ambiente transmitem basicamente a mesma imagem. Ao entrar numa paisagem de escritório, a pessoa vê mesas lisas, espartanas (reduzindo o número de planos verticais, o barulho é reduzido), aparentemente colocadas aleatoriamente, com painéis acústicos isolando sons e vasos de plantas marcando intervalos "orgânicos" na grande extensão do piso. Com o tempo, porém, percebe-se uma certa ordem. As secretárias continuam agrupadas, mas em ângulos inesperados. Grandes mesas circundadas por divisórias de isolamento acústico garantem a privacidade de "salas" de reuniões. Os executivos estão instalados no mesmo piso que os funcionários, mas, nas devidas proporções, ganham mais espaço. Praticamente todos os aspectos do projeto têm mobilidade. De certa forma, o Quickborner Team só deu um giro na engrenagem taylorista; livrando-se do modelo da fábrica, adicionou flexibilidade à sagrada ânsia de Taylor por eficiência.[31]

E "flexibilidade" – não por acaso ainda uma palavra-chave do ambiente do escritório – era um apelo para os executivos, que não tinham o menor interesse em trocar suas generosas salas fechadas por uma mesa num espaço compartilhado. Mas um escritório flexível era, acima de tudo, um escritório barato. Não havia necessidade das caras divisórias de madeira para fechar salas privativas, e muito menos de outros luxos que sugerissem permanência. A paisagem do escritório podia ser rearranjada à vontade, e sem custos. Uma redução na empresa não afetava o orçamento, pois bastava dispor de outro modo as escrivaninhas. Mas junto do flerte maciço com o escritório mais barato surgiu um primeiro sinal de perigo. Pequenos símbolos de status começaram a reaparecer nas paisagens de escritório: gerentes em níveis mais altos tinham mais espaço e divisórias melhores que os outros; um supervisor podia ter dois vasos de plantas resguardando sua mesa, e as secretárias não tinham nenhum. E o barulho. A Quickborner havia previsto o problema de ruído no plano aberto – já era uma ameaça constante nos escritórios de "plano americano" – e por isso exigia a colocação de carpetes e divisórias à prova de som. Mas isso não dava conta do problema. Nos escritórios da DuPont, o som de pessoas falando em voz baixa era abafado, mas os sons mais altos, como telefones tocando e o infindável batucar nas máquinas de escrever, invadiam todo o andar. Enfim, o ruído era um problema, e o silêncio não era valorizado. A interação e a comunicação ditavam as normas da paisagem de escritório; a introspecção e a concentração foram deixadas de lado. No afã de dar planos abertos a todo mundo, alguns valores cruciais para o desempenho do trabalho foram esquecidos.

□

Em 1964, um ano após o assassinato de John F. Kennedy e um ano antes da escalada da invasão norte-americana no Vietnã, a economia norte-americana vinha crescendo a uma velocidade inacreditável, e a Herman Miller divulgou os resultados práticos das pesquisas de Robert Propst. Chamado de Action Office, tratava-se de um escritório voltado para a ação, diferente de tudo o que já se vira. Não estamos falando de um móvel de escritório, nem de novos tipos de móveis, mas da proposta de um espaço inteiramente novo.

A maioria dos projetos anteriores visava a manter cada pessoa em seu lugar; o Action Office visava ao movimento. De acordo com o pensamento ergonômico que Propst adotara havia anos, o movimento do corpo auxiliava e correspondia ao incessante movimento inventivo da mente do colarinho-branco. Anúncios do sistema mostram funcionários em constante movimento; de fato, as imagens de figuras humanas geralmente aparecem fora de foco, como se o fotógrafo nem conseguisse captar sua velocidade. Raramente as pessoas aparecem sentadas, e se estão sentadas parecem estar a ponto de se levantar outra vez. As estantes exibem as mais recentes publicações científicas, e um anguloso modelo de estrutura molecular jaz adormecido sobre uma escrivaninha: o trabalhador do conhecimento, enfim, se sente em casa no escritório. E o espaço tem porosidade suficiente para os "encontros casuais", que, na opinião de Propst, os escritórios normais tentavam evitar. Dois copinhos sujos

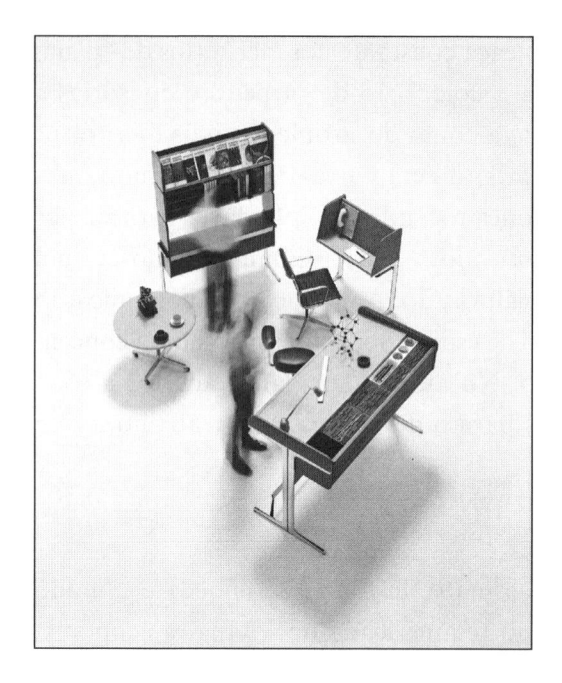

Action Office I (1964).
Cortesia de Vitra Design Museum

de café sobre uma mesa modulada, neutra – muito melhor para se reunir, segundo Propst, do que o campo de batalha da escrivaninha individual –, dão testemunho de uma boa conversa entre dois seres humanos.

Havia muitos toques idiossincráticos. Como Propst estava convencido de que trabalho escondido era trabalho esquecido, não havia gavetas grandes. Em seu lugar, pequenas prateleiras móveis serviam para colocar e retirar os papéis com facilidade. Uma mesa alta de tampo retrátil – um toque retrô, uma das primeiras escrivaninhas de tampo retrátil desde os velhos tempos das salas de contabilidade – não apenas mantinha os funcionários de pé, mas também permitia que os trabalhos ficassem guardados em segurança durante a noite. (Mas só tinha altura para uma pilha de dez centímetros; Propst achava que pilhas mais altas levavam à inação.) Essa era outra implicância de Propst: o fato de os chefes exigirem que os trabalhadores do conhecimento deixassem a escrivaninha impecável à noite, quando "poucos projetos do conhecimento são concluídos num único dia, e alguns requerem semanas de reflexão".[32] A configuração anterior do escritório era contra o pensamento, contra a criatividade, contra o saber. Mas para que serviria um escritório, se não para cultivar a mente? "O escritório é um lugar de realizar abstrações", ele insistia. "Sua função é ser um espaço vivo, orientado para o pensamento."[33]

O Action Office foi o resultado feliz de uma colaboração insólita. Propst foi levado a trabalhar com um de seus quase opostos – George Nelson, que ganhou proeminência convertendo, sem maior esforço, ideias do modernismo em belas peças de mobiliário. Propst era lacônico, profético, intransigente, exalando um silêncio de lábios cerrados próprio das vastas extensões do Oeste americano; Nelson era bom bebedor de uísque escocês, *bon-vivant* e bom contador de histórias. Propst jamais havia saído do país; Nelson tinha passado a juventude viajando pela Europa, falava fluentemente italiano, francês, alemão, e mais tarde aprendeu um pouco de japonês e português.[34] Mas ambos estavam empenhados, quase instintivamente, em reformar o mundo à sua volta. Na mesma medida em que Propst parecia se situar fora da tradição do desenho industrial convencional, Nelson era talvez o mais descontraído dos modernistas. Projetista de uma enorme quantidade de produtos, desde as escrivaninhas Swag Leg multicoloridas até cadeiras futurísticas em formato de concha, ele transmitiu a ideia do novo e do moderno sem parecer sequer estar pensando nisso. Revendo sua longa carreira, Nelson confirmou a crença de que "tudo que vale alguma coisa é sempre moderno, pois não pode ser outra coisa, e portanto não há por que levantar bandeiras, nem lançar manifestos; a gente faz a única coisa que pode fazer honestamente *agora*".[35] Os objetos criados por Nelson para o Action Office eram lindos, ao mesmo tempo caseiros e absolutamente modernos, nostálgicos e arrojados. O tampo da escrivaninha repousava em balanço sobre pernas finas de alumínio fundido. Na escrivaninha alta, o suporte cromado tinha a dupla função de apoio para os pés. Um "centro de comunicação" telefônico tinha isolamento acústico. Acima de tudo – e é impossível reproduzir em fotos em preto e branco – era tudo colorido: verde, azul-forte, azul-marinho, preto, amarelo. Como os anúncios coloridos de revistas, ou a pop art de Warhol e Lichtenstein que os executivos estavam usando em seus escritórios, o Action Office proclamava a adesão ao novo espírito da época: rico, avançado, potencialmente libertador.

Nesse sentido, o Action Office concebido por Propst e projetado por Nelson pode ter sido a primeira ideia realmente moderna a entrar no escritório, isto é, a primeira vez que a estética do desenho industrial e as ideias progressistas sobre as necessidades humanas foram reunidas. Durante anos, a pele de vidro dos edifícios tinha sugerido progresso, mas, no interior, tudo parecia muito igual ao que fora durante anos, somente embelezado com móveis ligeiramente mais bonitos, linhas e divisórias de estilo mais enxuto. Esse tipo de projeto implicava um funcionário maleável e intercambiável, um dente na engrenagem da máquina. O funcionário imaginado pelo Action Office também era retratado como uma espécie de máquina, mas menos como um robô e mais como a imagem futurista italiana de exímios jogadores de futebol, carregados de dinamismo e inteligência corporal. A *Bürolandschaft* e agora o Action Office pareciam estar trazendo o mundo do escritório a um novo patamar, enfim capacitado a alcançar a utopia que sempre prometeu. Vozes como a de Drucker clamavam que uma nova era se aproximava, muito além do planejamento socialista ou do capitalismo industrial – uma economia do *saber*. Essa nova era tinha os equipamentos que merecia?

Quando o Action Office foi divulgado, a resposta da mídia soou como uma afirmativa retumbante: lia-se na revista *Industrial Design* que: "Vendo esses projetos, a gente se pergunta por que os funcionários aguentaram tanto tempo um ambiente incompatível, improdutivo, desconfortável." Ao mesmo tempo, o popular *Saturday Evening Post* alardeava: "Funcionários da América, cuidado! O Action Office está chegando! Corremos sério risco de poder trabalhar com 100% de eficiência."[36]

Apesar da acolhida entusiástica, o Action Office não vingou. Os diretores reclamavam que o sistema completo era muito caro, porque o mobiliário era feito de material de altíssima qualidade. E o espaço criado pelo Action Office era muito pouco definido, com fronteiras porosas demais. A "paisagem de escritório", onde cabia perfeitamente o Action Office, ainda não tinha vingado nos Estados Unidos; era improvável que os gerentes pulassem rapidamente de seus espaços delimitados para a apavorante liberdade visualizada por Propst. A despeito das correntes aquarianas que já começavam a fluir pelos escritórios, eles eram um bando de conservadores. O produto ganhou alguns prêmios na indústria, mas conquistou poucos adeptos nos locais de trabalho.

Propst tinha se deparado com um problema clássico de projeto, enraizado no início de sua abordagem. Os arquitetos e projetistas de escritórios tendem a imaginar que a configuração de seus próprios escritórios é a melhor para todos, e todos deveriam adotá-la. Levam a crer que seus próprios métodos subjetivos são resultados empíricos objetivos. Por essa razão, os escritórios mais avançados geralmente acabam parecidos com os escritórios dos arquitetos e projetistas. Da mesma forma, Frederick Taylor tinha proclamado como "científico" o que de fato estava enraizado em uma obsessão pessoal: a necessidade de levar os empregados a parar de fazer "corpo mole" e se curvarem a supostos especialistas, como ele. Diga-se a favor de Propst que, pelo menos, tentou verificar suas próprias reflexões, conversando com alguns outros especialistas. No entanto, ele só procurou opiniões favoráveis, assim como suas pesquisas tinham sido planejadas, inconscientemente ou não, para confirmar suas próprias ideias. Pode ser, é claro, que os empregados do escritório tivessem apreciado a maleabilidade do Action Office – certamente era melhor que os locais de trabalho totalmente sem imaginação a que estavam habituados. Mas nessa questão, como em muitas outras, suas opiniões não foram registradas e, independentemente disso, não houve instalações suficientes do Action Office para testar suas reações.

Enfim, o fracasso do primeiro Action Office no mercado pode ser atribuído a outro fator: o ceticismo dos executivos. Eles tinham a palavra final sobre a aparência do escritório, pois controlavam os balancetes e a última coisa em que despenderiam um monte de dinheiro seria em um conjunto de mesas e cadeiras elegantes para os gerentes de nível básico e médio, quanto mais para a equipe de estenografia. A novidade dos iniciantes serem "trabalhadores do conhecimento" ainda não havia chegado ao alto escalão. E o escritório estava crescendo numa escala alta demais para alguém se preocupar com frivolidades. Precisavam de alguma coisa mais rápida, algo de mais fácil reprodução.

Apesar de tudo, o entusiasmo da comunidade do design com o Action Office foi considerado por Propst um voto de confiança. Ele voltou a pôr sua equipe para trabalhar e, inflexível em sua visão, estava determinado a retornar com o que acreditava ser a solução para o escritório.

☐

Em vez de meramente aceder às demandas do mercado, Propst desenvolveu mais ainda suas teorias. Sentia-se confiante no valor essencial de seu pensamento, incorporando cada vez mais o espírito dos anos 1960 – individualismo, autonomia – em seus escritos e observações. Tornou-se relativamente famoso no mundo da arquitetura, e publicações importantes solicitavam seus artigos e projetos. Quando o artista e pensador de esquerda Ben Shahn apresentou suas ideias no texto "In Defense of Chaos", em 1967, na Conferência Internacional de Design, em Aspen, argumentando que o espaço precisava ser mais anárquico, Propst respondeu apresentando sua própria argumentação, no mesmo congresso, concordando basicamente em que os indivíduos precisavam de maior liberdade para administrar seus espaços. (O fato de que o ensaio de Shahn foi posteriormente publicado na revista *Ramparts*, um veículo da Nova Esquerda contra a guerra, já é indicador da profundidade das inter-relações entre os profissionais das teorias de administração, design e arte nos anos 1960.)

Propst reiterava incansavelmente o conceito de que o design do escritório tinha que ser "complacente". Isto é, espaços com exageros de desenho e estilos eram "inclementes", eram barreiras contra mudanças – e as mudanças estavam entrando no escritório, de uma forma ou de outra. Cada vez mais processos eram automatizados pelos computadores, permitindo aos funcionários reduzir as tarefas de rotina e se concentrar mais em "tarefas de julgamento". Ao projeto do escritório cabia antecipar essas mudanças da melhor forma possível, por meio de modularidade e flexibilidade. Aquilo precisava ser adaptável, e móvel. Isso significava que o "design" em si tinha que ser descartado: qualquer coisa que tornasse seu conceito mais caro e menos "complacente" com as necessidades dos usuários era contra o conceito. E assim Nelson, que jamais tivera um relacionamento próximo com Propst, teve que sair. Embora concordasse com a concepção do Action Office, Nelson era muito a favor da humanização e dos toques de estilo em seus produtos. Aos olhos de Propst, a predileção pela beleza do objeto era um obstáculo, pois depreciava a beleza dos movimentos do funcionário no espaço.

Ao fim de 1967, Propst tinha conseguido melhorias significativas. O espaço era menor, as divisórias eram interligadas, móveis e mais leves, feitas de materiais descartáveis, as prateleiras e os armários suspensos ficavam bem acima do chão. O Action Office II foi a tentativa de Propst de dar forma ao desejo do funcionário. A "estação de trabalho" para o "operador humano" consistia em três paredes móveis formando ângulos obtusos, que o funcionário podia rearranjar para criar o espaço de trabalho como quisesse. A habitual escrivaninha era acompanhada por prateleiras em alturas e disposições variáveis, o que exigia movimento vertical constante por parte do funcionário – porque o "homem", como dizia Propst, é uma "máquina orientada verticalmente".[37] Paredes revestidas e quadros de aviso com percevejos e alfinetes permitiam individuação. Intencionalmente despersonalizado, o novo Action Office seria uma matriz para o indivíduo criar seu espaço ideal de trabalho.

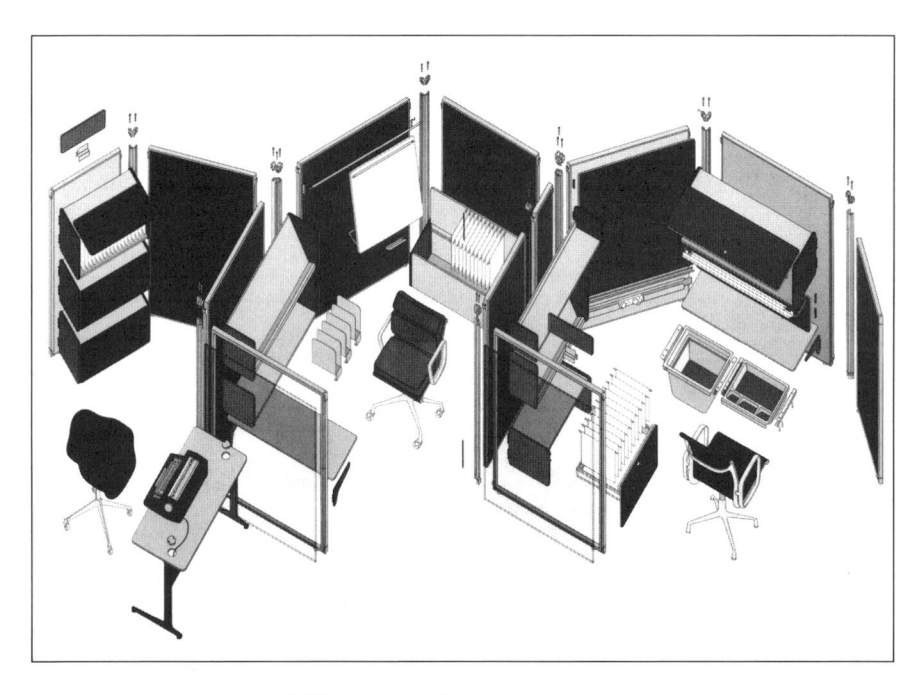

Action Office II (1968). *Cortesia da Herman Miller*

Os primeiros folhetos do Action Office II demonstram isso – vemos paredes modulares abertas para formar amplos espaços hexagonais; quadros de avisos têm efeito chamativo e as paredes são adornadas com cabides-ganchos, mapas e quadros a giz. Os trabalhadores estão sempre em movimento ou conversando, alguns em pé fazendo gestos expressivos, apontando para outros trabalhadores sentados em cadeiras giratórias altas (o que os obriga a trocar constantemente de posição, sentados ou em pé).

E foi assim que, em 1968, Propst apresentou o Action Office II e publicou um livreto de 72 páginas divulgando as bases teóricas de seu novo projeto. Com o título *The Office: A Facility Based on Change* [*O escritório: um equipamento baseado na mudança*], ele foi uma espécie de declaração esquerdista de direitos democráticos para os colarinhos-brancos. O livreto continha uma reflexão sobre o trabalho e seu status mutável nos Estados Unidos na década de 1960. A narrativa de Propst sobre o escritório é recheada de grandes acontecimentos históricos, centrados em um evento-chave na história laboral: a substituição gradual da base proletária norte-americana pelos trabalhadores de colarinho-branco. "Somos uma nação de habitantes de escritórios", Propst afirmava. A cara do capitalismo tinha mudado, o escritório tinha se tornado um "local para pensar" e "o verdadeiro consumidor do escritório [era] a mente". O trabalho repetitivo, do tipo executado nas fábricas e nas mesas de datilografia, estava desaparecendo, sendo substituído por "trabalho do conhecimento", e o novo escritório precisava estar à altura. Propst notou que na primavera de 1968 – aquela famosa primavera de Praga e Paris – a Bolsa de Valores de Nova York, que ele chamava de "o escritório dos escritórios", teve um "soluço" quando o processamento com máquinas manuais, necessário para a movimentação de ações, foi súbita e drasticamente ultrapassado pelo volume de negócios, forçando o câmbio a limitar seu horário.

Apesar das referências datadas, o pensamento de Propst é espantosamente presciente, antevendo várias das obsessões que ainda hoje preocupam as pessoas nos escritórios. Muitos problemas que ele via como contemporâneos permanecem contemporâneos; muitas de suas soluções foram, depois, propostas por outros. Ele descreve o constante estado de

Planos abertos 237

Anúncio do Action Office II. *Cortesia de Herman Miller*

mudança na tecnologia e na economia motivando a infindável inovação nos negócios, lamenta a sobrecarga de informações inundando os funcionários e delineia as múltiplas posições para as conversas necessárias entre eles. Como tantos hoje em dia, Propst enfatiza o perigo, para a vitalidade física e mental, de ficar sentado por tempo demais à mesa de trabalho.

Ele argumenta que o escritório ideal deve dar espaço para o "tráfego significativo" entre trabalhadores do conhecimento e lança luz sobre a batalha constante entre privacidade e abertura no escritório.[38] E por trás de tudo pode-se ver Propst refletindo sobre o caos e as agitações dos anos 1960: "Nossa cultura mostra todos os sinais de estar digerindo ideias e produzindo novos valores com uma rapidez assustadora. Novas formas de música são introduzidas, adotadas e rejeitadas em poucos meses. Segundo as antigas normas de progresso, a evolução social está explodindo."[39] Atualmente, grande parte do entendimento de Propst sobre ergonomia e importância da interação no escritório soa familiar, e até intuitiva. Naquela época, contudo, a visão panorâmica que ele tinha do escritório – incluindo história e psicologia, ergonomia e teorias de administração – era praticamente sem precedentes.

Entretanto, ler o livro de Propst é como perscrutar uma mente ocupada apenas com cérebros e pernas, abstrações e movimentos, livre de traços de personalidade e maus comportamentos. Sua visão é tão completa, tão concentrada, que isola as necessidades inerentes à existência humana. Ele só vê necessidades corporais e, em seus modelos, as pessoas são apenas amontoados de estímulos mentais. Não seriam elas também amontoados de emoções e necessidades mais profundas, um dia rancorosas, insensíveis, competitivas, e no dia seguinte calorosas, solidárias? Apesar, e talvez até por causa, de seu entendimento claro do pensamento pobre que conduzira aos escritórios horríveis que ele tentava desfazer, Propst tinha um entendimento mais claro do rumo que a história tomava: na direção dele mesmo. Tão doutrinário quanto qualquer marxista ortodoxo, Propst sugeria que as implacáveis forças sociais fariam com que os seres humanos reconhecessem a inevitabilidade de seus projetos de escritório. Ele era incapaz de imaginar um mundo onde seus projetos poderiam ser deturpados para fins insondáveis. Seu otimismo seria sua ruína.

□

Assim como seu predecessor, o Action Office II foi recebido como uma libertação. Em uma coluna do *New York Post* intitulada "Revolution Hits the Office", Sylvia Porter, mais repórter do que especialista em design, escreveu que, à luz do Action Office II, o antigo escritório estava agora oficialmente condenado: "Sabe... as 'caixas' totalmente fechadas onde os chefes se isolam atrás de monstruosos símbolos de status em mogno, as sequências desumanas de fileiras rígidas de escrivaninhas de metal com gavetas meio desencaixadas onde você fica sentado o dia inteiro, os imensos armários de arquivos onde escondemos papéis até ficarem obsoletos, irrelevantes e esmagadores." No Action Office, pelo menos havia mudanças a caminho. "Depois de passar uma vida inteira de trabalho em jornal, nos espaços abertos de um escritório no centro", ela escreveu, "acho o conceito inteiramente atraente. Gosto especialmente das estações de trabalho sentada ou em pé." E também ficou encantada com a linguagem de Robert Propst: "Aliás, Propst nem usa a palavra 'escrivaninha'. No escritório moderno, você, o '*performer* humano', vai trabalhar em 'unidades livres' em sua 'estação de trabalho', escolhendo entre 'se sentar' ou 'ficar em pé'. Gostou?" Para ela, "o sucesso do conceito está garantido".[40]

O Action Office II imediatamente recebeu elogios também da indústria de mobiliário de escritório. Herman Miller lançou uma campanha de marketing em nível nacional para treinar projetistas no uso do sistema, simultaneamente a uma série de palestras sobre o futuro do trabalho criativo em escritório (e o Action Office seria o espaço de trabalho ideal). Um kit com maquete do Action Office II foi providenciado para os gerentes de instalações interessados. Uma firma de arquitetura, JFN, instalou o primeiro sistema de Action Office II em seu local de trabalho. Inicialmente, as vendas foram poucas, mas, depois que o concorrente Haworth produziu um sistema rival de escritório modular, o conceito de Propst foi validado e as vendas começaram a decolar. Logo se seguiram a série 9000 da Steelcase e o Sistema Zapf da Knoll.

Action Office II em ação. *Cortesia de Herman Miller*

O governo federal também os ajudou. Para estimular a movimentação nos negócios, nos anos 1960, o Tesouro fez uma pequena mudança, fortemente significativa nas regras sobre taxas, facilitando às empresas descontarem a depreciação de ativos. Mobiliário e equipamentos passaram a ficar menos tempo nas prateleiras, enquanto os itens mais permanentes dos prédios tinham maior extensão. Em outras palavras, ficou mais barato ter um Action Office do que um escritório comum.[41] O Action Office acabou se tornando o produto mais importante da Herman Miller e uma característica inevitável do projeto de escritórios.

Desde o início surgiram preocupações. Já era esperado que o relegado Nelson previsse problemas – ou falta – de design no Action Office II. Mas seus comentários sobre as falhas, mesmo que motivados pela mágoa, eram genuínos. Em uma carta premonitória ao vice-presidente corporativo de design e comunicação da Herman Miller, Nelson lamentou o "efeito desumanizador como ambiente de trabalho" do Action Office II:

> Essa característica não é acidental, mas a expressão inevitável de um conceito que vê as pessoas como elos em um sistema corporativo

para lidar com papéis, ou como organismos de entrada-saída cuja "eficiência" tem sido objeto de ansiosa preocupação na última metade do século.

As pessoas de fato funcionam naquelas atribuições, mas isso não é o que as pessoas *são*, é meramente uma descrição do que elas *fazem* durante certas horas...

Não é preciso ser um crítico especialmente perceptivo para entender que o A[ction] O[ffice] II definitivamente não é um sistema que produz um ambiente gratificante para as pessoas em geral. Só é admirável para projetistas à procura de maneiras de juntar o número máximo de corpos, de "empregados" (em contraposição a indivíduos), de "pessoal", os zumbis corporativos, os mortos-vivos, a maioria silenciosa. Um grande mercado.[42]

Enquanto isso, imitações de Action Offices em outros locais de trabalho começavam a ter efeitos estranhos, imprevistos. Em vez de mais flexíveis, os escritórios na verdade tinham ficado mais regimentados. Douglas Ball, um designer da empresa rival de mobiliário, a Haworth, apresentou para a companhia canadense Sunar uma das muitas imitações do design. De início empolgado, ao ver o espaço pronto, ficou totalmente deprimido. "Fui ver a primeira instalação do sistema Sunar, um imenso projeto governamental. Todos os painéis tinham quase um metro e oitenta, de modo que você só conseguiria olhar do outro lado se tivesse mais que um metro e noventa de altura. Foi terrível – uma das piores instalações que já vi", disse Ball. "Pensamos que fosse extremamente flexível no plano horizontal, mas não consideramos a elevação vertical."[43] Era tarde demais para consertar o problema. Ele tinha prendido as pessoas dentro de paredes gigantes revestidas de tecido, embora a intenção, como a de Propst, fosse libertá-las. O escritório em plano aberto que tinha descido como um raio da Alemanha nos anos 1960 estava ficando atulhado de biombos e divisórias. No final da década de 1970, um designer escreveu que "o uso do Action Office certamente vai modificar o planejamento de uma maneira que se distancia do conceito original da *Bürolandschaft*".[44] Era um belo eufemismo.

O que está acontecendo? Era o sentimento dos designers na época. No rastro das duas grandes mudanças na reflexão sobre escritórios – *Bürolandschaft* e Action Office –, a noção de máximo progresso, de "*performers* humanos" (como Propst os chamava) cada vez mais poderosos, parecia estar se revertendo. O espaço se sobrepunha a eles. Os designers sentiam a história lhes escapar, transformando tudo o que desejavam em tudo o que haviam combatido, subvertendo sua criação, que de repente se tornava viva, poderosa e monstruosa de um modo não previsto. Ocorre que as empresas não tinham nenhum interesse na criação de ambientes autônomos para seus "*performers* humanos". Queriam enfiar quanto mais pessoas pudessem num espaço pequeno, do modo mais rápido e barato possível. Em 1978, Propst escrevia memorandos sobre o reposicionamento de seu projeto, em pânico com a obsessão por "economia de custos facilmente definida e contabilizada". "Entretanto, outros assuntos de influência mais profunda sobre a real produti-

Action Office II (1978) – o desfecho. *Cortesia de Herman Miller*

vidade das organizações caíram para segundo plano", ele se preocupava. "O Action Office, concebido como um instrumento para administradores, agora perdeu muito de seu diálogo aberto inicial com a administração."[45] O Action Office tinha por objetivo a flexibilidade; contudo, instalou-se uma nova rigidez, numa embalagem canhestra de tecido humanístico. Os memorandos de Propst pareceram não surtir efeito algum. Os projetos de Action Office nos catálogos da Herman Miller começaram a ficar mais parecidos com caixas. Eles vendiam o que as empresas queriam.

□

Talvez devido às visões distópicas no filme *Playtime – Tempo de diversão* ou por motivos mais concretos, os funcionários europeus captaram a advertência. Os escritórios estavam tomando um mau rumo, e apenas eles pareciam notar. Numa forte virada, inspirada pelas revoltas que estavam ocorrendo na indústria na França, Itália e Alemanha nas décadas de 1960 e 1970, os colarinhos-brancos formaram "conselhos", exigindo o fim da *Bürolandschaft* e de todas as ideias supostamente progressistas dos designers. Estavam cansados de sofrer imposições, e iriam decidir por si mesmos sobre seus locais de trabalho. Em um país após outro – Itália (1975), Alemanha (1976), Suécia (1977) e Holanda (1979) –, foram promulgadas leis ordenando que os representantes dos empregados ocupassem um lugar nos conselhos de supervisão das empresas.[46] Por meio de seus novos órgãos de dissidência, os empregados manifestaram seu ódio coletivo à *Bürolandschaft*. As pesquisas indicavam que os escritórios tinham "variações desagradáveis de temperatura, correntes de ar, baixa umidade, níveis inaceitáveis de ruído, escassez de luz natural, falta de contato visual com o exterior e falta de ventilação natural".[47] Mas havia também outro fator: o escritório em plano aberto ia contra uma forte propensão cultural à privacidade, que crescera nos escritórios do norte da Europa e que era difícil de contrariar.

Daquele ponto em diante, o escritório europeu passou a divergir acentuadamente do design americano. O Action Office não fez incursões nas placas de assoalho estreitas, firmemente ligadas, dos prédios de escritório na Europa. Porém, em vez de menos inovadores por causa disso, os escritórios europeus se tornaram mais ousados. Regras estritas conduziram a formas de experimentação melhores, mais humanas. O prédio de escritórios da Centraal Beheer, na Holanda, projetado por Herman Hertzberger e inaugurado em 1972, foi um marco dessa tendência. Hertzberger afirmava que os empregados "se sentem fazendo parte de uma comunidade de trabalho sem estarem perdidos na multidão".[48] Em outras palavras, Hertzberger queria manter os escritórios relativamente abertos, mas sem comprometer a capacidade dos indivíduos de ter seu próprio espaço e de organizar seu espaço da forma que quisessem. A solução dele era fazer do escritório algo como uma aldeia suspensa ou uma casa na árvore comunitária: áreas de escritórios abertos para cerca de dez pessoas eram conectadas por passagens e espaços comuns. Os funcionários podiam trazer vasos de plantas e outros objetos de decoração para personalizarem seu espaço.[49] Na verdade, era como o Action Office II, a não ser pelo fato de que esses espaços eram de concreto e possuíam uma aura de permanência. Ali, os funcionários tanto eram protegidos como convidados a ficar. Um foco similar no conforto do trabalhador iria caracterizar os principais escritórios dos anos 1980, como o prédio da Scandinavian Airlines (1988), em Estocolmo. No que mostrou ser um lance de enorme influência, o prédio foi projetado como uma pequena "cidade", com uma "rua" central em linha reta atravessando o plano e ramificações para "vizinhanças" de escritórios particulares. Os trabalhadores podiam escolher entre interagir na "rua", se preferissem, ou se recolherem aos seus escritórios para realizar trabalhos que exigissem concentração. Nos anos seguintes, à medida que a invasão do monstro cubiculoide nos escritórios norte-americanos se tornava ainda mais assustadora, os designers veriam na exceção europeia uma inspiração – ou um meio de escapar.

□

Em 1998, um jornalista foi enviado para entrevistar Robert Propst – então com 77 anos – para a revista *Metropolis*. Propst notou que seu projeto mostrara ser irreprimivelmente popular: 40 milhões de empregados, só nos Estados Unidos, trabalhavam – de acordo com as contas dele – em 42 versões diferentes do Action Office. Mas ele não notou que àquela altura todas eram conhecidas pelo mesmo nome: o cubículo.

Propst defendeu as características que tinham tornado seu projeto tão popular: a austeridade e a flexibilidade, mas admitiu o que não estava pronto a compreender anteriormente: "O lado mau disso é que nem todas as organizações são inteligentes e progressistas. Muitas são dirigidas por pessoas crassas, que podem pegar um mesmo equipamento e criar antros infernais. Fazem cubiculinhos pequenininhos e enchem de pessoas... Áridos, tocas de ratos... Nunca tive a ilusão de estarmos num mundo perfeito", concluiu.[50] Dois anos depois, ele morreu.

Numa entrevista, Francis Duffy me disse: "Eu vi acontecer... houve um momento em que entrou o ortogonal. Alguém percebeu que não eram necessários os 120 graus [ângulo], e teve um clique. Foi um mau dia. Só levou cinco segundos para o Action Office se transformar numa caixa. Um sujeito tão bom, Robert Propst. Não podia ter acontecido com um sujeito melhor."[51]

CAPÍTULO 7

INVASORES DO ESPAÇO

A mulher aspirante a executiva trava uma perpétua batalha contra ressacas de passadas discriminações e contra tropas renegadas de discriminação contínua. Toma medidas extraordinárias para garantir que os sinais de seu status no jogo se inscrevam no mesmo comprimento de onda dos homens comparáveis ou superiores a ela, e a mensagem é "Sim, estou pronta para o jogo".
– BETTY LEHAN HARRAGAN, *Games Mother Never Taught You*[1]

Nos anos 1970 – aquela década bege, desonesta –, beber na hora do almoço ainda era uma necessidade, mas o hábito dos dois martínis *de rigueur* foi lentamente cedendo o lugar a alguns cálices de vinho.[2] Depois havia sempre a zonzeira pós-refeições, a fadiga opiácea que nem um café forte conseguia remediar. "O início da tarde era sempre calmo, tudo funcionando em ritmo lento, em repouso tropical", escreveu Don DeLillo em *Americana*, "como se o próprio edifício balouçasse numa rede miraculosa... Havia algo de maravilhoso naquele período, uma hora ou mais antes de voltarmos a lembrar. Era um tempo de sentar no sofá, e não atrás da escrivaninha, e chamar a secretária para conversar em voz baixa sobre nada em particular – filmes, livros, esportes aquáticos, viagens, nada de nada."[3]

Quando não eram almoços festivos, eram almoços de negócios (também etílicos). Havia os jantares para trainees. Os superiores compareciam, e era preciso entretê-los. Um gerente de uma grande corporação da época achava que passava nove dias do primeiro trimestre apenas recebendo convidados.[4] No resto do tempo havia o trabalho, uma interminável quantidade de respostas a comunicados e uma interminável quantidade de reuniões – estas tomando um terço ou a metade do tempo do expediente. Entrementes, para o funcionário contemporâneo que reclama do excesso de e-mails, a pilha de cartas e telegramas no escritório antigo, pré-digital, era quase tão onerosa quanto a de hoje. Numa lista de obrigações de um gerente na época, constavam:

> Papelada e correspondência; ordens de serviço e negociação de contratos; ler telegramas no escritório e em casa; receber e dar telefonemas (inclusive telefonemas sem resposta, repetidos); falar com subordinados; entrevistar contratados; repassar o trabalho com as secretárias; ensinar trainees; contratos, relatórios mensais, relatórios semanais, estimativas, planos de vendas e relatórios trimestrais; rever contas de despesas de subordinados, rever planos de carreiras (preparação e feedback); elogios de desempenho; reuniões com os demais na mesma função, inclusive funções tecnológicas, profissionais e associadas; diversões como golfe e esqui; programas de treinamento; resolver crises específicas...; recrutamento ativo no campus; discussões sobre atividades dos concorrentes; organizar reuniões; rever continuamente planos de negócios; assistir a vídeos enviados da sede; viajar, e com isso o tempo de espera por avião ou hora marcada; resolver problemas de interface com pessoas em outras funções; e reuniões com força-tarefa especial.[5]

Quando não se tratava do ir e vir, almoços e bebidas, a vida no escritório consistia principalmente em reuniões, treinamentos e papelada. Para as pessoas em nível mais baixo, também havia a rotina: a equipe de datilografia, as máquinas de calcular, a nova automação dos computadores.

Contudo, o elemento humano persistia. Onde sistemas burocráticos de controle, ou até mesmo um chefe desagradável, ameaçavam esvaziar os poucos prazeres do trabalho, sempre surgia a tendência, entre os funcionários, de encontrar meios de enfrentar a situação. A necessidade de personalizar o espaço se devia, em parte, à persistência da secretária – uma obstinada remanescente do paternalismo no local de trabalho. Ter uma secretária para tomar um ditado ou datilografar não era necessário, pois havia uma vasta equipe de estenografia. A automação computadorizada já tornava certas funções obsoletas, ou garantia que fossem mais bem desempenhadas quando não dependessem de um chefe. Mas, para os gerentes, ter uma secretária (ou duas) era um símbolo de status herdado de seus antecessores, e do qual não estavam dispostos a abrir mão. E para as secretárias a função exigia certos traços de personalidade – afabilidade, carisma, postura – que trabalhos mais mecanizados do escritório excluíam ou, pelo menos, não valorizavam. Cada dia era imprevisível, dependendo dos caprichos do chefe, que podia precisar que ela recebesse amavelmente um cliente visitante ou – e isso não fazia parte do contrato de trabalho – levasse os sapatos da esposa para trocar ou ficasse cuidando do cachorro enquanto ele saía de férias. No estudo em uma grande corporação dos anos 1970, Rosabeth Moss Kanter constatou que as duas características mais importantes na avaliação de secretárias eram "inciativa e entusiasmo" e "orientada para serviço pessoal" (que um diretor floreou como a "habilidade de se antecipar e providenciar as necessidades pessoais"). No estudo de Moss, as secretárias gostavam que fosse assim. O trabalho era organizado de modo a ficar totalmente personalizado – as qualidades elogiadas se baseavam inteiramente na personalidade, e a maioria das secretárias achava que não tinha muitas outras qualidades. Muito de seu prestígio era de segunda mão, decorrente do alto status das pessoas para quem trabalhavam. Oportunidades limitadas de promoção ajudavam a restringir a visão de mundo da equipe. Algumas se deram ao trabalho de pesquisar o velho estereótipo da "esposa de escritório". Como disse uma secretária executiva:

> Acho que, se eu tive algum sucesso com os homens, é porque sou boa ouvinte e me interesso pelo mundo deles. Eu gosto, e não me aborreço com isso. Eles me falam de sua vida pessoal também. Problemas de família, financeiros, problemas de criação de filhos. Muitos dos quais a que me refiro são divorciados. Pensando nos anos que ficaram casados, posso ver o que provavelmente aconteceu. Sei que, se eu fosse a esposa, iria me interessar pelo trabalho deles. Acho que a mulher de um executivo seria uma esposa melhor se tivesse sido secretária antes. Como secretária, você aprende a se ajustar aos hu-

mores do chefe. Muitos casamentos seriam mais felizes se a esposa fizesse isso.⁶

Esse era o imutável, respeitável mundo do escritório onde o cubículo entrou: era apenas mais uma peça de mobília, cuja aparência dificilmente ficaria registrada na consciência dos funcionários. Desde a placidez pétrea de *Life in the Crystal Palace* até os anos 1970, nada parecia ter sofrido uma mudança fundamental. Certamente, havia uma nova permissividade na moda. "Durante anos, peguei para Nova York o mesmo trem que um executivo de publicidade toma", diz um passageiro habitual de Connecticut citado na *Newsweek*. "Ele pegava o trem na Darien, e era o tipo rigorosamente vestido de terno cinza, camisa social e cabelo cortado rente. Agora ele usa casacos floridos, gravatas largas e costeletas até aqui. Imagino que isso é o que está acontecendo na Madison Avenue."⁷ Mas as mudanças no escritório vinham ocorrendo num nível mais profundo, com uma espécie de agitação silenciosa difícil de se perceber. O escritório vinha se tornando ao mesmo tempo mais otimista e mais confuso, mais feliz para alguns que nunca haviam estado nele e menos feliz para aqueles acostumados ao jeito rotineiro. Mudanças sociais lá fora das fachadas dos prédios começavam a fazer sentir sua presença lá dentro, sob formas que a teoria da administração não havia previsto.

Depois de 1964, quando a aprovação do Civil Rights Act levou à criação da Equal Employment Opportunity Commission (EEOC), teve início uma pressão para as corporações contratarem afro-americanos. Mas as transformações da cor do local de trabalho se tornaram mais significativas com a militância nos anos seguintes. Em estudos da época, diretores relatam que as rebeliões urbanas de negros em todo o país os atingiam de modo mais sério. "Os tumultos afetaram a atitude de todo mundo", disse um funcionário branco, gerente de banco. "Eles precipitaram o entendimento do problema. Foi de maneira infeliz, mas funcionou. E essa maneira não é inusitada neste país – sempre foi violenta."⁸ Em 1972, o Congresso aprovou a H.R. 1746, que deu à EEOC o poder de processar judicialmente as empresas relutantes. Programas de ações de inclusão se espalharam pelas empresas, e as contratações e promoções de negros aumentaram drasticamente.

As resistências e o desconforto vieram logo a seguir. Estudos sociológicos confirmaram o indiscutível racismo de gerentes brancos. "Só ouço velhos clichês, como 'Não sei por que vocês, negros, querem ter tanto' e 'Vocês, negros, estão sempre se dando bem'", disse um gerente, negro, de uma grande fábrica. Outro, da mesma empresa, comentou o memorando de um diretor, extensivo a todos os funcionários, dizendo que "ele não queria mais negros em seu departamento porque eles eram preguiçosos e não trabalhavam".[9] Mais frequentemente, porém, parecia que os funcionários expressavam um medo eufemístico ou mal disfarçado da mudança no ambiente, nascido diretamente da velha pressão por conformidade e coesão social, pela qual o ambiente do escritório era famoso. Empregados negros, além dos negros em geral, geralmente se viam enfrentando vagas correntes de preconceito. Em consequência, eram mais sujeitos a paranoias e grandes apreensões, muito mais agudas do que a vida no escritório realmente tendia a proporcionar. Nunca eram convidados a participar de festinhas ou almoços de trabalho. Uma mulher, negra, relatou que os colegas "nunca me convidam para conversas informais, nem reuniões, nem almoços, e muitas vezes discutem temas relativos ao meu trabalho".[10] "Eu via jovens brancos entrando na organização, e outros brancos os chamando de lado e contando coisas, trocando informações", disse um gerente negro, lembrando seus primeiros dias na empresa. "Via os novos brancos interagindo com pessoas que eu nem conhecia. Isso nunca foi feito comigo, ou por mim. Agora me sinto realmente um estranho." Mas, devido a seu isolamento, ele não soube ver imediatamente o que significavam essas ações: "A princípio – mas não durou muito – não atribuí meus estranhos sentimentos ao racismo. Achei que era eu! Achei que estava fazendo algo errado."[11] Somente quando esse mesmo gerente começou a falar dessas preocupações a outros trabalhadores negros na companhia, ele teve a confirmação do mesmo tipo de preconceito: "Maravilha! Olha, eu me senti... *bem*! Fiquei aliviado. Não era só eu!"[12]

Não era só eu: embora o sentimento específico de ser um gerente negro numa corporação de brancos causasse uma espécie muito particular de isolamento, o sentimento de estar sozinho e responsável pelo próprio destino era mais recorrente no ambiente do escritório em geral. A presteza em se culpar por falhas e erros era uma forte tentação. Isso se devia, em parte, aos prognósticos otimistas sobre o trabalho do conhecimento e a crescente importância da formação acadêmica. Figuras dinâmicas nos anos 1960 e 1970, como Drucker e o economista Gary Becker (que cunhou o termo "capital humano"), defendiam que a educação levava naturalmente a um emprego, e que uma população com maior nível acadêmico levaria a empregos melhores e mais selecionados.

Mas no trabalho em escritório isso mostrou ser, não apenas falso, mas espetacularmente falso. O mundo do colarinho-branco tinha mudado muito pouco, mas, de um modo geral, parecia estar menos exigente e mais racionalizado em muitos aspectos. No entanto, para conseguir emprego num escritório era preciso ter um nível de educação cada vez mais alto do que o estritamente necessário para a função. De fato, o crescimento dos empregos de colarinhos-brancos em 1970 atingiu mais os degraus inferiores da escada e não tanto o "trabalho do conhecimento" profetizado por muitos. E em diversas avaliações do trabalho de colarinho-branco – como num estudo de 125 agências de um banco em Nova York – o nível de educação e o nível de desempenho desses funcionários eram *inversamente* relacionados.[13]

Os escritórios estavam cada vez mais cheios de funcionários com alto grau de instrução, cujas expectativas tomavam cada vez mais a direção oposta às suas reais possibilidades de progresso. E o paradigma das "relações humanas" ia perdendo a capacidade de tranquilizá-los. A educação tinha o poder de criar uma certa aura em torno do trabalho em escritório, à qual o escritório não correspondia. Entretanto, em vez de criarem um frustrado "proletariado dos colarinhos-brancos" e exigirem mudanças, as pessoas tendiam a se culpar ao mesmo tempo em que culpavam (para usar um termo do movimento estudantil) "o sistema". Numa entrevista, um gerente de multinacional chamado Howard Carver denunciou a "aridez, a politicagem mesquinha e a assustadora disputa pelo poder" desse seu mundo. "O fato é que a empresa, a burocracia, só pode usar uma pequena parte da competência de um homem e, contudo, exige tanto em termos de tempo, lealdade, mesquinharia política, bobagens... a proporção de imbecis, de gente gastando tempo à toa, de escravos do relógio, de políticos mesquinhos e coelhinhos assustados, é tão alta aqui que até desanima, e já estou achando que somente os moleques fanfarrões e manipuladores espertos podem meter as garras para chegar a um cargo de gerente de nível médio." No entanto, esse mesmo homem atribuía a culpa de seu fracasso na carreira, sem perspectiva além de sua posição de gerente de nível médio, a um pequeno erro social ocorrido numa ocasião em que ele se perguntou em voz alta, na presença de um vice-presidente, quando o CEO iria finalmente se aposentar. Acontece que o vice-presidente era secretamente o braço direito, olhos e ouvidos do CEO na empresa. "Foi assim que estraguei tudo", ele diz. "Passaram-se dez anos desde esse dia, e mesmo subindo os degraus regulares, todos os bons cargos me escaparam." Foi um momento insignificante na política do escritório, mas, como ele conhecia o jogo, acreditava que tinha fracassado ali. No entanto, sua descrição final do mundo corporativo é sombria – tão deprimente quanto as histórias de operários de fábricas que recheiam *Working*, de Studs Terkel, longe das animadoras histórias do poder corporativo de meados do século:

> Olhei em volta... e o que vejo não é nem malevolência, nem conspiração, nem uma força sinistra operando no mundo com propósitos ocultos ou tentando dobrar o público à sua vontade, nem, pelo lado positivo que tantos levariam a acreditar, uma existência de trabalho árduo e compensador, um conjunto de desafios e altas emoções que pode exigir o melhor dos homens verdadeiramente bons, mas uma banalização do esforço e da aspiração humana numa trabalheira caótica e irracional, um desperdício de recursos humanos valiosos e, para muitos homens realmente inteligentes que têm tanto a oferecer, como eu tive um dia, um final de carreira num terreno árido.[14]

□

Externamente também o escritório estava mudando, refratando de maneira peculiar a má vontade em seu interior. Até os anos 1970, um ramo do "modernismo" arquitetônico – geralmente indicando o Estilo Internacional – havia prevalecido sem questionamentos, em termos quase monolíticos, em todo o país. Idealizadores, planejadores e políticos apoiavam o modernismo, ao mesmo tempo inflexível enquanto forma e adaptável a múltiplos propósitos, atendendo ao governo e às corporações, um estilo de mil utilidades, envidraçado, enquadrado – às vezes num concreto "brutalista" – em qualquer tipo de prédio. O edifício com envelope de vidro se tornou essencialmente inquestionável: a despeito da expansão do planejamento de espaços, poucos arquitetos deram qualquer atenção ao interior desses prédios.

Ao mesmo tempo, apesar de duas crises de petróleo, estagflação e, em 1982, um pico da taxa real de juros, a taxa de desemprego subindo a 10% e precipitando o que foi a pior crise econômica desde a Grande Depressão, o raio de ação do *boom* especulativo do desenvolvimento do escritório, deflagrado nos anos 1960, se expandiu implacavelmente pelos anos 1970 e 1980. Nada podia deter a obsessão pelo espaço dos escritórios. Nos anos 1970, foram acrescentados 5 milhões de metros quadrados de espaço de escritórios em Nova York, e mais de 4 milhões nos anos 1980. As duas torres do World Trade Center, os maiores edifícios do planeta, cresceram sem cessar, projetando uma enorme sombra na cidade, que, em meados da década de 1970, estava à beira da falência. Projetadas por Minoru Yamasaki, um dos maiores arquitetos do modernismo, as longas carreiras verticais de janelas pequenas e o rendilhado neogótico dos prédios foram então considerados por muitos críticos uma prova bizarra e anônima – para não dizer arrogante – da recente ênfase de Nova York nos setores financeiro e bancário da economia. Lewis Mumford descreveu essa enormidade como "gigantismo despropositado e exibicionismo tecnológico". E o crítico Charles Jencks via ali espectros do fascismo:

> O efeito de extrema repetição pode ser monotonia ou um transe hipnótico: certamente pode eliciar sentimentos do sublime e do inevitável, porque retorna incessantemente ao mesmo tema. Uma nota musical extensamente repetida, como no *Bolero*, não só atua como uma forma de tortura mental, mas também como uma chupeta de bebê. A arquitetura repetitiva pode induzir ao sono. Mussolini e Hitler a usaram como uma forma de controle do pensamento, sabendo

que, antes de ser coagido, o povo precisava ser hipnotizado e enfastiado.[15]

Quando abriram, em 1973, seus 930 mil metros quadrados de espaço não estavam totalmente ocupados, nem estariam por muitos anos a seguir. Em 1977, a cidade sofreu um apagão catastrófico. As torres assomavam sobre a cidade, apagadas, e eram como um símbolo mais ameaçador do que qualquer coisa sonhada por Kubrick em *2001*.

Os distritos de negócios no centro das cidades de todo o país construíam torre após torre, numa tentativa desesperada de reabastecer os cofres vazios com novos impostos corporativos. San Francisco, que durante anos fora uma cidade de alta densidade, mas de baixo crescimento, passou a capitalizar a crescente indústria de computadores, ao sul, e suas conexões com a economia da orla do Pacífico, a oeste, liderada pelo Japão. Em poucos anos adicionou uma quantidade exorbitante de espaço, desencadeando um movimento dos habitantes contra o que eles consideravam uma catastrófica "Manhattanização". Em 1981, a cidade já havia quadruplicado seu crescimento anual de espaço de construção comercial, passando de uma média de 53 mil metros quadrados, em 1964, para 200 mil metros quadrados por ano. Somente Boston tinha uma proporção mais alta de espaço comercial em relação à população. A própria linha do horizonte de Boston foi coroada com a vítrea superioridade da John Hancock Tower, de I. M. Pei, em 1976. Pouco depois de construída, ficou desconfortavelmente óbvio que a torre apresentava más condições estruturais, despreparadas para receber as gélidas rajadas dos fortíssimos ventos que varriam a cidade no inverno. Como cenas retiradas de um filme-catástrofe, grandes painéis de vidro da fachada começaram a afrouxar, se soltaram e despencaram, enchendo o asfalto de cacos de vidro. Mas o lento retorno das sedes corporativas aos centros metropolitanos não interrompeu a fuga das bases de produção e administração para os subúrbios (possivelmente fugindo das vidraças despencando na cidade). Uma *pastoralia* de parques industriais se expandia em corredores de acesso aos locais de trabalho com uma despreocupação delirante: o Raleigh–Durham–Chapel Hill Triangle, o Boston

Tech Corridor, Silicon Valey, e a faixa de acesso dos subúrbios do norte da Virgínia ao centro de Washington D.C.

À medida que o espaço do escritório crescia, sua disposição interna já dava sinais de uma mudança na maneira de pensar sobre a arquitetura – com implicações no modo de trabalhar das pessoas. Todos os preceitos do modernismo que tentavam legislar sobre o modo de viver, transitar e trabalhar estavam sendo atacados. Em 1961, Jane Jacobs lançou o monumental tratado *Vida e morte das grandes cidades*, um ataque devastador ao efeito do modernismo arquitetônico sobre a cidade norte-americana. Um breve contra os erros de planejamento e custo social dos programas de "renovação" urbana, *Vida e morte...* trazia uma ostensiva crítica estética à maneira pela qual o modernismo insistia em utilizar o espaço em superblocos – torres de escritórios e residenciais – contra a ordem natural, espontânea, e tradicional da vida das ruas. Enquanto alguns, como seu adversário político Robert Moses, criavam cidades apropriadas para carros, a cidade da imaginação de Jacobs tinha raízes em comunidades fortemente entrelaçadas, que dependiam da vida pedestre. Era uma versão das cidades mais inclinadas à interação face a face, a pequenos espaços públicos e baixo crescimento da densidade, em oposição ao crescimento da grandiosidade. Podem-se ouvir ecos dessa crítica no pensamento de Robert Propst sobre "encontros fortuitos" no escritório e sua ênfase num projeto flexível, "tolerante", que servia às necessidades humanas e não destruía a cultura preexistente.

Sem que tivesse essa intenção, a crítica de Jacobs pode ter se tornado uma das pedras fundamentais das vertiginosas estruturas que abrigavam todos os movimentos artísticos sob o termo "pós-modernismo". Seus primeiros proponentes vieram do campo da arquitetura. Pelas mãos de arquitetos e críticos como Charles Jencks e Robert Venturi, o modernismo – especialmente a figura de Le Corbusier – foi atacado por seu utopismo cego, sua tendência a ignorar contexto, escala e paisagem em favor de projetos de larga escala de reengenharia social. Jencks citou o infame fracasso de um projeto de habitação social, o conjunto Pruitt-Igoe em St. Louis, como a duplicação de finados do modernismo. "A arquitetura moderna morreu em St. Louis em 15 de julho de 1972, às 15:32 (ou por aí)", ele escreveu em *The Language of Post-Modern Archi-*

tecture, "quando o infame projeto do Pruitt-Igoe, ou melhor, várias de suas lajes receberam o *coup de grâce* da dinamite."[16] Jencks observa que o Pruitt-Igoe havia sido santificado pela organização de acólitos de Le Corbusier, o International Congress of Modern Architecture [Congresso Internacional de Arquitetura Moderna], e recebido um prêmio do American Institute of Architects quando foi inaugurado, em 1951. Consistindo em blocos de 14 andares, espaçados entre canteiros de folhagens, era um perfeito corbusiano. Mas, embora hospitaleiro para os ideais racionais, era visto por muitos como hostil às necessidades humanas. No correr do tempo, os prédios foram desmoronando e o crime dentro deles aumentou. Apesar da complexidade dos motivos para isso ter acontecido – muito por causa do desaparecimento dos empregos nas fábricas de St. Louis –, surgiu a lenda de que foi o *design* dos prédios que causou sua destruição a partir de dentro.

Os críticos extraíram daí a conclusão necessária: o modernismo era anti-humano. E era a arquitetura comercial que mais revelava isso. Para Jencks, o modernismo havia ignorado o contexto em tamanha extensão que modelava todas as construções essencialmente como um prédio de escritórios. Ele dizia que nenhum arquiteto parava para se perguntar: "Vigas em I e placas de vidro são apropriadas para moradias?" Ou quando, mais tarde, confundiram deliberadamente a linguagem da arquitetura para trabalhar e morar, não perceberam que "o resultado seria diminuir e comprometer essas duas funções, colocando-as em pé de igualdade: trabalho e moradia se tornavam intercambiáveis no nível mais banal, literal, e desarticulados num plano mais alto, metafórico. A harmonia psíquica dessas duas atividades tão diferentes permanecia inexplorada, acidental, truncada".[17]

Entretanto, a proposta dos pós-modernistas não era separar mais o trabalho e a vida, nem partir em busca de um maior purismo, e sim confundir tudo mais vigorosamente, num espírito brincalhão. Um dos documentos fundadores do movimento, *Learning from Las Vegas*, de Venturi (em coautoria com os arquitetos Steven Izenour e Denise Scott Brown), já dizia tudo no título. Em vez de proclamar a trágica pureza da arquitetura contemporânea, como faziam os modernistas, os arquitetos tomaram emprestada a paisagem histórica com uma espécie de negligência estudada, combinando num único prédio os estilos de seus antecessores neoclássicos e os motivos neogóticos (geralmente, preferindo mais o estilo *revival* ao original). Venturi, Scott Brown e Izenour deram especial atenção à paisagem vernácula e à cultura pop – hotéis kitsch, lanchonetes típicas norte-americanas, e até postos de gasolina e barraquinhas de cachorro-quente – que havia sido construída por empreiteiros ou construtores de segunda classe, e não por arquitetos famosos. A alegria dessa miscelânea era o que mais atraía Venturi, que a descreveu numa frase surpreendentemente arrogante como "complexidade e contradição na arquitetura". Embora tentasse parecer inculta e populista, o efeito de superficialidade era uma espécie de *diligens negligentia*, uma negligência cultivada: na verdade, o pensamento dos pós-modernistas era processado muito intencionalmente por um novo ramo de hiperteorização da natureza da construção (muitas vezes manchete do periódico *Oppositions*). Homens com formação modernista (praticamente todos eram homens) começaram a ficar famosos como pós-modernistas: Frank Gehry, Charles Moore, Robert A. M. Stern, Michael Graves, Peter Eisenman. Suas casas, assim como outros de seus projetos, eram deliberadamente ecléticos em pequena escala, fazendo genuflexões de boa vontade ao contexto da paisagem circundante. Suas posições, abertas a forças bizarras saídas da periferia, eram comparáveis ao movimento dos projetistas de escritório, cabendo aos ocupantes articular seus próprios espaços, bem à maneira do que esperava Robert Propst, cujo desejo era de que o funcionário do Action Office decorasse suas paredes para expressar sua individualidade.

Mas depois de implantado numas poucas casas, museus e prédios de universidades, o pós-modernismo assumiu um prédio de escritórios – um símbolo do poder corporativo – para consolidar sua chegada como força cultural. Uma figura emergiu das sombras para dar o tom dos novos edifícios de escritórios. Foi Philip Johnson, outrora parceiro de Mies van der Rohe, o homem que trouxe o Estilo Internacional aos Estados Unidos. Agora na casa dos 70 anos, calvo, e cada vez mais endiabrado, com grossos óculos redondos no estilo de Le Corbusier, ele sobrevivera aos modernistas que havia apoiado, e estava se defrontando com um futuro que o proclamaria um mestre vivo. Fossem quais fossem os fervores que o levaram a simpatizar com as barbáries do fascismo, e mais tarde abraçar os frios melindres do modernismo, ele tinha perdido. Em respeitável idade avançada, ele cultivava um foco de atenção sedutoramente frágil. "Minha direção é clara: tradicionalismo", ele dizia, no jeito aparentemente sentimental e severo, aforístico, do velho modernismo, para em seguida falar, com presumido recato e camaradagem, do hábito de combinar livremente vários estilos: "Eu tento pegar o que gosto através da história... Pego qualquer coisa, qualquer ponto no tempo e no espaço."[18] Fiel à convicção de que a verdade não era encontrada, mas produzida por uma determinada personalidade, ele desenvolveu uma *persona* ostentatória, muito comentada entre amigos seletos e reproduzida numa mídia lisonjeira. "A arquitetura, basicamente, é algo mais apto a ser executado por papas, reis e generais do que por aprovação pública", disse Johnson certa vez, ao explicar seu modo de trabalho, "e por isso estou interessado em fazer coisas grandiosas."[19] Johnson foi o centro das atenções no restaurante Four Seasons, no Seagram Building, projetado por ele. A iluminação teatral era perfeita para realçar o almoço dos mais poderosos no mundo da arquitetura. Comissões iam ao seu encontro lá, e ele esbanjava generosidade com os jovens arquitetos que se amontoavam à sua volta. De um modo até então invulgar, a figura do arquiteto revolucionário tornou-se uma celebridade.

Quando a American Telephone and Telegraph Company – AT&T, popularmente conhecida como Ma Bell – lhe encomendou o projeto de sua nova sede em Nova York, a escolha foi perfeita. A referência brincalhona e inteligente de Johnson ao passado da arquitetura fez dele um paradigma da revolta pós-modernista e, ao mesmo tempo, um veículo natural das corporações que queriam expressar um poder renovado. Qualquer ethos futurista, corporativo, antes expressado pelo modernismo, já não existia, dissipado em meio à confusão de caixas pretas e centros civis cinzentos que agora todo mundo odiava. Vidro e concreto eram os veículos da burocracia, do claudicante estado de bem-estar norte-americano que, nos anos 1980, um presidente ousado teve o tremendo encargo de desmantelar.

O projeto apresentado por Johnson (sob a égide de sua firma, Johnson/Burgee) foi o mais admirado e injuriado da nova década, um símbolo consumado de uma nova cultura corporativa. Seguindo os antigos mestres do arranha-céu, como Burnham e Sullivan, o edifício era dividido como uma coluna, em base, fuste e capitel. A sede original da AT&T, de 1922, também era um arranha-céu clássico como esse, prodigamente revestido em mármore, bronze e alabastro, salpicado de uma profusão de colunas ornamentais.[20] Johnson, portanto, fez um retorno aos 1920 quando decidiu cobrir a estrutura de aço não com revestimento de vidro, como se usava, mas com acres de granito róseo. Consistindo em painéis enfileirados de até 25 centímetros de espessura, a fachada apresentava um rico fulgor ao sol durante os longos meses de verão de Manhattan, e exigiu o apoio de 6 mil toneladas de aço a mais que o normal.[21] Outros aspectos do prédio também eram exagerados. Johnson alongou verticalmente a base do edifício, fazendo dela uma *loggia* grande, bocejante. O saguão era uma entrada talvez mais suntuosa do que qualquer outro edifício da cidade. Era um edifício de 38 andares com altura de sessenta.[22] Em vez de criar um espaço público aberto, como ele e Mies tinham feito anteriormente no Seagram Building, Johnson abriu um corredor emoldurado por colunas. Mais tarde ele diria que aquele espaço "foi basicamente talhado para a AT&T – é um espaço imperial. A AT&T não queria lojas de lingerie no saguão. Eles disseram 'Faça dele a porta de entrada do nosso império. Vamos fazer com que as pessoas fiquem impressionadas ao entrar'".[23] E num gesto malicioso e muito controverso Johnson cortou ao meio o frontão, tradicionalmente inteiriço, criando um arco invertido, escavado no ar, chamado de Chippendale em alusão ao moveleiro inglês do século XVIII que tinha essa assinatura. Imediatamente, isso tornou o edifício o mais reconhecível e infame acréscimo à superlotada linha do horizonte de Manhattan, o que lhe valeu o apelido de Chippendale Building. George Nelson, já idoso, fez um comentário favorável ao dizer que "já era mais que tempo de botar uns troços no topo".[24] O mordaz crítico Michael Sorkin, do *Village Voice*, tinha um vocabulário mais rico. "Para ir direto ao ponto, o edifício é uma droga", ele escreveu em sua coluna. "O tal de estilo 'pós-moderno' com que a AT&T foi fantasiada é simplesmente uma tentativa sem graça de disfarçar o que é de fato o mesmo velho prédio travestido na onda da semana, querendo se esconder por trás da fama de mortos inocentes."[25]

O projeto e a inauguração do AT&T Building ganharam uma cobertura da mídia de tal monta que não se via desde a inauguração das instalações de pesquisa da GM, em 1950. A foto de Johnson foi capa da revista *Time*: sério, casacão de lã cinza jogado sobre os ombros como um manto, tendo nas mãos uma miniatura da fachada do AT&T Building, como Moisés segurando as tábuas da lei: era Johnson conduzindo seus filhos no êxodo da tirania do modernismo para a terra prometida da fartura dos contratos de construção. Michael Graves, frequentador de sua mesa no Four Seasons, foi contratado em 1982 para projetar o Portland Municipal Services Building em Portland, Oregon, graças principalmente à intervenção de Johnson. Na mesma cidade em que surgiu o Equitable Building, o primeiro prédio revestido de alumínio e vidro do Estilo Internacional, assinado por Pietro Belluschi, o Municipal Services Building, de Graves, era um sonho extravagante em terracota e azul-marinho, numa versão ainda mais audaciosa do pós-modernismo do que a torre corporativa de Johnson. Ao projetar o prédio baixo e achatado, enquanto o da AT&T era delgado e altivo, Graves levou a forma aos limites do absurdo. A fachada foi salpicada de janelas quadradas deliberadamente pequenas, algumas com menos de um metro quadrado, e elas se amontoavam em torno de um pano de vidro central, ladeado por duas colunas de sete andares de altura que formavam uma desavisada cruz litúrgica. Ladeando a cortina de vidro, dois conjuntos de falsas colunas marrons de sete andares culminavam em outras duas figuras com forma semelhante à pedra-chave de uma abóbada, ladeadas por faixas azuis e douradas no estilo de premiação de concursos em quermesses do interior. Até Belluschi, então com 80 anos, chamou o prédio de "*jukebox* aumentada" e "enorme embrulho de presente de Natal enfeitado com fitas", que ficaria melhor nas avenidas de Las Vegas do que na sóbria Portland.[26] Era o tipo de ataque que os pós-modernistas adoravam.

Como os funcionários de escritório encaravam as pretensões dos arquitetos? No edifício de Graves, não muito bem. A deliberada maluqui-

Philip Johnson com o AT&T Building. *Time & Life Pictures*

ce que o levou a colocar janelas tão pequenas afetou os ocupantes do plano aberto central, cheio de cubículos, pouco brindados com luz natural. No AT&T Building, porém, Johnson estava ciente de que precisava atrair funcionários moradores dos subúrbios de Nova York, e copiou, com sucesso, todos os chamarizes do campus corporativo suburbano. Além de consultório médico, academia de ginástica e várias cantinas, o edifício tinha um impressionante "*sky lobby*" da altura de dois andares, uma entrada que ficava cinco andares acima do térreo, onde os funcionários saíam de um conjunto de elevadores para entrar em outro, cercados por paredes de reluzente mármore branco. Os andares de escritórios, cheios de cubículos rodeados por corredores para as salas privadas, tinham três metros de altura, oitenta centímetros a mais que o padrão, e a área central ficava apenas a nove metros da periferia enjanelada, proporcionando aos funcionários uma boa quantidade de luz natural. Além dos painéis fluorescentes no teto, um toque simpático lhes permitia também ajustar a iluminação conforme as tarefas. É claro que, dada a propensão imperial da AT&T, havia uma grandiosa escadaria para os três andares de executivos, cheios de reproduções de painéis e ornamentos georgianos.[27]

Pouco depois de surgir, o AT&T Building passou a simbolizar a mudança do local de trabalho norte-americano de um modo muito diferente do que seus proprietários e projetistas imaginaram. Uma ação antitruste contra a AT&T em 1974 foi concluída em 1982. A companhia, que detivera o monopólio de telecomunicações nos Estados Unidos por muitas gerações, perdeu. Seu novo edifício foi inaugurado em 1984, justamente quando recebeu uma intimação judicial de alienação de bens. A AT&T vendeu dois terços dos ativos, e nos primeiros dois anos de alienação demitiu 56 mil funcionários. Entre 1984 e 1992, foram demitidos 107.291 empregados sindicalizados – uma das maiores demissões jamais vistas no mundo dos negócios, numa década que veria muito mais demissões em massa.[28] Johnson havia criado espaços de trabalho flexíveis, com sulcos no teto projetados para facilitar o encaixe e a remoção de divisórias. Agora a reorganização da AT&T exigia abrir mão dos cubículos e das pessoas neles – ao mesmo tempo. A "flexibilidade", essa palavra sagrada no mundo dos negócios, passou a ter um significado sinistro. No final da década, com o país escorregando para mais uma recessão, a AT&T questionava a necessidade de ter uma sede corporativa com 1.500 empregados. Em 1992, a companhia pagou à cidade de Nova York os 14,5 milhões de dólares referentes a descontos em impostos a que não tinha mais direito. Muitos empregados foram transferidos para um prédio velho, e a muitos outros disseram que iriam "trabalhar em casa" – uma frase incomum, que a maioria jamais tinha ouvido. Inúmeros cubículos desocupados ficaram à disposição de quem precisasse usá-los. Ou então ficavam vazios.

□

"O estresse em minha vida está alto neste momento", escreveu um gerente da AT&T em seu diário, em 1983. "Principalmente por causa do emprego. O problema é que me vejo sozinho... Está quase impossível não ficar maluco... Às vezes acho que esse estresse é causado por mim mesmo, por meus escrúpulos... Nessa era de ambiguidade, incertezas e competições imoderadas, o gerente *realmente* dedicado pode até acabar morrendo de ansiedade, preocupação e o que essas emoções geram – estresse."[29] Era um homem da organização que se via confrontado com o colapso total de seu mundo. Apenas dez anos antes, os funcionários ainda acreditavam que eram essenciais à empresa – tão essenciais que alguns permaneceram no primeiro emprego até se aposentarem, subindo gradualmente os degraus. Mas uma nova geração de executivos, ameaçados pelas ondas de competição global da Alemanha e do Japão, e buscando cada vez mais lucros para os acionistas, quebrou as regras de ascensão. Todas as antigas certezas se dissolveram num instante.

No início dos anos 1980, a situação parecia tão desesperadora que pessoas de todas as classes, principalmente gerentes e candidatos à gerência, passaram a comprar livros sobre negócios. Até então esses eram objetos tão constrangedores que as pessoas os embrulhavam, ou deveriam embrulhar, em papel pardo, mas em 1982, o pior ano de recessão nos Estados Unidos, *In Search of Excellence*, de Tom Peters e Robert H. Waterman, foi comprado em tamanha quantidade que o livro, um estudo sobre companhias de alta performance, se manteve na lista de best-sellers por um ano inteiro. Isso, a despeito do fato de que, ao escrever o livro, como o próprio Peters admitiu, os autores não tinham "a menor ideia do que estavam fazendo".[30] Um ano antes, pelo mesmo motivo, os leitores haviam devorado o *Theory Z*, de William Ouchi – uma sequela, é claro, das Teorias X e Y de Douglas McGregor, que tanto haviam influenciado Propst –, um vislumbre do mundo empresarial japonês, cujos segredos pareciam ser a razão da rasteira dada nos Estados Unidos, economicamente falando. Esses livros e essas ideias estavam tão difundidos nos anos 1980 que foram encapsulados no filme de Mike Nichols, *Uma secretária de futuro* (1988). O longa-metragem começa com Melanie Griffith no papel da secretária Tess McGill, de Staten Island, chegando ao novo emprego e colocando seus livros na escrivaninha, entre os quais está *In Search of Excellence*, sinal de seu espírito empreendedor e de um desejo de destruição criativa. Mais tarde, ela deixa surpreso um investidor em potencial ao abordá-lo na festa de casamento da filha dele e, animadamente, tentar convencê-lo a fechar um negócio, com sedutores elogios à sua capacidade de visão, citando os pontos altos na área dos negócios nos anos 1980: "Você é o homem que... aplicou os princípios da administração japonesa enquanto os outros ainda se curvavam aos sindicatos, foi você que previu a quebra da Ma Bell a quilômetros de distância."

Contudo, as teorias eram frequentemente antitéticas à mensagem que as corporações norte-americanas pareciam extrair delas. Por exemplo: a teoria da administração japonesa, como Ouchi a apresentava, não era antissindicatos. Na verdade, Ouchi afirmava que qualquer tentativa da administração para repelir um sindicato daria aos empregados "maior prova da duplicidade da administração".[31] Ele observava (embora também com duplicidade) que as companhias japonesas haviam desenvolvido uma relação não adversária, mas de cooperação com os trabalhadores. Além disso, Ouchi falava apaixonadamente das políticas de emprego vitalício na corporação japonesa. (Essas, de fato, haviam sido influenciadas pelo pensamento americano desenvolvido pelo teórico W. Edwards Deming, que ensinara administração aos japoneses no período da reconstrução pós-guerra.)[32] Confiança abrangente e gestos simbólicos na direção do igualitarismo foram as chaves da administração japonesa. A "Teoria Z" era um modelo para aumentar o espírito de clã nas corporações e diminuir o autoritarismo da hierarquia. Ouchi defendia até um layout de plano aberto, em vez de salas privadas e divisórias, para expor mais claramente a confiança que os superiores deveriam ter nos subordinados. Também para Peters e Waterman o problema não estava, de maneira alguma, no fato de os norte-americanos precisarem lidar com os sindicatos ou com normas severas. Eles mostravam que os alemães tinham sindicatos mais fortes, e tanto os alemães como os japoneses tinham normas mais rigorosas.[33] Os autores concordavam com Ouchi, e com a maioria dos teóricos do design de escritório, com o fato de que um espaço mais livre e aberto era a chave para uma administração melhor. Tudo isso contribuiu para o sucesso desses livros. E tudo isso foi flagrantemente ignorado.

Houve uma mensagem que os norte-americanos obviamente extraíram desses livros: a necessidade de corte de pessoal, para chegar – no jargão de *In Search of Excellence* – a uma "forma esbelta". Antes de

Peters e Waterman, Ouchi já dissera que os japoneses eram parcimoniosos nas gradações gerenciais. Os norte-americanos precisavam chegar lá. E a única maneira de chegar era o corte. "Em muitas empresas, os números – tanto de níveis como de empregados – são assombrosos, diziam Peters e Waterman num dos momentos mais sombrios do livro. "Num esforço para competir com os japoneses, a Ford cortou mais de 26% dos gerentes de nível médio nos últimos dois anos. O presidente, Donald Petersen, acredita que isso é só o começo. Reduções em níveis e em pessoal na casa dos 50%, ou mesmo 75%, não são metas incomuns quando os empresários falam francamente sobre o que é desnecessário."[34]

As metas estavam corretas. Nas corporações dos Estados Unidos, a década de 1980 ficou conhecida como uma das piores em muitas gerações. Os anos 1990, possivelmente piores (pelo menos estatisticamente), de algum modo escaparam a essa designação – talvez porque então as pessoas já tivessem se habituado a essa prática. Nessas duas décadas, desapareceram os generosos benefícios e aumentos constantes de salários que haviam definido uma geração. Muito por causa das brutais demissões em massa, o número de operários de fábricas caiu do pico de 19,4 milhões em 1979, para 14,3 milhões em 2005. Uma entre três das quinhentas maiores fábricas do país em 1980 tinha desaparecido em 1990.[35] Uma orgia de fusões, aquisições e golpes corporativos, alimentada por manobras financeiras ignominiosas, eram temas permanentes de manchetes. O movimento sindicalista foi seccionado por novas corporações fortalecidas, e caiu de um pico de cerca de 35% da força de trabalho nos anos 1950 para 12,7% da força de trabalho hoje, pairando em cerca de 6% da força de trabalho do setor privado. A agressividade dessa era foi assinalada por uma ação governamental de incomparável espetaculosidade: a decisão de Ronald Reagan, em 1981, de demitir 11.345 grevistas do controle de tráfego aéreo, cujo sindicato tinha apoiado sua candidatura à presidência.

Muitos desempregos ocorreram nos setores do operariado, devido à desregulamentação governamental da indústria, ao fechamento de fábricas e à expansão das empresas para outros países. Quanto ao escritório propriamente dito, a insegurança estava à espreita, desde pelo menos meados de 1980. Por exemplo: em 1985, a *BusinessWeek* noticiou que no mínimo 1 milhão de empregos de colarinhos-brancos, ou "não produtivos", haviam sido eliminados desde 1979 por causa das grandes perdas no que chamavam de "chaminés da América". (Numa ironia especialmente ácida naquele ano, o *New York Times* noticiou que as empresas estavam reduzindo os quadros de economistas que trabalhavam dentro do escritório. No mesmo ano, o World Design Congress declarou o Action Office de Propst o projeto mais influente dos últimos 25 anos.) Mas permanecia o fato de que nos Estados Unidos o lado do escritório ainda era mais seguro que o lado da fábrica. Os funcionários eram repetidamente lembrados disso. A economia – como Propst, Drucker e tantos outros haviam prometido e continuavam a prometer – se tornaria perpetuamente mais "pós-industrial" e orientada para o saber. Máquinas e bens manufaturados podiam ser produzidos em qualquer lugar. A produção do saber, porém, próprio do caráter do colarinho-branco cada vez mais individualizado, era melhor nos Estados Unidos. Mesmo que o funcionário trabalhasse num cubículo, poderia ascender a uma sala confortável algum dia e, até chegar lá, suas paredes semipermanentes ainda eram melhores que o pavimento aberto cheio das máquinas dos operários, cada vez mais parecido com uma perigosa terra de ninguém.

No final da década, o que restava dessa fantasia foi se esfacelando. Em 19 de outubro de 1987, ou por esses dias, tudo mudou. A Dow despencou 23% num só dia e, na recessão que se seguiu, os funcionários de colarinho-branco, principalmente os gerentes e executivos no nível médio, foram percebendo que eram alvo do enxugamento em massa. Entre 1990 e 1992, 1,1 milhão de funcionários foram demitidos, excedendo pela primeira vez o número de demissões de operários. Nos dez dias seguintes à eleição de Bill Clinton, em 1992, o ritmo de demissões de colarinhos-brancos acelerou (General Motors, 11 mil empregos; BellSouth, 8 mil; Travelers, 1,5 mil; Chevron, 1,5 mil; DuPont, 1.243). A taxa de demissões no início dos 1990 acabou sendo mais alta que a dos piores anos da década de 1980.

As principais vítimas de cortes foram os gerentes no nível médio, os homens da organização (nos 1980, cerca de um terço era também mulheres da organização) que haviam definido os negócios norte-americanos nas décadas precedentes. Apesar das críticas à ideologia de pessoas com esse perfil, suas fileiras tinham engrossado nos anos 1970, crescendo duas vezes mais que os empregados dos níveis inferiores (auxiliares de escritório, datilógrafas, secretárias) da força de trabalho dos colarinhos-brancos. De fato, a taxa de aumento de gerentes foi duas vezes mais alta do que no restante da força de trabalho: 43,1%. Enquanto isso, em grande parte graças à automação, que acabou criando mais empregos para técnicos do que para o pessoal da produção, o emprego de operários de fábricas caiu consideravelmente. Em consequência, houve uma virada na proporção entre trabalhadores da produção e da administração. Depois da Segunda Guerra Mundial, cerca de três quartos dos empregados das corporações trabalhavam na produção, e apenas um quarto trabalhava na administração. Em 1980, esses números tinham se invertido.[36] No começo dos anos 1980, vendo o que ocorria na Alemanha e no Japão, que pareciam estar ganhando na competição com os Estados Unidos, os executivos norte-americanos constataram que havia naqueles países proporções muito menores de gerentes em relação a operários. As companhias norte-americanas pareciam gordas – e assim a expressão "aparar a gordura" tornou-se um dos milhões de eufemismos brutos ("enxugar", "reestruturar", e até "descontratar") usados pelos executivos para demissão em massa.

Mas o custo de dispensar os gerentes de nível médio foi muito alto, pois eles tinham sido a base da própria classe média norte-americana. A promessa de estabilidade, trabalho limpo e pagamento relativamente alto, tudo isso amarrado à lealdade à empresa, tinha dado estabilidade à política e ao trabalho norte-americano por duas gerações. O fato de que Tom Rath – famoso por *O homem no terno de flanela cinza* – podia recusar uma posição de executivo a fim de trabalhar menos e passar mais tempo com a família (e ainda assim ganhar dinheiro bastante para manter uma boa casa de subúrbio chique em Connecticut) era parte do sonho da classe média que os Estados Unidos haviam realmente estendido a milhares de homens e, cada vez mais nos anos posteriores, às mulheres. Nos anos 1980 e 1990, o mundo corporativo norte-americano quebrou o pacto de silêncio. Certamente, quando os contratos são tácitos, podem ser quebrados muito mais facilmente. O mundo do escritório, confortável, enfadonho, tão bem descrito em *Life in the Crystal Palace*, tornou-se um lugar mais amedrontador, regido por um profundo medo psicológico de ser demitido. Nos anos 1990, o medo não era apenas o efeito casual da reorganização do local de trabalho; era o objetivo. O CEO da Intel, Andy Grove, em seu clássico livro de teoria da administração *Only the Paranoid Survive*, foi sucinto a esse respeito e mostrou, maliciosamente, o contraste entre sua filosofia e a do defensor original da administração japonesa:

> O guru da qualidade W. Edwards Deming recomendou apagar o medo nas corporações. Tenho problemas com o simplismo desse *dictum*. O papel mais importante dos administradores é criar um ambiente em que as pessoas se dediquem apaixonadamente a vencer no mercado de trabalho. O medo tem um papel importante na criação e manutenção dessa paixão. Medo da competição, medo da falência, medo de estar errado e medo de perder podem ser fortes motivações. Como cultivar o medo de perder em nossos empregados? Só conseguiremos se o sentirmos também.[37]

O que havia sido um efeito colateral, supostamente não intencional, da reestruturação corporativa foi se tornando gradualmente um princípio empresarial. Sucumbindo a mais um dos seus muitos surtos de itálicos, Peters e Waterman escreveram que, enquanto trabalhadores, "*buscamos simultaneamente autodeterminação e segurança*".[38] Aconteceu que o novo escritório não oferecia nenhuma das duas coisas. E nada simbolizava mais esse mundo transfigurado do que seu mobiliário.

□

O sinal mais claro de problemas para um funcionário era perder sua sala. "Voltei à sede da empresa", disse um empregado da Kodak em plena fase de demissão em massa, nos anos 1980, "e logo vi que a companhia tinha realmente mudado. Minha sala no Texas era do tamanho de uma sala de estar, e eu tinha uma secretária num escritório privado, ao lado. Quando voltei a Rochester, tinha um cubículo, podia ouvir a conversa das duas pessoas ao lado, e ouvir a secretária, que ficava ali perto."[39] Peters e Waterman, assim como Ouchi, poderiam defender um arranjo físico de ambiente solto, em plano aberto, para a economia norte-americana, novamente competitiva. Em vez disso, as corporações responderam reservando as poucas salas restantes para uma elite privilegiada e amontoando todos os demais entre divisórias.

O novo ethos corporativo, feroz e inflexível, mudou a imagem do cubículo. Como dizia Propst, eram três paredes com o objetivo de liberar os funcionários, de lhes garantir autonomia e liberdade. Mas acabaram tomando a imagem que têm hoje: a baia revestida de tecido, inconsistente, meio exposta, onde o funcionário ficava esperando até, tempos depois, ser demitido. A mídia caiu em cima. Nas matérias da imprensa, a palavra "cubículos" raramente aparecia em digno isolamento: era prefaciada com inevitáveis epítetos: "sem janelas", "sombrios", "tocas de coelhos", "currais", "infernos". As pessoas trabalhavam numa "plantação de cubos", presas umas às outras em conjuntos padronizados de seis cubículos, que ficaram conhecidos como *six-packs*. O livro de Douglas Coupland, *Geração X*, definidor da época, cunhou a frase "baia de engorda", com um verbete de "dicionário" zombeteiro e sério: "Posto de trabalho em escritório, pequeno, confinado, instalado entre divisórias desmontáveis revestidas de tecido e ocupado por membros novatos na empresa. Denominado por analogia aos cubículos pré-abate usados pela indústria de matadouros de gado."

Para piorar as coisas, eles encolheram. Segundo um editorial da *BusinessWeek* em 1997, entre meados dos anos 1980 e 1990, o tamanho médio de um cubículo diminuiu 25%, ou até 50%. Ironicamente, esse tópico foi motivado pelos editorialistas da *BusinessWeek* ao serem "informados de que quase todos nós perderemos nossas salas dentro de um ou dois anos. Isso nos induziu a olhar mais de perto os cubículos, que são ocupados por uns 35 milhões dos 45 milhões de colarinhos-brancos no país".[40] A *BW* previu, não totalmente de brincadeira, que naquele ritmo o cubículo teria menos de um metro quadrado em 2097. Em 2006, quando o cubículo tinha sete metros quadrados, metade dos norte-americanos declaravam que o banheiro da casa deles era maior que o cubículo. Dá para pensar em que medida o extravagante crescimento dos banheiros norte-americanos, e das casas nos subúrbios chiques em geral, seria, em parte, uma reação contra o encolhimento dessas estações de trabalho, onde os proprietários desses banheiros passavam tanto tempo.[41] Outros, mais melodramáticos, comparavam os cubículos a prisões. A favor dessa analogia estava o fato de que certos sistemas prisionais, como no Texas, enfrentavam o problema da superpopulação nos presídios reduzindo as celas nos moldes do escritório de plano aberto, repleto de divisórias de cubículos.[42] Presidiários empregados pela companhia com o clássico nome dos anos 1990, Unicor (junção de palavras eram sempre sinal de uma fusão), foram encarregados da fabricação de divisórias de cubículos e, ocasionalmente, das cadeiras de quem ocupava os cubículos.[43] À noite, quando outros deixavam os cubículos para voltar para casa, os presidiários deixavam a fábrica para voltar aos seus cubículos.

As queixas do ambiente do escritório cresciam rapidamente. Os cubículos restringiam a circulação de ar e os funcionários adoeciam (isso foi chamado de síndrome do edifício doente).[44] Os chefes enriqueciam suas salas com aparadores e acabamentos em madeiras nobres enquanto impingiam mais cubículos aos funcionários.[45] Os empregados da Apple ficavam em casa porque não conseguiam trabalhar nos cubículos, que por causa disso foram eliminados pela empresa.[46] Numa companhia determinada a acabar com os cubículos, os empregados ficaram com medo de perder esse mínimo de privacidade.[47] Quando funcionários da IBM se viram espremidos em cubículos cada vez menores, entenderam que eram tão estreitos e míseros para que eles nem comparecessem ao local de trabalho e para que assim a empresa não tivesse que gastar dinheiro com espaço de escritórios.[48]

Foi no meio da grande febre dos cubículos nos Estados Unidos que apareceu seu poeta, com o nome modesto, apropriadamente insosso, de Scott Adams. Em meados dos anos 1990, suas tiras de quadrinhos *Dilbert* trouxeram algum consolo a milhões de colarinhos-brancos ao converter seu definhamento pelo tédio, dia após dia, em sátiras leves e concisas. As tirinhas satirizavam o trabalho em escritório com a autodepreciação necessária – pois ser Dilbert, como todo mundo era e é, significa ser rapidamente esboçado, basicamente inexpressivo e francamente condenado. "Trabalhei num cubículo por 17 anos", Adams escreveu em *The Dilbert Principle*, seu gigantesco best-seller de quadrinhos e falsos conselhos de negócios. "Muitos livros sobre negócios são escritos por consultores e doutores que não passaram muito tempo num cubículo. É o mesmo que escrever um relato em primeira mão da experiência de pioneiros do Oeste norte-americano baseando-se no fato de que você já comeu churrasco de costela e carne-seca. Eu, eu só roí uns ossinhos das sobras.[49] Tão importante quanto sua autenticidade foi o fato de que *Dilbert* veio numa forma – tirinhas diárias – que casava com a imutável regularidade da rotina do escritório. A tirinha chegava de manhã cedo, tal como o colarinho-branco, e o funcionário a aguardava ansiosamente. Os três quadrinhos da tirinha no jornal tinham um propósito, arremedando os contornos – até o formato de três divisórias – da vida no cubículo: apertada, quadrada, incolor, infinitamente replicável. Mas *Dilbert* estava se adaptando ao escritório que tanto satirizava, pois os quadros de lembretes, idealizados por Propst para criar individualidade, eram mais usados para afixar os quadrinhos de *Dilbert* nos cubículos. Não tardou a se tornar um acessório clichê do ambiente de escritório, junto com os onipresentes calendários, as canecas de café, os *mouse pads* e os bichinhos de pelúcia (tudo isso à venda na seção Cubeware da loja do *Dilbert* na internet). No fim da vida, Propst foi acusado de ser responsável por *Dilbert*. "Não tenho a mais leve sombra de culpa por Dilbert", ele disse. "O que os quadrinhos mostram é exatamente o que estávamos tentando aliviar e superar. Mesmo naquela época, já era um mundo Dilbert. Todo o nosso trabalho foi no sentido de expressar algo mais interessante."[50]

□

Imagine o que era trabalhar num escritório típico nos primeiros anos do microcomputador. Muitas pessoas nem precisam imaginar: elas estavam lá. Ou talvez alguns locais de trabalho tenham mudado tão pouco que suas instalações atuais sejam muito parecidas com as daqueles dias. O brilho ofuscante da luz fluorescente não compensa a falta de luz natural, a atmosfera reciclada é abafada, chegando a ser venenosa. Graças à crise energética dos anos 1970, os edifícios foram lacrados contra o excesso de sol e de ar fresco. Substâncias químicas de carpetes e materiais de construção, como amianto e formol, circulam impunemente, junto com doenças transportadas pelo ar.[51] O antigo clima tagarela do plano aberto podia dificultar a concentração, mas agora o silêncio conspícuo pairando sobre as divisórias, interrompido somente pelas batidas nas teclas, é consequência da firme supervisão. As máquinas garantem que os funcionários da entrada de dados façam o mínimo de digitação por segundo. Conversar, quanto mais se levantar para dar uma voltinha, resulta em erro. Até os caracteres verdes que aparecem nos terminais dos novos microcomputadores sugerem algum tipo de ameaça; noticiários falam diariamente de possíveis casos de radiação e de abortos causados por eles.

Os computadores e a automação trouxeram melancolia ao local de trabalho do colarinho-branco. A apatia dos funcionários vinha crescendo havia algum tempo, especialmente entre os burocráticos. *Work in America*, um relatório extraordinariamente franco de 1972 encomendado pelo governo Nixon, trazia uma sombria confirmação do descontentamento dos trabalhadores, tanto na linha de produção como diante da máquina de escrever. (Por esse motivo, Nixon tentou suprimir o conteúdo do relatório.) "Secretárias, funcionários e burocratas foram outrora gratos por terem sido poupados da desumanização da fábrica", diziam os autores do relatório, mas "hoje, o escritório, onde o trabalho é segmentado e autoritário, é frequentemente uma fábrica. Em um crescente número de empregos, pouco há a distingui-los além da cor do colarinho: equipes de datilografia e de perfuração de cartões de computador têm muito em comum com a linha de montagem de automóveis."[52] O pagamento do funcionário administrativo caiu abaixo da média do operariado. A rotatividade era alta, e o número de sindicalizados aumentava. A administração estava bem ciente da apatia: uma pesquisa indicou que, a seu ver, os funcionários estavam produzindo apenas 55% do seu potencial. Um dos motivos citados foi o "tédio com serviços repetitivos".[53]

O efeito do microcomputador foi ambíguo: aquele aparato profundamente transformador também parecia deixar tudo na mesma. Uma das diferenças foi quebrar a "monogamia do escritório" (na expressão da jornalista Barbara Garson) entre as secretárias e seus chefes – o tradicional relacionamento da "esposa de escritório", que se mantinha firme desde os primeiros dias da entrada das mulheres na força de trabalho. Companhias como a IBM passaram a promover o conceito de um "centro de apoio administrativo", onde "originadores de comandos" (gerentes) poderiam enviar suas requisições para preenchimento por "especialistas" (digitadoras em processadores de texto). É claro que sempre existiram equipes de datilógrafas, e o barulho nem diminuiu com os processadores de texto. "A impressão final é tão boa... tem melhor resultado que o de uma sala cheia de velhas máquinas de escrever", disse uma especialista.[54] Só que o nível de controle oferecido pelos grupos de processadores de texto era melhor. A digitação podia ser monitorada e a velocidade e o progresso do funcionário podiam ser medidos. Todo o controle pessoal que o antigo relacionamento secretarial parecia oferecer foi suprimido do serviço. Em certo sentido, aquela era uma espécie de libertação de velhas restrições; por outro lado, não levava a um maior controle pelos funcionários, mas a um menor.

Parecia apenas uma questão de tempo para que a frieza do novo local de trabalho gerasse a revolta dos descontentes: empregados estacionando carros nas vagas dos executivos, destruindo terminais de vídeo, rasgando as divisórias dos cubículos para erguer barricadas. E em alguns poucos casos houve *mesmo* tiroteios, e as chamadas nos noticiários usavam a expressão "fúria cubicular". Mais frequentemente, porém – ao modo típico dos funcionários, ou talvez dos norte-americanos –, a resistência à rotina e à degradação do trabalho tomava a forma de apatia e vagarosidade, roubando tempo e controle do trabalho em vez de exigi-lo. Funcionários dos centros de processamento de cartões do Citibank, obrigados a atender clientes em menos de dois minutos, costumavam desligar a chamada para não estourar o tempo. Nas companhias de seguros, responsáveis pelo processamento de sinistros digitavam dados falsos no computador para cumprir a meta do dia. Em qualquer escritório, as pessoas ainda conhecem bem essas resistências cotidianas à rotina.[55]

Certamente, essa espécie de resistência era limitada, pouco frequente e desorganizada. O escritório que emergiu dos anos 1980, por mais que fosse eficiente no trabalho, trouxe uma nova noção de possibilidade "empresarial" para alguns poucos, e isso parecia bastar para muitos. A figura badalada do momento, exaltada nas revistas lançadoras de tendências, "o yuppie", correspondia a um verdadeiro tipo social. Afrouxamento das normas bancárias, sindicatos enfraquecidos e arranha-céus de granito se combinavam para dar à vida corporativa um sentimento peculiar de alegria nas pessoas cuja voz era mais alta ao sancionar a economia norte-americana transfigurada, desindustrializada. O correlato da insegurança dominante na massa de trabalhadores era a euforia de um punhado de executivos. Com a figura do gerente de nível médio em declínio, as organizações *pareciam* estar abertas ao mérito. A esperança de poder ascender, se destacando da multidão, e chegar à suíte executiva por meio de uma hábil manipulação da política do escritório se tornava mais forte para aqueles ainda não dominados pela apatia. Essa crença, predominante, manteve nos escritórios um funcionamento muito mais forte do que qualquer supervisão mecânica instalada nos novos sistemas de computadores.

Os yuppies, que os sociólogos chamaram de "classe gerencial-profissional", não costumavam reclamar dos cubículos; ou sabiam que algum dia passariam dali para uma sala. Os bancos de investimentos – até os anos 1980 considerados uma atividade relativamente sossegada e fastidiosa – tornaram-se a assinatura da indústria da época. Como Karen Ho mostrou em sua granular e sensível antropologia dos banqueiros, *Liquidated*, a frenética cultura banqueira foi parte de sua mística desde a revolução do valor do acionista: as horas de trabalho insano nas salas de negociação abarrotadas de gente, e a grande maioria de homens, às vezes em módulos de seis cubículos com divisórias baixas, fizeram a atmosfera dessas agências bancárias tradicionalmente acaloradas e fraternais. O banco de investimento observado por Ho era típico: um espaço aberto como os de outrora, com um portão de plástico afixado à entrada, como uma espécie de brincadeira. "Lá dentro, escrivaninhas, prateleiras e o chão cheio de folhetos de gráficos de análises financeiras, apresentações em PowerPoint, velhos fichários com negociações anteriores, para não mencionar latas de refrigerantes, bolas de futebol americano, sacolas esportivas, pesos, mudas de roupa, desodorantes, e um terno extra pendurado, caso fosse preciso usar um."[56] Cada vez mais se recrutava pessoal saído das melhores universidades, que tomaram o lugar da "velha guarda do *network*" que até então compunha as fileiras das finanças, e trouxeram ao local de trabalho um culto à "esperteza": uma parte de inteligência reconhecida misturada a várias partes de atitude e confiança de "senhor do universo". A esperteza se sobrepôs à burocracia.

A importância da inteligência nesse novo local de trabalho de "conhecimento" foi tema de *Uma secretária de futuro*. O filme começa num escritório de banco bagunçado e dominado por homens, não diferente do cenário descrito por Ho em *Liquidated*. Mas Tess McGill sai daquele local de trabalho e acaba subordinada a uma mulher. Inicialmente, sua chefe, Katharine Parker (Sigourney Weaver), parece se interessar pelo que Tess pensa. "Aprecio suas ideias e quero ver o trabalho duro recompensado. Em minha equipe a rua é de mão dupla", ela diz. É uma das muitas evocações pungentes da linguagem comercial clichê e, por ser clichê, o público (ou a própria Tess) sente imediatamente o cheiro da falsidade. Pouco depois vemos Katharine roubando todas as boas ideias de Tess. A grande virada acontece quando Katharine sofre um acidente esquiando em outro país, e Tess passa a fingir que *ela* é a chefe. Tess vai morar no apartamento de Katharine, veste as roupas de Katharine, vai às festas para as quais Katharine é convidada e chega a entrar de penetra em um casamento para o qual nenhuma das duas tinha convite, só para ter acesso a magnatas que, não fosse isso, jamais se dariam ao trabalho de saber seu nome. No fim do filme sua farsa é exposta, e um grande investidor oferece a Tess um cargo de gerência por causa de sua "iniciativa". O filme parece dizer que a política do escritório pode ser um jogo de tanta habilidade que, bem jogado, pode valer como mérito.

Outro ponto que o escritório podia ter a seu favor era o isolamento. Quaisquer que fossem os terrores do trabalho na linha de montagem, havia o efeito não intencional de obrigar as pessoas a ficarem no mesmo pavimento. Geralmente, os empregados entravam e saíam às mesmas horas, e passavam o dia inteiro juntos. Poucos tinham a ilusão de serem "promovidos" a chefes da fábrica. Era uma situação em que as pessoas poderiam se organizar, ou pelo menos conversar sempre umas com as outras. O trabalho em escritório tendia a esvaziar o relacionamento entre as pessoas. O individualismo inerente ao escritório – com o qual a diretoria contava desde a explosão dos sindicatos nos anos 1930, como vimos – também encontrou expressão no trabalho e no design. Estar ligado a um computador significava, como os entusiastas enfatizavam, estar conectado a uma rede invisível muito mais ampla e poderosa que qualquer relacionamento meramente pessoal. Mas na prática diária, e certamente antes da difusão da internet e dos laptops, as pessoas ficavam tão presas ao terminal de vídeo quanto aquelas acorrentadas às linhas de montagem. E, para a maioria, o alcance das atividades disponíveis no computador era altamente limitado – tão limitado quanto um livro-razão para o pessoal da contabilidade num escritório taylorista nos anos 1920. O cubículo teve o efeito de colocar as pessoas tão perto umas das outras que chegou ao ponto de criar sérios aborrecimentos sociais, e separá-las a ponto de não sentirem que estavam realmente trabalhando juntas. Tinha todas as desvantagens em termos de privacidade e sociabilidade, e nenhum benefício proveniente de qualquer das duas. A situação ficou ruim, e chegou a tal ponto que ninguém queria que o cubículo fosse retirado. Até aquelas três divisórias proporcionavam uma espécie de lar psicológico, um lugar que podiam chamar de seu. Todos esses fatores intensificavam a terrível solidão do funcionário.

□

Apesar de tudo isso, o descontentamento *realmente* transbordou e virou protesto, começando no local do trabalho mais enfadonho, rotineiro e, portanto, talvez paradoxalmente, onde a proximidade era mais forte: entre as secretárias. Aglomeradas em grandes cavernas durante gerações, condenadas a uma posição da qual jamais poderiam subir, as secretárias tinham todo o direito de alegar ser o proletariado do escritório. Além disso, havia o grande e perpétuo crime de seu sexo, proibindo qualquer coisa semelhante à igualdade de oportunidades no local de trabalho. Os poucos secretários recebiam mais pelo mesmo trabalho e eram isentos das degradantes intimidações que eram *de rigueur* para sua contraparte feminina – situações das quais, poucos anos antes, Helen Gurley Brown dissera a elas que tirassem vantagem.

Os sinais de descontentamento eram poucos e esparsos, mas graças à tremenda cobertura da mídia, começaram a crescer muito. No infame protesto de 1968 contra o concurso de Miss América, mais de 100 mulheres jogaram no lixo seus símbolos de sujeição – e entre sutiãs com enchimento, cílios postiços, entusiásticas revistas femininas, havia blocos de estenografia e manuais de datilografia.[57] Os protestos simbólicos aumentaram. Logo outras passaram a se esquivar da obrigação esperada de toda secretária: servir café para o chefe. Em 1973, Leonor Pendleton foi demitida por "incompetência, insubordinação e não obediência às instruções do trabalho", nas palavras dos chefes. Nas palavras do advogado dela, foi sua recusa "a seguir uma prática sexista baseada no errôneo estereótipo de que apenas mulheres, mesmo na situação do escritório, deveriam desempenhar tarefas domésticas".[58] Pendleton, uma das secretárias da equipe totalmente feminina do escritório, tinha se recusado a fazer café e lavar a louça. No mesmo ano, uma secretária numa base aérea da Marinha foi demitida por não fazer café. Em 1975, outra foi abordada no corredor por um homem que ela não conhecia lhe pedindo para trazer "quatro cafés fracos", e ela recusou. Acontece que o homem era vice-presidente da companhia. A secretária foi demitida vinte minutos depois.[59]

O que havia nesse fazer café – ou não fazer – que tanto incomodava funcionárias e chefes? Para as secretárias, era uma atribuição que nenhum manual mencionava. Supunha-se simplesmente que, como "esposas de escritório", elas saberiam que aquilo deveria ser feito. Era um pressuposto, que andava de mãos dadas com o pressuposto de assédio e desrespeito. "Meu chefe esperava que eu lhe levasse o almoço e o café, além de fazer pequenas tarefas pessoais para ele, na hora do meu almoço", disse uma secretária da CBS. "Ele fazia piadas constantes sobre minhas (e de outras secretárias) pernas, meus quadris e meus seios, assim como os outros homens."[60] Outra secretária comentou que as coisas eram assim mesmo:

> Nessa firma, os homens usam terno e gravata e ficam sentados nas salas, e as mulheres levam café, levam sanduíches e esquentam sopas para eles. Muitas dizem que não se importam de fazer isso, mas ao mesmo tempo elas *odeiam* fazer isso. É tradição. Elas têm medo de entrar e dizer "Sinto muito, não quero mais fazer isso". Os homens chegam a se levantar, ir ao encontro da mulher de pé ao lado do carrinho de café, enfiar uma moeda na mão dela e dizer "Pode me dar um fraco?". Sabe, eles estão *sempre marcando em cima*! Eles nos mandam "Tire xerox disso para mim" ou "Pode ir lá embaixo me comprar um maço de cigarros?".[61]

Assim o pressuposto básico dos chefes, de que as mulheres deveriam não só fazer o trabalho estipulado, bastante deprimente, mas também executar alegremente as tarefas "domésticas" no escritório, era o que tornava a obrigação do café, e coisas desse tipo, tão irritante. Era um insulto que piorava as coisas cada vez mais.

Finalmente, uma organização assumiu o controle. Em 1970, secretárias de uma firma de contabilidade em Boston, cansadas do modo com que seu trabalho era distribuído e organizado, se uniram para propor uma solução. Fizeram circular um memorando redefinindo as linhas da hierarquia e expandindo as responsabilidades – até então servis – das secretárias. Uma das responsáveis pelo memorando foi demitida. Poucos anos depois, ela se tornou membro fundadora da 9to5, uma organização de mulheres em trabalho burocrático que se alastrou por toda a cidade de Boston.[62] Uma das muitas organizações "locais" que surgiam em cidades de todo o país, a 9to5 foi chefiada pela carismática Karen Nussbaum, uma ativista pacifista da Nova Esquerda que havia sido atendente e datilógrafa em Harvard e logo ficou famosa. Conhecedora do poder da mídia, a 9to5 convidava a imprensa para todos os seus eventos, certificando-se de que até suas menores ações teriam cobertura. Lançaram uma publicação chamada *9to5 News*, que atraiu rapidamente 6 mil assinantes.[63] E deu início a um número impressionante de ações diretas para promover a meta de conquistar direitos das mulheres que trabalhavam em escritório.

Invasores do espaço 279

As secretárias adoram esse arquivo.
É do tipo forte e silencioso.

Gavetas de arquivo abrindo e fechando o dia inteiro fazem muito barulho. Tanto que a moça tem que tomar aspirina.

Assim, desenhamos nosso arquivo com gavetas que não batem nem rangem.

Outro ponto ótimo de nossas gavetas de arquivo. Elas podem ser totalmente abertas. A pasta de "zebra" é tão fácil de retirar quanto a de "aardvark".

Nosso arquivo não tem nada de fraco nem de pequeno. É fabricado para suportar volumes grandes e pesados sem perder o alinhamento. Você sabe o que acontece quando um arquivo perde o alinhamento. Ele trava.

Nosso arquivo "500" tem aparência lisa e bonita. Agradável ao olhar. Nenhum puxador espalhafatoso nas gavetas. E você não precisa de uma lupa para ler as etiquetas.

Com duas, três, quatro ou cinco gavetas. Tamanho ofício e carta. Nas cores cinza, preta e bege.

Os móveis da Art Metal são lindos e funcionam lindamente – um sólido investimento da administração. Teremos prazer em lhe enviar um catálogo dos arquivos "500", informando os pontos de venda. Escrevanos hoje. Entraremos em contato imediatamente.

ART METAL INC
JAMESTOWN NEW YORK

© 1967 ART METAL INC., JAMESTOWN, N.Y.

Anúncio numa *BusenessWeek* de 1967: o tipo de imagem que incitava ao feminismo no escritório.

Uma das atividades típicas das participantes da 9to5 era subverter a hierarquia do escritório, manifesta no layout e no design. Afinal, ninguém sabe melhor como um escritório expressa status e privilégios do que uma secretária acorrentada a uma mesa de metal no ambiente barulhento do setor de datilografia. Numa dessas ações, um grupo de universitárias conseguiu marcar uma reunião com o vice-presidente da área de recursos humanos (após oito meses de tentativas). Elas chegaram antes dele. Naturalmente, a mesa estava colocada no estilo executivo, de costas para uma parede distante, com janelas enormes de cada lado, de modo que os raios de sol batessem diretamente nos olhos de quem estivesse sentada defronte ao vice-presidente. Isso tinha o objetivo, é claro, de transmitir a imensa autoridade dele. A líder do grupo disse: "Não gosto do sol batendo nos olhos, vocês gostam?" Então, o grupo se sentou atrás da mesa, de modo que, quando o vice-presidente entrou, ficou desconcertado ao encontrar uma fila de mulheres ocupando a posição reservada a ele. Ele se sentou no único lugar disponível – uma cadeira comum. Num exemplo similar, em Chicago, em 1975, um grupo de secretárias de um escritório de advocacia protestou contra o projeto de instalar um maior número delas num espaço menor, em cubículos. Fizeram circular uma petição que forçou os advogados a rever o projeto. "Acredito que é realmente a primeira vez que o Comitê Administrativo se sentou para deliberar sobre as secretárias como pessoas", disse uma delas. "E o fato de terem chamado os arquitetos para retornarem às pranchetas é muito importante."[64]

A revolta secretarial ganhou repercussão quando o clássico filme feminista produzido por Jane Fonda, *Como eliminar seu chefe* [*9 to 5*] surgiu nas salas de cinema. A farsa satírica sobre discriminação sexual no escritório retrata três funcionárias (Lily Tomlin, Dolly Parton e Jane Fonda) que são alvo de desaforos imerecidos e atenções indesejadas por parte de um homem a quem chamam apenas de "o chefe" (Dabney Coleman). Certa noite, meio chapadas depois de fumar um baseado, elas fantasiam meios de ir à forra, amarrá-lo pelos pés e mãos, atirar nele com um rifle de caça e – é claro – pôr veneno de rato no café dele. Uma série de imprevistos mais ou menos implausíveis no complô resulta no aprisionamento do chefe em sua própria casa, mantendo-o num cativeiro sadomasoquista, enquanto elas assumem o local de trabalho e instituem reformas, novas para a época: horário flexível, trabalho compartilhado, creche no local de trabalho. Num animado debate sobre a íntima ligação entre ambiente e trabalho, elas chegam a remodelar todo o escritório. No fim do filme, o espaço aberto da datilografia, cinzento e com as usuais fileiras cerradas de escrivaninhas, é mudado para uma mescla serpenteante de divisórias variegadas, plantas viçosas e escrivaninhas dispostas em ângulos não ortodoxos. A visão do espaço de trabalho liberado oferecida pelo filme é de fato uma *Bürolandschaft*, uma paisagem de escritório.

Impressionante é o fato de que todos esses detalhes – exceto amarrar o patrão – foram tirados de experiências das funcionárias. Para saber o que as secretárias pensavam do trabalho, Jane Fonda foi à filial de Cleveland da organização Women Working para conversar com a diretora, Nussbaum. Acompanhada de uma roteirista, ela passou a noite conversando com quarenta funcionárias, e daí surgiu o enredo. Nussbaum e Jane Fonda fizeram juntas um tour para divulgar o filme. "Foi o melhor exemplo que já vi da cultura popular ajudando a levantar a organização e o movimento", Nussbaum diria mais tarde. "Foi preciso lutar muito por essa questão de haver discriminação ou não, e então Jane Fonda faz um filme que zomba da discriminação no local de trabalho e põe fim à discussão, porque as mulheres haviam sido preparadas para tal, sentadas em suas cadeiras, estando prontas para entender as coisas desse ponto de vista, e o filme deu o golpe final, mostrando o comportamento dos chefes e a discriminação como objeto de ridículo."[65]

Contudo, em retrospectiva, *Como eliminar seu chefe* pode também ter levado à morte o movimento que queria promover. O filme faz da discriminação sexual o tema central do local de trabalho e sugere que a eliminação dessa prática pode fazer do local de trabalho uma utopia. A mensagem principal que o filme parece conter é que a flexibilidade do horário de trabalho e o fim do assédio bastariam para garantir a liberdade das funcionárias. Mas as organizações como a 9to5 queriam algo mais. Pareciam prometer que, se as mulheres que trabalhavam em escritórios se organizassem, poderiam de fato conseguir locais de trabalho mais humanos. Sexo e classe andavam juntos, já que a discriminação sexual havia criado uma "classe trabalhadora" por gênero dentro do escritório. De acordo com uma série de entrevistas com funcionárias ligadas ao movimento, o racismo também era uma questão que elas queriam abordar, e obviamente consideravam o próprio trabalho em escritório, independentemente do gênero de quem estava trabalhando, um pesadelo. Numa pesquisa realizada em 1981 com funcionárias de escritório, as respostas de 52% indicaram a "falta de promoções e aumentos" como a maior queixa. A isso se seguiu "salário baixo", "trabalho monótono e repetitivo", "não participação de tomadas de decisão" e "excesso de trabalho/horas extras".[66]

Graças à discriminação sexual, as mulheres eram realmente inseridas em empregos desinteressantes e degradantes. Mas, ainda que elas fossem tiradas daquelas posições, aqueles empregos não deixariam de existir. *Uma secretária de futuro*, em muitos aspectos mais conservador do que *Como eliminar seu chefe*, reconheceu isso. A Tess de Melanie Griffith sofre discriminação sexual no começo do filme, mas sofre ainda mais por causa de sua classe – indicada acima de tudo pelo sotaque viscoso e denso de Staten Island –, que a coloca num papel de secretária que ninguém leva a sério. É graças à revolta secretarial – ou ao feminismo de um modo geral – que as mulheres são capazes de assumir algum cargo de chefia, mas sua irmandade (ainda) não tinha muito a dizer sobre a divisão entre classe média e operariado. Aprofundando-se no aspecto moral, o filme indica que é a esperteza de Tess como funcionária que acaba lhe proporcionando conhecimento dos negócios: ao contrário de Katharine, da classe média, Tess lê tabloides, que trazem informações sobre escândalos da vida particular das pessoas do mundo dos negócios – o que, por sua vez, lhe dá uma percepção especial sobre o que um CEO ou investidor irá fazer com a empresa. No final, Tess acaba tendo sua própria secretária, a quem, segundo o filme indica, graças à sua experiência na classe trabalhadora, ela promete tratar melhor do que foi tratada por Sigourney Weaver.

Claro que isso era uma fantasia tão grande quanto a oferecida por *Como eliminar seu chefe*. E entrevistas com empregados de escritório nos anos 1970 sugeriam que pelo menos algumas mulheres em trabalho burocrático não estavam inclinadas a acreditar naquilo. "Até moças muito boazinhas enquanto secretárias, quando se tornam supervisoras, elas mudam", disse uma funcionária. Uma colega corroborou, dizendo: "Acho que elas passam a ter uma posição em que precisam prestar contas a alguém, e esquecem que são seres humanos; elas se tornam parte do sistema. Talvez digam a elas 'Empregadas são empregadas, e você é a chefe; você põe as empregadas no lugar delas, e você fica no seu lugar'. Acho que depois de algum tempo, se sentem como um rei. Passam a acreditar naquilo."[67]

Um entrevistador perguntou às secretárias o que elas fariam se pudessem mudar o escritório do jeito que queriam. "Acabar com a gerência!", respondeu uma. "Podemos dirigir os negócios por algum tempo!", disse outra. "Acho que, quando você fica trabalhando sentada aqui", a primeira voltou a falar, "vê um monte de coisas que fazem por trás. Podiam usar uma abordagem mais lógica. Eu gostaria de ver mais flexibilidade. E eu acabaria com os níveis de emprego, deixando todo mundo mais igual."[68]

CAPÍTULO 8

O ESCRITÓRIO DO FUTURO

*De um cubículo distante vem uma melodia eletrônica, metálica,
que Maxine reconhece ser "Korobushka", hino à ineficiência do local de
trabalho nos anos 1990, tocando num ritmo cada vez mais rápido,
e acompanhada por gritos de ansiedade... Teria entrado num túnel
sobrenatural do tempo onde sombras dos ociosos de escritório continuavam
a gastar incontáveis horas-homem jogando Tetris? Entre Tetris e Paciência
no Windows, claro que o setor de tecnologia afundou.*
– THOMAS PYNCHON, *Bleeding Edge*[1]

O descontentamento dos funcionários não inspirou só a organização; a sindicalização bem como grupos 9to5 ainda eram raros. Mas havia outra via de descontentamento, levando diretamente à remodelagem do mundo físico do escritório. Assim como as ideias da contracultura se insinuavam nos livros de administração nos anos 1960, alguns colarinhos-brancos insatisfeitos traduziam sua infelicidade na concepção do projeto. Um olhar sobre os anos 1970 revela, inesperadamente, um momento fértil para o futuro dos escritórios. Muito do que se dizia então pode ser dito agora – ou talvez só tenha sido entendido no futuro, que é o *nosso* presente.

Vendo que estavam à beira de uma revolução até então invisível, ditada pelo computador, vários pesquisadores previam grandes mudanças na natureza do trabalho em escritório. Essas mudanças eram acompanhadas por muitos autores que, ao contrário dos pesquisadores, não tinham feito nenhuma pesquisa. Embora tivessem pouco capital intelectual a oferecer, eles se tornaram futurólogos profissionais bem remunerados, com a função de despertar o entusiasmo das pessoas pelo admirável mundo novo de trabalho que estava nascendo. Graças à argúcia da história, muitas dessas previsões vieram a acontecer.

Em 1975, a *BusinessWeek* cunhou uma expressão em sua série de artigos sobre "o escritório do futuro". Falando sobre o porvir ainda não bem definido do escritório computadorizado, especialistas previam o fim de todas as coisas pelas quais o escritório era conhecido: o fim das máquinas de escrever, o fim das secretárias e, acima de tudo, o fim do papel. George E. Pake, chefe da divisão de pesquisa da Xerox, previu acertadamente o surgimento de uma forma eletrônica de correspondência. Ele falou de um "monitor de TV com um teclado", onde "vou poder trazer os textos dos meus arquivos para a tela, ou apertando um botão. Posso receber minha correspondência, ou qualquer mensagem. Nem sei quantas cópias diretas [isto é, papel impresso] vou querer nesse mundo".[2] Apesar da certeza ao imaginar um escritório sem papel, os especialistas se apressavam a dizer que as mudanças não seriam tão rápidas. "Ainda vai demorar muito – sempre demora mais do que se espera para ocorrer uma mudança na maneira de as pessoas trabalharem", disse o presidente da Redactron Corporation, fabricante de máquinas de escrever com edição de texto (isto é, máquinas de escrever com um dispositivo para correção do texto).[3] No entanto, poucos anos depois, a National Science Foundation (NSF) estimulou um grupo de funcionários a fazer todo o trabalho "on-line". Excluindo todos os papéis, exceto os necessários a comunicações com pessoas não pertencentes ao grupo, um gerente, quatro técnicos e uma secretária arquivavam todo o trabalho em meio digital. Por incrível que pareça, dada a qualidade rudimentar do arquivamento em computador na época, a NSF bateu o recorde de aumento de produtividade.[4] Afinal, o mundo de *The Jetsons* não parecia estar tão distante.

Poucos anos antes, quase sem se fazer notar, um grupo de engenheiros de produto da IBM havia tentado algo "radicalmente novo", nas palavras deles. Instalaram-se num escritório, não apenas sem divisórias, mas sem postos de trabalho permanentes. Batizado de "escritório não territorial", foi uma tentativa de instaurar um espaço que facilitasse o trânsito entre diferentes arranjos físicos de acordo com as tarefas do momento. Além das mesas comuns e bancadas espalhadas pela área, os engenheiros tinham acesso a locais silenciosos onde podiam se refugiar para trabalhos que exigiam maior concentração. O objetivo geral era "melhorar e aumentar o compartilhamento de problemas e experiências" do grupo. A justificativa era que a liberdade de ir e vir do posto de trabalho resultaria em maior interação com pessoas antes isoladas. Os técnicos se mostraram temerosos com relação ao projeto. Segundo os pesquisadores que relataram o experimento, dizia-se que "a oportunidade de decorar um espaço pessoal é uma das poucas vias remanescentes da expressão de individualidade em grandes organizações".[5] Mas pouco depois o entusiasmo era total: "Não me prendam mais", disse um engenheiro. "A princípio duvidei, mas hoje eu detestaria voltar a um escritório fechado", disse outro. Dados sugerem que a comunicação interna realmente melhorou. Nesse caso, o escritório não territorial foi um sucesso.[6]

A visão de escritórios sem papelada e com espaços não territoriais foi contemporânea a uma outra ideia visionária: a de que não iria haver mais nenhuma necessidade de escritórios. No início dos anos 1980, Alvin Toffler previu que as tecnologias de telecomunicações iriam revolucionar o local de trabalho. As pessoas não iriam mais trabalhar no escritório, e sim em "chalés eletrônicos" no campo, ligados a uma rede mundial, que iria tornar obsoletos os edifícios. Numa imagem apropriadamente apocalíptica (mas não muito exagerada), ele imaginou o centro das cidades "vazio, reduzido a armazéns fantasmagóricos ou convertido em locais de moradia".[7] Embora "trabalhar em casa" fosse realmente um conceito que ainda engatinhava, a ideia de Toffler tinha precedentes. Certo dia dos anos 1970, preso num engarrafamento a caminho de seu escritório em Los Angeles, o norte-americano Jack Nilles (que era, literalmente, um cientista aeroespacial) ficou imaginando maneiras de se evitar as dispendiosas e frustrantes idas e vindas do trabalho. Aquelas eram jornadas poluentes, que agravavam o gasto de tempo, perdido em estirões. Acima de tudo, eram ineficazes. Subsidiado pela National Science Foundation, Nilles deu início a um estudo de viabilidade para uma companhia de seguros de Los Angeles sobre algo a que chamou "*telecommuting*", ou "teletrabalho". Como a firma estava localizada num velho edifício decadente, num bairro habitado por idosos, era preciso atrair funcionários jovens que moravam longe e odiavam a afronta do cansativo tempo desperdiçado em deslocamento para trabalhar num escritório miserável, por maiores que fossem os atrativos da companhia. (E a companhia tinha muitos atrativos: pagava um salário maior que a maioria das empresas comparáveis, oferecia almoço grátis e semana de trabalho reduzida a 37,5 horas.) Nilles concluiu, entusiasticamente, que o teletrabalho era uma opção viável. Ele apontou hesitações: os supervisores não poderiam mais controlar os empregados, e os empregados perderiam a atmosfera social da vida no escritório. Mas a companhia decidiu adotar. Tão logo começou a ser eficaz, o projeto foi engavetado. Os gerentes se sentiam ameaçados pelo teletrabalho, pois não conseguiam controlar os empregados da mesma forma que antes, e tinham que mudar seus métodos.[8]

Nos anos 1980, a situação nos escritórios parecia estar feia, mas no fim dos anos 1990 uma utopia vinha surgindo no horizonte. Ainda estava longe, fora do alcance dos mais altos postos do mundo corporativo de Nova York e Boston, ou mesmo de Tóquio. Dizia a lenda que, naquele novo terreno, os locais de trabalho eram cheios das pessoas mais inteligentes da face da Terra, trabalhadores do conhecimento no verdadeiro sentido da expressão, abrindo empresas a torto e a direito, algumas desmoronando, outras iluminando os céus como cometas rutilantes. De repente, nos anos 1990 o mundo dos escritórios parecia – mais uma vez – cheio de promessas, e nos ouvidos de todo mundo era sussurrado o conselho arcaico: *Vá para o Oeste...*

□

Quem sai de San Francisco pela estrada U.S. 280 na primavera vai deixando para trás os densos nevoeiros dos morros do sul de San Francisco e Daly City, San Bruno e Millbrae, para encontrar uma verdejante paisagem sinuosa, cheia de flores, com cintilações de lagos de marrequinhos aqui e ali. Pegando a saída para Sand Hill Road, subindo pelas colinas de carvalhos da Califórnia, encontra-se a bucólica região onde geralmente se supõe estar o futuro. Chegando ao topo de uma colina, surge lá embaixo um oásis clássico, um lugar espraiado, estriado de vias expressas e salpicado de prédios baixos nos amplos terrenos das corporações. À direita está o interminável campus de arenito da Stanford University (Stanford, onde sempre parece ser fim de tarde, como num quadro de Chirico). À esquerda, fileiras e mais fileiras de caixas de vidro e tijolo acocoradas, uma sociedade após a outra: firmas de capital de risco, cujos sócios podem atravessar a rua e encontrar os estudantes que pretendem tornar ricos. Aqui o escritório do futuro achou, finalmente, as pessoas determinadas a torná-lo real.

Desde os anos 1980, pelo menos, o Vale do Silício tem sido fonte de eternos prognósticos utópicos sobre o escritório. Não apenas suas inovações em software e hardware deveriam aliviar toda a carga de trabalho, tornando-a menos laboriosa e mais racionalizada, como também os locais de trabalho no Vale eram vistos como idílios do capitalismo esclarecido. Mesmo depois que a imprensa marrom começou a bisbilhotar suas indústrias de manufatura leve de chips e expôs as condições tóxicas encontradas lá, os escritórios continuaram a ser considerados modelos para o resto do país. Diziam que no Valley imperava o verdadeiro sistema de mérito. A única aristocracia lá era a aristocracia do talento. A rotatividade – que os livros sobre negócios chamavam de "*churn*" – era terrivelmente alta mas, segundo o pessoal do Vale, não devido a demissões constantes. A rotatividade era um reflexo da mobilidade de emprego e do ritmo inexorável das mudanças tecnológicas. As companhias se agarravam ansiosamente à excelência, incitando as pessoas a se mudarem com grande frequência. Isso explicava também o caso de essas mesmas companhias quebrarem e serem substituídas por outras. Alguns indivíduos eram empreendedores seriais: assim que fundavam uma empresa e conseguiam bastante capital de risco, partiam para outra. Ninguém pensava em proteção aos empregados, porque eles tinham liberdade. E trabalhavam sem parar.

O falecido Steve Jobs, cofundador da Apple, cujo fantasma de gola rulê preta assombra todo empresário principiante no Vale, deu o tom da primeira Stanford Conference on Entrepreneurship [Conferência de Stanford em Empreendedorismo], no início dos anos 1980. "Alguma coisa está acontecendo aqui numa escala jamais vista na face da Terra", ele falou com sua ênfase portentosa característica, descrevendo o que chamou de "massa crítica da cultura de risco do empreendedorismo".

"Muita gente pergunta se o Vale do Silício algum dia será tomado pelas uniões. Digo que já tomou a todos... Há uma união muito maior aqui do que vi em qualquer outro lugar. O que estamos começando a ver é a redefinição da corporação na América."⁹ Era sinal dos tempos Jobs fingir não saber que o significado da palavra "união" era sindicato. Contudo, ele tinha razão ao descrever assim os locais de trabalho do Vale, entretecidos nas formas mais poderosas, quase desesperadas, da cultura corporativa. As hierarquias eram menos verticais, as amenidades eram melhores, e as opções de compra de ações eram abundantes, favorecendo escritórios que apresentassem, ainda que superficialmente, equipes de alto nível. Paradoxalmente, era positivo o fato de que a qualquer momento um membro da equipe poderia ir embora para dar início a uma equipe concorrente, em outro lugar.

Apropriado a esse ethos rotativo, libertário, o Vale do Silício nasceu de uma revolta de escritório. Segundo dizem, são conhecidos como Os Oito Traidores os jovens engenheiros que, em 1967, saíram do Shockley Semiconductor Labs para fundar sua própria empresa, a Fairchild Semiconductor Corporation, a primeira a fabricar chip exclusivamente de silicone. Em 1968, dois desses oito, Robert Noyce e Gordon Moore, se demitiram, e cada um desembolsou perto de 250 mil dólares para fundar a Intel Corporation,[10] uma das primeiras empresas não hierárquicas, de plano aberto e recheada de escrivaninhas metálicas de segunda mão.[11] Três anos mais tarde, produziram o primeiro microprocessador do mundo. O resto das icônicas companhias do Vale tem histórias parecidas, que se espalharam para muito além das duas vias expressas engarrafadas da península, até o folclore pós-industrial: Dave Packard e William Hewlett trabalhando na garagem de casa (hoje um ponto de referência), Jobs e seu parceiro Steve Wozniak, que saíram da Atari e da Hewlett-Packard respectivamente, apresentando o Apple 1 no Homebrew Computer Club, em Palo Alto; e, certamente, os milhares de estudantes para quem as farras de *hacking*, realizadas até as altas horas em dormitórios e salas de recreação de universidades como Stanford, formaram a ideia inicial de como deveria ser um "local de trabalho". A difusão da cultura, ou culto, da informalidade, acoplada a uma intensa dedicação ao trabalho o tempo todo, teve uma enorme influência no ambiente de trabalho do Vale do Silício.

Outro fator preponderante na ascensão do Vale foi a contracultura. A primeira geração de pioneiros não se impressionava com o que estava acontecendo nas universidades vizinhas, de Berkeley e San Francisco State. "Nós somos os verdadeiros revolucionários no mundo de hoje, e não os garotos barbudos de cabelos longos que destruíam escolas alguns anos atrás", declarou Gordon Moore à *Fortune* em 1973. Pessoas como Packard, um dos que contribuíram para a continuidade da guerra do Vietnã, eram alvos de permanentes protestos estudantis. Em geral, os gênios da computação do Vale do Silício não tinham o menor remorso por contribuir para a máquina de guerra norte-americana. Mas a segunda geração – a geração de Jobs e Wozniak – era diferente. Eles tinham uma relação bem documentada com o uso recreativo de drogas, e bem menos frequente com atividades políticas. Um filme dos anos 1990, *Piratas do Vale do Silício*, ou *Piratas da informática*, que relata a ascensão de Jobs e de Bill Gates, é muito explícito ao mostrar Jobs e Wozniak entrando e saindo do fumacê de um protesto antiguerra, carregando para casa peças de computador. Era sabido que Jobs e Gates haviam abandonado a escola, assim como incontáveis outros – um traço comum da carreira no Vale, que foi exacerbado nos anos 1990 pelos pantagruélicos lucros de investimentos baseados apenas em fiapos de novas ideias. O antagonismo com relação a figuras de autoridade fez com que a maioria dos integrantes do Vale do Silício não conseguisse ficar muito tempo sujeita ao ensino universitário, mas, ironicamente, fizeram o possível para erigir seus escritórios de modo muito semelhante aos campi das universidades.

A princípio, os escritórios do Vale eram tipicamente cheios de cubículos. Certamente, isso remetia aos frios ambientes de escritórios. No Vale do Silício, porém, os cubículos foram adotados como uma afronta deliberada à disposição tradicional ainda vigente no resto do mundo corporativo. Conforme a proposta da *Bürolandschaft*, o escritório totalmente cubiculado era um gesto simbólico no sentido da equidade. Fosse qual fosse seu valor estético, obrigar todos os funcionários, chefes ou não, a atravessar um mar de frágeis divisórias era uma atitude mais igualitária do que juntar a maioria num ninho de cobras, poucos outros comodamente instalados em salas a portas fechadas, e menos ainda em suítes executivas. E, por mais que o layout fosse insípido, as amenidades à sua volta eram muitíssimo melhores do que na maioria dos outros lugares. Além das famosas mesas de totó e das cestas de basquete, que logo se tornaram clichês na mídia, muitas empresas do Vale do Silício, senão todas, tinham piscinas e centros de recreação para os funcionários. Geralmente, não exigiam terno e gravata, havia flexibilidade de horário de trabalho, a rotatividade de funções e equipes autônomas eram normais. Para manter os laços corporativos, eram promovidos piqueniques, churrascos, "cervejadas" no fim da semana, onde todos confraternizavam, bebiam muito – e, inevitavelmente, trabalhavam melhor. Era um estilo de vida universitário estendido aos primeiros dias de uma *startup* inovadora, e institucionalizado à medida que a *startup* crescia. Não incomum no Vale do Silício, esse estilo de vida brincalhão se tornou lendário. Em 1984, o repórter Robert Reinhold, do *New York Times*, escreveu que os empregados da Rolm Corporation, uma empresa de telecomunicações do Vale, "têm refeições subsidiadas na cafeteria-restaurante, escolhem seus horários, e desfrutam de um centro de recreação com duas piscinas, vôlei, raquetebol e cursos variados, desde esqui a pré-natal". Naqueles tempos ansiosos, cheios de medo da competição global, ele comparava esses recursos às técnicas japonesas de envolvimento no trabalho: "Os métodos são muito variados, mas [todas as empresas do Vale] têm em comum a crença de que a estrutura hierárquica tradicional das velhas empresas ocidentais tem tolhido a indústria norte-americana, numa época em que as mudanças tecnológicas são tão rápidas que poucas semanas perdidas podem fazer a diferença entre o fracasso e o sucesso."[12]

Mas, para os empregados, com o passar do tempo, essas empresas deixaram de ser as organizações de vanguarda de uma utopia do futuro e foram se tornando iguais às grandes firmas do passado. Incorporadas sobretudo a monstros morosos como a IBM (mais tarde substituída pela gigantesca ladra de ideias Microsoft e seu fanhoso grão-senhor, Bill Gates), eram empresas execráveis, que mais sufocavam do que promoviam a inovação. Os empregados sentiram isso imediatamente no design dos escritórios. Numa típica reminiscência do Vale do Silício dos anos 1980, um funcionário fez uma crítica aguda à utopia do local de trabalho:

> A diretoria se orgulhava de ser um expoente do conceito de "Escritório do Futuro", com fama de ter efetuado uma transformação radical das relações e do design do escritório convencional. Como se costuma dizer que a mudança começa em casa, fiquei observando o escritório. Consistia em uma série de cubículos com divisórias altas; para falar com alguém, eu precisava ficar em pé e espiar por cima da divisória. Cada cubículo era incrivelmente apertado, não havia janela, o teto era claustrofobicamente baixo, e os ventiladores espalhavam o ar rançoso equitativa e democraticamente. O ventilador do supervisor ficava no chão, detalhe que descobri após quase rasgar a perna da calça nas hélices. A maioria dos funcionários não tinha sequer um telefone na mesa – sem dúvida, esse "privilégio" seria alvo de "abuso" em detrimento do nível de produtividade...
> A mensagem? Escritório do Futuro = O Mesmo de Sempre.[13]

Quando as maiores empresas de tecnologia se expandiram em meados dos anos 1990, precisaram avaliar as vantagens de salas fechadas em oposição a um plano aberto com cubículos. A Microsoft fez mais salas fechadas. A Apple também, que no fim dos anos 1980 estava às voltas com um absenteísmo crônico, pois o pessoal achava o cubículo barulhento tão prejudicial à concentração que preferia ficar em casa. Fez uma reformulação do espaço, seguindo a abordagem *cave and commons* lançada por Marvin Minsky no MIT, onde um espaço comum determinava a localização periférica das salas com janelas.[14] Entretanto, muitas empresas de tecnologia, apesar das queixas dos funcionários, seguiram a linha da Intel. Esta não fingia que o cubículo era agradável, mas alegava que proporcionava um espaço de trabalho igualitário, que a chefia também trabalhava em cubículos e que não havia uma "linha mogno" na empresa. A Intel adotava apenas dois tamanhos e estilos de móveis de escritório. Numa espécie de estado socialista do design, todos eram igualmente privados de beleza.[15] Ao apresentar Grove na conferência da Los Angeles Times Annual Investment Strategies, o repórter James

Flanagan relatou sua visita ao local de trabalho da Intel em 1996: "Aqui havia divisórias de cubículos, e atrás das divisórias havia uma escrivaninha, um computador, e um homem, Andrew Grove. E, ao ver aquilo, você pensava, espera aí: Que negócio é esse?"[16] Outro funcionário, apresentando Grove numa Intel International Science and Engineering Fair, disse: "Andy estimulou uma cultura igualitária na Intel... Todos nós trabalhamos numa empresa em que o cubículo de Andy – acho que de 2,50 por 2,80 metros quadrados – é igual ao de todo mundo."[17]

No entanto, tratava-se de um gesto de pura ironia por parte de Grove. O cubículo tinha surgido para *representar* a exploração e infelicidade dos colarinhos-brancos, e a ideia de divisórias modulares e painéis era, na verdade, marca da evidente falsidade de tudo aquilo. Dificilmente se poderia dizer que alguém que podia sair do escritório quando bem entendia, passava a maior parte das horas de trabalho voando pelo país no jatinho da empresa e ganhava 100 milhões de dólares por ano ficava preso a um cubículo. A propósito, essa nuance não passou despercebida aos empregados de Grove: sua "cultura igualitária" produziu o website FACE Intel, criado pelos empregados (Former And Current Employees of Intel), um enorme blog registrando queixas de excesso de trabalho e exploração dos funcionários. O cabeçalho da homepage trazia uma citação de Elie Wiesel ("Em alguns momentos, somos impotentes para evitar a injustiça, mas nunca haverá um momento que nos impeça de protestar"), e os criadores do site sabiam muito bem que Grove, um judeu húngaro, havia passado a guerra escondido num porão.

Foi essa experiência, repetida por várias empresas de tecnologia em todo lugar, que provocou boa parte do ódio a escritórios tradicionais específicos do Vale do Silício nos anos 1990. *Dilbert* tornara o cubículo o símbolo perfeito da insensibilidade do empresariado em geral, revelando que aquele simbolismo anti-hierárquico só servia para esconder as verdadeiras hierarquias. Mas os engenheiros em salas privadas da Microsoft não achavam que ter quatro paredes conduzia necessariamente a boas ideias e inovações. Divisórias ou não, o design nas grandes empresas do Vale era desinteressante. Não parecia corresponder ao admirável mundo novo do local de trabalho, sempre prometido e jamais alcançado. Era preciso algo mais informal, e ao mesmo tempo totalmente humano. O romance de Douglas Coupland de 1995, *Microserfs*, focaliza um grupo de programadores da Microsoft (ex-alunos da escola de arte, como o autor) aborrecido com a empresa e com aquela vida de trabalho infindável: tratava-se da "primeira geração de empregados da Microsoft a ter poucas opções de compra de ações e, além disso, preços estagnados das ações". E o narrador conclui: "Penso que isso faz deles meros empregados, como os de qualquer outra empresa."[18] Assim sendo, eles saíram para fundar sua própria companhia no Vale do Silício. Enquanto seu escritório anterior em Redmond, Washington, era um corredor de salas fechadas (nos moldes da Microsoft), as novas instalações em Palo Alto, Califórnia, lembravam mais um "dormitório de estudantes". E de repente eles se viram gostando de trabalhar, entrando e saindo sem problemas, como se aqueles fossem apenas ciclos biológicos. A eterna busca de capital de risco foi finalmente denunciada como irrelevante por um programador para quem o trabalho era tudo. "Eu teria vindo para cá sem ganhar *nada*. Eu nunca *precisei* que me pagassem. Não é por causa do dinheiro. *Nunca* foi o dinheiro. E *raramente é*."[19]

A ansiedade com o sonho que muitos chamavam cada vez mais de "Nova Economia" e sua realidade liberaram uma quantidade impressionante de energia reprimida nos escritórios do Vale. O resultado, observado por acadêmicos de jornalismo como Andrew Ross a respeito das mudanças no local de trabalho, foi uma espécie de atmosfera religiosa, mais parecida com um encontro de renascimento pentecostal do que com o mundo corporativo, onde reboavam proclamações da vindoura insurreição dos trabalhadores do conhecimento. Começaram a aparecer manifestos, especialmente em novas instituições, como a revista *Wired*, proclamando a tecnoutopia do futuro. Tom Peters, com um sucesso ainda mais dúbio que o de seus livros, largou a McKinsey e se reinventou como guru escancarado do mundo dos negócios, um Timothy Leary da gestão, saudando o amor, a sensibilidade e o afeto, que estavam a ponto de um vir a ser numa extasiante realidade. Quem pudesse sentir o que ele estava sentindo, saberia! Os títulos de seus livros iam ficando cada vez mais disparatados: desde *Thriving on Chaos*, um hino aos *junk bonds*, os gordos dividendos que envolviam altos riscos dos anos 1980 que ele ajudou a criar, até *Liberation Management*, um tomo de quase novecentas páginas sobre a gloriosa desordem dos "nanossegundos dos anos 1990". "Se você não é louco", ele gritava, "não está em contato com os tempos! Esse ponto é vital. São tempos malucos. Organizações malucas, gente maluca, capazes de lidar com o rápido, o fugaz, o inconstante, esses são requisitos para a sobrevivência."[20] Era uma região nova, que lhe dera uma religião, dizia Peters. "Quando trabalhei em *In Search of Excellence*, de 1978 a 1982, meus olhos ainda se voltavam para o leste (Detroit etc.), para os grandes fabricantes de ontem", confessou. Mas Vale do Silício mudou tudo, ele afirmava numa prosa cada vez mais "radical". "Todas as opiniões que tive sobre 'organização' foram destroçadas quando vi o progresso do Vale", ele gritava. "Isso abriu caminho na consciência do planeta, muito por cortesia de fracassos após fracassos (e, nessa trajetória, eles ocorriam com muito mais frequência do que sua cota esperada de sucessos – principalmente com subprodutos dos maiores fracassos). É instrutivo pensar como o Vale do Silício se saiu bem nessa jogada: dando a muita gente uma alta dose de libertação e, Deus sabe, sendo desorganizado. Vivendo no meio disso tudo, fui obrigado a entender que já é tempo de deixar cair – destruir – as velhas imagens."[21] Ele prossegue elogiando os escritórios "não territoriais" como parte da libertação, como a IBM tinha tentado nos anos 1970 e cada vez mais empresas do Vale estavam experimentando. No escritório informal, Peter dizia, estava a salvação.

Por fim os céus se abriram, como Peters previra. No ano da reeleição de Bill Clinton, a taxa de crescimento econômico subiu inesperadamente, e os investidores ficaram maravilhados. Durante anos, as lendárias promessas da era do computador surgiam "por toda parte, menos nas estatísticas de produtividade", na famosa frase do vencedor do Prêmio Nobel de economia Robert Solow. Mas nos anos seguintes a 1995, a taxa de produção por hora cresceu 2,8% – um resultado tardio, segundo os economistas, do investimento em infraestrutura de TI. O capital de risco não tardou a varrer a indústria em ondas titânicas. Na crista da onda, em 1999, eram aplicados 20 milhões de dólares por dia em companhias de San Francisco e arredores. No Vale do Silício, o dinheiro jorrava com a força de cataratas, de tal modo que ninguém mais podia manter a austeridade exposta em *Microserfs*. Nem a contracultura opôs resistência. Hackers que haviam aclamado a internet agora falavam da promessa utópica de suas empresas. De fato, a contracultura se tornou cúmplice solícita da Nova Economia – o indicador que a colocou em voga e atraiu bandos de *blasés*, até então não dispostos a participar, para os braços abertos das empresas ponto-com. As companhias se tornaram palácios de informalidade para abrigar os trabalhadores do conhecimento, cujo tempo tinha chegado afinal.

Trabalhar num escritório ponto-com típico era uma mistura de ritmo frenético e clima de descontração, exemplificando a ansiedade relaxada que reinava nos anos 1990. Os escritórios da Nova Economia tendiam a manter uma negligência cultivada: mesas de piquenique servindo de escrivaninhas espalhadas em ângulos diversos, pilhas de papéis e uma confusão de fios por todo lado, figuras mal-ajambradas vestindo pijamas, trabalhando curvadas diante de telas, exibindo esculturais cortes de cabelos cuidadosamente emaranhados, e rock clássico – a música de fundo da nova era – a toda altura. Comparado às gerações anteriores de escritórios, esse era indiscutivelmente pior: mais caótico, menos controlável. E a verdade é que tudo andava rápido demais para os projetos minuciosos imaginados por Skidmore, Owings e Merril, com as cadeirinhas sinuosas de Mies van der Rohe e as divisórias apaineladas em madeira criando caminhos entre escritórios luxuosos.

Não que os programadores desdenhassem o planejamento; pelo contrário, no momento em que o pessoal das ponto-com tinha dinheiro no bolso (e nos 1990, como muitos se recordam, isso não demorava a acontecer), eles tentavam ampliar o escritório com a maior rapidez e facilidade possíveis. Precisavam planejar um espaço que acomodasse 15 pessoas numa semana, e sessenta na semana seguinte. Equipes tinham que cumprir um prazo curtíssimo, largar tudo e se dedicar imediatamente a outro projeto. Precisavam de um local de trabalho mais parecido ao que Robert Propst imaginara trinta anos antes: um design que pudesse ser modificado a qualquer hora, um design que não parecesse projeto, um design "complacente".

No entanto, precisava ser complacente não só com o trabalho, mas também com algo mais vago e intangível, apesar de inescapável naqueles dias: a cultura da companhia. Esse conceito era descendente da velha escola de pensamento das relações humanas sobre o trabalho. O pessoal da Razorfish (que ganhou uma cobertura detalhada no livro *No-Collar*, de Andrew Ross) incorporou esse interesse. A Razorfish foi uma das icônicas firmas do webdesign das ponto-com. Começou num apartamento no East Village em 1995, e em 2000 já era uma multinacional de consultoria, com escritórios em Boston, San Francisco, San Jose, Los Angeles, Londres, Amsterdã, Helsinki, Milão, Estocolmo, Oslo, Hamburgo, Frankfurt e Tóquio. Orgulhosos de sua atmosfera de trabalho, os empregados disseram a Andrew Ross que a "cultura" tinha que ser adotada por meio da permissividade. Uma funcionária definiu-a como "a permissão de dar permissão a si mesmo e aos outros" (formulação esta que ela confessou ser "irremediavelmente abstrata"). Outro disse, com mais simplicidade: "Havia a linha oficial partidária dessa cultura, que era a diversão imposta, e havia o que criamos para nós."[22] Ninguém soube dar exemplos do que era essa cultura, mas sabiam o que não era: comprar um sistema de videogame para o escritório ou ter guerras de Nerf. Também não era uma daquelas grandes corporações ricas em amenidades que enchiam o Vale do Silício, muitas das quais eram clientes da Razorfish. Eles haviam estado lá e visto os escritórios com as baias usuais, as relações de trabalho vazias e, o pior de tudo, a diversão imposta. O design do escritório era importante, porém, em vez de normatizar uma cultura, precisava permitir que ela brotasse.

Os designers não estavam necessariamente preparados para isso. Normalmente, o design é inimigo da cultura (no sentido do Vale do Silício): se um espaço necessita de design, isso significa um limite do espaço, da expressão pessoal, ou mesmo de um grupo. Arquitetos e decoradores estavam mais interessados em criar espaços, meticulosamente, em pôr sua marca no mundo por meio de um projeto. Designers como Nelson e Eames, e arquitetos como Mies e Johnson desejavam transmitir uma visão de mundo através de seu trabalho. Mas isso era demais para o pessoal do Vale. Sua arrogância não permitia que a imaginação de quem quer que fosse interferisse minimamente na deles. "Quando começamos a trabalhar com uma decoradora de fora da empresa", disse numa entrevista Craig Kanarick, diretor da Razorfish, "o objetivo era resolver tudo com a maior rapidez, de modo relativamente barato e tendo em mente algumas funções específicas. Ela, porém, tinha ideias próprias sobre o que queria expressar como artista. Acho que isso é o que faz dela uma grande decoradora. Mas foi também o que dificultou trabalhar com ela."[23] Acima de tudo, era preciso rapidez; a decoração era muito lenta. "Um cliente de ponto-com sempre quer tudo mais rápido, mais barato, e melhor", disse o diretor de uma firma de design à revista *Interiors*. "É um diabo de cliente." O decorador acrescentou, com ironia: "Isso não é necessariamente mau."[24] De fato, a era ponto-com, em seu breve período de florescimento, pode ter promovido uma mudança irrevogável no design – e, segundo muitos profissionais, para melhor.

Os designers se esforçaram para atender ao modelo ponto-com, muitas vezes criando departamentos voltados especificamente para essa clientela. Esses departamentos desenvolveram novos meios de trabalhar – sabendo que geralmente trabalhavam em horas loucas – para estar à altura dos horários ininterruptos do pessoal ponto-com. "A imagem é tudo para as empresas ponto-com", disse um gerente de projetos do estúdio de design Swerve. "A maioria delas não admite velhos sistemas de fazer negócio."[25] Em consequência, os designers tinham que apresentar – e rapidamente – espaços e móveis avançadíssimos, indicando a rebelião das ponto-com contra o *status quo*. Firmas como a Swerve levaram para a Evolve projetos originais com postos de trabalho esmaltados em cores fortes e escrivaninhas no formato de bumerangue, tudo fabricado e entregue em dois meses. Fizeram mesas de reuniões que se dividiam em quatro, mesas de apoio que "atracavam" em escrivaninhas quando duas pessoas precisavam se reunir de repente. Para a empresa Blue Hypermedia, a Specht Harpman Architects fez escrivaninhas, painéis divisores de mesas, estantes e luminárias que podiam ser agrupados num espaço de trabalho de equipe ou separados em espaços de trabalho individuais. A montagem e desmontagem era facilitada por encaixes de braçadeiras de metal feitas sob medida. Tudo isso precisava coexistir num espaço aberto, sem divisórias interferindo na vista. Numa época em que a imagem de Peter Gibbons rasgando a divisória do cubículo em *Office Space* se tornara a mais vibrante tradução da rebelião no local de trabalho, o plano aberto era a imagem da revolução que se aproximava.

Outra base lógica para o plano aberto remontava ao original *Bürolandschaft*: a ideia do "encontro espontâneo". Propst tinha lançado a ideia enquanto desenvolvia o Action Office, mas, na época, não teve aceitação. Na disparada das ponto-com, porém, a ideia de que duas pessoas de departamentos diferentes ou de níveis diferentes poderiam se esbarrar por acaso e que, da mera fricção nesse encontro súbito, a combustão criaria uma flamejante inovação, foi beatificada como a chave da cultura da companhia. Nos escritórios convencionais, segundo o ethos ponto-com, os CEOs ficavam isolados das pessoas de outros níveis por obstruções espaciais: literalmente amortecidos por tapetes nos andares dos executivos, numa suíte executiva e, como tinham um banheiro exclusivo, não se encontravam com ninguém, nem mesmo no mictório ou no lavabo. Mas diz a lenda que, no escritório ponto-com, se o presidente levasse uma ligeira flechada na cabeça, lançada a esmo do arco de um engenheiro andando de patinete pelo plano aberto – como na história de Newton atingido pela maçã – descobriria o segredo do universo. Era mais uma reviravolta na escola de gestão das relações humanas, onde a "cultura" podia resolver qualquer conflito potencial no local de trabalho e beneficiar a produtividade.

A ênfase na espontaneidade, na fraternal conexão com o irresistível foco na diversão ia eliminando a velha – e, segundo o pensamento de muita gente no Vale, antiquada – distinção entre trabalho e lazer. Os escritórios da Nova Economia eram, abominavelmente, alguns dos mais intensos locais de trabalho nos Estados Unidos, mas não que o pessoal trabalhasse todo o tempo. Na verdade, o ritmo de trabalho era muito inconstante – e aí estava o perigo. Como a internet já oferecia meios inexauríveis de distração, juntamente com a crescente liberalidade da pornografia, o tempo no trabalho tendia a se estender por horas e horas. Os funcionários ponto-com podiam trabalhar durante vinte minutos, fazer um intervalo para o café, trabalhar mais uma hora, ir malhar na academia, relaxar por uma hora ou mais na sala de lazer assistindo a variedades na web, voltar ao computador para trabalhar, mandar trazer o jantar, jogar videogames, e por aí afora, e 16 horas se passavam com a maioria das pessoas na frente do computador.

Foi exatamente por causa dessa postura que a Herman Miller lançou a cadeira Aeron em 1994, o símbolo mais forte da bolha pontocom. Desenvolvida por Bill Stumpf – já famoso por ter criado a cadeira Ergon, a primeira cadeira ergonômica para escritório – e Don Chadwick, a primeira versão da Aeron, chamada Sarah, foi idealizada originalmente para idosos em casas de repouso, que até então se contentavam com a tradicional La-Z-Boy. Mas a Sarah era futurista e cara demais para sequer se pensar em usá-la em casas de repouso. Os designers arrancaram as almofadas de espuma, deixando Sarah reduzida à malha básica de plástico e pano. A peça, que tinha sido criada para evitar escaras, agora protegia os traseiros doloridos dos engenheiros. Foi praticamente a primeira cadeira ergonômica sem estofamento – e vendida a 750 dólares. Foi um fenômeno. As empresas as compravam às bateladas. Um episódio de *Will & Grace* foi inteiramente dedicado à tentativa de Will comprar uma cadeira Aeron. Mas o sucesso desse produto era um sinal não da total mobilidade e da liberdade do escritório pontocom, mas de seu ritmo simultaneamente lânguido e profundamente intenso, que mantinha as pessoas essencialmente confinadas durante horas no mesmo lugar.[26]

Os empregados, porém, não eram motivados somente pelo dinheiro, mas também pela famosa cultura da empresa, a tão difundida prática de fazer com que se sentissem como artistas, autônomos e livres. Enquanto acreditassem que estavam criando algo novo, que estavam realizando um novo tipo de trabalho, não para os outros, mas para si mesmos, era mais fácil passar longas horas trabalhando. Embora o Vale do Silício dos anos ponto-com incorporasse esse ethos em sua mais pura forma, era algo que excedia em muito suas fronteiras culturais geográficas e corporativas. O estudo *The Time Bind* (1997), de Arlie Russell Hochschild, mostrou que a mudança na dinâmica da cultura corporativa numa Fortune 500 – em equipes de trabalho "autônomas" e tudo o mais – estimulava cada vez mais os empregados a buscarem na empresa as satisfações da vida doméstica. Eles passavam mais horas no escritório do que em casa. Embora tivesse advertido contra a tendência da vida no escritório incorporar a vida da família, Whyte não previu a desintegração da família nuclear. O escritório vinha caminhando para ocupar esse lugar.

Livros de administração defendiam um ambiente de escritório mais familial desde os anos 1980; Peters e Waterman associaram essa ideia a um encorajamento da autonomia dos empregados de nível básico, e estimulavam a colaboração de equipes. Tipicamente, e sem a menor intenção, eles produziram uma virada orwelliana ao chamá-la de "ilusão de controle". "Se as pessoas acharem que têm um controle pessoal, ainda que modesto, sobre seu próprio destino", eles escreveram em *In Search of Excellence*, "irão persistir nas tarefas. Irão executá-las melhor. Ficarão mais comprometidas com elas... Achar que temos um pouco mais de poder de decisão conduz a um comprometimento *muito* maior."

□

A ideia mais audaciosa de um experimento em escritório ponto-com surgiu, segundo a lenda, em Telluride. Jay Chiat, então com 62 anos, vinha descendo a montanha, manobrando habilmente pela neve fresca, quando teve essa percepção. A tecnologia tornara o antigo escritório obsoleto. Era tempo de criar o escritório do futuro. Ao chegar ao pé do monte, já havia tomado a decisão. Seu escritório precisava passar por uma mudança fundamental na maneira de conduzir os negócios.

Talvez tenha sido a velocidade com que ele vinha montanha abaixo – a gravidade puxando seus esquis como se fosse o destino – ou talvez pura *hybris* acumulada numa vida inteira de louvores. Talvez as duas coisas. Com seus ofuscantes cabelos brancos, olhar implacável e jeito irrequieto, Chiat marcava presença imediata em qualquer ambiente. E tinha a impaciência e a agitação características de quem se sentia sempre rodeado por gente idiota. Como os publicitários clássicos – Dowd, Ogilvy, Bell, Bernbach – ele se esforçava ao máximo para ser facilmente citável. Suas frases tinham a vantagem adicional de soar imperiosas e autoritárias. "Correr riscos me dá energia." "Não tema o fracasso, a não ser que esteja trabalhando para mim." "O dinheiro não me mudou. Sempre fui um imbecil." O pessoal de sua agência, a Chiat/Day, colecionava essas pérolas num livrinho de circulação interna: *Quotations from Chairman Jay*. Em apresentações, ele já entrava fazendo críticas. "Isso aí não é compatível", ele dizia. "Vocês não têm ideia nenhuma." "Ele aterrorizava as pessoas", disse um ex-vice-presidente. "Quando tudo ia bem, ele andava pela agência reclamando, resmungando e maltratando todo mundo." Chiat tinha um evidente traço de Steve Jobs ("o mais rápido que já vi", disse Chiat a respeito de Jobs, apesar de, num caso clássico do roto rindo do esfarrapado, ele ter chamado Jobs de "temperamental e errático").[27] Ambos tinham o hábito de contar com grandes equipes, das quais exigiam incansavelmente o máximo possível. E dizem que Chiat forçava anúncios goela abaixo dos clientes, engasgando-os ao ponto do sufocamento. Alguns deles se tornaram ex-clientes.

Não importa o que se pense dele como pessoa; ele foi bem-sucedido. Os empregados chamavam a agência de Chiat/Day, Chiat/Night porque viravam a noite para criar os anúncios mais icônicos dos anos 1980. Sua agência criou o Energizer Bunny (*it keeps going and going and going...*), e o famoso comercial com o Super Bowl "1984" para o primeiro Macintosh da Apple, em que uma atleta norte-americana arremessa uma marreta na tela gigantesca onde se vê o Big Brother/Grande Irmão fazendo um sermão motivacional. Seus anúncios brilhavam com um verniz de erudição e inteligência, de quem está por dentro. Nas palavras de um sócio, seus anúncios consistiam em um "guisado" com "uma porção de Moby, uma dose de Sontag e pitadas de Lenin e Lennon, servidos num prato decorado por Walter e Margaret Keane". E assim, prossegue o sócio, Chiat levou a propaganda à "era pós-moderna".[28] Em 1990, a revista especializada *Advertising Age* condecorou a Chiat/Day com o título de "agência da década". Chiat foi rápido também em outros aspectos, ao adotar o cubículo em sua agência de Los Angeles antes da maioria. Apesar da crescente má vontade com os cubículos, isso não prejudicou os negócios da Chiat/Day; muito pelo contrário. Jay Chiat e sua agência tinham feito tudo certo. Por que mudar agora?

Só que não estava tudo certo. A retração econômica do início dos anos 1990 foi péssima para a Chiat/Day. A agência perdeu dois grandes clientes, a Shearson Lehman e a American Express; fechou o escritório de San Francisco; contratou um ótimo publicitário, Tom McElligott, e o perdeu nove meses depois. Para compensar o prejuízo, vendeu uma agência que tinha comprado na Austrália em 1989. Sua força criativa também parecia estar sofrendo. A *Advertising Age* fazia críticas contundentes a comerciais da Benetton: "muito chatos, muito Fox TV, muito

Sherman Oaks, rescendiam a choramingo de adolescentes".[29] Em 1993, ilhado pela neve em Telluride, Chiat viu que era hora de dar uma sacudidela. E sabia que o problema era o escritório.

Os escritórios, ele pensou, são arruinados pelas políticas. As pessoas ficam mais obcecadas umas com as outras do que com o trabalho. Elas defendem seus privilégios em detrimento das necessidades dos outros, e defendem seu status em detrimento de verdadeiras exigências de espaço. Os superiores se escondem em salas quando deveriam estar circulando; os subalternos ficam apinhados em espaços abertos ruidosos quando às vezes precisam de uma sala para se concentrar. O escritório, concluía Chiat, se tornara um espaço de luta por territórios, e não um lugar para trabalhar. Modificar o escritório, dizia ele, "significa se concentrar em fazer um bom trabalho, em vez de se concentrar nas políticas da agência. Você vem trabalhar porque o escritório é um recurso".[30]

Chiat já havia revolucionado seus escritórios anteriormente. Em 1986, para projetar sua agência em Venice, Califórnia, ele contratou o arquiteto Frank Gehry, na época meio atrapalhado por um recente *succès de scandale* crítico em sua casa em Santa Monica. Trabalhando em conjunto com o inevitável – e inevitavelmente malicioso – artista pop Claes Oldenburg, Gehry criou um edifício icônico no sul da Califórnia, cujo ponto focal era um gigantesco binóculo. (Atrás de cada lente do binóculo havia uma sala de reunião.) O layout era incomum, com mesas e poltronas de pizzaria para reuniões informais, tampas de lata de lixo direcionando a luz do teto, e a coleção de arte contemporânea de Jay Chiat espalhada por toda parte. Inaugurado em 1991, era o "Oz dos escritórios", disse mais tarde o *New York*, dando uma reviravolta na carreira de Frank Gehry e se tornando um dos mais grandiosos espaços de trabalho – apropriado a uma agência que tinha dominado a década anterior. Mesmo assim, Chiat continuava resmungando queixas e reclamações. Não bastava para ele. E a agência não estava indo bem.

Em novembro de 1993, numa conferência da *Advertising Age* em Nova York, Jay Chiat anunciou seus novos planos: paredes, mesas e cubículos iam desaparecer. Computadores e telefones também. Tudo o que o pessoal da agência considerava "deles" já era. Ele chamava a isso "sala de trabalho de equipe", mas todo mundo chamava de "escritório virtual". O trabalho tinha sido "desterritorializado". Cada um receberia um telefone celular e um laptop ao chegar. E iriam trabalhar onde quisessem. Segundo Adelaide Horton, gerente geral de operações da Chiat/Day, as pessoas iriam trabalhar em equipe, e as equipes trabalhariam nas salas de reuniões – ou, como Chiat preferia chamá-las, "unidades de negócios estratégicos" (que dava um tom suspeito, remetendo às "aldeias estratégicas" na Guerra do Vietnã). Se alguém trouxesse objetos pessoais – fotos da família, do cachorro, vaso de plantas – seria solicitado a ter a gentileza de deixar guardado no armário que mais lhe conviesse. Para alguns, parecia um colégio de tempo integral. Para Chiat, era um nível de educação mais alto que o colegial, principalmente dedicado a evitar a atmosfera infantil do ensino fundamental. "Estamos tentando nos estruturar de um modo mais parecido com uma universidade, e não com uma escola primária. Muitas empresas são organizadas como escolas primárias – você vai trabalhar e só se levanta para ir ao banheiro. Esse tipo de coisa promove o isolamento, o medo, e é improdutivo. O mais importante é o foco no trabalho que você está fazendo."[31]

O escritório de Chiat virou o assunto, não só da indústria da área, mas de todo o mundo dos negócios. Partindo de uma agência ousada, e de um presidente mais ousado ainda, era a mudança mais palpitante que um escritório podia fazer. Era a raiz, o grau zero dos escritórios. Só até aí, e não além daí, o escritório radical poderia ir. "Armados até os dentes com as modernas armas do guerreiro das estradas", disse a revista *Time* de um só fôlego, "os telefuncionários da Chiat/Day... estão entre os precursores do emprego na era da informação."[32] Em breve, todo mundo estava falando sobre as possibilidades de fazer o escritório virtual. Ernst e Young estabeleceram em seu escritório um serviço de "hotelaria", onde funcionários em viagem, que passavam fora a maior parte do tempo, tinham uma mesa a qualquer momento que chegassem. A Cisco Systems e a Sprint também ensaiaram montar um "escritório virtual". Nenhuma experiência, porém, foi tão radical quanto a de Chiat, e ele não hesitou em alardear seu sucesso como o escritório do futuro. E convenceu, ou coagiu, todos na empresa a aceitarem a ideia, apesar das objeções à falta de espaço privado. Seria um erro ver as mudanças como corte de despesas, como alguns acusaram Chiat de estar fazendo, porque nada daquilo saiu barato. A compra dos computadores, telefones e móveis custou muito mais caro do que a Chiat/Day podia pagar. Mas a visão de um novo local de trabalho já era muito mais poderosa do que um olhar aflito no balancete, quanto mais um diretor financeiro insaciável e petulante.

Os móveis chegaram primeiro. Conforme prometido, as paredes vieram abaixo, junto com as divisórias dos cubículos. Em seu lugar entraram sofás e mesas, como numa sala de recreação. Os armários foram codificados em cores: vermelho, verde, preto e azul (Gaetano Pesce, designer de Chiat, tinha uma queda por cores vistosas). Para completar, Chiat instalou uma pista coberta de carrinhos "bate-bate", retirada de um finado parque de diversões, para reuniões privadas de duas pessoas. Passou a ser o único lugar onde se podia dar um telefonema particular.

Dentro de um ano, o experimento já estava dando problemas. Como a *Wired* noticiou durante o declínio, a política de escritório que Chiat julgou ser capaz de erradicar com seu experimento voltou numa forma nova e ainda mais agressiva. Tudo o que podia dar errado, dava errado. As pessoas chegavam e, sem ter a menor ideia de para onde ir, iam embora. Aqueles que ficavam não encontravam lugar para se sentar; havia gente demais. Proibidos de deixar qualquer coisa nas mesas coletivas – especialmente papéis (Chiat insistia que o escritório tinha que ser "sem papel"), eles enfiavam nos armários todos os trabalhos inacabados. Os armários eram muito pequenos. As pessoas passaram a guardar as coisas no porta-malas do carro. (Uma funcionária levava seu material num trólei de brinquedo.) Chiat e os projetistas tinham calculado mal o número de computadores e telefones necessários (e a agência não tinha dinheiro para comprar mais). Quem morava perto chegava bem mais cedo, trancava seu laptop e telefone no armário e dormia até a hora de começar a trabalhar. Às vezes, já sequestravam o equipamento durante a noite, antes de ir embora, para garantir o trabalho do dia seguinte. Começaram a fugir do trabalho. Os gerentes não encontravam as equipes. O trabalho não acontecia. Um desastre. Em 1998, o experimento foi declarado extinto – um projeto mais tradicional, ou pelo menos não tão caótico, foi encomendado.

Numa entrevista para a *Wired*, Chiat admitiu uns poucos erros. Concordou que deveria ter mais computadores. Mas insistiu que tinha razão sobre a privacidade e que o futuro estava no experimento virtual. Segundo ele, aquela foi "a única coisa que fiz numa empresa que me satisfez". A moral da história da Chiat/Day era tão simples que Chiat não soube captar. Em cômica concordância com sua personalidade, ele fora presciente e obstinado, igualitário e autoritário, tudo ao mesmo tempo. Sua experiência em propaganda o levara a crer que as pessoas tinham que ser incitadas a realizar nada aquém da excelência, e ninguém era mais qualificado do que ele para julgar se haviam conseguido. Em nome da extinção da hierarquia, Chiat instituiu, hierarquicamente, um sistema igualitário cuja verdade fundamental só ele estava em posição de reconhecer. Num clássico estudo de caso de consequências não intencionais, o experimento fracassou e os sujeitos da experiência levaram a culpa. Não se pode ter um escritório igualitário – foi o que se disse – porque as pessoas não estão preparadas para ele. Alguns são feitos para mandar, e outros são feitos para serem mandados: a hierarquia é natural. "Lá no fundo, todos nós ainda moramos nas cavernas", disse um sobrevivente do experimento. E Chiat culpou o desejo de uma sala luxuosa: "Todos nós aprendemos que a sala privativa é um distintivo do sucesso. É muito difícil mudar isso." Apesar do clima revolucionário do fim do milênio, era impossível perguntar se os funcionários do escritório deveriam ser consultados, se tinham opiniões sobre como deveria ser o local de trabalho. Sob essa rubrica, as últimas pessoas que sabiam alguma coisa sobre o assunto eram os trabalhadores do conhecimento.

A Chiat/Day deixou o escritório em setembro de 1998 e mudou-se para outro lugar. Dois anos depois, a Nasdaq quebrou, e as ponto-com foram desaparecendo, uma após a outra. Havia pouco dinheiro para gastar em escritórios mirabolantes, e parecia que o chamativo experimento de 1990 tinha acabado e o futuro do escritório estava morto.

CAPÍTULO 9

O ESCRITÓRIO E SEUS FINS

*O escritório podia ser qualquer um. Placas fluorescentes
sobre a penumbra de estantes moduladas, a escrivaninha,
praticamente uma abstração. O sussurro de ventilação esconsa.
Você é bom observador, e não há nada a observar.*
– DAVID FOSTER WALLACE, *The Pale King*[1]

Após a quebra da Bolsa, que esvaziou armazéns e depósitos de San Francisco, esfacelando num instante as nebulosas e inconsistentes fantasias das ponto-com, outra recessão do colarinho-branco se instalou, e o escritório pareceu reassumir seu papel de local de trabalho que todo mundo adorava odiar.

Poucos objetos culturais expressaram esse miasma doentio melhor que o filme *Como enlouquecer seu chefe*, lançado em 1999, no auge do *boom*. Sua bilheteria foi um fracasso modesto, mas, em retrospecto, não é de admirar que um filme tão intensamente sombrio e desagradável tenha sido sobrepujado pelo delírio que assolou o fim do milênio. (De um repórter presente à reunião anual da Microsoft em 1997: "'Por que estamos na Microsoft?', berrou o milionário Steve Ballmer, então vice-presidente executivo da companhia, dirigindo-se a uma multidão de 9 mil empregados aglomerados no estádio coberto Kingdome, em Seattle. 'Pelo dinheiro!', ele gritou. 'Quero ver o dinheiro!' A multidão respondeu urrando 'Quero ver o dinheiro!'.")[2] Piadas sobre grampeadores, memorandos extraviados, "Hawaiian Shirt Day", o espectro de vidas de trabalho acabando num beco sem saída, empregos sem sentido para uma empresa de tecnologia grisalha: ninguém parecia estar a fim desse tipo de humor naquela época de violenta exuberância – e, de qualquer modo, o cubículo tinha morrido, não é? Então a bolha estourou. Na manhã seguinte, as pessoas acordaram com as opções de ações esvaziadas; as cadeiras estofadas tinham sumido e elas estavam de novo num cubículo, ou desempregadas, procurando desesperadamente um cubículo. *Como enlouquecer seu chefe* encontrou nova vida na telinha, um veículo apropriado à existência do funcionário retratado no filme: longos dias enfurnado diante do computador e noites curtas exausto no sofá, vendo televisão. Em 1999, o filme mal recuperou seu orçamento de 10 milhões de dólares em bilheteria. Em 2003, já era um clássico cult, com mais de 2,5 milhões e meio de cópias vendidas em vídeo. (Passa no Comedy Central, com uma regularidade "descansada" que sugere um pessoal de televisão entediado por trás daquilo. "Vamos botar o quê das duas às cinco da madrugada?" "Ah, que se dane, põe aí *Como enlouquecer seu chefe* de novo.")

Todo mundo conhece colarinhos-brancos muito alegres, que citam *Como enlouquecer seu chefe* com tanto fervor e precisão quanto um pastor prega o Evangelho, e há uma suposição rotineira e plausível de que assistir repetidamente ao filme pode ser uma espécie de terapia para funcionários estressados: um escape da raiva inarticulada, que os ajuda a aturar o malfadado emprego. Mas, pelo menos no anedotário, o longa-metragem levou muita gente a pedir demissão, e um webmaster de Portland, Oregon, criou um site chamado Bullshit Job, com a dupla função de prestar tributo ao filme e oferecer uma página para funcionários postarem todos os memorandos e e-mails insultuosos enviados pelos chefes.[3] Em outras palavras, *Como enlouquecer seu chefe* e obras subsequentes na fraternidade geral da sátira ao escritório ajudaram os funcionários a reconhecer que pertenciam a um grupo peculiar – um reconhecimento que o escritório sempre parecia negar, dado que, fosse qual fosse a posição da pessoa nele, ela sempre julgava estar em ascensão. (Como aquela frase de Barbara Stanwyck no filme: "Baby Face está *saindo de sua classe*.") E parte da qualidade do filme é a insistência em que os empregos eram ruins, e não só porque os funcionários eram oprimidos: aqueles eram empregos intrinsecamente ruins, num ambiente ruim.

O esquema de *Como enlouquecer seu chefe* representa uma guinada maior no entendimento do que é um escritório. A narrativa paradigmática costumava ser a entrada da moça da zona rural na vida urbana do colarinho-branco, com os devidos terrores sexuais; em meados do século, foram os percalços do gerente tentando fugir ao espírito conformista da vida organizacional. Mas a trama de *Como enlouquecer seu chefe* – refletindo mudanças maiores na economia norte-americana – fala de pessoas obrigadas a largar um ambiente que odeiam, em consequência de cortes de pessoal. O mesmo se aplica ao seriado inglês *The Office* (onde os cortes são chamados, num eufemismo ainda mais injurioso, de "redundâncias"), e aos recentes romances norte-americanos sobre o mesmo tema, *Then We Came to the End* e *Personal Days*. A perspectiva de perder o emprego deflagra uma crise individual: você fica sabendo quem são seus verdadeiros amigos, o quanto vale sua lealdade e o que o seu emprego realmente é. Em *Como enlouquecer seu chefe*, consultores são chamados a examinar a estrutura da empresa para propor uma forma mais enxuta. Apesar do método injusto, eles realmente encontram pessoas em funções inúteis:

> BOB SLYDELL (JOHN C. MCGINLEY): O que você faz na Initech é pegar as especificações com os clientes e passar para os engenheiros de software.
> TOM SMYKOWSKI (RICHARD RIEHLE): Sim, sim, isso mesmo.
> BOB PORTER (PAUL WILLSON): Bem, então tenho que perguntar – por que os clientes não levam as especificações diretamente ao pessoal do software?
> TOM: Vou lhe dizer por quê. Porque os engenheiros não sabem lidar com clientes.
> SLYDELL: Então você vai pessoalmente pegar as especificações com os clientes?
> TOM: Não... minha secretária pega. Ou vêm por fax.
> PORTER: Então você tem que trazê-las pessoalmente aos engenheiros do software?
> TOM: Bem... não. Quero dizer, às vezes.
> SLYDELL: O que você diria que faz aqui?
> TOM: Olha, eu já disse a vocês. Eu lido com os desgraçados dos clientes para os engenheiros não precisarem fazer isso. (*Gritando.*) Eu

sei *lidar com as pessoas*! Eu sou bom em lidar com as pessoas! Será que vocês não entendem isso? Que diabos, qual é a de vocês?

Tom Smykowski fica na defensiva, embora não saiba dizer o que faz no emprego. Peter Gibbons (Ron Livingston), o protagonista, sabe que seu trabalho – atualizar software para a conversão Y2K, para ano 2000 – é uma droga, e sem sentido. Do ponto de vista do novo milênio, parece especialmente inútil. Ao tentar explicar sua função a uma garçonete, Joanna (Jennifer Aniston), ele diz: "Eu fico sentado num cubículo, atualizando software de bancos para conversão ao ano 2000. Bem, eles escreveram todo esse software bancário e, para economizar espaço, usaram dois dígitos em vez de quatro, como 98 em vez de 1998... então eu verifico esses milhares de linhas de código e... Não importa. Eu não gosto do meu trabalho." Mais tarde Peter confessa aos consultores que sua média de trabalho diário consiste em chegar com 15 minutos de atraso e "ficar de bobeira por uma hora, mais ou menos... Faço a mesma coisa por mais uma hora depois do almoço. Eu diria que, numa semana, só faço uns 15 minutos de trabalho de verdade".

A virada no filme ocorre porque essa franqueza é exatamente o que os consultores queriam – uma versão ironizada do "jogo da verdade" do homem da organização em *O homem no terno de flanela cinza*. Apesar de Peter parar de comparecer ao escritório e desmantelar seu espaço de trabalho, destruindo as divisórias, os consultores lhe oferecem uma promoção. "[Ele] é um sujeito correto, com todas as qualidades de alta gerência", um consultor diz ao chefe de Peter. Em troca, porém, demitem dois engenheiros experientes, amigos de Peter. Isso põe em ação um terceiro ato cada vez mais louco (e implausível), quando Peter e seus amigos demitidos tentam programar um vírus para fraudar a empresa desprezível em milhares de dólares. No fim do filme, um empregado insatisfeito, o sublime resmungão Milton Waddams (Stephen Root), ateia fogo ao prédio. Os amigos engenheiros saíram da Initech para a concorrente Initrode. Peter arruma um emprego de operário numa construção, preferindo a vida ao ar livre à estacionária fileira de cubículos.

Como enlouquecer seu chefe ocupa um lugar tão forte no imaginário do funcionário norte-americano sobre o local de trabalho que é lamentável seu efeito – ou o efeito de um discurso do qual o filme é apenas uma parte – ter ficado num plano mais raso, focalizando cubículos e chefes imbecis. O "espaço" no título original, Office Space, era muito mais o símbolo de uma organização indiferente, insensível, e até cruel. Seu verdadeiro alvo era a vil expectativa de um local de trabalho moderno, que pedia dedicação total sem oferecer nada em troca. A força da acusação é duplicada, estendendo-se a outros locais de trabalho. A garçonete Joanna trabalha numa cadeia de lanchonetes chamada Chotchkie's, cujas expectativas absurdas lembram muito as do escritório. Seu trabalho inclui usar distintivos no uniforme com slogans e símbolos engraçados, chamados "estilo". A certa altura, o chefe a chama de lado para repreendê-la pelo seu estilo.

> STAN (MIKE JUDGE): Joanna, precisamos conversar sobre seu estilo.
> JOANNA: Ah é? Estou com 15 aqui (*mostrando*).
> STAN: Quinze é o mínimo... Você é quem decide se quer usar só o mínimo. Brian, por exemplo, tem 37 peças de estilo – e um sorriso *fantástico*.
> JOANNA: OK, quer que eu ponha mais?
> STAN: (*Suspirando*.) Olhe, Joanna, as pessoas podem comer um cheeseburger em qualquer lugar, mas vêm ao Chotchkie por causa do clima e da atitude. Isso é que é o estilo. Porque é engraçado.
> JOANNA: Então... ponho mais.
> STAN: Olhe, você tem que se expressar. Tá bem? Mas se você acha que o mínimo é suficiente, OK, tudo bem, mas tem gente que prefere usar mais, e estimulamos isso. Você quer se expressar, não quer?

O chefe de Joanna ocupa o mesmo lugar dos consultores do escritório, procurando na expressão de personalidade o sinal de quem tem "garra", em vez de avaliar o desempenho óbvio de quem só trabalha para receber o salário. Os suspensórios do uniforme dela, cobertos de distintivos de "estilo", sugerem as divisórias dos cubículos enfeitadas com signos que marcam a "individualidade". Os vínculos humanos em *Como en-*

louquecer seu chefe são tão estranhos e obsessivos – Milton e sua vergonhosa necessidade de manter o grampeador Swingline vermelho – que é difícil crer que reste algo a expressar. Aqueles ainda imunes à sátira do estilo são encorajados a pesquisar no catálogo do fornecedor Baudville, que oferece, entre outros artigos, cordões para crachá recobertos de strass e camisetas para os dias de avaliação com slogans como "*Smells like Team Spirit*" e "*I Put the 'Zing' in Amazing*".

Diante de tudo o que esse filme revela, como pode haver perdão? Como é possível alguém tomar conhecimento do fracasso essencial do escritório em cumprir sua promessa de utopia e continuar como se nada tivesse acontecido? Para muitos, a questão era meramente retórica: eles estavam sem trabalho, aceitando qualquer serviço temporário, se virando como podiam. Mas para outros o sonho de um escritório melhor passava por caminhos diferentes: alguns viam na tecnologia um meio de levar o trabalho para fora do escritório, para uma esfera mais ampla da vida pública; outros achavam que o escritório precisava ser muito mais humano e receptivo aos seus ocupantes, por sua vez cada vez mais apáticos. Essas duas vias se uniam num único objetivo: o desejo de tornar o trabalho agradável, de resgatar uma inocência corrompida por gerações de erros do local de trabalho. Numa frase admirável e triste, o sociólogo Max Weber diz que o progresso da desmistificação científica e da racionalidade está levando a um gradual "desencanto do mundo". Algo desse tipo aconteceu com o trabalho de escritório. A imagem rósea do escritório como uma alternativa distinta – e, distintivamente, de classe média – da labuta nas fábricas e de outros trabalhos braçais não conseguiu sobreviver aos muitos impactos que sofreu. O escritório precisava ser reencantado.

□

Chega-se à nova sede da TBWA\Chiat\Day por uma escada amarela que sobe do estacionamento até um patamar comum. A entrada passa por uma mesa de recepção circular e um túnel inclinado de 15 metros, que conduz ao que é, sem dúvida, o escritório mais extravagante que alguém jamais teve a audácia de construir. Em vez das costumeiras filas de mesas ou de cubículos – as infindáveis carreiras de anonimato depressivo repetidas nos filmes, desde *Rostos na multidão*, *Se meu apartamento falasse* e *Playtime* até *Como enlouquecer seu chefe* – surgem, à distância de meio quarteirão de uma rua interna, um parque e uma quadra completa de basquete. Uma torre íngreme de três andares, alojando vários escritórios confortavelmente iluminados, dá uma noção imediata de que se está de fato num escritório, mas aquilo se parece mais com uma cena ao ar livre, uma cena de gente trabalhando até tarde da noite vislumbrada por alguém andando pela calçada. Envolvendo tudo isso, há um burburinho devido a muitas conversas, o som de pessoas se cumprimentando animadamente de manhã enquanto tomam café à sombra dos escuros fícus do parque.

A TBWA\Chiat\Day contratou o arquiteto Clive Wilkinson para um novo design em 1997, depois do óbvio fracasso do experimento do escritório virtual. O projeto parecia ter o objetivo oposto à visão inicial de Chiat. Em vez de condenar os funcionários à terrível liberdade de uma existência nômade, Wilkinson apresentou um escritório mais minuciosamente *projetado* do que qualquer outro desde a Connecticut General. Era cheio de espaços para reuniões, informais ou não. Numa sala de reuniões, a mesa era feita de pranchas de surfe empilhadas. Por toda parte, pendiam do teto grandes tendas de elastano branco, de efeito extraordinário, mas que rasgavam com facilidade e cuja reposição era muito cara. Num escárnio ao escritório virtual, os funcionários voltaram a ter mesas individuais num mesmo espaço, agrupadas em amplas estações de trabalho segmentadas por divisórias baixas; naquele espaço fechado, eles se sentiam como se estivessem ao ar livre. (Disseram-me que o agrupamento das mesas era resultado do enorme crescimento da empresa.) A cantina, servindo seiscentas refeições por dia, passou também a ser local de trabalho. As pessoas se reuniam jovialmente sob as tendas, com sanduíches de pão italiano fumegando sob a luz dos laptops. Nas paredes, cartazes anunciavam novos sanduíches que os funcionários criavam a cada mês – outro exercício da "cultura" criativa, de um trabalho que parecia lazer. Na verdade, como havia vários espaços para se distrair e passar o tempo – mesas de bilhar, bares, e a quadra de basquete, é claro –, era preciso ter em mente que aquilo era um local de trabalho, e que as diversões eram apenas um suplemento, ou um estímulo necessário, à jornada nesse local.

E os funcionários da TBWA\Chiat\Day cumpriam muito tempo de trabalho. Carol Madonna, diretora de serviços que trabalhava lá havia muito tempo, inclusive sobrevivendo à devastação dos dias do escritório virtual, me disse que o trabalho em fins de semana e à noite era algo muito comum, mesmo quando pontuado por suarentos jogos de basquete, onde as pessoas iam desopilar. "A propaganda é um esporte coletivo", ela repetia, em que as pessoas "desabrocham no caos" (uma expressão que reconheci ser um título de Tom Peters). Isso significava que as pessoas precisavam estar juntas no escritório, que as ideias precisavam "polinizar-se entre si", o que a mescla de espaços privados e comuns na TBWA\Chiat\Day era destinada a estimular. Quando perguntei sobre a diferença entre esse escritório e a versão original desejada por Jay Chiat, Madonna disse que Jay "entendeu bem; ele não queria as pessoas fechadas, escondidas".[4] E de fato, olhando em volta, um bom número do pessoal parecia estar fora da mesa, andando de um lugar a outro, ou se reunindo em qualquer lugar. Foi uma surpresa ver um ambiente barulhento tão agradável, considerando seu espaço enorme. Eu nunca estivera num escritório tão cheio de conversas e que parecia tão tranquilo.

Em seu design totalizante, o escritório era, de certa maneira, fiel ao espírito autoritário de Chiat, falecido em 2002. O velho escritório virtual forçava os funcionários a sair de sua zona de conforto, e o de Wilkinson fazia o mesmo, de maneira ainda mais flagrante. "A comuna utópica e o pesadelo orwelliano", escreveu o crítico de arquitetura Nicolai Ouroussoff numa resenha quando o escritório foi inaugurado, "cujos ocupantes são cautelosamente isolados do mundo externo, em prol de seu objetivo comum – a sutil manipulação do desejo do público."[5] A meu ver, não era nem utópico nem orwelliano. A extravagância dominante lembrava-me, mais que tudo, a Disneylândia – que de fato foi uma referência pós-modernista, deliberada, do arquiteto. (A rua interna se chamava Main Street, como na seção Main Street, U.S.A. da Disneylândia.) Mais tarde, Malcolm Gladwell, impressionado com a rua interna, comparou o escritório à supersutil rede de Greenwich

O novo interior do escritório da TBWA\Chiat\Day. *Foto de Benny Chan, Fotoworks*

Village que Jane Jacobs descreve em *Morte e vida de grandes cidades*. É uma bela e hábil comparação, pois descreve o que os escritórios tentavam fazer, embora omita uma diferença fundamental. Jacobs afirma que Greenwich Village era parcialmente orgânica, nascida do trabalho em comum dos habitantes da cidade. O paraíso da TBWA\Chiat\Day era agradável, mas definitivamente artificial. Se pensarmos em termos de cidade, podemos imaginar algo mais como um *cul-de-sac* em Celebration, na Flórida, do que a esquina das ruas Bleecker e MacDougal.

O design da TBWA\Chiat\Day, perfeito, meticuloso, bem-acabado, era ao mesmo tempo espetacular e assustador. O espaço era flutuante, e ao percorrer a agência o visitante tinha o desejo de trabalhar ali, por pouco tempo que fosse, ou pelo menos de participar de um jogo de basquete. Se aquilo era uma cidade, curiosamente não fazia qualquer referência à cidade grande lá fora. Em alguns aspectos, a cidade interna era *melhor*. Poucas ruas de Los Angeles eram tão transitáveis quanto a rua interna da TBWA\Chiat\Day. Andando por ali, atravessando as passarelas elevadas e me demorando sob os arcos vermelhos, relutando em me lembrar do meu carro, da estrada e do avião que eu tinha que pegar, pensei, por que sair daqui?

Algo semelhante aconteceu quando fui ao escritório da Google, no norte da Califórnia. O campus da Google, e outros do mesmo tipo, incorpora numa só área tudo o que fazemos. Na Google, não só oferecem boas refeições grátis o dia inteiro, academia a qualquer hora, mas também creche, serviço médico e odontológico no campus, piscinas de hidroginástica e possibilidade de trocar o óleo do carro. Quem prefere a vida urbana e quer sair do campus principal em Mountain View, pode pegar o ônibus da Google para vários pontos de San Francisco e já começar a trabalhar no ônibus. (Na verdade, os preços de aluguel e hospedagem aumentaram muito nas vizinhanças dos pontos de ônibus da Google, sugerindo que o efeito do escritório vai além de suas fronteiras imediatas de concreto e vidro.)

Uma visita aos escritórios da Google em Mountain View é uma experiência decepcionante à primeira vista. O grande campus não se distingue de tantos outros parques de empresas: prédios baixos envidraçados em meio a gramados bem-cuidados, todos contornados por ruas e vias expressas de tráfego intenso. É verdade que a quadra de vôlei na praia e o jardim da "comunidade" conferem um certo ar de Califórnia-progressista à estética tecnológica geral da companhia – para não mencionar as bicicletinhas jocosas besuntadas do chamativo quadricolor amarelo, azul, verde e vermelho da Google, estrategicamente colocadas para você usar, supostamente sem constrangimentos, para ir de um prédio a outro. Ao entrar nos prédios, sente-se uma leve mudança na atmosfera. O que parece, visto de fora, conter outra cadeia iluminada de cubículos enfileirados é algo que leva a palavra "campus" muito a sério.

Assim como a TBWA\Chiat\Day, a sede da Google – Googleplex – foi projetada para ser um universo contido em si mesmo. Ninguém precisa sair do campus para fazer o trabalho que quiser. De fato, com os ilimitados lanches gratuitos e mesas de trabalho acopladas a esteiras para exercícios, não é preciso sair nem para manter a existência biológica. Mas o ponto de referência de todo esse universo não é a cidade, como acontece com a TBWA\Chiat\Day. É a universidade. Não uma universidade no estilo europeu, estirada no meio da cidade. O modelo é claramente o da Stanford University, que os Fundadores (como são chamados), Sergey Brin e Larry Page, frequentaram durante algum tempo. De lá saíram e fundaram sua própria universidade corporativa, mais lucrativa, e cujos funcionários vieram da Stanford, é claro.

A ideia por trás da Google foi tornar a transição, geralmente dolorosa, da universidade para a vida corporativa o mais suave possível. A Google herdou o campus em 2004 da extinta Silicon Graphics, que tinha lançado a ideia urbana, agora banal, de uma "Main Street" cortando o prédio, com transversais para as "vizinhanças", estimulando as pessoas a usarem escadas em vez de elevadores, a fim de propiciar encontros casuais. O arquiteto Clive Wilkinson (o mesmo projetista da TBWA\Chiat\Day) foi contratado para desenvolver ainda mais a ideia de circulação, acrescentando conexões entre os prédios, enfatizando assim a vida no campus. Esportes ao ar livre, comida à vontade, várias áreas comuns e um parque foram os primeiros significantes da vida no campus. As zonas internas eram designadas como "quentes" e "frias". As áreas quentes eram salas de reuniões e de estar, espaços para trabalhos de equipe. As frias eram mais destinadas a bibliotecas e salas de estudo, próprias ao isolamento e a trabalhos individuais. Os engenheiros que precisavam codificar podiam usar "tendas" para duas ou três pessoas. Segundo os Fundadores, era a dimensão correta para codificação.

Os escritórios da Google em Mountain View, que visitei na primavera de 2012, são um extraordinário conglomerado de espaços e mobiliário, muito agradáveis, que expandiram o perímetro de inovação. Afora as bancadas atreladas a esteiras (que não vi ninguém usando), alguns espaços tinham cubículos. Vários postos de trabalho eram muito compactados. No entanto, a Google parecia imensamente interessada nas preferências dos empregados. Num dos prédios, o porta-voz da companhia, Christopher Coleman, me disse que vinham testando "dez sistemas de iluminação, quatro sistemas mecânicos, cinco fabricantes de móveis", a fim de saber o que mais convinha ao pessoal.[6] Nesse aspecto, a Google parecia remontar aos antigos campus e ambientes de trabalho familiais, como a Connecticut General, ou mesmo o Larkin Building. A Google gosta de misturar arranjos tradicionais, como cubículos, e conceitos mais "excêntricos", como espaços privados em formato de ovos (que usa em seu escritório de Zurique), onde as pessoas podem ter uma conversa particular e até se recolher para tirar um cochilo.

Assim como a TBWA\Chiat\Day, a Google parece preferir que as pessoas fiquem por ali, como alguns porta-vozes confirmaram. Quando perguntei a Coleman se a empresa permitia teletrabalho aos funcionários, ele respondeu: "Não, e desencorajamos isso." Ele explicou que a Google quer os funcionários produzindo no campus, e a coordenação com pessoas fora do escritório não funciona bem. Mas uma funcionária com quem conversei, e pediu anonimato, sugeriu que essa política não era tão rígida. Ela havia trabalhado durante muitos anos na Google, foi para uma empresa ponto-com iniciante e voltou para a Google. "É a companhia mais flexível em que já trabalhei", ela disse. "Quem mora muito longe, frequentemente trabalha em casa às sextas-feiras. Eu diria que é bem tranquilo em termos de comparecer ao trabalho e cumprir as tarefas. Eles entendem que você está fazendo o melhor pelo bem da companhia, e confiam em você."[7]

Coleman me levou ao grande anfiteatro, com um telão da altura de dois andares, onde os Fundadores falavam com o pessoal todas as sextas-feiras sobre o que estava acontecendo na empresa. A intenção era de uma conversa simpática, paternalista, mas o que me veio à mente foi uma imagem assustadora: uma visão ligeiramente melodramática do cartaz gigantesco do Cidadão Kane olhando com malevolência para a massa de servos. Mas logo depois Coleman me levou ao que ele disse ser um dos locais prediletos do pessoal. "Eles adoram esse lugar", disse ele enquanto entrávamos num pequeno café ruidoso, com gente conversando e barulho de liquidificador. Era um bar de sucos. Coleman apontou para a lista de sucos escrita num quadro-negro. *Aquele* era o lugar favorito deles? Coleman me perguntou por que eu achava que eles gostavam tanto dali. Por causa dos sucos?, perguntei. Ele apontou para as janelas que, indo do chão ao teto, deixavam entrar algum verde e o sol de fim da tarde de primavera da Califórnia. "É a proximidade da natureza", ele disse.

A simplicidade e a alegre desordem da Google tendem a contradizer a imagem bem elaborada que construiu. A mesma funcionária com quem conversei parecia confirmar isso, ao mencionar que as cantinas tinham "um planejamento estranho: você devolve a bandeja no lugar em que as pessoas estão na fila para se servir. Essa interseção é muito inconveniente". Os Fundadores estabeleceram coisas assim para encorajar, é claro, os encontros casuais e a confraternização dos engenheiros. Mas quando perguntei se ela achava que os longos corredores serviam para alguma coisa, respondeu: "Você encontra pessoas, para conhecê-las e travar relações – estimula a inovação, eu *acho*", e em seguida confessou, "mas não sei *por que* eles fizeram isso." Na opinião da funcionária, o mais importante era o aspecto aparentemente menos atraente do planejamento: a política de permitir cachorros no escritório. Encontrar alguém com um cão propiciava interações mais humanas. Segundo ela, com cachorros, "por alguma razão, as pessoas ficam muito mais sociáveis". Em outras palavras, os longos corredores onde as pessoas se encontram são ótimos, e seu efeito é imprevisível, mas o que pode funcionar melhor ainda é uma política que permite trazer o seu cãozinho para o trabalho.

□

Os modelos de local de trabalho da Google e da TBWA\Chiat\Day têm uma autoridade inquestionável, e uma visível popularidade. Muita gente quer trabalhar lá. A Google recebe cerca de 75 mil pedidos de emprego por semana, em grande parte devido à sua fama de ter um bom ambiente de trabalho. Em consequência, é também um ambiente muito seletivo, e *existe* uma espécie de autosseleção que contribui para a informalidade do clima. É um segredo de polichinelo, segundo me disse um funcionário, que a Google dá preferência a membros da Ivy League, para que todos tenham a mesma atitude e o mesmo nível de cultura e inteligência.

Contudo, esse modelo de escritório que provê todas as necessidades das pessoas (e por isso as mantém lá) passou por uma séria tensão pública quando Marissa Mayer, com total formação Google, tentou aplicar as lições aprendidas à companhia em que recentemente se tornou

CEO, a claudicante empresa de mecanismos de busca Yahoo!, do Vale do Silício. Mais ou menos contemporânea da Google, a Yahoo! ficou obviamente para trás, tornando-se uma "já era" do Vale. A contratação de Mayer em 2012, tirando-a da Google – onde era a funcionária número 20, e portanto já multimilionária –, foi encarada como um último esforço e um lance brilhante, audacioso. Aparentemente, muito dessa audácia tinha a ver com o fato de que Mayer estava grávida na época da contratação. Como ela iria dirigir a empresa quando fosse mãe?, as pessoas se perguntavam. Alguns testemunhos sobre as façanhas insones de Mayer e a ética de trabalho de nem-os-primeiros-protestantes-eram-assim sugeriam o que vinha pela frente. "Ela passava 130 horas por semana na Google", dizia o *Business Insider*, e "conseguia isso dormindo debaixo da escrivaninha e sendo 'estratégica' nos banhos de chuveiro."[8] Quanto à disposição para ser uma mãe trabalhando fora, havia o óbvio mas não falado raciocínio de que Mayer podia pagar uma empregada em tempo integral. Ainda assim, muitos esperavam que ela, enquanto mãe, instituísse outros modelos de políticas na vida de trabalho. Essa esperança desmoronou quando ela anunciou que tiraria apenas duas irrisórias semanas de licença-maternidade.

E quando um memorando interno da Yahoo! vazou no final de fevereiro de 2012, indicando que a política da companhia com telefuncionários seria revogada, e todos os que trabalhavam em casa pediram para passar a trabalhar no escritório, a mais feroz indignação partiu de pais e mães empregados, pondo a culpa em Mayer. "Em vez de defender uma junção de vida e trabalho", escreveu Lisa Belkin no *Huffington Post*, "ela está querendo impor uma divisão antiquada. Ela diz aos funcionários – muitos dos quais foram contratados com a garantia de trabalho remoto – que é melhor sentar o traseiro no escritório ou procurar outro lugar." "Marissa Mayer teve mesmo um bebê ou foi conversa fiada para publicidade ou algo assim?", escreveu um blogger no site Scary Mommy. Numa indústria – e numa região – de vanguarda em técnicas de flexibilidade no trabalho, diziam, o decreto de pôr fim a uma prática progressista nada mais era que uma atitude reacionária. Muitos fizeram eco a essas opiniões.[9]

A atitude tinha uma base lógica e plausível, apesar de cruel: frente à situação problemática da empresa, a CEO tomou uma "decisão difícil" para extirpar aqueles que usavam o status remoto para receber o salário sem apresentar produtividade. Uma fonte próxima a Mayer sugeriu que "muita gente se escondia na Yahoo!. Havia muitos funcionários [em trabalho remoto] e ninguém sabia que eles ainda estavam na Yahoo!". Certamente, muitos deles não poderiam cumprir a exigência de comparecer ao escritório e seriam obrigados a ir embora. A mesma fonte declarou que era um meio de "chegar aos problemas criados pela infraestrutura inflada, imensa, da Yahoo!". A suposição de que a experiência na Google levou Mayer a tomar essa decisão também é capciosa, dado que a flexibilidade de trabalho continua a vigorar lá, ainda que a empresa não alardeie esse fato. Além disso, poucos meses depois da controvérsia sobre sua decisão – apesar, e talvez um pouco por causa disso –, Mayer anunciou uma política de licença-maternidade e paternidade de oito semanas remuneradas. Não era nada em comparação, digamos, à política nacional da Suécia, de licença de 16 meses com 80% de remuneração, mas, nos Estados Unidos, onde a licença-maternidade remunerada não é sequer prevista por lei, foi um passo na direção certa.

Embora não tivesse essa intenção, a decisão da Yahoo! desencadeou uma grande discussão sobre a natureza do local de trabalho, um debate que os empregados ansiavam cada vez mais que acontecesse. No centro da discussão estava a questão do controle. Havia a velha suspeita de que os funcionários não podiam ficar muito distanciados dos gerentes, e que, por sua vez, precisavam ficar atentos, certificando-se de que todos estavam trabalhando, o que muitos confirmavam. Alguns diziam que, apesar de toda a discussão sobre a mobilidade do trabalho, ainda era melhor trabalhar em conjunto, no escritório. Outros – seguindo a longa e sinuosa linha dos teóricos da gestão – diziam que os funcionários tinham uma formação melhor que nunca e, portanto, tinham maiores expectativas e necessidade de autonomia. Não precisavam ficar amontoados, supervisionados e, de fato, trabalhavam melhor sem supervisão.

Seja qual for a verdade desses argumentos, não resta dúvida de que, na última década, o "controle" do local de trabalho, no velho sentido do termo, tem sofrido um certo desmantelamento. Em seu lugar surgem locais de trabalho caracterizados, pelo menos na superfície, por mais informalidade e autonomia por parte dos funcionários. Muitos sugerem que a crescente mobilidade da tecnologia é o maior propulsor dessa mudança. E certamente há bastante verdade nisso: como se sabe, a tecnologia contemporânea nos possibilita trabalhar de modo a permitir – e exigir – o trabalho realizado fora das fronteiras do escritório propriamente dito. É claro que nem todas as empresas que produzem tecnologia móvel encorajam essa prática em seus quadros de funcionários. Como me disse o historiador de arquitetura holandês Juriaan van Meel: "A pequena ironia desse novo modo de trabalhar é que as pessoas que produzem as ferramentas que nos permitem trabalhar na nuvem, trabalhar onde quisermos – esse software está sendo produzido por pessoas dentro do escritório... É altamente personalizado – na Google pelo menos –, pessoas em cubículos, gente trabalhando em grupos. Não está sendo feito num iPad dentro de um café... não se está andando por aí, trabalhando no lugar que se quer."

O controle do escritório sobre os empregados começou a se dissipar bem antes da "nuvem". A ascensão do trabalho freelance, temporário, e especialmente por prestação de serviços, coincidiu com a quebra gradual das políticas de emprego vitalício nas corporações norte-americanas nos prevenidos anos 1980. À medida que o ciclo de fusões e demissões se tornava mais intenso e rotineiro, uma proporção maior de empregados passava a trabalhar como prestadores de serviço e milhares de ex-empregados foram expelidos da força de trabalho permanente. Alguns, é claro, procuraram um trabalho semipermanente. Muito antes de as pessoas se sentirem confortáveis trabalhando em casa, a mudança na força de trabalho já começava a valorizar a ideia de "trabalho" realizado em "qualquer lugar". Em seu excelente livro *The Temp Economy*, o historiador Erin Hatton descreve a trajetória da indústria temporária desde o começo dos anos 1950 até hoje. Os primeiros escritórios temporários, como a agência "Kelly Girls", faziam uma ligação explícita entre trabalho e gênero: vários temporários eram (e são) mulheres, trabalhando fora de casa por necessidade de dinheiro, embora o pressuposto fosse de que o *verdadeiro* trabalho da mulher era doméstico, dentro de casa. Somente lá pelos anos 1980, quando as empresas se empenharam menos em ter empregados permanentes, os empregos temporários passaram a ser uma parte fundamental, até paradigmática, da economia norte-americana: eram pessoas chamadas para substituir grevistas, e a figura do "permatemp" – o empregado *de facto* permanente que, convenientemente, não recebia benefícios – tornou-se um traço comum na paisagem das empresas de tecnologia.[10] Os escritórios nômades e não territoriais, com políticas de flexibilidade, são fruto da influência dessa história do trabalho na mesma medida em que a tecnologia é sua fonte.

□

Durante os mesmos anos em que Jay Chiat tentava impor seu escritório virtual a empregados inesperadamente recalcitrantes, um consultor pretensamente visionário chamado Erik Veldhoen fazia algo semelhante na companhia de seguros holandesa Interpolis. Assim como a Chiat/Day, a Interpolis estava indo mal nos anos 1990. Havia contratado a onipresente firma de consultoria McKinsey para avaliar a situação, o que naturalmente levou à tosca solução de demissões. Mas as demissões não resolveram o problema. Em desespero, a Interpolis recorreu a Veldhoen. Em 1995, ele ganhara alguma notoriedade por ter publicado um livro intitulado *The Demise of the Office*, que afirmava, assim como tantos outros na época, que em breve as telecomunicações iriam pôr fim ao escritório tal como era conhecido. Veldhoen e sua equipe apresentaram um plano simples. Destacaram equipes por andares e criaram uma variedade de postos de trabalho em cada andar – salas privadas, espaços semiabertos e espaços totalmente abertos. As mesas individuais foram abolidas. Os funcionários passaram a ter armários, uma zona doméstica onde trabalhar a cada dia, e um telefone celular interno; tiveram permissão para trabalhar em casa sempre que precisassem, mas, tipicamente, isso significava um ou dois dias por semana. A Interpolis teve problemas para convencer, não os empregados, como se poderia esperar, mas os gerentes, que estavam muito acostumados a uma posição de vigiar os funcionários todo o tempo. A ideia de que os empregados pudessem trabalhar em outros locais do prédio, quanto mais fora do prédio, era assustadora. Segundo Louis Lhoest, consultor da Veldhoen + Company: "Eles acham que enquanto estão de olho, a pessoa trabalha. Não é verdade. Muitos deles são péssimos gerentes. Se você tem um verdadeiro contato com o pessoal, não precisa ficar de olho todo dia, a toda hora."[11]

O medo dos gerentes, de que os funcionários fossem sumir, mostrou ser infundado. Segundo um estudo do instituto holandês Center for Buildings and Places, voltado para pesquisas de locais de trabalho, os empregados passaram a procurar mais uns aos outros, e a comunicação interna aumentou.[12] Estudos de psicologia ambiental, sugerindo que requisitos de status, privacidade e personalização eram grandes barreiras à flexibilidade do local de trabalho, foram refutados. Após uma resistência inicial, os funcionários se adaptaram à nova modalidade – embora tendessem a procurar sempre o mesmo lugar para trabalhar, sem levar em conta a ideia de que a "base de atividade" significava que a pessoa podia trabalhar em locais diversos.

Quando visitei a Interpolis, conversei com Lhoest durante um almoço na Tivoli Plaza, um espaço comunal adicionado no segundo estágio para tornar a companhia mais flexível. O que teria sido um átrio vazio (algo como o que existe na Pixar), ligando os vários prédios do complexo da Interpolis, foi subdividido, e o design foi entregue a diversos artistas e arquitetos. As sete áreas de *"clubhouse"* foram ligadas por "ruas" (mais uma vez, a velha metáfora urbana), e cada uma delas foi criada por um artista. Numa seção, cadeiras Aeron circundam uma grande mesa amarela de reuniões em forma de paleta, ao lado de um bar com bancos altos, iluminada por luminárias com uma vaga forma de pinos de boliche, e sobre um tapete amarelo-claro e verde, num motivo reminiscente das tapeçarias medievais. Num espaço ao lado, há enormes cadeiras esculpidas como modelos humanos. Lhoest me levou a uma "cadeira orelhuda", uma poltrona de espaldar muito alto, com as laterais se projetando para a frente, de modo a esconder a cabeça de quem está sentado. Superficialmente, parece ter textura e cor de concreto, mas é muito macia, confortável e, surpreendentemente, bloqueia a maior parte dos sons. Colocadas de frente uma para outra, permitem até que se tenha uma conversa particular. Todas as *clubhouses* têm espaços variados, projetados para reuniões, palestras e para trabalho individual.

É uma extravagância gentil para uma força de trabalho que só fica no escritório três ou quatro dias por semana.

A Interpolis é criativa, mas algo me incomodou com relação ao conceito. Lhoest repetia que instituir um "trabalho baseado na atividade" significa obter um compromisso dos níveis mais altos da diretoria. Os executivos precisavam concordar, e acreditar, antes que se pudesse fazer qualquer coisa. Mas, e o nível mais baixo? Eles também não precisavam concordar? O assunto nunca veio à baila, embora a "confiança", disse Lhoest, fosse a ideia central do trabalho baseado na atividade. Isto é, "confiança" entre chefes e empregados, pois supervisão constante está fora de cogitação. O que Lhoest chama de "confiança", suspeito eu,

Tivoli Plaza, na Interpolis (1998).
Foto de Kim Zwart, cortesia da Veldhoen + Company

pode ser mais bem denominada, do ponto de vista do pessoal, "aquiescência" – a disposição para acompanhar as mudanças realizadas pelos executivos. Em outras empresas, a aquiescência ficou desgastada. Enquanto estudos da Interpolis sugerem que a satisfação com o espaço aumentou desde a mudança para o trabalho flexível, locais de trabalho que adotaram ambientes similares na Holanda sentiram uma enorme queda de satisfação. Na Dynamischkantoor, em Haarlem, um prédio que abriga seções do Ministério da Habitação, Planejamento do Espaço e Ambiente, a proporção de empregados que acreditavam que o ambiente de trabalho baseado na atividade contribuía para a produtividade caiu de 60% para 25% após as reformas. As queixas eram muitas: falta de espaço adequado à concentração e privacidade; barulho e interrupções constantes; e muito tempo gasto em planejamento do trabalho.[13] Isto, apesar do fato de todos os componentes necessários estarem instalados: escritórios celulares para trabalhos de concentração; espaços informais para colaboração; e salas fechadas para reuniões formais.

Ocorre que a imposição de um conceito por decreto pode resultar facilmente num local de trabalho com aparência "criativa", mas que funciona muito mal. Ao lançar mão de um conceito utópico, sem levar em conta a experiência real dos funcionários, o plano fracassa, não por falha de execução, mas por falta de escuta. Por exemplo: ao adotar a famosa descoberta do professor Thomas Allen, do MIT, de que as interações decrescem exponencialmente quanto maior for a distância entre as pessoas no trabalho, a tendência dos projetistas foi colocar todo mundo junto – o que, não por acaso, reduz exponencialmente os custos –, com gestos de valor simbólico na direção do espaço privado. O resultado é barulho e distração. Ou, seguindo a abordagem *"cave and commons"*, o projetista deixa um espaço central entre a área de salas privativas, julgando que será um ótimo lugar para os sagrados encontros casuais. O resultado pode ser nenhuma interação, ou interações menos significativas. Um estudo mostrou que um espaço compartilhado numa agência de mídia era percorrido constantemente, mas não havia a combustão das labaredas de inovação que os ideólogos da colaboração sempre imaginam. Havia muito trânsito de pessoas em geral, mas o diretor da agência estava lá frequentemente, tomando café, o que deixava os subalternos receosos de serem entreouvidos.[14]

Erik Veldhoen, que acabou vendendo a empresa que fundara (por motivos obscuros, mas parece que ele saiu quando surgiram diferenças entre os sócios sobre o projeto da sede da Microsoft em Amsterdã), faz grandiosas declarações sobre a autonomia dos funcionários para tomar decisões sobre o ambiente. Veldhoen, um dos mais famosos – e estranhamente carismático – personagens no mundo denso e criativo do design holandês, passou a ser consultor freelance, a escrever livros e expor suas teorias em palestras. Eu o conheci na mesa que geralmente ocupava no Dauphine, em Amsterdã – um café movimentado, no estilo parisiense, que pessoas afins com seus métodos citam frequentemente como um dos novos ambientes de trabalho para os "trabalhadores do conhecimento" atualizados. Quando lhe perguntei sobre autonomia, ele foi direto ao ponto: "Os modelos hierárquicos se baseiam no controle... As pessoas são proprietárias de suas próprias atividades." E fez uma pregação sobre o futuro da revolução digital, que ele acredita (assim como muitos outros) ser uma mudança tão grande quanto a Revolução Industrial, algo que já está mudando a experiência de tempo e espaço. Ao definir a Revolução Industrial como duzentos anos de erros, em que se exigiu cruelmente que as pessoas trabalhassem todos os dias num local específico, ele sugeriu que a nova era nos levará de volta aos tempos *pré*-industriais. "Estamos no fim da labuta", ele disse. "Vamos voltar ao artesanato." A tecnologia da informação tornou o trabalho mais independente do tempo e do lugar. As pessoas podem organizar o tempo como quiserem. "Quando você vê pessoas trabalhando, por exemplo, quarenta horas por semana – uma semana tem 168 horas. Digamos que, dessas quarenta horas, vinte sejam rotuladas de 'tempo com outros'. Cooperação. E vinte sejam o tempo que você tem para fazer seu trabalho sozinho... para organizar... do jeito que quiser. É uma possibilidade. Tem muita influência no modo de organizar o equilíbrio de sua vida com a vida de trabalho. Isso vai mudar drasticamente."[15]

Perguntei o que irá acontecer então com o sistema de hierarquia. "No futuro, não vamos mais precisar de gerentes", ele disse, tirando os óculos e arregalando propositadamente os grandes olhos azuis. Ele sabia que era uma afirmação grandiosa, com uma ênfase intencional. "O contrato de trabalho vai mudar drasticamente. Não é 'Você trabalha para mim, eu sou o chefe, e você faz o que eu mando'. É 'Nós temos uma meta na empresa, e o que você pode trazer para atingir essa meta?'. Então temos um acordo, mas é você quem decide como e o que vai trazer. Você se organiza como quiser para chegar a esse resultado, você é o responsável, não a empresa." Fiquei momentaneamente confuso porque me pareceu que ele estava eliminando os gerentes do sistema, porém não os executivos ou as velhas formas de propriedade que tornaram possível a Revolução Industrial, mas ele tinha outra declaração semiescandalosa no bolso. "Você conhece Karl Marx?", perguntou, expandindo novamente os olhos. "Agora ele tem que viver. Porque seu sonho chega agora. Poder ao trabalho, poder ao povo."

□

Supostamente marxistas, as proposições de Veldhoen visam uma maior autonomia dos trabalhadores e o retorno a um mundo de organização do trabalho pré-industrial, espelhando argumentos que ouvi de outro escritor sobre arranjos de trabalho contemporâneos, Richard Greenwald. Encontrei-o num café em Williamsburg, no Brooklyn, cheio de gente trabalhando grudada em laptops, as quais ele tinha passado anos estudando: a saber, freelancers. Professor de história e sociologia no St. Joseph College, no Brooklyn, onde é reitor, Greenwald começou pesquisando temas mais tradicionais, como a ascensão do sindicato dos trabalhadores em vestuário feminino. Mas em seu trabalho de jornalista e ativista, ele percebeu que o mundo à sua volta fazia pouca referência aos redutos sindicais da força de trabalho industrial urbana, que era seu objeto de estudo. De fato, aquilo era muito diferente do mundo de abundância de benefícios e altos salários que tinham caracterizado a vida corporativa durante gerações. E também não consistia em trabalhadores do conhecimento "controlando os meios de produção" numa "sociedade pós-capitalista", como o falecido Peter Drucker havia profetizado em suas últimas décadas de vida. Greenwald via as pessoas pulando de bico em bico, numa trajetória ainda mais irregular e precária de desemprego quase permanente.

"O setor de serviços autônomos é o de mais rápido crescimento em nossa economia", ele me disse. É difícil fazer uma contagem exata dos freelancers hoje. Fazer declaração de imposto de renda como autônomo não significa que você não tem um emprego permanente, e o Bureau of Labor Statistics não faz uma estimativa desde 2005, mas estimativas razoáveis chegam a um número entre 25% e 30% da força de trabalho norte-americana. Esses números estão crescendo também nos países europeus, levando alguns autores a falar de um proletariado precário nos escritórios, ou "precariado". Alguns desses trabalhadores precários preferem sair da força de trabalho permanente, e muitos são expelidos dela. Muitos não têm planos de saúde, muitos estão numa constante e "desesperada necessidade de dinheiro". E sofrem da "ilusão de que nem tantos deles são explorados".[16] São os mesmos que, segundo Veldhoen, foram precursores do fim do capitalismo.

Certamente, como Greenwald explicou, o cenário é complicado. A partir de várias conversas com freelancers e com quem os contrata, ele descobriu que o trabalho por prestação de serviço proporciona uma certa liberdade. Nas atitudes dos entrevistados, ele observou um "sentimento de orgulho e identificação com o trabalho" que – se crermos em *Como enlouquecer seu chefe* – está ausente na economia em geral. As pessoas em indústrias criativas, como design gráfico, falam da satisfação que obtêm com o trabalho. Freelancers que trabalham bem têm um controle substancial sobre os horários e o trabalho que produzem. Como quaisquer outros, eles vendem seu trabalho, mas os melhores podem estipular o preço.

Ao mesmo tempo, junto com a satisfação, vem "um monte de preocupação". Quando os freelancers *são* explorados – quando têm que aceitar um trabalho por pouco dinheiro e não há nada mais em vista, mas as contas vão chegar de qualquer jeito –, eles se sentem "impotentes para evitar a exploração". Muito do prazer de trabalhar como freelancer, porém, é acompanhado por vários problemas. Geralmente, as pessoas trabalham sozinhos e muitas se denominam "empreendedoras", o que frequentemente significa que se consideram únicas. Isso quer dizer que, quando fracassam, assumem inteiramente a culpa, em vez de atribuí-la ao sistema. Greenwald, numa frase intransigente, diz que isso é "uma persistência da ilusão do colarinho-branco". Ele culpa a enorme quantidade de livros de autoajuda de freelancers por promover uma intensificação da atitude dessa classe de trabalhadores com relação ao contrato de trabalho, que raramente informa as dificuldades a serem enfrentadas.

O que o aumento dos contratos de prestação de serviço significou para o trabalho em geral? Aqui Greenwald também vê um retorno do antigo estilo de empreendedores independentes praticando seu ofício. Certamente, com uma diferença crucial: as grandes companhias transnacionais não estavam desaparecendo, mas até crescendo, absorvendo cotas maiores da força de trabalho. A mudança era que a força de trabalho estava adquirindo um aspecto cada vez mais precário. Greenwald pensa que a única maneira de fazer o trabalho autônomo funcionar é aumentar a rede de segurança, que está desgastada, admitir a flexibilidade e ao mesmo tempo garantir que o fracasso não seja uma catástrofe. Ele sugere que algo na linha das guildas do século XIX pode operar como uma proteção maior contra as tormentas de mudanças ou crises econômicas. De modo mais animador, Veldhoen expressou a mesma ideia mas nem a visão otimista nem a pessimista parecem refletir a vinda de uma utopia socialista.

Se a crescente contingência tem um lado bom, pode-se dizer que é a emergência de um local de trabalho menos caracterizado por hierarquia e controle por parte da chefia e o potencial de maior controle por parte dos próprios trabalhadores no processo de trabalho. Teóricos de gestão vêm prognosticando a chegada desse mundo há décadas, é claro. Tom Peters e figuras similares há muito tempo vêm aconselhando os executivos a subverter as hierarquias; e o último livro de Peter Drucker sugeriu, em outra inversão do marxismo, que os trabalhadores do conhecimento iriam finalmente controlar o "meio de produção" – o saber – e gerar uma nova sociedade, "pós-capitalista". Outros teóricos, como o acadêmico Charles Heckscher, viram um mundo "pós-burocrático" emergindo, também mais caracterizado pela confiança do que pelo controle. O problema é que tais conjecturas raramente descrevem os verdadeiros locais de trabalho. Mais do que no setor do chamado trabalhador do conhecimento, o crescimento de empregos está direcionado principalmente para os setores burocráticos, de baixos salários, e a expansão do teleatendimento, fortemente monitorado, desmente a ideia de que o taylorismo está chegando ao fim.[17] Um professor da área de negócios sugeriu fortemente que, nessa nova era, os trabalhadores precisam desenvolver uma "mentalidade de flexibilidade", ou uma "mentalidade de autoemprego", para tratar o empregador como "cliente" de seus serviços, garantindo a esse cliente a satisfação com seu trabalho, de modo a preservar o "negócio" do cliente.[18]

No fervilhar de novas empresas que surgem, porém, principalmente no setor tecnológico, vemos gestos significativos na direção de formas de trabalho mais soltas. Ficaram conhecidas como escritórios "sem chefe" – dentre as mais famosas está a Menlo Innovations e a empresa de videogame Valve –, em que as hierarquias são mais horizontalizadas que o habitual, o trabalho é realizado em equipe, as lideranças aparecem e desaparecem conforme o projeto, não sendo alocadas funcionalmente por uma lógica burocrática. A GitHub, uma empresa de software baseada em San Francisco que lançou um meio fantasticamente popular de compartilhar e editar software aberto, é um desses locais de trabalho. Visitei a sede em setembro de 2013, logo depois de terem se instalado num galpão gigantesco, expressando um recém-descoberto senso de segurança e poder seguindo-se a muitos anos de lucratividade. Espalhada por três andares, lembra os escritórios ponto-com do *boom* anterior, com vários toques de excentricidades caras. A grande área de recepção é uma réplica do Salão Oval; uma passagem secreta leva a uma biblioteca em mogno feita de painéis, com antiquadas poltronas de couro, e outra leva ao "bar" interno. Os amplos espaços do galpão são quebrados em minissalas de reuniões por partes de contêineres de navios, numa referência ao "código de envio", cujo jargão da empresa é "embarcar". Alguns funcionários têm mesas cativas; outros, talvez a maioria, são volantes ou nômades; as salas fechadas estão disponíveis para trabalhos que exigem maior concentração. O andar de baixo é aberto para eventos e reflete as mais inteligentes ideias contemporâneas em design de escritório. Mais de 70% do pessoal trabalha fora daquele local, ou numa filial da GitHub em outros países. Todas as comunicações sobre trabalho são feitas on-line, ou em fóruns que colocam as pessoas a par do que está ocorrendo, e não após as decisões terem sido tomadas. No entanto, Scott Chacon, o diretor de operações e um dos fundadores da companhia, se referiu várias vezes (num fraseado ligeiramente não casual) à necessidade de haver "encontros casuais" dos empregados nos horários de trabalho. Quando perguntei como as pessoas poderiam se encontrar, já que a maioria delas não precisava comparecer ao escritório, ele respondeu, sensatamente, preferir que esses encontros fossem raros, uma vez por mês, ou a cada dois meses, e que então houvesse "interações mais profundas". Disse que as pessoas tanto poderiam se encontrar casualmente no escritório como num evento da empresa, quando poderiam conversar com mais calma e profundidade. "Acho que tem mais valor do que 'Encontrei Fulano quando fui ao toalete', ou 'Fiquei esperando atrás dele na fila da cantina'... Não é uma interação importante."[19] Foi uma crítica às ideias básicas sobre encontros fortuitos que proliferavam nos escritórios norte-americanos – para não dizer no resto do mundo.

A atitude permissiva quanto ao comparecimento ao escritório tem um correlato na estrutura da gestão pouco articulada de uma empresa. A GitHub foi alvo de várias coberturas da imprensa pelo fato de não ter gerentes. Tim Clem – que Liz Clinkenbeard, porta-voz da GitHub junto à mídia, me disse fazer parte da "acho que... nossa equipe *administrativa*, digamos assim?" – sugeriu haver "um pouquinho de falsidade em não termos gerenciamento. Na verdade, esperamos que a maioria dos indivíduos desempenhem a maioria das funções gerenciais". A intenção era que a gerência não fosse uma estrutura acima da codificação e das funções de nível básico e à qual se chega após anos de trabalho. A gerência deveria emergir por si só. Chacon comparou essa atitude ao advento do modelo de software aberto: "Muito do modo como trabalhamos [no começo da empresa] foi o mesmo com que trabalhamos no projeto de software aberto... Temos muitos projetos que podemos desenvolver, e a pessoa escolhe aquele em que é melhor... a liderança pode ser efêmera." Embora outros hesitassem em recomendar que essa prática fosse tomada como modelo, Clinkenbeard disse que era uma tendência a atravessar os aspectos tradicionais da divisão do trabalho e que poderia ser salutar para outras empresas. Por exemplo: a fluidez da estrutura tornava possível, e até provável, que pessoas de vários departamentos comentassem e participassem desde o início de um projeto com um pequeno grupo de engenheiros, em vez de tomarem conhecimento só no final. "Às vezes é frustrante fazer as coisas funcionarem", Chacon comentou. "É preciso convencer as pessoas... Custou muita experimentação, e frustração, mas resultou em várias coisas muito boas."[20]

A empresa começou a afetar sutilmente a prática governamental, quando agências do governo municipal e estadual passaram a liberar dados para acesso do público por meio do software GitHub. Que efeito isso pode ter na atitude geral quanto à burocracia e se empresas como a GitHub representam um local de trabalho "pós-burocrático" emergente, ainda são questões abertas. Por enquanto está claro que, como outros ambientes de trabalho muito admirados, a empresa é uma exceção. Mesmo internamente, as práticas frouxas de gestão deixam a estrutura de direção da empresa um pouco indistinta. Ainda assim, sua abordagem reflete um sentimento mais vasto de mal-estar com os sistemas de controle gerencial que se desenvolveu durante um século no ambiente de trabalho – como Marissa Mayer e a Yahoo! mostraram muito bem. É cada vez mais difícil defender as organizações que insistem na hierarquia. A "lógica da flexibilidade" exigida dos funcionários tem o potencial de se transformar, de contingência e precariedade, em alguma coisa muito parecida com autonomia.

□

Quando perguntei a Francis Duffy se ele acreditava que escritórios holandeses como a Interpolis e seus seguidores eram o futuro, ele respondeu que pareciam ser "frestas de luz na situação", mas não suficientemente radicais. Para avançar, teríamos que mudar não só os escritórios, mas também as cidades. O design do escritório era avançado; era o substituto dos escritórios retrógrados.

Por mais de um século, o modelo dominante de desenvolvimento do escritório – particularmente nos Estados Unidos e no Reino Unido, mas agora também em economias emergentes, como a China e a Índia – tem sido especulativo. Os escritórios são construídos não para propósitos específicos, mas para satisfazer futuras demandas imaginadas. Isso resulta nas espetaculares linhas do horizonte que as pessoas admiram, de Vancouver a Nova York, de Kuala Lumpur a Shangai, mas a um terrível custo humano, ambiental, e outros. Esses projetos de desenvolvimento, grandiosos ou mínimos, raramente sobrevivem a quebras financeiras, e a crise de 2008 deixou muitas carcaças jogadas por aí. Quem passa de carro pelas alamedas do parque de escritórios perto de Princeton, Nova Jersey, e no nordeste da Virgínia, vê dezenas, talvez centenas de prédios estilo caixote com placas de "Aluga-se", anunciando milhares de metros quadrados de área disponível. Na China, encontram-se cidades-fantasma de distritos comerciais vazios, centro das cidades repleto de torres se elevando de ruas abandonadas para os céus viscosos de poluição. Em Caracas, capital da Venezuela, um arranha-céu inacabado, Torre David, foi ignominiosamente invadido por sem-teto, que criaram ali sua própria comunidade informal.

Mas até escritórios ainda usados são desperdiçados. Ficam desocupados na maior parte do tempo (embora as luzes continuem acesas), e mesmo em dias úteis algumas estimativas sugerem que os funcionários só permanecem lá cerca de um terço do tempo. Os empresários podem usar estatísticas para diminuir o tamanho das mesas e comprimir as pessoas num espaço menor, mas a questão vai muito além do imóvel. Em Bengaluru, na Índia, terra natal da minha família, o campus da empresa de software Infosys se estende por uma zona econômica especial chamada Electronic City. O fornecimento de água e luz é separado, e melhor que o da própria cidade de Bengaluru. O campus tem uma paisagem extraordinária, cheia de belos arranjos florais frequentados por borboletas raras. Bengaluru já foi conhecida como "cidade-jardim", e ainda me lembro dela como uma cidadezinha sonolenta no sul da Índia durante os anos 1980. Uma década depois, a economia do país foi liberalizada, Bengaluru tornou-se o centro do florescente setor de tecnologia da informação, e a cidade de mais rápido crescimento do país. Mas sua infraestrutura nunca teve capacidade para esse nível de crescimento. A maioria das melhores empresas se transferiu para zonas especiais, como Whitefield e Electronic City – com suas próprias cidades-jardins.

O campus da Infosys consiste em vários prédios de aparência "moderna", envidraçados, projetados originalmente para transmitir aos visitantes uma imagem "global". Um dos mais impressionantes, ou bizarros, no campus da Electronic City é um bloco sólido de vidro espelhado com uma esfera transparente cavada no centro, chamada afetuosamente de "máquina de lavar roupa" pelos empregados da Infosys. Um porta-voz da empresa me falou que aqueles prédios são parte do passado da Infosys e, aos poucos, estão tendendo para o "verde".[21] Esverdeados ou não, nas proximidades de uma cidade com um nível de pobreza em torno de 30%, os benefícios proporcionados pelos escritórios são extremamente desiguais, para não dizer insustentáveis. Além disso, o design dos interiores nada tem de progressista. Os prédios da Infosys são abarrotados de cubículos, e o mesmo ocorre em outro campus que visitei, da General Electric, em Whitefield. Quando perguntei ao porta-voz da GE por que tinham escolhido aqueles cubículos, ele replicou: "Qual é a outra maneira de montar escritórios?"[22]

Em seu livro *Work and the City* (2008), Duffy sugere que a cadeia de fornecedores precisa ser totalmente redirecionada para que o principal critério na criação de escritórios seja a utilização, e não a especulação. Essa sugestão não é puramente estética. O fenômeno de *"co-working"*, ou *coworking*, que explodiu na última década, evidencia uma nova atitude com relação ao uso do prédio. O *coworking* pode tomar várias formas, porém a mais básica é o uso (mediante um pagamento) de instalações de escritório compartilhadas (mesas, sala de reuniões, café) à disposição de freelancers que querem sair de casa para trabalhar e socializar num ambiente de escritório. As instalações desses espaços são quase um clássico universal dos escritórios "criativos" do milênio: plano aberto, móveis vintage, estacionamento para bicicletas, quadros-brancos. Um desses escritórios que visitei, Indy Hall, na Filadélfia, contém móveis baratos da Ikea, tão fáceis de se colocar juntos quanto de desmontar e jogar fora. Muitos têm frequentadores "flex", isto é, que aparecem raramente, e muitos não o usam como escritório principal. Alex Hillman, cofundador do espaço, disse-me que o Indy Hall não compete com outros escritórios, mas com a casa do frequentador. O espaço é equipado com bem-intencionados sofás, estantes levemente oscilantes, cozinha completa com pratos recém-lavados secando ao lado da pia e uma geladeira cheia de cerveja caseira. Nas estantes, vi os clássicos livros de negócios, com acréscimos ligeiramente mais hacker: uma biografia de Steve Jobs, obras de Lawrence Lessig sobre cultura livre e *The Essential Drucker*.

A promessa oculta do *coworking* é certamente de encontros casuais com empreendedores de mentalidade parecida. A quantidade de linguagem empresarial expondo as virtudes do *coworking* – e as condições oferecidas para "colisões criativas" e "colisões radicais" – é volumosa. (Nas palavras de Tim Freundlich, cofundador da HUB, espaço de *coworking* para empreendedores sociais: "A virada tectônica em como as pessoas, especialmente as mileniais, querem ir para o trabalho fisicamente, e os entendimentos emergentes sobre a utilidade de rápida prototipação, a colaboração e a 'colisão criativa', casadas com a obsessão pela sustentabilidade e os valores individuais incorporados ao nosso trabalho, tudo isso faz o sucesso desse tipo de modelo."[23] Entendeu?)

No entanto, o *coworking* tem mais potencial do que os escritórios comuns para fazer dos encontros uma proposta autêntica. É muito mais provável conhecer alguém útil fora do campo delimitado de trabalho do que dentro dele. Se você está trabalhando, digamos, no design de um brinquedo, mas não sabe nada sobre mídia social, é possível encetar uma conversa com alguém que entende de marketing e queira ajudar (também mediante um pagamento). Apesar da estranheza de ter que pagar para ir ao escritório (quando o trabalho freelance serve supostamente para deixá-lo fora de lá), o *coworking* mostrou ser imensamente popular. Em 2012, havia oitocentos espaços de *coworking* nos Estados Unidos – e esse número foi dobrando a cada ano desde 2005 –, e em cada um deles pelo menos 9 mil usuários pagantes, metade dos quais eram dos Estados Unidos.[24] Algumas empresas, previsivelmente, viram no *coworking* uma oportunidade de diminuir os custos. Em 2011, a Plantronics, uma firma de eletrônicos da Califórnia, comunicou a 175 funcionários que eles não tinham mais mesas. Tinham a opção de trabalhar em casa, continuar a ir e vir do escritório (onde, presumivelmente, teriam que dividir o espaço), ou a opção de uma mesa no prédio de *coworking* NextSpace, em San Jose. Umas 12 pessoas aceitaram a oferta da Plantronics – sabendo que não era o caso de recusar.

Mas há um modelo de *coworking* em que uma empresa divide com outras o espaço ou um prédio pequeno, como a GRid70 em Grand Rapids, Michigan, onde os móveis Steelcase, a marqueteira Amway, a cadeia de mercearias Meijer e a de sapatos Wolverine Worldwide convivem, trocam ideias, fazem reuniões e refeições ocasionais. A Zappos, em Las Vegas, e a Google em Londres abriram seus espaços para externos, na esperança de ocorrerem mais "colisões criativas".[25] Quando visitei a GRid70, em maio de 2013, me impressionou a autêntica abertura e informalidade dos espaços de trabalho. As áreas de apresentações são compartilhadas pelas empresas, e pessoas de outras organizações podem entrar para ver como os outros trabalham.

Para o local de trabalho flexível, está surgindo uma nova safra de mobiliário. Em seu livro *Make Space: How to Set the Stage for Creative Collaboration*, Scott Doorley e Scott Witthoft, professores da Stanford Design School, tomam exemplos de seus trabalhos com alunos para lan-

Indy Hall, um espaço de *coworking* na Filadélfia. *CJ Dawson Photography*

çar designs de ambientes de escritório. Telas móveis para improvisar divisórias, pufes de espuma para assentos informais, quadros-brancos deslizantes para segmentar salas e dar início a reuniões, mesas grandes para projetos, mesas abre e fecha para guardar projetos pendentes: é o velho modelo de criação de espaço, de Robert Propst, flexível e "complacente". Embora Doorley e Witthoft façam concessões, sabendo que as pessoas às vezes precisam de um espaço para pensar, a ênfase, firme e irrevogável, recai na colaboração. Até os escritórios deles, que visitei na primavera de 2012, são em plano aberto.

Nesse mundo de sublevações, os antigos fornecedores de móveis que dominavam o mercado – particularmente a Steelcase e a Herman Miller –, lutando para manter sua posição, estão se voltando para o básico, com estudos detalhados dos funcionários e suas necessidades. A contratação de um único fornecedor para mobiliar um edifício inteiro – como foi o caso da Steelcase para a Sears Tower em 1970 – já não anima a indústria. Paul Siebert, diretor de pesquisa e estratégia da Steelcase, me disse que está prevendo enormes dificuldades para os designers de escritório nos anos vindouros. "Penso que, em termos de design de espaço de trabalho, em alguns aspectos, há necessidade de haver, ou provavelmente haverá, uma nova disciplina emergente, integradora. Em outras palavras, os decoradores estão tentando, e muito, ser relevantes e os arquitetos também. E também os planejadores de espaço e os designers de produtos."[26] Tanto a Steelcase como a Herman Miller intensificaram o uso de técnicas antropológicas – observação participativa, vídeos etnográficos, testagem de objeto – para compreender o comportamento dos funcionários e criar de acordo com o observado, em vez de tentar influenciar ou modificar o comportamento. A mais recente solução de mobiliário proposta pela Herman Miller, chamada Living Office, é uma abordagem mais enxuta das linhas do velho Robert Propst. Divisórias baixas, chegando até a cintura, feitas de blocos de espuma facilmente manejáveis. Sofás azuis de três lugares com espaldar e braços confortáveis, que podem ser unidos para reuniões improvisadas. Tudo é flexível. Recorrendo a uma velha metáfora, a empresa chama cada arranjo em potencial de "paisagem de Living Office". "Num Living Office", diz o anúncio, "as pessoas sabem imediatamente o que podem

GRid70, um espaço de *coworking* para diversas empresas, em Grand Rapids, Michigan. *Cortesia da Steelcase*

Resposta da Herman Miller ao seu próprio Action Office –
o Living Office (2012). *Cortesia da Herman Miller*

fazer, aonde podem ir, para que as coisas servem e por que são como são." A mesma empresa que deu à luz uma configuração mais execrada dos locais de trabalho dos Estados Unidos agora recorre à própria escala humana de suas origens.

Visitei os escritórios da Herman Miller em Zeeland, Michigan, tendo como intuito principal procurar os arquivos de Propst, a fim de conhecer a gênese e apoteose do Action Office. Mas o espaço de trabalho deles havia se transformado num grande plano aberto. Ao entrar, você se defronta com um bar de café *espresso* e executivos junto com equipes de funcionários iniciantes. Apesar das muitíssimas salas de reuniões e escritórios em cores vivas com cadeiras Swag Leg, de George Nelson, não havia nenhum Action Office à vista. Fui conduzido às instalações da fábrica. Ao atravessar a passarela de aço sobre o andar da linha de produção, fui envolvido pelo cheiro doce de compensado de madeira. Ali embaixo, operários com óculos de proteção revestiam de tecido enormes placas de compensado: o sempre lucrativo negócio de cubículos.

□

No momento, apesar da adoção de espaços no estilo *coworking* por grandes empresas, o fenômeno atrai apenas um pequeno segmento da força de trabalho. Mas espera-se que esse segmento cresça. Projeções realizadas pela empresa de software Intuit sugerem que, em 2020, trabalhadores autônomos, temporários, diaristas e contratados independentes constituirão 40% da força de trabalho. Segundo cálculos da Greenwald, pode chegar a 50%. Até esses percentuais podem estar subestimando a quantidade de trabalho eventual esperado no país. Nem todos, é claro, serão funcionários de escritório. Mas é provável que um número substancial de funcionários passe a ser freelancer, ou pelo menos passe uma parte significativa da vida em trabalhos autônomos.

Aqui retorna a questão da "autonomia". Do ponto de vista dos empregados na força de trabalho permanente, freelancers e temporários parecem gozar de maior autonomia. São os prestadores de serviço que determinam a modalidade de trabalho (autônomo) ou a duração do contrato (temporários). Mas o trabalho contingente não admite maiores reivindicações. É notória a dificuldade de obrigar o contratante a cumprir o contrato com um freelancer. Quanto mais fraco é o mercado de trabalho, mais forte é o controle das empresas sobre as forças de trabalho. Segundo o sindicato dos freelancers, que ajuda os contratados a obter benefícios, como planos de saúde e outros tipos de proteção, mais de 77% dos freelancers têm problemas para receber o pagamento em algum momento da vida. O número de freelancers e de outras formas de trabalho informal pode estar sendo subestimado. Nesse aspecto, os Estados Unidos estão voltando à era pré-industrial, mas não do modo sugerido por Eric Veldhoen. Em meados do século XIX, o mercado de trabalho era vasto e não regulamentado, e os trabalhadores não eram contados de forma sistemática. Dado o aumento de empregos precários, ou a precariedade de empregos permanentes, o trabalho parece estar caminhando, não para frente, mas para trás, para uma era de insegurança. Não por coincidência, o próprio escritório pode estar desaparecendo, pelo menos na forma em que surgiu no início do século XX.

A flexibilidade não precisa mais ser um chamariz no manual do empresário para manter os empregados dóceis e aquiescentes. A flexibilidade, como a tecnologia, é uma ferramenta, uma oportunidade: fica lá, inerte, até que alguém a utilize. A complacência dos funcionários ao abrir mão de privilégios e status, como mesas e salas individuais, não é apenas um sinal de estar cedendo às demandas de controle de custos por parte dos executivos, mas sugere também que a trajetória da carreira que definiu o colarinho-branco durante gerações – do cubículo à sala acarpetada, ou da equipe de estenógrafas ao altar – está chegando ao fim, e uma nova modalidade de trabalho, ainda indefinida, está tomando seu lugar. Cabe aos funcionários de escritório dar sentido à sua liberdade, fazer da "autonomia" prometida pelos esgarçados contratos de trabalho algo real, tornar os espaços laborais verdadeiramente seus. "Qualquer que tenha sido sua história, é uma história sem eventos; quaisquer que sejam seus interesses em comum, não levam a uma unidade; seja qual for seu futuro, não será feito por eles", escreveu C. Wright Mills em meados do século passado. Os anos vindouros irão testar a veracidade dessa profecia.

AGRADECIMENTOS

Este livro é basicamente um trabalho de síntese; não teria sido possível sem o esforço incrível e incessante dos acadêmicos cujas obras cito em minhas notas. Sou também grato às bibliotecas das instituições a seguir, bem como aos seus bibliotecários, funcionários e agentes de segurança: New-York Historical Society; Columbia University; Stanford University; University of Utah; e University of Pennsylvania.

Pela assistência editorial e de pesquisas: Donald Albrecht, Bette Alexander, Karina Bishop, Carla Blumenkranz, Benjamin Buckley, Kim Buckley, Judy Candell do Departamento de Inglês da Stanford, Amanda Claybaugh, Liz Clinkenbeard do GitHub, Georgia Collins da DEGW, Nicholas Dames, Marije den Hollander da Rijksgebouwendienst, Stephen Distinti, Francis Duffy, a equipe da Joseph Fox Bookshop, Edward Morgan Day Frank, Brian Gallagher, Joe Gallagher, Richard Greenwald, Mark Greif, Katie Hasse da Steelcase, Lara Heimert, Coralie Hunter, Gloria Jacobs e Linda Baron da Herman Miller Archives, Sadaf Khan da Infosys, Kate Kingen, Benjamin Kunkel, Mark Lamster, Alexandra Lange, Louis Lhoest da Veldhoen + Company, Allison Lorentzen, Chidambaram Maltesh da General Electric, Mark McGurl, Jeremy Medina, James Melia, Franco Moretti, Joan Ockman, Bruce Robbins, Marco Roth, Jim Rutman, Mark Schurman da Herman Miller, Jacob Shell, Katherine Solomonson, Nathaniel Sufrin, Dayna Tortorici, Juriaan van Meel, Astrid van Raalte da Microsoft Schiphol, Erik Veldhoen, Jon Vimr, Kanye West, Alex Woloch e Hannah Wood.

Por sua orientação e apoio: os Garrisons, todos da *n+1*, Keith Gessen, Chad Harbach, Edward Orloff e Gerald Howard.

Por tudo: meus pais e meu irmão.

Este livro e seu autor são dedicados a Shannon.

NOTAS

INTRODUÇÃO

1 Ao negligenciar o mundo do trabalho em maior amplitude, eu focalizo, com menos justificativas, em filmes e romances excluindo a televisão, uma força cultural mais poderosa agora do que nos tempos de Mills. *Cubiculados*, nesse sentido, é um trabalho direcionado, que não busca contar toda a história cultural do escritório, mas apenas aqueles momentos na cultura em que as narrativas da vida no escritório correspondiam ou até ajudavam a modelar seu mundo social.

2 C. Wright Mills, *White Collar: The American Middle Classes* (1951). Nova York: Oxford University Press, 2002, p. 353.

CAPÍTULO 1 – A CLASSE ESCRITURÁRIA

1 Benjamin Browne Foster, *Down East Diary*, ed. Charles H. Foster. Orono: University of Maine Press, 1975, citado em Michael Zakim, "Business Clerk as Social Revolutionary; or, A Labor History of the Nonproducing Classes", *Journal of the Early Republic* 26, nº 4, inverno de 2006, p. 580.

2 Herman Melville, "Bartleby, the Scrivener" (1853), em *Billy Budd and Other Stories*. Nova York: Penguin, 1986, p. 8.

3 Herman Melville, *Moby-Dick; or, The Whale* (1851). Nova York: Penguin, 2001, p. 4.

4 Melville, "Bartleby", p. 4.

5 Ibid.

6 Ibid., p. 8.

7 Ibid., p. 11.

8 Ibid., p. 12.

9 Ibid.

10 "Marginalized: Notes in Manuscripts and Colophons Made by Medieval Scribes and Copyists", *Lapham's Quarterly* 5, nº 2, 2012, p. 155.

11 Evelyn Nakano Glenn e Roslyn L. Feldberg, "Degraded and Deskilled: The Proletarianization of Clerical Work", em *Women and Work,* eds. Rachel Kahn-

Hut, Arlene Kaplan Daniels e Richard Cloward. Nova York: Oxford University Press, 1982, p. 204.

12 Brian Luskey, *On the Make: Clerks and the Quest for Capital in Nineteenth Century America*. Nova York: New York University Press, 2010, p. 6. Luskey observa, entretanto, que o censo não desagregou os trabalhadores do setor privado daqueles do governo municipal, nem os trabalhadores dos escritórios de advocacia dos funcionários das salas de contabilidade.

13 *American Whig Review*, abril de 1853, p. 75; *American Phrenological Journal* 17, 1853; *Vanity Fair*, 18 de fevereiro e 17 de março de 1860, citados em Zakim, "Business Clerk as Social Revolutionary", p. 570.

14 Citado em Michael Zakim, *Ready-Made Democracy: A History of Men's Dress in the Early Republic, 1760-1860*. Chicago: University of Chicago Press, 2003, pp. 109-110.

15 Edgar Allan Poe, "The Man of the Crowd" (1840), em *Poems, Tales, and Selected Essays*. Nova York: Library of America, 1996, pp. 389-390.

16 Walt Whitman, *New York Dissected*. Nova York: Rufus Rockwell Wilson, 1936, p. 120.

17 Citado em Michael Zakim, "Producing Capitalism", em *Capitalism Takes Command: The Social Transformation of Nineteenth-Century America*, eds. Michael Zakim e Gary J. Kornblith. Chicago: University of Chicago Press, 2012, p. 226.

18 Stuart Blumin, *The Emergence of the Middle Class: Social Experience in the American City, 1760-1900*. Cambridge, Reino Unido: Cambridge University Press, 1989, pp. 73-74.

19 Willis Larimer King, "Recollections and Conclusions from a Long Business Life", *Western Pennsylvania Historical Magazine* 23, 1940, p. 226, citado em Ileen A. DeVault, *Sons and Daughters of Labor: Class and Clerical Work in Turn-of-the-Century Pittsburgh*. Ithaca, N.Y.: Cornell University Press, 1990, p. 9.

20 Citado em Robert G. Albion, *The Rise of New York Port*, p. 264, citado em Alfred Chandler, *The Visible Hand: The Managerial Revolution in American Business*. Cambridge, Mass.: Belknap Press, 1977, p. 37.

21 Michael Zakim, "Producing Capitalism", pp. 229-230.

22 Chandler, *Visible Hand*, p. 15.

23 Blumin, *Emergence of the Middle Class*, p. 83.

24 Ibid., p. 95.

25 Ibid., p. 116.

26 Edward N. Tailer, Diary, 1º de janeiro de 1850, New-York Historical Society.

27 Harry Braverman, *Labor and Monopoly Capital: The Degradation of Work in the Twentieth Century*, 1974. Nova York: *Monthly Review Press*, 1998, p. 204.

28 Citado em Blumin, *Emergence of the Middle Class*, p. 78.

29 Ralph Waldo Emerson, "Self-Reliance", em *The Essays of Ralph Waldo Emerson*. Cambridge, Mass.: Harvard University Press, 1987, p. 43.

30 Citado em by Tailer, Diary, 2 de dezembro de 1848.

31 Tailer, Diary, 15 de dezembro de 1849.

32 Ibid.

33 Tailer, Diary, 17 de janeiro de 1850.

34 Luskey, *On the Make*, pp. 129-131.

35 Tailer, Diary, 12 de novembro de 1852, citado em ibid., p. 186.

36 Luskey, pp. 191-193.

37 Citado em ibid., p. 137.

38 *New York Daily Tribune*, 16 de agosto de 1841, p. 2.

39 *New York Daily Tribune*, 2 de setembro de 1841.

40 Citado em Luskey, p. 138.

41 "Familiar Scenes in the Life of a Clerk", *Hunt's Merchants' Magazine* 5, 1841, p. 56, citado em Margery Davies, *Woman's Place Is at the Typewriter: Office Work and Office Workers, 1870-1930*. Filadélfia: Temple University Press, 1982, p. 21.

42 Ver Martin J. Burke, *The Conundrum of Class: Public Discourse on the Social Order in America*. Chicago: University of Chicago Press, 1995, p. 108.

CAPÍTULO 2 – O NASCIMENTO DO ESCRITÓRIO

1 Henry Adams, *The Education of Henry Adams*. Nova York: Houghton Mifflin, 1918 [1907], p. 445.

2 William C. Gannett, "Blessed Be Drudgery", em *Blessed Be Drudgery, and Other Papers*. Glasgow: David Bryce and Sons, 1890, p. 2.

3 Ibid., p. 7.

4 Horatio Alger Jr., *Rough and Ready; or, Life Among the New York Newsboys*. Filadélfia: John C. Winston, 1897, p. 262.

5 Eric Sundstrom, *Work Places: The Psychology of the Physical Environment in Offices and Factories*. Cambridge, Reino Unido: Cambridge University Press, 1986, p. 33.

6 Susan Henshaw Jones, prefácio de *On the Job: Design and the American Office*, ed. Donald Albrecht e Chrysanthe B. Broikos. Nova York: Princeton Architectural Press, 2001, p. 18.

7 Jerome P. Bjelopera, *City of Clerks: Office and Sales Workers in Philadelphia, 1870-1920*. Chicago: University of Illinois Press, 2005, p. 26.

8 Como argumentam os acadêmicos desde então, Chandler exagera muito a eficiência da "revolução gerencial". Assim, ele também negligencia as mudanças econômicas mais vastas, como a depressão dos anos 1890, que alimentou a consolidação e a competição de preços na indústria. Ver William G. Roy, *Socializing Capital: The Rise of the Industrial Corporation in America*. Princeton, N.J.: Princeton University Press, 1997, pp. 21-40; e Naomi Lamoreaux, *The Great Merger Movement in American Business, 1895-1904*. Cambridge, Reino Unido: Cambridge University Press, 1985, pp. 153-155.

9 Olivier Zunz, *Making America Corporate, 1870-1920*. Chicago: University of Chicago Press, 1990, p. 47.

10 Ver Lamoreaux, *The Great Merger Movement in American Business*, pp. 85-87.

11 Ibid., p. 33.

12 Marshall McLuhan, *Understanding Media: The Extensions of Man*. Nova York: McGraw-Hill, 1966, p. 262.

13 Sinclair Lewis, *The Job*. Nova York: Grosset & Dunlap, 1917, p. 234.

14 JoAnne Yates, *Control Through Communication: The Rise of System in American Management*. Baltimore: Johns Hopkins University Press, 1989, p. 34.

15 Mills, *White Collar*, p. 189.

16 Aldous Huxley, *Brave New World* e *Brave New World Revisited* (1932). Nova York: Harper Perennial, 2005, p. 20.

17 Citado em Yates, *Control Through Communication*, p. 9.

18 Sharon Hartman Strom, *Beyond the Typewriter: Gender, Class, and the Origins of Modern American Office Work*. Urbana: University of Illinois Press, 1992, pp. 20-22.

19 Citado em Sundstrom, *Work Places*, p. 31.

20 James S. Russell, "Form Follows Fad", em Albrecht e Broikos, *On the Job*, p. 53.

21 Citado em Sudhir Kakar, *Frederick Taylor: A Study in Personality and Innovation*. Cambridge, Mass.: MIT Press, 1974, p. 168.

22 Daniel T. Nelson, *Frederick Taylor and the Rise of Scientific Management*. Madison: University of Wisconsin Press, 1980, p. 29.

23 *The Taylor and Other Systems of Shop Management: Hearings Before Special Committee of the House of Representatives to Investigate Taylor and Other Systems of Shop Management, Under Authority of H. Res. 90*, Vol. 3, 1912, p. 1414.

24 Citado em Daniel Rodgers, *The Work Ethic in Industrial America, 1850-1920*. Chicago: University of Chicago Press, 1974, p. 53.

25 Frederick W. Taylor, *The Principles of Scientific Management*. Nova York: Harper & Brothers, 1913, p. 69.

26 Ibid., p. 7.

27 Ibid., p. 83.

28 Robert Kanigel, *The One Best Way: Frederick Winslow Taylor and the Enigma of Efficiency*. Nova York: Penguin, 1997, pp. 433-434.

29 Strom, *Beyond the Typewriter*, pp. 34-35.

30 Citado em Kakar, *Frederick Taylor*, p. 2.

31 *Providence Labor Advocate*, 30 de novembro de 1913, p. 1, citado em David Montgomery, *The Fall of the House of Labor: The Workplace, the State, and American Labor Activism*. New Haven, Conn.: Yale University Press, 1987, p. 221.

32 Montgomery, *Fall of the House of Labor*, p. 221.

33 John Dos Passos, *The Big Money* (1933). Nova York: Houghton Mifflin, 2000, pp. 15, 19.

34 *System*, janeiro de 1904, pp. 484-485.

35 Robert Thurston Kent, "Introduction", em Frank Gilbreth, *Motion Study*. Nova York: D. Van Nostrand Company, 1921, p. xiv.

36 William H. Leffingwell, *Scientific Office Management: A Report on the Results of the Applications of the Taylor System of Scientific Management to Offices, Supplemented with a Discussion of How to Obtain the Most Important of These Results*. Chicago: A. W. Shaw, 1917, p. 214.

37 Ibid., p. 16.

38 Ibid., p. 35.

39 Ibid., p. 33.

40 Ibid., p. 19.

41 Ibid., p. 7.

42 Ibid., p. 11.

43 Lee Galloway, *Office Management: Its Principles and Practice*. Nova York: Ronald Press, 1919, p. ix.

44 Angel Kwolek-Folland, *Engendering Business: Men and Women in the Corporate Office, 1870-1930*. Baltimore: Johns Hopkins University Press, 1998, p. 110.

45 Kwolek-Folland observa as similaridades entre as artes e o gerenciamento em ibid., p. 108.

46 Upton Sinclair, *The Brass Check*. Pasadena, Califórnia, 1920, p. 78.

47 "When Wall Street Calls Out the Reserves", *BusinessWeek*, 11 de dezembro de 1929, p. 36, citado por Daniel Abramson, *Skyscraper Rivals: The AIG Buil-*

ding and the Architecture of Wall Street. Princeton, N.J.: Princeton Architectural Press, 2001, p. 160.

48 Russell, "Form Follows Fad" p. 50; Jack Quinan, *Frank Lloyd Wright's Larkin Building: Myth and Fact*. Chicago: University of Chicago Press, 2006, p. 44.

49 Quinan, *Frank Lloyd Wright's Larkin Building*, p. 15.

50 Ibid., p. 18.

51 Darwin Martin, app. C, em ibid., p. 133.

52 Citado em ibid., app. G, p. 144.

53 *Frank Lloyd Wright, An Autobiography*. Nova York: Duell, Sloan and Pearce, 1943, p. 143.

54 Quinan, *Frank Lloyd Wright's Larkin Building*, p. 62.

55 Citado em ibid., p. 156.

56 Ibid., p. 44.

57 Citado em ibid., p. 153.

58 Citado em ibid., pp. 143-144.

59 Ibid., p. 180.

60 Rodgers, *Work Ethic*, p. 88.

CAPÍTULO 3 – A REVOLUÇÃO DA BLUSA BRANCA

1 Citado em Kwolek-Folland, *Engendering Business*, p. 94.

2 Lewis, *The Job*, p. 5.

3 Christopher Morley, *Plum Pudding: Of Divers Ingredients, Discreetly Blended and Seasoned*. Garden City, N.Y.: Doubleday, 1922, p. 232.

4 Lewis, *The Job*, p. 42.

5 Strom, *Beyond the Typewriter*, p. 177.

6 Davies, *Woman's Place Is at the Typewriter*, p. 51.

7 Bjelopera, *City of Clerks*, p. 13.

8 Lisa M. Fine, *The Souls of the Skyscraper*. Filadélfia: Temple University Press, 1992, p. 31.

9 Citado em Wilfred A. Beeching, *Century of the Typewriter*. Bournemouth, Reino Unido: British Typewriter Museum Publishing, 1990, p. 35.

10 Citado em Davies, *Woman's Place Is at the Typewriter*, p. 54.

11 William H. Leffingwell, *Office Management: Principles and Practice*. Nova York: A. W. Shaw, 1925, pp. 620-621.

12 Strom, *Beyond the Typewriter*, p. 189.

13 National Industrial Conference Board, *Clerical Salaries in the United States*. Nova York: National Industrial Conference Board, 1926, pp. 11-21, 29.

14 Kwolek-Folland, *Engendering Business*, p. 27.

15 Kim Chernin, *In My Mother's House*. Nova York: Harper & Row, 1984, pp. 47-48, citado em Strom, *Beyond the Typewriter*, p. 274.

16 Strom, *Beyond the Typewriter*, p. 276.

17 Bureau of Vocational Information Survey of Secretaries and Stenographers 915, p. 444, Califórnia: Schlesinger Library, Radcliffe College, citado em Strom, *Beyond the Typewriter*, p. 323.

18 Fine, *Souls of the Skyscraper*, pp. 53-54; Fessenden Chase, *Women Stenographers*. Portland, Maine: Southworth, 1910, citado em Fine, *Souls of the Skyscraper*, p. 59.

19 Egmont citado em Fine, *Souls of the Skyscraper*, p. 58.

20 Ibid., p. 59.

21 Julie Berebitsky, *Sex and the Office: A History of Gender, Power, and Desire*. New Haven, Conn.: Yale University Press, 2012, pp. 43-44. Meu relato do julgamento é fortemente baseado na obra de Berebitsky.

22 Citado em ibid., p. 103.

23 Ibid., p. 108.

24 Ibid., p. 87.

25 Ibid., p. 88.

26 Zunz, *Making America Corporate*, pp. 119-120.

27 Faith Baldwin, *The Office Wife*. Filadélfia: Triangle Books, 1929, p. 91.

28 Lynn Peril, *Swimming in the Steno Pool: A Retro Guide to Making It in the Office*. Nova York: W. W. Norton, 2011, p. 42.

29 "'Katie' Gibbs Grads Are Secretarial Elite", *BusinessWeek*, 2 de setembro de 1961, p. 44.

30 Ibid., p. 46.

31 Rosabeth Moss Kanter, *Men and Women of the Corporation*. Nova York: Basic Books, 1977, p. 27.

32 Ibid.

33 Peril, *Swimming in the Steno Pool*, p. 42.

34 Judith Krantz, *Scruples*. Nova York: Crown, 1978, p. 122.

35 Ibid., pp. 122-123.

36 Ibid., p. 126.

37 Citado em Peril, *Swimming in the Steno Pool*, p. 42.

CAPÍTULO 4 – NO ALTO DO ARRANHA-CÉU

1 Le Corbusier, *When the Cathedrals Were White*, trad. Francis Hyslop. Nova York: Reynal & Hitchcock, 1947, p. 68.

2 Juriaan van Meel, *The European Office: Office Design and National Context*. Rotterdam: OIO, 2000, p. 31.

3 Hugh Morrison, *Louis Sullivan: Prophet of Modern Architecture*. Nova York: W. W. Norton, 2001, p. 111.

4 Max Weber, *The Protestant Ethic and the Spirit of Capitalism, and Other Writings*, trad. Peter Baehr e Gordon Wells. Nova York: Penguin, 2002, p. 121. Pedantes, tomem cuidado! A frase foi tendenciosamente traduzida por engano como "gaiola de ferro" (por Talcott Parsons), mas o original é *stahlhartes Gehäuse*.

5 Citado em Robert Twombly e Narciso G. Menocal, *Louis Sullivan: The Poetry of Architecture*. Nova York: W. W. Norton, 2000, p. 34.

6 Daniel Bluestone, *Constructing Chicago*. New Haven, Conn.: Yale University Press, 1991, p. 105.

7 Ogden para George S. Boutwell, 27 de janeiro de 1982, Public Building Service Records, RG 121, entrada 26, caixa 8, Arquivo Nacional, Washington, D.C., citado em ibid., p. 112.

8 Joanna Merwood-Salisbury, *Chicago 1890: The Skyscraper and the Modern City*. Chicago: University of Chicago Press, 2009, pp. 29-30. Meu relato da influência anarquista na arquitetura de arranha-céus se deve a essa obra.

9 Lucy Parsons, "Our Civilization: Is It Worth Saving?", *Alarm: A Socialist Weekly*, 8 de agosto de 1885, p. 3, citado em ibid., p. 32.

10 Henry B. Fuller, *The Cliff-Dwellers*, ed. Joseph A. Dimuro. Toronto: Broadview, 2010, p. 75.

11 Editorial, *Building Budget*, Agosto de 1886, p. 90, citado em Merwood-Salisbury, *Chicago 1890*, p. 37.

12 *Chicago Tribune*, 16 de fevereiro de 1890, citado em Donald Hoffman, *The Architecture of John Wellborn Root*. Baltimore: Johns Hopkins University Press, 1973, p. 112.

13 Bluestone, *Constructing Chicago*, p. 140.

14 Henry James, *The American Scene, Together with Three Essays from "Portraits of Places"*. Nova York: C. Scribner's Sons, 1946, p. 78.

15 John J. Flinn, *The Standard Guide to Chicago*. Chicago: Standard Guide Company, 1893, p. 47, citado em Bluestone, *Constructing Chicago*, p. 119.

16 Faith Baldwin, *Skyscraper* (1931). Nova York: Feminist Press, 2003, pp. 13-14.

17 Ibid., p. 15.

18 Edith Johnson, *To Women of the Business World*. Filadélfia: J. B. Lippincott, 1923, pp. 40-41, citado em Strom, *Beyond the Typewriter*, p. 318.

19 Bluestone, *Constructing Chicago*, p. 141.

20 "The New Pullman Office and Apartment Building", *Western Manufacturer*, 31 de março de 1884, p. 41, citado em Bluestone, *Constructing Chicago*, p. 141.

21 "The Pullman Palace-Car Company", *National Car-Builder*, fevereiro de 1873, p. 38, citado em Bluestone, *Constructing Chicago*, p. 141.

22 Hardy Green, *The Company Town: The Industrial Edens and Satanic Mills That Shaped the American Economy*. Nova York: Basic Books, 2010, pp. 37-41.

23 Citado em Bluestone, *Constructing Chicago*, p. 115.

24 William Dean Howells, *Impressions and Experiences*. Nova York: Harper & Brothers, 1896, 3, p. 265.

25 Ibid.

26 Para discussão da metáfora de "colmeia" na arquitetura, ver Katherine Solomonson, *The Chicago Tribune Tower Competition: Skyscraper Design and Cultural Change in the 1920s*. Chicago: University of Chicago Press, 2003, pp. 208-211.

27 É o dito-padrão, embora a verdadeira frase de Sullivan fosse "a forma sempre segue a função".

28 Jürgen Kocka, *White Collar Workers in America, 1890-1940*, trad. Maura Kealey. Londres: Sage, 1980, p. 156.

29 Ibid., p. 174.

30 Ibid., p. 164.

31 Lynn Dumenil, *The Modern Temper: American Culture and Society in the 1920s*. Nova York: Hill and Wang, 1995, p. 87.

32 Margaret Mather, "White Collar Workers and Students Swing into Action", *New Masses*, 5 de junho de 1934, p. 17.

33 "What Can the Office Worker Learn from the Factory Worker?", *American Federationist*, agosto de 1929, pp. 917-918.

34 Citado em Mills, *White Collar*, p. 301.

35 Emil Lederer, *Problem of the Salaried Employee: Its Theoretical and Statistical Basis*, trad. Works Progress Administration. Nova York: Department of Social Welfare, 1937, pp. 121-122.

36 Siegfried Kracauer, *The Salaried Masses*, trad. Quintin Hoare. Nova York: Verso, 1998, p. 32.

37 Ibid., p. 88.

38 Ibid., p. 39.

39 Ibid., p. 48.

40 Ibid., p. 46.

41 Ibid., p. 82.

42 Val Burris, "The Discovery of the New Middle Class", *Theory and Society* 15, nº 3, maio de 1986, p. 331.

43 Charles Yale Harrison, "White Collar Slaves", *New Masses*, maio de 1930.

44 Stanley Burnshaw, "White Collar Slaves", *New Masses*, março de 1928, p. 8.

45 Michael Gold, "Hemingway – White Collar Poet", *New Masses*, março de 1928, p. 21.

46 Lewis Corey, *The Crisis of the Middle Class*. Nova York: Covici Friede Publishers, 1935, p. 259.

47 Malcolm Cowley, carta a Edmund Wilson, 2 de fevereiro de 1940, em *The Long Voyage: Selected Letters of Malcolm Cowley, 1915-1987*, editado por Hans Bak. Cambridge: Harvard University Press, 2013, p. 163.

48 Ver Michael Denning, *The Cultural Front: The Laboring of American Culture in the Twentieth Century*. Nova York: Verso, 1996.

49 Whiting Williams, "What's on the Office Worker's Mind?", *Proceedings of the Annual Conference of the National Office Management Association*, 1935, pp. 98-99.

50 Harold C. Pennicke, "Important Aspects of the Personnel Problem: Selection and Training", *Proceedings of the Annual Conference of the National Office Management Association*, 1936, p. 40.

51 Ver, por exemplo, o comentário de Coleman L. Maze em resposta a W. M. Beers, "Centralization of Office Operations – Why and to What Extent?", *Proceedings of the Annual Conference of the National Office Management Association*, 1935, p. 66.

52 Williams, "What's on the Office Worker's Mind?", p. 99.

53 Elton Mayo, *The Human Problems of an Industrial Civilization*. Nova York: Macmillan, 1933, pp. 175-176.

54 Le Corbusier, *Towards a New Architecture*, trad. Frederick Etchells (1927). Nova York: Dover, 1986, p. 270.

55 Ibid., p. 288.

56 Ibid., p. 289.

57 Le Corbusier, *When the Cathedrals Were* White, pp. 51-53.

58 Ibid., p. 52.

59 Ibid., pp. 54-55.

60 Ibid., p. 53.

61 Reyner Banham, *The Architecture of the Well-Tempered Environment*. Chicago: University of Chicago Press, 1969, pp. 157-158.

62 Ibid., pp. 172-174.

63 Carol Willis, *Form Follows Finance*. Nova York: Princeton Architectural Press, 1995, p. 136.

64 Ibid., p. 137.

65 Mumford, "The Lesson of the Master", *The New Yorker*, 13 de setembro de 1958, p. 141.

66 Lewis Mumford, "A Disoriented Symbol", em *From the Ground Up: Observations on Contemporary Architecture, Housing, Highway Building, and Civic Design*. Nova York: Harcourt, Brace, 1956, pp. 49-50.

67 Citado em Carol Herselle Krinsky, *Gordon Bunshaft of Skidmore, Owings and Merrill*. Cambridge, Mass.: MIT Press, 1988, p. 18.

68 Mumford, "House of Glass", em *From the Ground Up*, p. 161.

69 Manfredo Tafuri e Francesco Dal Co, *Architettura contemporanea*. Milão: Mondadori, 1976, p. 381.

70 Citado em Franz Schulze, *Philip Johnson: Life and Work*. Chicago: University of Chicago Press, 1994, p. 139.

71 Ver Phyllis Lambert, *Building Seagram*. New Haven, Conn.: Yale University Press, 2013, pp. 170-171.

72 Jane Jacobs, *The Death and Life of Great American Cities*. Nova York: Random House, 1961, p. 168.

73 Arthur Drexler, "Transformations in Modern Architecture", palestra ministrada no Museum of Modern Art, em 10 de abril de 1979, por ocasião da mostra número 1250, Transformations in Modern Architecture, exposta de 21 de fevereiro a 24 de abril de 1979. Gravações de som de eventos relativos ao museu, 79:29, Museum of Modern Art Archives, citado em Felicity D. Scott, "An Army of Shadows or a Meadow: The Seagram Building and the 'Art of Modern Architecture'", *Journal of the Society of Architectural Historians* 70, nº 3, setembro de 2011, p. 331.

CAPÍTULO 5 – HOMENS E MULHERES CORPORATIVOS

1 Joseph Schumpeter, *Capitalism, Socialism and Democracy* (1947). Nova York: HarperCollins, 2008, p. 128.

2 Louise A. Mozingo, *Pastoral Capitalism: A History of Suburban Corporate Landscapes*. Cambridge, Mass.: MIT Press, 2011, p. 23.

3 Philip Herrera, "That Manhattan Exodus", *Fortune*, junho de 1967, p. 144, citado em ibid., p. 24.

4 "Should Management Move to the Country?", *Fortune*, dezembro de 1952, p. 143, citado em Mozingo, *Pastoral Capitalism*, p. 24.

5 "Should Management Move to the Country?", p. 168, citado em Mozingo, *Pastoral Capitalism*, p. 26.

6 Mozingo, *Pastoral Capitalism*, p. 62.

7 Jon Gertner, *The Idea Factory: Bell Labs and the American Age of Innovation*. Nova York: Penguin, 2012, p. 77.

8 Mozingo, *Pastoral Capitalism*, p. 63.

9 "At Bell Labs, Industrial Research Looks like Bright College Years", *BusinessWeek*, 6 de fevereiro de 1954, pp. 74-75, citado em Mozingo, *Pastoral Capitalism*, p. 62.

10 Francis Bello, "The World's Greatest Industrial Laboratory", *Fortune*, novembro de 1958, p. 148, citado em Mozingo, *Pastoral Capitalism*, p. 63.

11 Phillip G. Hofstra, "Florence Knoll, Design, and the Modern American Office Workplace". Tese de Doutorado, University of Kansas, 2008, p. 65.

12 Ver Bobbye Tigerman, "'I Am Not a Decorator': Florence Knoll, the Knoll Planning Unit, and the Making of the Modern Office", *Journal of Design History* 20, nº 1, 2007, p. 65.

13 "A Dramatic New Office Building", *Fortune*, setembro de 1957, p. 230.

14 Alexandra Lange, "Tower Typewriter and Trademark: Architects, Designers, and the Corporate Utopia". Dissertação de Doutorado, New York University, 2005, p. 46.

15 "Dramatic New Office Building", p. 169.

16 Joe Alex Morris, "It's Nice to Work in the Country", *Saturday Evening Post*, 5 de julho de 1958, p. 70, citado em Lange, "Tower Typewriter and Trademark", p. 44.

17 Citado em Lange, "Tower Typewriter and Trademark", p. 45.

18 "Insurance Sets a Pattern", *Architectural Forum*, setembro de 1957, p. 127, citado em Lange, "Tower Typewriter and Trademark", p. 21.

19 Richard Yates, *Revolutionary Road* (1961). Nova York: Vintage, 2000, p. 59.

20 Richard Edwards, *Contested Terrain: The Transformation of the Workplace in the Twentieth Century*. Nova York: Basic Books, 1979, p. 74.

21 Ibid., p. 77.

22 Ver Robert Brenner, *The Economics of Global Turbulence: The Advanced Capitalist Economies from Long Boom to Long Downturn, 1945-2005*. Nova York: Verso, 2008, pp. 58-59.

23 Schumpeter, *Capitalism, Socialism, and Democracy*, p. 138.

24 Ver Everett M. Kassalow, "White Collar Trade Unions in the United States", em *White Collar Trade Unions: Contemporary Developments in Industrialized Societies*, ed. Adolf Sturmthal. Chicago: University of Illinois Press, 1966, p. 308.

25 Ibid., p. 85.

26 Reinhold Martin, *The Organizational Complex: Architecture, Media, and Corporate Space*. Cambridge, Mass.: MIT Press, 2003, p. 166.

27 Citado em ibid., p. 159.

28 Merrill Schleier, *Skyscraper Cinema: Architecture and Gender in American Film*. Minneapolis: University of Minnesota Press, 2009, p. 256.

29 Ibid., p. 233.

30 Citado em ibid., p. 240.

31 David Riesman, *The Lonely Crowd: A Study of the Changing American Character*, com Nathan Glazer e Reuel Denney (1961). New Haven, Conn.: Yale University Press, 2001, p. 136.

32 Joseph Heller, *Something Happened*. Nova York: Alfred A. Knopf, 1974, p. 14.

33 Harrington, *Life in the Crystal Palace*, p. 148.

34 William H. Whyte Jr., *The Organization Man*. Nova York: Simon & Schuster, 1956, p. 82.

35 Ibid., p. 71.

36 Ibid., pp. 72-73.

37 Ibid., p. 74.

38 Ibid., p. 64.

39 William H. Whyte Jr., *Is Anybody Listening? How and Why U.S. Business Fumbles When It Talks with Human Beings*. Nova York: Simon & Schuster, 1952, p. 57.

40 Ibid., pp. 65, 72.

41 Ibid., p. 4.

42 Citado em Robert B. Reich, *The Work of Nations: Preparing Ourselves for 21st-Century Capitalism*. Nova York: Alfred A. Knopf, 1991, p. 43.

43 Citado em Whyte, *Is Anybody Listening?*, p. 15.

44 Ver Whyte, *Organization Man*, pp. 171-201.

45 Ibid., p. 173.

46 Sloan Wilson, *The Man in the Gray Flannel Suit*. Nova York: Simon & Schuster, 1955, pp. 15-17.

47 Whyte, *Organization Man*, p. 251.

48 Ibid., p. 132.

49 Wilson, *Man in the Gray Flannel Suit*, p. 304.

50 Alan Harrington, *Life in the Crystal Palace*. Nova York: Alfred A. Knopf, 1959, pp. 32-33.

51 Ibid., p. 112.

52 Riesman, *The Lonely Crowd*, p. 163.

53 Schleier, *Skyscraper Cinema*, p. 226.

54 Whyte, *Is Anybody Listening?*, p. 180.

55 Ibid., p. 146.

56 Ibid.

57 Kanter, *Men and Women of the Corporation*, p. 105.

58 Citado em Whyte, *Is Anybody Listening?*, p. 151.

59 Citado em ibid., p. 162.

60 Helen Gurley Brown, *Sex and the Office*. Nova York: B. Geis & Associates, 1964, p. 285.

61 Ibid., p. 183.

62 Jennifer Scanlon, *Bad Girls Go Everywhere: The Life of Helen Gurley Brown*. Nova York: Oxford University Press, 2009, p. 1.

63 Ibid., p. 15.

64 Brown, *Sex and the Office*, p. 286.

65 Scanlon, *Bad Girls Go Everywhere*, p. 24.

66 Ibid.

67 Ibid., p. 28.

68 Brown, *Sex and the Office*, p. 3.

69 Ibid., p. 9.

70 Ibid., p. 12.

71 Ibid., p. 59.

CAPÍTULO 6 – PLANOS ABERTOS

1 Robert Propst, *The Office: A Facility Based on Change*. Elmhurst, Ill.: BusinessPress, 1968, p. 25.

2 Stanley Abercrombie, *George Nelson: The Design of Modern Design*. Cambridge, Mass.: MIT Press, 1995, p. 210.

3 Revista *Salesmarts*, Herman Miller Archives.

4 Tom Pratt, "A View of Robert Propst", 8 de março de 1985, Herman Miller Archives.

5 John R. Berry e Herman Miller: *The Purpose of Design*. Nova York: Rizzoli, 2009, p. 117.

6 Edward T. Hall, *The Silent Language*. Garden City, N.Y.: Doubleday, 1959, p. 169.

7 Edward T. Hall, *The Hidden Dimension* (1966). Nova York: Doubleday, 1982, p. 4.

8 Ibid., p. 54.

9 Thomas Frank, *The Conquest of Cool: Business Culture, Counterculture, and the Rise of Hip Consumerism*. Chicago: University of Chicago Press, 1997, pp. 21-22.

10 Douglas McGregor, *The Human Side of Enterprise*. Nova York: McGraw-Hill, 1960, p. 12.

11 Ibid.

12 Segundo Paul Leinberger e Bruce Tucker em *The New Individualists: The Generation After "The Organization Man"*. Nova York: HarperCollins, 1991, p. 189.

13 Frank, *Conquest of Cool*, p. 22.

14 Ver Mauro F. Guillén, *Models of Management: Work, Authority, and Organization in Comparative Perspective*. Chicago: University of Chicago Press, 1994, pp. 58-65.

15 Ibid., p. 67.

16 Anônimo, "Why White Collar Workers Can't Be Organized", *Harper's*, agosto de 1957, p. 48.

17 Ibid.

18 Harry R. Dick, "The Office Worker: Attitudes Toward Self, Labor, and Management", *Sociological Quarterly* 3, nº 1 (1962), p. 50.

19 Peter Drucker, *The Age of Discontinuity: Guidelines to Our Changing Society*. Nova York: Harper & Row, 1969, p. 269.

20 Ibid., p. 270.

21 Ver Taylor, *Principles of Scientific Management*, p. 61.

22 Drucker, *Age of Discontinuity*, p. 277.

23 Peter Drucker, *The New Society: Anatomy of Industrial Order*. Nova York: Harper & Row, p. 357.

24 Fritz Machlup, *The Production and Distribution of Knowledge in the United States*. Princeton, N.J.: Princeton University Press, 1962, pp. 396-397.

25 Ibid., p. 41.

26 Francis Duffy, "The Case for Bürolandschaft", em *The Changing Workplace*, ed. Patrick Hannay. Londres: Phaidon Press, 1992, p. 10.

27 "Landscaping: An Environmental System", em *Office Landscaping*. Elmhurst, Ill.: Business Press, 1969, p. 13.

28 Francis Duffy, "Commerce: The Office", inédito, p. 1.
29 Francis Duffy, "The Princeton Dissertation", em Hannay, *Changing Workplace*, p. 79.
30 Propst o menciona em seu artigo "The Action Office", no *Journal of the Human Factors Society* 8, nº 4 (1966), p. 303: "Esse trabalho recebeu um ímpeto considerável das informações originadas na Alemanha a respeito de um sistema de planejamento de escritório chamado *Bürolandschaft*, que literalmente significa 'paisagem de escritório' e que enfatiza [sic] escritórios abertos com livre agrupamento de mobiliário. Os arranjos irregulares produzidos eliminam a possibilidade de se usar as tradicionais áreas retangulares para escritórios, e afirma-se que esse efeito aumenta a flexibilidade na consideração e uso do espaço, resultando em um uso mais intensivo deste; reduz o ruído no escritório pela eliminação de divisórias refletoras de som e oferece aos empregados mais janelas com vistas."
31 Esse quadro é uma composição de Henry Panzarelli, "A Testimonial to Life in a Landscape", em *Office Landscaping*, pp. 55-59, e Duffy, "Case for Bürolandschaft", pp. 11-23.
32 Propst, citado em Howard Sutton, "Background Information, Action Office", 25 de janeiro de 1965, Herman Miller Archives.
33 Ibid.
34 Abercrombie, *George Nelson*, p. 9.
35 George Nelson, "Peak Experiences and the Creative Act", *Mobilia* 265/266, p. 12.
36 Mina Hamilton, "Herman Miller in Action", *Industrial Design*, janeiro de 1965, citado em Abercrombie, *George Nelson*, p. 213; William K. Zinsser, "But Where Will I Keep My Movie Magazines", *Saturday Evening Post*, 16 de janeiro de 1965, citado em Abercrombie, *George Nelson*, p. 213.
37 Propst, *The Office: A Facility Based on Change*, p. 49.
38 Ibid., p. 25.
39 Ibid., p. 29.
40 Sylvia Porter, "Revolution Hits the Office", *New York Post*, 3 de junho de 1969.
41 Julie Schlosser, "Cubicles: The Great Mistake", *Fortune*, março de 2006, disponível em http://money.cnn.com/2006/03/09/magazines/fortune/cubicle_homiwork_fortune/.
42 Citado em Abercrombie, *George Nelson*, p. 219.
43 Peter Hall, "Doug Ball Digs Out of the Cube", *Metropolis*, julho de 2006, disponível em http://www.metropolismag.com/story/20060619/doug-ball-digs-out-of-the-cube.

44 John Pile, *Open Office Planning*. Nova York: Whitney Library of Design, 1978, p. 14.

45 Propst, "Notes on Proposal for Repositioning Action Office", 23 de janeiro de 1978, Herman Miller Archives.

46 Van Meel, *European Office*, p. 38.

47 Citado em ibid., p. 37.

48 Citado em ibid., p. 39.

49 Ibid.

50 Yvonne Abraham, "The Man Behind the Cubicle", *Metropolis*, novembro de 1998.

51 Francis Duffy, entrevista com o autor, 14 de julho de 2012.

CAPÍTULO 7 – INVASORES DO ESPAÇO

1 Betty Lehan Harragan, *Games Mother Never Taught You: Corporate Gamesmanship for Women*. Nova York: Warner Books, 1977, pp. 286-287.

2 Ver Kanter, *Men and Women of the Corporation*, p. 34.

3 Don DeLillo, *Americana*. Nova York: Penguin, 1971, p. 20.

4 Kanter, *Men and Women of the Corporation*, p. 57.

5 Ibid., p. 56.

6 Studs Terkel, *Working: People Talk About What They Do All Day and How They Feel About What They Do*. Nova York: Pantheon Books, 1972, p. 56.

7 "Advertising's Creative Explosion", *Newsweek*, 18 de agosto de 1969, citado em Barbara Ehrenreich, *Fear of Falling: The Inner Life of the Middle Classes*. Nova York: Pantheon Books, 1989, p. 176.

8 Citado em John P. Fernandez, *Black Managers in White Corporations*. Nova York: John Wiley & Sons, 1975, p. 39.

9 Citado em ibid., p. 95.

10 John P. Fernandez, *Racism and Sexism in Corporate Life*. Nova York: D. C. Heath, 1981, p. 53.

11 Floyd Dickens Jr. e Jacqueline B. Dickens, *The Black Manager: Making It in the Corporate World*. Nova York: AMACOM, 1982, p. 56.

12 Ibid., p. 57.

13 Ver Ivan Berg, *Education and Jobs*. Nova York: Praeger, 1970, p. 93.

14 George de Mare, *Corporate Lives: A Journey into the Corporate World*, com Joanne Summerfield. Nova York: Van Nostrand Reinhold, 1976, p. 57.

15 Citado em Eric Darton, *Divided We Stand: A Biography of New York's World Trade Center*. Nova York: Basic Books, 2011, p. 141.

16 Charles Jencks, *The Language of Post-modern Architecture*. Nova York: Rizzoli, 1978, p. 9.

17 Ibid., p. 15.

18 Philip Johnson, "Whither Away: Non-Miesian Directions", em *Philip Johnson: Writings*. Nova York: Oxford University Press, 1979, pp. 227, 230.

19 Citado em Emmanuel Petit, na introdução a *Philip Johnson: The Constancy of Change*. New Haven, Conn.: Yale University Press, 2009, p. 2.

20 Marisa Bartolucci, "550 Madison Avenue", *Metropolis*, outubro de 1993, p. 28.

21 Kazys Varnelis, "Philip Johnson's Empire: Network Power and the AT&T Building", em *Philip Johnson: The Constancy of Change*, p. 128.

22 Mark Lamster, "Highboy Hullabaloo", *Design Observer*, 11 de setembro de 2010, disponível em http://observatory.designobserver.com/entry.html?entry=20608.

23 Maurice Carroll, "AT&T to Build New Headquarters Tower at Madison and 55th Street", *New York Times*, 31 de março de 1978, citado em ibid., p. 129.

24 "His Office Designs Fulfill Human Needs", *Milwaukee Sentinel*, 21 de julho de 1978, p. 12.

25 Michael Sorkin, *Exquisite Corpse: Writing on Buildings*. Nova York: Verso, 1991, p. 12.

26 Citado em John Pastier, "'First Monument of a Loosely Defined Style': Michael Graves' Portland Building", em *American Architecture of the 1980s*. Washington, D.C.: American Institute of Architects Press, 1990, p. xxi.

27 Bartolucci, "550 Madison Avenue", p. 33. Ver também Lamster, "Highboy Hullabaloo".

28 Jeffrey H. Keefe e Rosemary Batt, "United States", em *Telecommunications: Restructuring Work and Employment Relationships Worldwide*. Ithaca, N.Y.: International Labor Relations Press, 1997, p. 54.

29 Citado em Jill Andresky Fraser, *White-Collar Sweatshop: The Deterioration of Work and Its Rewards in Corporate America*. Nova York: W. W. Norton, 2001, p. 129.

30 Tom Peters, "Tom Peters' True Confessions", *Fast Company*, dezembro de 2001. Disponível em http://www.fastcompany.com/44077/tom-peterss-true-confessions.

31 William S. Ouchi, *Theory Z: How American Business Can Meet the Japanese Challenge*. Reading, Mass.: Addison-Wesley, 1981.

32 Ibid., p. 17.

33 Thomas J. Peters e Robert H. Waterman Jr., *In Search of Excellence: Lessons from America's Best-Run Companies*. Nova York: Harper & Row, 1982.

34 Ibid., p. 15.

35 Citado em Fraser, *White-Collar Sweatshop*, p. 117.

36 Amanda Bennett, *The Death of the Organization Man*. Nova York: Simon & Schuster, 1991, p. 98.

37 Andrew S. Grove, *Only the Paranoid Survive: How to Exploit the Crisis Points That Challenge Every Company and Career*. Nova York: Currency/Doubleday, 1996, citado em Fraser, *White-Collar Sweatshop*, p. 155.

38 Peters e Waterman, *In Search of Excellence*, p. 80.

39 Citado em Bennett, *Death of the Organization Man*, p. 141.

40 "Commentary: Help! I'm a Prisoner in a Shrinking Cubicle!", *BusinessWeek*, 3 de agosto de 1997.

41 "Nearly Half of Americans Indicate Their Bathroom Is Larger Than Their Office Cubicle", Fellowes press release, 17 de julho de 2007.

42 "Texas Reduces Prison Overcrowding with Breakaway Construction Program", PR Newswire, 29 de junho de 1994.

43 Catherine Strong, "Prison Labor Has Monopoly Contracts but Delivers Late", Associated Press, 11 de agosto de 1998.

44 "Air Makes Workers Ill", Reuters, 6 de junho de 1991.

45 Scott Haggert, "Making the Office Fit to Work", *Financial Post* (Canadá), 25 de novembro de 1991.

46 John Markoff, "Where the Cubicle Is Dead", *New York Times*, 25 de abril de 1993.

47 Sheila McGovern, "Working in Comfort", *Gazette* (Montreal), 17 de janeiro de 1994.

48 Kirk Johnson, "In New Jersey, I.B.M. Cuts Space, Frills, and Private Desks", *New York Times*, 14 de março de 1994.

49 Scott Adams, *The Dilbert Principle: A Cubicle-Eye View of Bosses, Meetings, Management Fads & Other Workplace Afflictions*. Nova York: HarperBusiness, 1996, p. 4.

50 Yvonne Abraham, "The Man Behind the Cubicle", *Metropolis*, novembro de 1998.

51 Ver Stewart Brand, *How Buildings Learn*. Nova York: Viking Penguin, 1994, p. 170.

52 *Work in America: Report of a Special Task Force to the Secretary of Health, Education, and Welfare*. Cambridge, Mass.: MIT Press, 1973, p. 38.

53 Ibid., p. 40.

54 Citado em Barbara Garson, *The Electronic Sweatshop: How Computers Are Transforming the Office of the Future into the Factory of the Past*. Nova York: Simon & Schuster, 1988, p. 172.

55 Robert Howard, *Brave New Workplace: America's Corporate Utopias – How They Create Inequalities and Social Conflict in Our Working Lives*. Nova York: Penguin, 1985, p. 102.

56 Karen Ho, *Liquidated: An Ethnography of Wall Street*. Minneapolis: University of Minnesota Press, 2009, p. 52.

57 Peril, *Swimming in the Steno Pool*, p. 194.

58 Ibid., p. 203.

59 Ibid.

60 Ethel Strainchamps, ed., *Rooms with No View: A Woman's Guide to the Man's World of the Media*. Nova York: Harper & Row, 1974, p. 12.

61 Trabalhador anônimo citado em Jean Tepperman, *Not Servants, Not Machines: Office Workers Speak Out!*. Boston: Beacon Press, 1976, p. 33.

62 Ibid., pp. 63-64.

63 John Hoerr, *We Can't Eat Prestige: The Women Who Organized Harvard*. Filadélfia: Temple University Press, 1997, p. 47.

64 Tepperman, *Not Servants, Not Machines*, p. 64.

65 Citado em Jefferson Cowie, *Stayin' Alive: The 1970s and the Last Days of the Working Class*. Nova York: New Press, 2010, pp. 351-352.

66 Respostas de 915 entrevistados em uma pesquisa conduzida em Boston e Cleveland pelo Working Women Education Fund no outono de 1980, citado em Joel Makower, *Office Hazards: How Your Job Can Make You Sick*. Washington, D.C.: Tilden Press, 1981, p. 128.

67 Tepperman, *Not Servants, Not Machines*, p. 21.

68 Ibid.

CAPÍTULO 8 – O ESCRITÓRIO DO FUTURO

1 Thomas Pynchon, *Bleeding Edge*. Nova York: Penguin Press, 2013, p. 43.

2 "The Office of the Future". *BusinessWeek*, 30 de junho de 1975, p. 40.

3 Ibid.

4 Juriaan van Meel, "The Origins of New Ways of Working: Office Concepts in the 1970s", *Facilities* 29, nº 9/10 (2011), p. 361.

5 Ibid., p. 359.

6 Ibid.

7 Citado em Juriaan van Meel and Paul Vos, "Funky Offices", *Journal of Corporate Real Estate* 3, nº 4 (2011), p. 323.

8 Jack M. Nilles, *Making Telecommuting Happen*. Nova York: Van Nostrand Reinhold, 1994, p. xiii.

9 Howard, *Brave New Workplace*, p. 4.
10 "What Matters Is How Smart You Are". *BusinessWeek*, 25 de agosto de 1997, p. 69.
11 David Manners e Tsugio Makimoto, *Living with the Chip: How the Chip Affects Your Business, Your Family, Your Home, and Your Future*. Londres: Chapman & Hall, 1995, p. 41.
12 Robert Reinhold, "Mixing Business and Pleasure for Profit in Silicon Valley", *New York Times*, 12 de fevereiro de 1984.
13 Christopher Winks, "Manuscript Found in a Typewriter", em *Bad Attitude: The "Processed World" Anthology*, ed. Chris Carlsson com Mark Leger. Nova York: Verso, 1990, p. 20.
14 John Markoff, "Where the Cubicle Is Dead", *New York Times*, 25 de abril de 1993.
15 William Scott, "Intel Corp. Serves as Role Model for Aerospace Companies in Transition", *Aviation Week and Space Technology*, 24 de agosto de 1992, p. 60.
16 Transcrição de comunicado da Intel: "Los Angeles Times 3rd Annual Investment Strategies Conference", 22 de maio de 1999, disponível em http://www.intel.com/pressroom/archive/speeches/cn052499.htm.
17 Transcrição de comunicado da Intel: "Intel International Science and Engineering Fair", 9 de maio de 2001, disponível em http://www.intel.com/pressroom/archive/speeches/grove20010509.htm.
18 Douglas Coupland, *Microserfs*. Nova York: Regan Books, 1995, p. 16.
19 Ibid., p. 319.
20 Thomas J. Peters, *Liberation Management: Necessary Disorganization for the Nanosecond Nineties*. Nova York: Alfred A. Knopf, 1992, p. 18.
21 Ibid., pp. xxxiii-xxxiv.
22 Andrew Ross, *No-Collar: The Humane Workplace and Its Hidden Costs*. Nova York: Basic Books, 2003, pp. 98-99.
23 Marisa Bowe e Darcy Cosper, "The Sharper Image: A Conversation with Craig Kanarick", *Interiors*, outubro de 2000, p. 105.
24 Roger Yee, "Connecting the Dots", *Interiors*, outubro de 2000, p. 61.
25 Citado em Raul Barreneche, "Industry Non-standard", *Interiors*, outubro de 2000, p. 83.
26 Cliff Kuang, "The Secret History of the Aeron Chair", *Slate*, 5 de novembro de 2012, disponível em http://www.slate.com/articles/life/design/2012/11/aeron_chair_history_herman_miller_s_office_staple_was_originally_designed.html.
27 "Virtual Chiat", *Wired*, julho de 1994.

28 Randall Rothenberg, "A Eulogy for a Whiner: My Experience with Jay Chiat", *Advertising Age*, 29 de abril de 2002, disponível em http://adage.com/article/randall-rothenberg/eulogy-a-whiner/34339/.

29 Citado em Thomas R. King, "Creating Chaos", *Wall Street Journal*, 17 de abril de 1995.

30 "Virtual Chiat".

31 Ibid.

32 Leon Jaroff e Saneel Ratan, "The Age of the Road Warrior", *Time*, 1º de março de 1995, p. 38.

CAPÍTULO 9 – O ESCRITÓRIO E SEUS FINS

1 David Foster Wallace, *The Pale King* (2011). Nova York: Back Bay Books, 2012, p. 539.

2 Leslie Helm, "Microsoft Testing Limits on Temp Worker Use", *Los Angeles Times*, 7 de dezembro de 1997, citado em Fraser, *White-Collar Sweatshop*, p. 147.

3 "The Fax of Life", *Entertainment Weekly*, 23 de maio de 2003, disponível em http://www.ew.com/ew/article/0,,452194,00.html.

4 Carol Madonna, entrevista com o autor, 23 de abril de 2012.

5 Nicolai Ouroussoff, "A Workplace Through the Looking Glass", *Los Angeles Times*, 31 de janeiro de 1999.

6 Chris Coleman, entrevista com o autor, 26 de abril de 2012.

7 Anônimo, entrevista com o autor, 15 de agosto de 2013.

8 Carolyn Cutrone e Max Nisen, "19 Successful People Who Barely Sleep", *Business Insider*, 18 de setembro de 2012.

9 Lisa Belkin, "Marissa Mayer's Work-from-Home Ban Is the Exact Opposite of What CEOs Should Be Doing", *Huffington Post*, 23 de fevereiro de 2013, disponível em http://www.huffingtonpost.com/lisa-belkin/marissa-mayer-work-from-home-yahoo-rule_b_2750256.html; Kelly Steele, "New Moms at Work", *Scary Mommy*, disponível em http://www.scarymommy.com/new-moms-at-work/.

10 Erin Hatton, *The Temp Economy: From Kelly Girls to Permatemps in Postwar America*. Filadélfia: Temple University Press, 2011.

11 Louis Lhoest, entrevista com o autor, 12 de julho de 2012.

12 Paul Vos e T. van der Voordt, "Tomorrow's Offices Through Today's Eyes: Effects of Innovation in the Working Environment", *Journal of Corporate Real Estate* 4 (2001): p. 53.

13 T. van der Voordt, "Productivity and Employee Satisfaction in Flexible Workplaces", *Journal of Corporate Real Estate* 6, nº 2 (2004), p. 137.
14 Anne Laure-Fayard e John Weeks, "Who Moved My Cube?", *Harvard Business Review*, julho de 2011, p. 104.
15 Erik Veldhoen, entrevista com o autor, 13 de julho de 2012.
16 Richard Greenwald, entrevista com o autor, 9 de agosto de 2013.
17 "Employment Projections, 2010-2020", Bureau of Labor Statistics, 1º de fevereiro de 2012. Ver também Ursula Huws, "The Making of a Cybertariat? Virtual Work in a Real World", *Socialist Register,* 2001, pp. 12-13.
18 Clive Morton, Andrew Newall e John Sparkes, *Leading HR: Delivering Competitive Advantage*. Londres: CIPD Publishing, 2001, pp. 22-23. Os autores se referem ao trabalho de Amin Rajan em Amin Rajan e P. van Eupen, *Tomorrow's People*. Kent, Reino Unido: CREATE, 1998.
19 Scott Chacon, entrevista com o autor, 24 de setembro de 2013.
20 Scott Chacon, Tim Clem e Liz Clinkenbeard, entrevista com o autor, 24 de setembro de 2013.
21 Sadaf Khan, entrevista com o autor, 5 de junho de 2012.
22 K. Santhosh, entrevista com o autor, 5 de junho de 2012.
23 Paul Shankman, "Tim Freundlich: HUB, a New Kind of Workspace", *Lincoln Now*, 28 de fevereiro de 2013.
24 Greg Lindsay, "Coworking Spaces from Grind to GRid70 Help Employees Work Beyond the Cube", *Fast Company*, março de 2013, disponível em http://www.fastcompany.com/3004915/coworking-nextspace.
25 Ibid.
26 Paul Siebert, entrevista com o autor, 5 de maio de 2013.

Impressão e Acabamento:
GRÁFICA STAMPPA LTDA.
Rua João Santana, 44 - Ramos - RJ